河北大学精品教材建设项目
河北大学工商学院应用型课程建设项目
教育部产教协调育人项目阶段性成果

企业财务报表分析

段洪波　编著

中国财经出版传媒集团

经济科学出版社
Economic Science Press

图书在版编目（CIP）数据

企业财务报表分析／段洪波编著 . —北京：经济
科学出版社，2018.2
ISBN 978－7－5141－9087－8

Ⅰ.①企⋯　Ⅱ.①段⋯　Ⅲ.①企业管理－会计报表－
会计分析　Ⅳ.①F275.2

中国版本图书馆 CIP 数据核字（2018）第 041633 号

责任编辑：宋艳波　陈　潇
责任校对：曹　力
责任印制：李　鹏

企业财务报表分析

段洪波　编著

经济科学出版社出版、发行　新华书店经销
社址：北京市海淀区阜成路甲 28 号　邮编：100142
总编部电话：010－88191217　发行部电话：010－88191522
网址：www. esp. com. cn
电子邮件：eps@ esp. com. cn
天猫网店：经济科学出版社旗舰店
网址：http：//jjkxcbs. tmall. com
北京季蜂印刷有限公司印装
787×1092　16 开　25 印张　640000 字
2018 年 3 月第 1 版　2018 年 3 月第 1 次印刷
ISBN 978－7－5141－9087－8　定价（全两册）：56.00 元
（图书出现印装问题，本社负责调换。电话：010－88191510）
（版权所有　侵权必究　举报电话：010－88191586
电子邮箱：dbts@ esp. com. cn）

前　言

　　财务报表分析是通过收集、整理企业财务会计报告中的有关数据，并结合其他有关补充信息，对企业的财务状况、经营成果和现金流量情况进行综合比较和评价，为财务会计报告使用者提供管理决策和控制依据的一项管理工作。在市场经济竞争日益激烈的今天，财务报表分析对于企业发展的意义愈加明显，掌握良好的财务报表分析能力，无论是对于企业管理者还是会计人员都会大有裨益。

　　作为一门独立学科的财务报表分析，具有很强的实践性与理论性，旨在为企业乃至社会培养具有良好分析能力、发现问题能力以及决策能力的经济管理人才。我们在多年从事财务报表分析的教学与研究的基础上，编写了这本《财务报表分析》，阐述财务报表分析的基本理论与方法，以求更好地开展相关教学工作。

　　本教材分为上、下两篇。上篇为财务报表理论，主要介绍财务报表分析的基础理论。下篇为财务报表分析实务，主要介绍企业常用的财报分析方法，如哈佛框架分析、杜邦分析法、平衡记分卡法等。

　　本教材突出实用性这一特点，将众多的理论化繁为简，落在实际应用这一目标上。与同类教材相比，将讲解重点放在了实务操作上，每一章都配有实际案例，以求让广大读者能更深刻地理解。在写作风格上，博采众长，尽可能吸收国内外同类书籍之长，补己不足。大部分内容尽量做到深入浅出、图文并茂、例证恰当、便于理解。

　　本教材适合作为各大院校财经管理类相关专业专科生、本科生、研究生的教学用书，也可作为在职干部培训的参考书。

　　为便于学生学习、巩固，便于教师课堂讲授后安排学生作业及讨论，本教材配有专门的练习册供师生使用。

　　本教材由段洪波担任主编，负责总体框架结构、大纲制定以及总纂、定稿。各章执笔人分别为：第一章、第二章，段洪波；第三章，孔维伟、王慧敏；第四章，王莉莉、刘国卫；第五章，刘霞、陈丹丹；第六章，余军、张洪硕；第七章，侯方泽；第八章，韩晓杰；第九章，田菊会、陈丽国；第十章，张岳、代升。此外，姚立国、李凯、陈靓佳、胡宣宣、郭静、张晶晶负责审稿。

1

在写作过程中，我们借鉴和参阅了大量相关著作与文献，在此对作者表示感谢。同时，我们还得到了河北大学贾国军、孟永峰等教授的关心与指导，在此一并谨致谢忱。

限于作者的学识水平，疏漏与错误在所难免，敬请同行、读者提出宝贵意见，以便于修正与提高。

编　者

2017 年 12 月 30 日

目　录

上篇：财务报表理论

下篇：财务报表分析实务

上篇：财务报表理论

第一章

财务报表分析理论基础

本章首先介绍信息不对称的主要观点及其对财务报表分析的含义，在此基础上分别介绍经典研究学派、市场基础学派和实证研究学派的主要观点及其对财务报表分析的理论贡献和影响。

第一节　信息不对称理论

一、信息不对称理论的主要观点

哈耶克（2001）指出，资源的任何配置都是特定决策的结果，而人们做出任何决策都是基于给定的信息。因此，经济生活中所面临的根本问题不是资源的最优配置问题，而是如何最好地利用分散在整个社会中的不同信息，因为资源配置的优劣取决于决策者所掌握信息的完全性与准确性。

信息经济学的研究成果表明，现实经济生活中，各当事人所掌握的信息往往是不完全、非对称的。在证券市场上，信息不对称主要有两种类型：（1）投资者之间的信息不对称；（2）公司管理层和投资者之间的信息不对称。

投资者之间的信息不对称使得拥有较多信息的投资者有动机"积极"交易，因为他们完全可以凭借信息优势在与信息较少投资者的交易中获利。因此投资者有动机进行私人信息采集，但由于私人信息采集是有成本的，这导致投资者之间是负和博弈的关系。如果投资者之间能够达成协议，均不进行私人信息采集，那么整个投资者整体福利将得到改进。但是这种协议的执行成本极高，签订人有强烈的动机私自违反协议。公司管理层和投资者之间的信息不对称，可能导致两种情况发生：逆向选择和道德风险。逆向选择是指公司管理层比外部投资者掌握了更多有关公司当前状况和未来前景的信息。公司管理层可能通过其信息优势来损害投资者的利益，例如通过扭曲财务报表信息来误导投资者的买卖决策。道德风险涉及公司管理层的努力工作问题，它的产生来源于所有权和经营权的分离，由于股东和债权人不可能观察到管理人员的努力程度和工作效率（或者说这样的监督行为成本太高），于是公司管理层就有可能偷懒，或者将公司状况的恶化归结为他们不可控的因素。

二、信息不对称对资本市场的影响

在资本市场上，不确定性和风险是影响证券价格和构成证券特征的重要因素。信息的获取可以改变对证券不确定性和风险的评价，因此对证券市场的价格发现和价格均衡也就具有直接作用和决定性意义。因此，从本质上看，证券市场是一个信息市场，市场的运作过程就是信息的处理过程，正是信息在指引着社会资金流向各实体部门，从而实现了证券市场的资源配置功能，市场效率的关键问题是如何提高信息的充分性、准确性和对称性。

遗憾的是，资本市场上各种类型的信息不对称严重影响了资本市场的正常运转。投资者之间的信息不对称使得拥有较少信息的投资者为了避免与信息较多者的交易而产生的损失而选择"买入—持有"的消极投资策略，这将使得市场交易萎缩；公司管理层与投资者之间的信息不对称使投资者难以获知公司的实际经营状况，他们只能根据全体公司的平均经营状况来确定愿意接受的价格，这导致了实际经营状况高于平均水平的公司便会因为股价被低估而退出市场，从而进一步降低全体公司的平均经营情况及投资者的平均股价，这样的恶性循环将不断持续，直到只剩下业绩最差的公司，在这种情况下市场崩溃在所难免。

三、信息披露——规范资本市场的工具

为了避免信息不对称对资本市场运行效率的消极影响，充分的信息披露是至关重要的。就投资者之间的信息不对称而言，信息的公开披露可以排除对具体信息的私人收集，从而减少投资者之间的信息不对称。就逆向选择而言，信息披露可以使业绩好的公司脱颖而出，得到合理的股票定价，进而促成良性的连锁反应，因为只要存在业绩差别，业绩较好的公司就有动机进行信息披露以将自己同业绩差的公司区分开来，直到市场上只剩一家业绩最差的公司。由此可见，公司是有动力进行信息披露的。就道德风险而言，目前的市场约束机制主要包括公司控制权市场和经理人市场，而这两个市场的有效运转均离不开信息披露。如果没有相关信息披露，公司的经营情况就无法被观察，经理人市场就缺乏评估不同经理人价值的相关信息，优胜劣汰的市场机制将难以发挥作用，公司控制权市场也必然因信息的阻隔而陷入僵局。当然，信息披露需要成本，完全消除市场上的信息不对称既不能，也不经济。

由此可见，一个运行良好的证券市场应当有一套与之相适应的信息披露系统，这一系统应当包括：（1）信息的产生源和信息的最终使用者；（2）控制信息产生、传递和使用的法律、法规；（3）监督、执行法律、法规的机构；（4）信息中介机构，如验证信息质量的会计师事务所和分解、传播复杂信息的财务报表分析者。信息中介的生产要素包括财务信息和其他类型的数据，其产品是分析和解释。信息中介的产出同样也是一种形式信息，其中反映

了他们理解、综合和解释原始数据的能力。财务报表分析者在信息源扩展和信息解释方面的竞争充分对于减弱市场上的信息不对称具有积极的意义。更为重要的是，准则制定机构往往将财务报表分析者视为投资者信息需求的代表，是"揭示更多信息的思想源泉"，因此，财务报表分析者的信息偏好往往成为未来财务呈报要求的一个重要晴雨表。

四、信息不对称对财务报表分析的含义

（一）识别报表粉饰——财务报表分析的前置条件

财务报表是报表分析系统的基本信息输入，报表信息质量对分析结果产生至关重要的影响。但信息不对称理论表明，相对于外部投资者（包括财务报表分析者）而言，公司管理层拥有信息优势，作为"理性的经济人"他们往往会利用各种手段将这种信息优势转换为实际利益，报表粉饰就是其滥用信息优势的重要手段。因此，财务报表分析者应当充分意识到自身所处的信息劣势地位，并对原始报表数据保持应有的怀疑态度。

1. 报表粉饰动机分析

公司管理层虽然有进行信息披露的动机，但出于下列考虑，他们往往进行选择性披露，在信息披露的过程中掺杂着个人动机，进行盈余管理，甚至进行报表粉饰或财务造假。

管理层报酬。公司管理层的薪酬水平以及工作安全性往往与财务报表数据息息相关，这为其选择会计政策和估计提供了强烈的动机。

债务契约考虑。债务契约往往对财务报表数据有特殊的要求，如利息保障倍数。流动资金比率等财务指标。违反这些指标将付出昂贵的代价，如提前还贷或更高的贷款利率，为了避免技术性违约，公司管理层经常利用会计政策和会计估计的选择来减少违约的可能性，降低融资成本。

税收考虑。公司管理层为了获得税收上的利益，也可能对财务报表数据进行操纵。

监管考虑。由于财务报表数据在许多情况下为监管者所使用，如反托拉斯行动。保护本国产业的进口关税以及税收政策等，为了影响监管结果，公司管理层可能做出不同的会计决策。

资本市场考虑。公司管理层可能做出影响资本市场上投资者看法的会计决策。当公司管理者与外部人之间存在信息不对称时，这种会计选择战略可能成功地改变投资者的看法，至少在短期内是如此。

公司控制权市场的考虑。在公司控制权争夺（包括恶意收购和代理人争夺）的过程中，公司管理层力图争取大多数股东的支持，而财务报表则往往被视为公司管理层业绩的"指示器"，是影响股东选择的重要因素。因此，在公司控制权的争夺中，公司管理层可能试图做出影响股东决策的会计选择。

相关利益集团考虑。公司管理层还可能做出影响公司重要相关利益集团看法的会计决策。例如工会可能将利润表上的高收益作为要求提高工资的有力证据，在面临工会劳动合同谈判时，公司管理层可能做出减少会计收益的决策。公司希望通过财务报表数据加以影响的

其他重要利益集团还包括供应商和客户。

竞争考虑。行业中的竞争动力也可能影响公司会计政策和方法的选择。比如某些私有信息（如关键生产线毛利率）的披露可能帮助竞争者进行业务决策，从而影响公司的竞争地位；过高的报表收益也可能诱使更多的厂商进入，加剧竞争。

2. 报表粉饰机会分析

早期的会计政策选择权完全归公司管理层所有，这导致了他们对会计政策选择权的滥用。1929～1933 年的大萧条促使了限制公司管理层操纵财务报表的会计准则的产生。但是，由于准则制定成本的限制，所制定的会计准则只能是"通用"的会计准则，不可能针对每个公司的不同情况制定差异化的会计准则。统一的会计准则虽然限制了公司管理层歪曲财务报表的能力，但在一定程度上是以牺牲公司管理层利用会计政策选择来充分反映专有信息为代价的，因为他们对公司的经营情况有着独一无二的信息优势，这样的特有信息对于做出正确的会计政策和会计估计选择是很有帮助的。因此，在现行的制度安排下往往是政府享有一般通用的会计准则的制定权，而公司管理层仍然保留一定的会计斟酌处理权。授予公司管理层会计斟酌处理权是很有价值的，因为它使管理层能够在对外报告的财务报表中反映内部信息，但同时也为他们进行报表操纵提供了可乘之机，公司管理层可以轻而易举地在通用会计准则允许的范围内通过对折旧政策（直线或加速）、存货计价政策（先进先出或后进先出）、商誉摊销政策（减值测试法或平均摊销法）等做出选择，从而对财务报表施加重大影响，甚至使财务报表成为"哈哈镜"，完全歪曲了公司的真实经营情况。

由上分析可见，财务报表中充满了各种"杂音"，而财务报表作为财务报表分析系统的基本信息，其信息质量的高低对分析结果将产生重大影响。因此，要进行正确的财务报表分析，首先必须"去伪存真"，尽量过滤掉报表中存在的"杂音"为其后的报表分析过程夯实信息基础。

（二）竞争性信息收集——财务报表分析的有效保障

由于信息不对称的存在，财务报表分析者无法获得完全的内部信息，因此，必须依靠对公司所处行业及其竞争战略的了解来解释财务报表。成功的财务报表分析者不仅必须了解行业经济特征，而且应很好地把握目标公司的竞争战略。尽管相对于公司管理层而言，财务报表分析者处于信息劣势，但是他们可以通过信息源的扩展以及处理信息时更为客观的态度来弥补这一信息劣势，通过正确的财务报表分析从各类信息源中"提取"出公司管理层所掌握的内部信息。只有收集到充分、恰当的相关信息，才能得到科学合理的报表分析结果。

任何一张财务报表背后都有着极为丰富的"故事"，是各种因素相互作用所产生的综合结果。恰当的财务报表分析不能只将目光局限于三张主要财务报表（资产负债表、利润表和现金流量表），只有深入了解财务报表背后的故事（如公司经营、投资和筹资活动的特点，以及对这些活动所产生的经济后果进行确认、计量和报告的会计系统），才能对财务报表数据有更为深入的了解。

由此可见，信息的收集是财务报表分析的基础和不可分割的组成部分，它对于保证财务报表分析工作的顺利进行，提高分析质量与效果都有着重要作用，主要体现在三个方面：

首先，信息收集是财务报表分析的根本依据。没有相关信息，财务报表分析就如"无米之炊"。如果缺乏有关公司经营环境和经营战略方面的信息，就无法分析公司的利润驱动因子和主要风险；如果没有主要财务报表信息就无法正确评价公司的财务状况、经营成果和现金流量；如果缺乏有关公司未来发展前景的信息，就无法在现在和未来之间搭起桥梁，判断公司的价值所在。

其次，搜集和整理信息是财务报表分析的重要步骤和方法之一。从某种程度上而言，信息的搜集和整理过程，就是财务报表分析的过程。财务报表分析所用的信息并不是取之即来、来之可用的。不同的分析目的和分析要求，所需要的信息是不同的，这些信息在来源、内容和形式上均存在着显著差异。因此，信息的搜集与整理是财务报表分析的基础环节。

最后，信息的数量和质量，对财务报表分析的质量和效果影响重大。信息的准确性、及时性和完整性对提高财务报表分析的质量和效果是至关重要的，使用错误的、过时的或不规范的财务报表分析信息，其结果是"输入垃圾，输出垃圾"。

第二节　经典研究学派与财务报表分析

20 世纪 60 年代之前，经典研究学派（Classical Research）在会计学术界占统治地位，目前仍然是会计准则制定的框架基础，对现行的财务报表体系有着重大的影响。该学派认为公司的内涵价值是客观存在的，因此，他们试图从理论的角度寻求所谓的"最佳"或"最正确"的会计方法，以确保财务报表能够尽可能反映出公司的内涵价值。

一、应计制会计与财务报表分析的必要性

现行财务报表体系（现金流量表除外）的一个重要特征在于它们是以应计制（而非现金制）为基础来编制的。经典研究学派认为，投资者对财务报表有定期的需求，而现金制会计无法合理报告某一特定期间内经济业务所带来的所有经济后果，因此仅仅报告现金流量是不够的，只有应计制会计才能提供有关公司经营业绩的更为全面的信息。

对应计制会计优越性的基本肯定源于佩顿和利特尔顿（1940）的专著，他们强调了会计中的配比（Matching）概念，并指出收入和费用之所以应当被记录，是因为所做出的努力与所取得的成就应予恰当配合。报告现金流入和现金支出难以产生合适的配比，而应计会计的某种形式可能做到合理配比。FASB（1978）也指出：以应计制会计为基础的会计信息通常在反映公司当前和持续产生现金流量的能力方面优于仅限于现金收入和支出方面的财务信息。

由上分析可见，经典研究学派认为应计制会计能够提供更为丰富的信息。但是，应计程序是模糊和难以定义的，财务报表中的许多主要事项均存在多种可选的应计方法，如存货计价的先进先出法和后进先出法，资产折旧的直线法和加速法等。这就导致了这样的问题：何

为最佳的应计制方法？对各种应计制方法优劣性的争论是经典研究学派的研究重点之一，这一问题在本质上可以看成是规范的问题，因此经典研究学派往往被称为规范研究学派。

应计制会计的使用是导致公司财务报告出现许多复杂情况的根源。因为应计制的模糊性导致其在实际运用时具有较强的主观性，需要依靠大量的假设。特别是随着时代的发展，公司的组织结构日益复杂，关联方交易极为频繁，各种融资、投资方式不断被创新，这些直接加大了应计制会计的难度，使得应计制下的财务报表成为难以被投资者（他们当中绝大部分缺乏会计基础知识）所理解的"天书"。更为重要的是，由于公司管理层实际经营情况了如指掌，具有相对信息优势，因此，他们往往受托对应计制财务报表的编制做出估计和假设。这进一步增加了财务报表中的"噪音"，因为会计估计和判断中或多或少包含了公司管理层的私人动机。

基于上述原因，应计制财务报表对于普通投资者而言缺乏可理解性，这将严重影响财务报表在证券市场上的信息传递作用，投资者面对着日趋复杂的财务报表等相关信息披露，往往感到无所适从、望而生畏。报表分析无疑犹如"解码器"，将财务报表中的复杂信号分解为投资者所能理解的简单信号。由此可见，在信息不对称的市场中，我们不仅需要完整的信息生产、传递系统，还需要相配套的信息解释系统。

应计制财务报表的复杂性为报表分析提供了两方面契机：

首先，我们可以利用财务报表分析排除技术性错误。如前所述，经济业务的复杂性使得应计会计需要大量的估计和预测，公司管理层虽然拥有相对信息优势，但仍是"有限理性"无法做出完全准确的判断。即使公司管理层在做出决策时是"最佳"判断，公司环境的变化和整体经济形势的发展也可能导致偏差。财务报表分析者虽然不具备信息优势，但其专业优势有助于其在排除这些技术性错误时发挥作用。

其次，我们可以利用财务报表分析纠正经理人员的会计政策选择。如前所述，公司管理层在进行会计政策选择过程中，也使会计数据产生噪音和偏误。因为他们有各种动机通过实施其会计斟酌处理权达到一定目标，从而对公司财务报告产生系统性的影响。财务报表分析者客观公正的态度有助于他们纠正经理人员所做出的不当会计政策选择。

应计制财务报表的复杂性与易错性为财务报表分析提供了重要的机遇，也带来了挑战。尽管应计制会计信息系统比现金收付制会计包含更多信息含量，但这些信息极其复杂且充满噪音，只有通过有效的报表分析行为才能够"拨云见日"，正确解读出财务报表信息中的信息内涵。换言之，应计制财务报表就像一座"信息富矿"，但这座信息富矿深藏于迷宫之中，要想发掘这座信息富矿，就必须掌握财务报表分析这把"金钥匙"。

二、财务报告的制度框架——财务报表分析的信息基础

经典研究学派往往将财务报表视为投资者获取公司信息的唯一来源，因此，公司管理层可能通过选择会计程序来影响财务报表数据，从而误导市场，影响股价，导致市场无法区分高效率和低效率的公司，影响了资源的合理配置。因此，有必要对公司管理层的会计选择进行严格限制，甚至要求所有的公司采用同样的会计程序。这便为制定约束财务报表信息的制

度框架提供了理论基础。为了更有效地进行财务报表分析，必须深入了解这一制度框架。

（一）财务报告概念框架

　　财务报告概念框架是经典研究学派的重要理论成果。经典研究学派认为，应当根据一套既定的概念、原则和目标来推导出正确的会计方法。因此，财务报告概念框架可以说是"准则的准则"。对于财务报表分析而言，概念框架是理解财务报表信息的重要基础。

　　目前大多数国家的概念框架都将财务报告的首要目标定位于：为现有和潜在的投资者、债权人以及其他使用者提供做出理性投资、信贷和相似决策所需要的有用信息，并指出上述"有用信息"是指：为现有和潜在投资者、债权人以及其他使用者，提供有助于他们评估从股利或利息中获取预期现金收入的金额、时间分布和不确定性（风险）的信息。显然，这样的信息是带着"预测"性的。但问题的关键在于以历史成本为基础的财务报表在预测未来收益时是否有用？如何在公司过去业绩和未来前景之间建立某种联系？对于此问题概念框架给出了这样的解答：虽然投资和信贷决策反映了投资者和债权人对公司未来业绩的预期，但这些预期一般建立在评价公司过去业绩的基础上。因此，报表使用者可以通过分析当期财务报表来修正对公司未来盈利状态的概率。由此可见，经典研究学派坚持了这样一种观点：维持以过去为导向的、以历史成本为基础的财务报表信息对前瞻性的投资者是有用的，财务报表信息能够帮助投资者评估未来收益。或许可以用这样一句话作为概括：缺乏对过去的认知，预测的基础就不存在；缺乏对未来的关注，过去的认知就是僵死的。

　　概念框架还进一步探讨了如何使财务报表信息尽可能帮助投资者预测未来收益，答案在于相关性和可靠性。理想环境下的相关性是直接的相关性，即直接告诉投资者未来的回报；非理想环境下，相关性的概念有所扩大，只要有助于投资者对未来回报预期的判断，即是相关。也就是说，相关的会计信息是指：能够通过帮助使用者预测过去、现在和未来事件的结果，或坚持或更正先前的预期并在决策中起作用的信息。信息对决策的影响是通过提高决策者预测能力，或提供对先前预期的反馈来实现的。通常，信息同时作用于二者，因为关于行为结果的知识往往能够提高决策者预测相似未来行为的能力。可靠的信息是指真实、可验证和中性的信息。对可靠性的强调，是支持历史成本计量基础的重要理论依据。

　　总而言之，财务会计概念框架所采用的"决策有用观"使财务报表具备了价值相关性，这便为财务报表分析系统提供了有效的信息输入，并使利用财务报表分析帮助使用者提高决策能力为可能。但是，在现实会计环境下，财务报表的决策有用性并不在于直接预测公司的未来收益，而是致力于提供相关和可靠的信息，从而帮助投资者形成自己的预期。因此相关性是"间接相关"，而且由于固有局限，现行财务报表信息也非完全可靠，在这种情况下，如何利用存在一定误差的财务报表信息对未来进行合理预测，需要财务报表分析来起到"桥梁"的作用，以使投资者能够在公司过去业绩和未来前景之间建立起恰当的联系。可见，现行的财务报表信息"非完全可靠，非完全相关"的特点，决定了我们必须进行财务报表分析，而且能够通过恰当的财务报表分析帮助使用者提高决策能力。

（二）会计准则

为了限制公司管理层对财务报表的操纵，各个国家都制定了相应的会计准则来对资产如何计量、负债何时记录、收入何时确认、费用何时应计等重要会计问题进行约束。会计准则带来的"硬约束"，无疑增加了财务报表的可靠性和可比性，但是，会计准则也无法确保会计信息完全真实可靠，主要原因在于：

1. 会计准则无法完全排除公司管理层的会计选择

会计准则日益增加的统一性和限制性是以牺牲公司管理层在报表中反映真实业绩的灵活性为代价的。对于会计处理并不取决于经理私有信息的经济业务而言，严密的会计准则或许能够发挥最佳作用。但是现实中的对大量业务的经济评价往往涉及许多判断，这使得赋予公司管理层一定的会计选择权极具潜在价值，因为这种权利可以使得公司管理层在对外报表中披露内部信息，增加财务报表的相关性。此外，如果会计准则过于"刚性"，可能诱使经理为取得期望的会计结果，耗用经济资源对经营业务进行重组。因此，现实中的制度安排是准则制定机构享有一般制定权，而公司管理层享有剩余准则制定权，即会计政策选择权。

2. 会计准则通常只规定了最低的披露要求，但不限制经理自愿提供额外披露

公司管理层可以通过致股东信、管理层讨论与分析、报表附注等形式披露信息，而这些信息的披露也是影响财务报表质量的重要因素。

3. 会计准则本身可能歪曲信息

财务报表具有许多潜在的经济后果，影响到财富在不同利益集团间的分配。各利益集团很难就何为"最佳"准则达成共识，因此，会计准则的制定很难完全按照概念框架来推导，它必然涉及各利益集团之间的平衡与协调关系。关于"最佳"会计准则的争论不仅强调传统的"技术"问题，例如何种方法才能促使收入和费用的最佳配比，而且也会涉及经济后果问题。正如泽夫（1978）所言，会计准则在许多情况下只是"微妙的平衡"，这种准则制约下的财务报表，必然包含着许多政治问题，呈现出各种偏好，甚至是以牺牲报表信息的准确性为代价的。而且一些会计原则本身也可能导致报表信息失实，比如出于稳健性原则考虑，会计准则往往要求研发费用计入当期损益，但对于许多高科技公司而言，巨额的研发费用对于提升公司价值极有帮助，将其费用化将导致公司价值被低估。

由此可见，会计准则并非万能，希望利用会计准则的约束来达到财务报表信息的完全可靠相关是不可能的，会计准则体系制约下的财务报表中仍然存在诸多陷阱和不足，恰当的报表分析不应将原始报表数据视为"想当然"的信息输入，仍然需要通过一定的会计分析过程对其进行必要的调整。

（三）外部审计

外部审计的制度安排通过聘请独立的第三方（注册会计师）评价公司管理层编制的财务报表是否符合会计准则的要求、是否在所有重大方面公允地反映公司的财务状况、经营成果和现金流量，进一步限制了公司管理层歪曲财务报表的可能性，提高了财务报表的信息质量和可信程度。尽管外部审计的有效性有时会受到质疑，但注册会计师出具的审计报告通常被视为一种重要的财务报表派生信息。有效的财务报表分析要求在分析之前研读审计报告，对财务报表的可信程度形成初步印象。此外，"不干净"意见（如保留意见、无法表示意见和否定意见）的审计报告往往指出了财务报表中的"高危区域"，这有助于财务报表分析者确定相应的分析重点。

（四）法律责任

虽然提供前瞻性预测信息无疑有助于投资者的决策，但这样的信息披露准确程度较低，且受到法律诉讼的威胁，从而降低了公司管理层披露前瞻性信息的积极性，影响了财务报表的信息含量。这意味着，财务报表并非"万能数据库"，公司管理层也有许多难以在报表中披露的"难言之隐"，因此，应当注重对其他信息源的发掘。

三、会计收益的模糊性与收益质量分析

（一）会计收益与经济收益

收益概念一直是经济学界重要的关注对象。亚当·斯密（1890）将收益定义为财富的增加（Increase in Wealth）。林德尔（Lindahl）（1919）把收益概念理解为利息，即资本商品随着时间不断增值。费舍（Fisher）（1936）把收益定义为对应不同状态的一系列事件：精神收益享受、实际收益享受和货币收益享受。希克思（J. R. Hicks）（1946）利用林德尔和费舍引入的概念，发展了经济收益的一般理论，即收益是一个人在某一时期可供消费的数额，并且使他在期末的状况保持与期初一样好。希克思收益概念获得相当广泛的认可，并对会计收益理论产生了很大的影响。经济收益力图计量公司的实际收益而非名义收益，因此被称为"真实收益"。

众多研究表明，会计收益是投资者最为关心的财务报表数据，因此，对会计收益的讨论也是经典研究文献中的热门问题。但是，在现实环境下，会计收益是不能被精确解释的经济术语。会计收益的确认和计量包括了对公司交易和事件的估计，因此，会计收益并非一成不变的确定金额，而是取决于所应用的假设和会计政策。会计受益一般是指投入价值与产出价值之比，或者是产出大于投入的差额，即如果投入一笔资本，则超过资本额的报酬就是收益。根据传统的观点，会计收益一般被具体化为期间交易的已实现收入和相应费用之间的差额。可见，会计收益与经济收益存在明显差异。经济收益根据期末期初净资本的差额确定，是基于实物资本保全观，所体现的是以现行价值或公允价值为基础的"资产负债观"；会计收益是基于财务资本保全观，强调以实现收入与相关历史成本的配比，所体现的是以历史成本和实现原则为基础的"收入费用观"。由于会计计价原则的局限性，且在会计收益的计算过程中涉及会计人员一系列的主观职业判断，因此会计收益与真实收益之间往往存在偏离，会计收益也被称为"观念收益"。

会计收益是基于实际发生的交易，具有较高的可信性，一般比较稳健，但会计收益数据也存在下列缺陷：

由于历史成本和实现原则的限制，会计收益无法确认在既定期间内持有资产的价值增减（这显然对公司价值有重大影响），从而不利于投资者了解本期的实际收益；

由于资产成本的计算方法不同。不同公司简介的会计收益不便于比较；

稳健性原则可能导致收益数据的失真或误解，或为人为操纵期间损益提供了貌似合理的借口；

资产负债表仅仅反映了资产在特定时点的摊余成本，而非实际价值；

过分强调收益决定，将对资产负债表项目的计量造成困难。如难以解释递延税款和其他一些递延项目的分配等。

基于上述缺点，许多学者开始吸收经济学的收益概念来发展会计收益，促进会计收益逐渐趋向经济学收益。他们用资产的增减来定义收益，即收入代表一个会计期间内的资产增加或负债减少，而费用代表资产的减少或负债的增加，而且收益应包含资产的持有利得和损失。比如爱德华兹和贝尔就将资产的价值变动分为已实现和未实现两部分，并重新建立收益及其决定模式。根据这种观点，会计收益和经济收益就可以通过下列式子加以比较：会计学收益＋未实现的有形资产（增减）变动－前期已实现的有形资产（增减）＋无形资产的价值变动＝经济学收益。

事实上，这两种收益概念的主要差别在于经济学收益比传统的会计收益有着更广阔的内涵。除了根据传统会计计量模式得出的已实现经营收益之外，经济学收益还包括在既定期间内未实现的有形资产和无形资产的价值变动。所以财务会计准则委员会（FASB）在1980年发表的第3号财务会计概念框架（SFAC NO.3）《公司财务报表的要素》中提出了两个不同的收益概念：盈利（Earnings）和全面收益（Comprehensive Income）。根据FASB的解释，盈利就是现行会计实务中的净收益，而全面收益则应包括"在一个期间内来自非业主交易的权益（净资产）的全部变动"，也就是包括已实现和未实现的业主权益（净资产）变动。FASB于1997年6月公布了第130号会计准则（SFAS130）《报告全面收益》，正式要求公司在财务报表中报告全面收益。这标志着会计收益趋向经济学收益的观点逐渐在财务会计理论界和实务界获得认可。

（二）会计收益质量分析

由上分析可知，虽然会计收益的发展方向是逐渐趋向经济收益，但是，会计信息系统本身的固有限制决定了会计收益必然包含大量的估计和判断，因此最多只能"逼近"经济收益，而无法完全等同于经济收益。由于会计收益很大程度上依赖于相关假设和所选择的会计政策，因此引发了对会计收益质量的探讨。会计收益质量可以理解为会计收益和经济收益的匹配程度，区分会计收益中不同组成部分质量的高低对于报表分析结果有重大影响。一般而言，高质量的会计收益应当具有以下特征：

收益的真实性。收益的真实性包含两个层次：（1）收益的确认必须以实际发生的经济业务为基础并遵循会计准则和会计制度；（2）应尽量与经济收益相接近。

收益的含金量。会计收益是某一期间收入和费用配比的结果，并不直接等同于实际现金净流入与真实财富增加。如果会计收益不能转化为足够的实际现金净流入，再高的会计收益也仅仅是"账面收益"。

收益的持续性。目前的会计收益采用"损益满计观"，会计收益既包含经常项目带来的收益，也包括非常项目带来的收益，然而，不同收益构成项目对预计公司未来现金流量有不同的意义和价值。比如由会计政策变更引起的会计盈余变化既不影响公司当期经营业绩，也不影响公司以后的经营业绩，仅仅是一种"纸上变化"（Paper Change）。显然，持续性会计盈余是公司综合素质和竞争能力的体现，对公司未来收益有较强的预测价值，是高质量会计盈余的重要特征。

收益的稳定性。收益的稳定性是指公司收益水平变动的基本趋势。如果公司某一期收益水平很高，但各期间波动幅度很大，那么高收益就无法说明公司的经营状况良好。稳定性和持续性是两个不同的概念，收益的持续性取决于收益项目的来源，经常性业务带来的收益具有持续性，而偶发交易和事项带来的收益持续性较低。稳定性原则取决于公司的业务结构、商品结构和外部环境等因素。

收益的安全性。收益与风险对称是经济生活中的普遍规律。公司外部环境不确定程度、成本性态、资本结构、管理水平的不同组合导致公司面临不同的风险水平，从而决定公司未来收益的稳定性。风险是影响公司价值的两个基本因素之一，对会计收益质量进行评价必须充分关注公司所面临的风险大小。

鉴于会计收益质量影响因素的复杂性，我们可以从以下几个方面来分析会计收益质量的高低：

分析注册会计师所出具的审计报告。在对审计报告进行分析时，必须关注与可能的收益质量有直接关系的一些审计报告异常。比如审计报告异常的长、含有异常的措辞、提及重要的不确定性、公布的日期比正常的日期晚或者指出审计人员发生变化。这些有可能意味着对于以何种方式反映一些交易，公司管理层和注册会计师的意见不一致。这些不一致通常与那些最终结果具有高度不确定性的交易有关。此外，还必须关注公司更换注册会计师的情况，公司更换注册会计师很有可能与公司管理层降低收益质量的企图有关，因为公司管理层可能会解雇那些不予配合的注册会计师。

分析公司生产经营政策的变化。在收益质量分析中，需要重视公司市场经营政策的变化。例如，管理成本中的广告费用总额与其销售收入之间的相对数的变动应予以警惕，为了能使公司能够达到它的利润目标，这些费用经常被人为调整；又如，应收账款的增长与过去的经验不一致，为了达到收益目标，公司可能正在使用信贷措施来创造销售额，这些销售可能是提供给那些具有较高风险的客户；再如公司毛利率的下降，预示着价格竞争可能正在损害公司，公司成本可能失去了控制，或者公司的产品组合可能正在发生变化。此外，在考虑公司经营政策变化对收益质量的影响时，对于公司核心业务以外的收入来源、一次性偶发收入的增加等都需要谨慎分析，因为它们可能正在侵蚀公司的收益质量。

分析会计政策变化。会计政策的变化可能是公司经济状况发生变化的一个信号，或者进行这种变化仅仅是为了创造更高的收益增长率。例如，无形资产非正常的上升可能是公司当期收入不足以吸收、消化应当归属于当期的开销花费，而对费用进行不当的费用化处理；又如公司发生非正常的大量举债，可能说明公司依靠内部产生的资金已经难以满足目前的资金需要。在进行这类分析时，对那些曾经有过利用会计政策变更达到收益行为的公司应尤为关注。

分析其他非正常事项。收益质量分析是一项高成本的分析性活动，把主要精力集中于最有可能发现收益质量下降的情形，关注那些异常的变动将可达到事半功倍的效果。需要重点关注的异常事项包括：公司已经取得巨大的市场份额，但销售增幅仍然高于行业平均水平；公司业绩让人难以置信的好，这可能同公司特定的销售安排或以创造性的存货转移来制造销售假象有关；公司规模扩展异常迅速，在规模扩展过快的时候，公司的内部控制往往难以满足规模扩展的需求，因此也较难发现会计舞弊行为；商业性应付款项的展期信用与过去不一致，或者比正常的商业信用期间长；冲销或转回引起的准备金减少，这意味着公司可能通过转回准备金来创造利润。

此外，财务报表分析者还可以通过主营业务比率、营业利润比率、非经常性损益比率、主营业务毛利率、主营业务收入现金比率等财务指标对收益质量进行定量分析。

总之，会计收益质量分析是一个极其复杂的过程，也是财务报表分析过程的必要步骤和难点所在，需要结合公司的整体经营环境，综合财务报表、报表补充资料、报表注释、管理层分析与讨论以及审计报告等多方面信息加以分析，并且这个过程具有一定的主观性，因此，对于何谓高质量收益并没有统一的标准。事实上，证券市场对不同收益质量的反应也不是一成不变的。充分了解目前证券市场对公司收益质量的整体要求，有助于对收益质量以及收益质量与获利能力及股票价格关系的深入理解。

四、财务报表分析——搜寻内涵价值的工具

经典研究学派认为公司的内涵价值（Intrinsic Value）是客观存在的，为了使财务报表能够正确地反映出公司的内涵价值，他们致力于根据一套既定的概念框架、原则和目标来推导出正确的会计方法。但是，该学派也承认，由于种种局限（如会计收益与经济收益的背离），财务报表不能完全正确地反映出公司的内涵价值。那么，上市公司的市场价格是否就是其内涵价值？对于此问题，经典研究学派认为市场价格总是以财务报表"面值"做出反应，无法看穿财务报表面值之下蕴含的实质内容，因此，市场价格往往与内涵价值相背离。

虽然财务报表不能直接揭示出公司的内涵价值，但是，理性的投资者可以利用财务报表分析，以财务报告为基础，结合战略分析，全面了解公司经营环境和经营状况，预测公司未来收益，并在此基础上进行时间价值和风险价值贴现，最后评估出股票内涵价值的一个合理区间。

利用财务报表分析估算公司内涵价值对投资决策、信贷决策、管理决策等都具有重要意义。比如在投资决策中，尽管股价高低受到诸多主观和客观因素影响，但归根结底还是要回归于内涵价值。因此理性的投资者可以根据对内涵价值的评估来判断股价是否被高估或低估，进而设计出合理的交易策略。

通过财务报表分析搜寻内涵价值，并以其作为基础的交易行为对证券市场而言是十分重

要的。因为证券市场上对于股票价值往往存在许多不同的观点，其中许多观点是缺乏系统性的思想和非理性的认识，这往往会对投资者产生极大的误导，甚至造成"投机热"（Speculative Mania）和"非理性热"（Irrational Exuberance），使得股票价格过分脱离其内涵价值，从而影响证券市场的资源配置作用。一个典型的例子是 1998 年开始的网络股狂热，美国在线（America Online）的股价从 20 美元涨到了 150 美元，市盈率和价格销售比率分别为 649 和 46 倍，市价总值是通用汽车公司的 2.5 倍。这是美国在线内涵价值的真实反映吗？只需对财务报表进行分析就可轻易发现，按照美国在线当时的年销售收入（31 亿美元），如果保持 8% 的销售收入利润率和 46 倍的价格销售比率，那么 10 年后美国在线的销售收入必须达到 2 910 亿美元，换而言之，美国在线 10 年内必须保持 57% 的销售增长率。稍具财务常识的人就可以发现这样的财务报表预测数字明显不切实际，或者说股票价格已经大大超过了其内涵价值。由此例可见利用财务报表分析搜寻内涵价值在防止"投机热"和"非理性热"中的重要作用。伯恩斯坦（Bernstein）和怀尔德（Wild）在 2001 年曾作出以下精辟比喻：它（财务报表分析）提醒人们在依据过去和现在业绩评估未来潜力时必须注意必要的戒律，它是防止人们陶醉于投机事业的快感中而不断出现错误的卫士。

值得注意的是，内涵价值是一个难以把握的概念。格雷厄姆和多德在《证券分析》一书中指出：内涵价值是一种有事实作为依据的价值，这样的事实包括资产、收益、股息、明确的前景等，它有别于受到人为操纵和心理因素干扰的市场价格。威廉姆斯在其《投资价值理论》中指出：任何股票的价值取决于在资产的整个剩余期间所能产生的、以适当的利率贴现的现金流。虽然内涵价值没有明确的定义，但总体而言，内涵价值是与公司的未来紧密相连的，所以"买股票就是买未来"。

内涵价值的模糊性并不影响其作为财务报表分析的主要目标，因为财务报表分析的主要目的并不是要确定某一证券的内涵价值的"精确值"是多少。而是想以此作为一个"标杆"（Benchmark）判断出市场价格相对于内涵价值是高估还是低估。出于这样的目的，一个近似的内涵价值判断就已足够。换言之，利用恰当的财务报表分析过程搜寻出公司内涵价值的合理区间，显然有助于各种决策判断。

第三节　市场基础研究学派与财务报表分析

经典研究方法缺乏可验证性，因此遭到许多学者的抨击。随着经济理论和财务理论的发展，会计研究的重点从 20 世纪 60 年代中后期开始逐渐转向了对会计信息决策相关性的经验研究。市场基础研究学派（Market-base Research）从财务报表使用者的角度，采取经验主义的研究方法，研究财务报表数据的市场反应，并利用财务报表数据和市场回报（或股价变动）之间可观察的联系探讨会计信息的作用。市场基础学派的兴起，特别是有效市场理论和资本资产定价模型的发展，对财务报表分析行为产生了重大的影响。

一、有效资本市场中的财务报表分析

（一）有效市场假说

有效市场假说（Efficient Market Hypothesis，简称 EMH）在会计研究的发展过程中扮演了十分重要的角色，它与传统会计学中诸多命题的矛盾，导致了会计研究方法的重大变革，促使人们从资本市场的整体来考虑财务信息作用。法玛（1970）将有效市场定义为：如果资产价格完全反映了可获得的信息，则市场有效。詹森（1978）将有效市场定义为：对于一组信息，如果根据该组信息从事交易无法赚取到经济利润，那么市场就是有效的。

一般地说，信息可以分成三个层次：（1）历史信息，如过去几年的股价变动情况；（2）可获得的信息，不仅包括了历史信息，还包括公众从其他公开渠道（如报刊杂志等新闻媒体）等信息源获得的信息；（3）所有可用的信息，除了上述两类外还包含了内幕信息。相应地，市场的有效性也可划分为三种类型：

弱式有效（Weak Form）：现行的证券价格只反映了过去证券价格变动的历史信息。弱式有效意味着过去的系列证券价格不可能用于成功预测未来的价格，投资者无法简单地通过对股票价格等历史信息资料的统计和分析获取超额利润。因此，技术分析被认为是徒劳无益的，因为他们的分析是建立在股票价格历史变动的基础上。

半强式有效（Semi-strong Form）：现行证券价格反映了所有可公开获得的信息。半强式有效对财务报表分析有两方面重要意义：首先，财务报表并非投资决策的唯一信息来源；更重要的是，财务报表分析者无法获得交易优势，因为所有的财务信息一经公开就迅速而且正确地反映在证券价格中。这直接对利用财务报表分析发掘证券的内涵价值的有效性提出了质疑和挑战。

强式有效（Strong Form）：现行证券价格反映了所有信息，包含内幕信息。在强式有效的市场上，投资者对所有的信息都有完美的反应能力，作为所有投资者对这些信息的综合反应，市场价格也及时、正确地进行了调整，即使是内幕信息拥有者也无法获得超额利润。但目前为止，各国证券市场均未出现这样的理想环境。

（二）有效市场中财务报表的价值相关性

有效市场中财务报表信息是否具有价值相关性？对这一问题的解答关系到财务报表分析在有效市场中是否能够发挥作用。尽管经典研究学派从理论上探讨了财务报表信息的价值相关性，但他们的研究缺乏相关经验证据的支持。因此，市场基础研究学派在此方面进行了广泛的经验研究，积累了大量的经验证据，填补了许多理论空白，澄清了不少认识误区。

鲍尔和布朗（1968）开创性地研究了会计盈余与证券价格（回报）的关系。他们将公司样本区分为好消息和坏消息两组，如果某一公司的已报告盈余（Reported Earning）高于时间序列预测模型的预期盈余，则为好消息公司，反之为坏消息公司。结果显示，好消息公司平均得到了一个正的异常回报，坏消息公司则得到了负的异常回报，会计盈余与市场回报明显相关。鲍尔和布朗的研究令人信服地证明证券的市场价格会对财务报表信息（至少是净收益信息）做出反应。

鲍尔和布朗的研究开了会计界资本市场实证研究的先河，并引发了随后20多年的经验会计研究的高潮，研究重点主要集中在财务报表（特别是盈余）的信息含量。盈余的信息含量检验主要是通过证券市场对盈利公布的反应和证券市场对预期盈利偏离（异常盈利）的反应进行衡量，检验程序主要包括计算不同盈利计量方式所产生的累计异常回报（Cumulative Abnormal Return，CAR）。比如，Beaver和Dukes（1972）研究了采用递延税款法和不采用递延税款法下不同盈利数据的信息含量。

比弗、克拉克和赖特（1979）通过对盈余变动幅度的研究扩展了鲍尔和布朗的研究。他们按照盈余变动的幅度建立了25个投资组合，结果发现盈余变动的幅度与证券价格变动幅度显著相关。

尽管大量的研究都集中于证券价格与会计盈余之间的关系，但也有一些学者另辟蹊径，研究了资产负债表数据与证券价格之间的关系。巴思、比弗和兰兹曼（1993）发现资产具有显著的正相关系数，而负债具有显著的负相关系数。这些系数随着资产负债的不同项目而改变，例如银行贷款中的非经营性资产（如长期拖欠的贷款、由于财务困难而进行重组的贷款等）的相关系数要显著低于其他部分的系数。

还有证据表明，未记录的资产和负债也会在证券定价中得到反映。兰兹曼（1986）、巴思（1991）以及巴思、比弗和兰兹曼（1992）的研究发现，市场对退休金资产和负债的未确认部分（未记录但在附注中披露）也会进行定价，证券市场的定价方法表明它将退休金资产看做是公司的资产，而将退休金债务看成是负债。

如果将资产负债表项目和净盈余结合起来，将能够更好地解释证券市场价格的变动。巴思、比弗和兰兹曼（1996）进一步发现，资产负债表和利润表的相对重要性因行业和财务情况的不同而异，比如存在重要但难以在资产负债表中确认的无形资产的行业，如高科技行业，利润表就显得相对重要；而对于无形资产相对较少的行业，如金融业，资产负债表则更为重要；对于其他行业如易腐品生产商而言，两张财务报表的重要性差不多。同时，随着公司财务困难程度的加剧，资产负债表的相对重要性增加，净收益的相对重要性降低。科林斯、梅迪和韦斯（1996）发现，大量的暂时性、一次性费用的出现会降低利润表的相关系数。这些研究成果无疑为确定财务报表分析的侧重点提供了很好的启示。

值得注意的是，许多研究证据表明，财务报表的附注信息同样能够影响证券价格。虽然附注信息没有被放在一个显著的位置，而且其内容往往较为复杂和难以理解，如退休金计划、金融工具的公允价值等信息，但许多研究都证明了这些未在财务报表中得到确认的信息也在证券市场定价中得到反映。比如巴思和麦克尼科尔斯（1994）指出，市场在评估公司和负债时突破了财务报表的范围。

总而言之，财务报表的信息含量研究显示出现行的财务报告体系的各个组成部分均有不同程度的价值相关性，这对于财务报表分析具有重大意义，因为作为财务报表分析的生产投入要素，如果财务报表缺乏信息含量，那么进行财务报表分析将是徒劳无益的。可以说，财务报告的价值相关性是财务报表分析有效性的基本前提，而众多经验证据有力地支持了这一基本前提。

（三）有效市场的相对性及其对财务报表分析的启示

有效市场理论说明证券市场本身就是一位相当精明的分析师，因此"财务报表万能论"显然是幼稚的，并非所有的分析行为都是有效的，要想战胜市场，获得超额回报，仅凭有限的信息源、简单的分析步骤、机械的比率计算显然是不够的。但是，有效市场假说往往容易导致另一极端的误解：有效市场中的财务报表分析是毫无价值的，因为所有的信息都已反映在了价格中。这种"财务报表分析无用论"实际上是有效资本市场假说的神话论。证券市场是有效的，但其有效性只是一个相对的概念，正如著名投资家沃伦·巴菲特所指出：由于人们正确地观察到市场经常是有效的，由此得出市场总是有效的错误结论。实际上，"这两个命题之间的鸿沟就像是黑夜与白昼一样分明"。完全有效的市场就像是无摩擦的世界，只可能是一种理想状态。

许多学者从信息成本入手，探讨了市场有效性的相对性。Foster（1979）指出的：公众可以消化的信息量和消化程度取决于他们愿意承担的交易成本（包含信息成本）。投资者不可能为了获得更多的信息而全然不顾信息成本，因此他们不可能100%地消化所有信息，因此不能指望市场完全有效。格罗斯曼和斯蒂格利茨1980年发表的《论信息有效市场的不可能性》进一步探讨了这个问题，并提出了著名的"格罗斯曼—斯蒂格利茨悖论"：如果市场完全收集了市场参加者的私人信息，个人需求将不再依赖他们自身所拥有的信息，但是这时市场又如何可能完全收集所有个人的信息呢？换言之，假设证券市场在信息方面是完全有效的，这意味着在任意一个指定时期内，证券价格反映了有关股票的所有信息，那么每个市场参加者都有理由相信证券价格是合理的，因此，将没有人有积极性去搜寻新的信息；如果没有人搜寻新的证券信息，也就没有任何新的证券信息出现，而没有新的证券信息出现就意味着证券市场在信息方面并非有效。因此，该结论与上面的假设相矛盾。"格罗斯曼—斯蒂格利茨悖论"表明了由于信息成本问题导致了完全有效市场的不可能性。

市场异常现象的存在从经验证据上支持了完全有效市场的不可能性。Scott（2000）认为，行为金融学、公布后漂移、财务比率的市场效率、应计项目的市场反应都对EMH是否真正成立提出质疑，并将投资者行为与有效证券市场理论相互矛盾的情形称为有效证券市场异常（Efficient Securities Market Anomalies）。例如，Ou和Penman（1989）以16个财务指标构建的预测模型作为投资策略，在扣除交易成本前，其投资回报在两年内比市场整体回报高出14.53%。这一结果出乎意料，因为根据EMH，任何人都不可能利用高超的分析技术赚取超额回报。Ou和Penman的研究如果还不足推翻EMH，至少说明证券市场并没有完全消化财务信息所包含的全部信息。

以下列示了一些典型的市场异常现象：

公布后漂移：有效市场假说认为信息一旦公布，其信息内涵应当立即为证券市场所消化并反映在证券价格中，信息公布之后，不应当有进一步的市场反应。而经验证据表明，股价对信息的反应是在相当长的时期内持续进行的，而非"立即"反应。实际上在鲍尔和布朗1968年的开创性研究中就清楚地显示了公布后的漂移现象。伯纳德和托马斯（1989）也探讨了这一问题，他们对 1974～1986 年间的大量公司样本进行了考察，发现如果在盈利公告日买入利好公司股票并卖出利空公司股票，并持有 60 天，则在扣除交易成本前可以获得年均 18% 的回报。伯纳德和托马斯的研究成果显示出市场并非想象中那样"聪明"，是对市场有效性的重大挑战。

Brilloff 效应：Brilloff 教授定期公开批评一些上市公司的财务报表，而随后这些公司的股价往往会大幅下挫。由于 Brilloff 的批评都是基于公开可获得的信息的，这表明批评公开前的股价似乎没有完全反映可公开获得的信息。

价值线公司效应：价值线投资服务公司的投资回报一直高于市场平均水平，这说明证券市场并非那么有效。

规模效应：小规模公司的市场表现往往好于大公司，即使是在考虑风险回报后仍是如此。据此投资者投资一个小规模公司的组合是一个合理的投资战略。

市盈率：低市盈率的公司在证券市场上的表现往往好于大公司，即使是在考虑风险回报后仍是如此。据此投资者投资一个低市盈率公司的组合是一个合理的投资战略。

面值市价比。Fama 和 French（1992）发现面值市价比率越高，月回报就越高。这表明应投资于高面值市价比的公司。

市场反应过度的反向策略：Debondt 和 Thaler（1985）发现，如果按照前 5 年的股价表现对股票进行排列，那么，在随后的三年中，前 5 年表现最差公司组合反而超过了前 5 年表现最好的公司组合。这意味着市场存在过度反应，投资者可以通过购买最近市场表现不佳的公司，出售最近市场表现出色的公司来获利。

上述市场异常现象对财务报表分析活动有重要的意义，对上述市场异常现象的解释同财务报表分析下资本市场中的作用有密切联系。比如，规模效应可能是由于跟踪大公司的分析人员比跟踪小公司的分析人员多得多，因此，并非所有有关小公司的公开消息立即反映在股票价格中，这就为通过及时分析信息以获取异常回报留下了空间，而且分析这些较不受关注的公司需要更多的成本，因此，小公司组合的超额回报也是一种补偿；Bartov、Radhakrishnan 和 krisky（2000）发现拥有大机构投资者的股票，其公布后漂移现象比较不明显，这可能是由于大机构投资者具有较强的信息分析能力；再解释 Brilloff 效应时，Foster（1979）认为 Brilloff 所拥有的丰富会计知识和较强的分析能力在某种意义上也是一种非公开信息，因此并不违背市场有效性（半强式）；价值线公司是根据"盈利动力"（Earning Momentum，即季度盈利变化趋势）和"盈利惊奇"（Earning Surprise，即实际盈利和预期盈利的差别）对公司进行排名的。这样的方法属于技术分析还是基本分析仍值得讨论，但它至少证明采用优越的信息分析方法是可以战胜市场的。

由上分析可见，完全有效市场只是一种理想状态，现实中的资本市场只能是相对有效。因此，期望市场能够全面、充分、正确、及时地发掘出财务报表中所有的信息含量是不现实的，或者说这样做成本太高。而且市场的有效性不仅依赖于信息的可获取性，还依赖于对信息的正确解释，也就是说即使在某一时点，所有可获得信息都反映在价格中，价格也未必正确反映了其价值，因为市场总体对信息的解释可能存在错误，从而导致证券价格被高估或低估。因此，现实中的相对有效市场显然存在足够的空间使财务报表分析成为一项价值发现活动。

实际上，有效市场的概念并没有对财务报表分析的价值"说长道短"，无论是其定义还是与市场效率相关的经验证据，都丝毫没有涉及信息反映到价格中的复杂过程，而这一复杂过程很大部分是由财务报表分析来完成的。正是有足够的财务报表分析行为，才使得难以理解的复杂会计信息成为普通投资者可以利用的信号，从而在市场价格中得到反映，这无疑将提高证券市场的有效性。证券市场有效程度的提高反过来又对有效的财务报表分析行为提出了更高的要求。这样，有效市场便与财务分析形成了良性互动关系。

（四）有效市场假说对财务报表分析的含义

1. 有效市场假说对财务报表分析信息源的扩展

经典研究学派认为财务报表使用者机械地以财务报表面值来接收信息，也即存在一定的"功能锁定"现象。它假设财务报表是唯一的信息源，财务报表使用者无法接近其他信息源，因而不会对备选会计方法对财务报表的影响进行调整。按照这种"机械性"假说，市场可能受到会计程序选择（无论是否影响现金流）的规律性干扰，从而被"愚弄"。简言之，可增加盈利的会计政策变动也必然伴随着股价上升，反之亦然。鲍尔（1972）将其称之为"垄断性假说"，他认为：人们通常假定，会计人员对市场上使用的会计数据拥有一种垄断的影响力。因为不存在任何其他竞争性的信息渠道，或者即使存在也不会得到利用。

相比之下有效市场假说中的市场显然要聪明得多。鲍尔和布朗的经典研究中就显示了信息源的多样化，他们研究中的异常市场反应在盈余公布的前一年就开始了，而且，盈余消息公布本身并没有多大的信息含量。鲍尔和布朗估计大约有80%~85%的异常市场反应是在年报公布前。这意味着虽然会计盈余可以衡量公司的经营业绩，但由于有其他更为及时的信息源的存在（如媒体、政府报告、行业协会、财务分析师报告、管理层声明、公司中期报告等，甚至包括价格本身），等到确切的盈余信息被公布时已经没有多大的市场影响了。因此，市场研究学派认为现行市价反映的是所有可公开获得的信息，而会计信息只是众多影响股价的信息源之一，会计方法的变动不会影响股价（除非会计方法的变动对现金流量有影响）。

既然存在众多影响股价的信息源，恰当的财务报表分析就不应当只局限于财务报表这一信息源，而应当充分发掘公司内部、外部信息源。内部信息源包括：会计信息；统计与业务信息；计划及预算信息等。而外部信息源则包括：国家经济政策与法规信息；综合部门发表的信息；中介机构信息；媒体信息等。

此外，根据相关调查显示：22%的投资者非常需要财务信息，财务信息和非财务信息评分价值分别为1.93和1.88，两者价值非常接近。由此可见投资者不仅需要财务信息分析，而且非常关注非财务信息分析，这是恰当财务报表分析所不应忽略的。非财务信息是指不以货币为主要计量单位，不一定与公司财务状况相关，但与公司生产经营活动有密切联系的各种信息。对非财务信息的分析一般应包括：公司生命周期分析，公司处于不同的生命周期阶段，其财务报表都会呈现出不同的特点；公司竞争战略分析，当两家公司的财务报表具有完全不同的结构特点时，很可能是由于他们实施的是不同的竞争战略；经济政策信息分析，国家一定时期的宏观调控政策对公司经济活动可能产生重大的影响；行业信息分析，行业获利能力的高低将对公司的盈利状况产生直接影响；市场环境信息分析，各公司面临着不同的市场环境将使公司的财务活动和经营活动受到不同的影响和制约；人力资源信息分析，人力资源信息是公司取得成功的关键，也是公司未来现金流量和市场价值的动力所在。在预测公司的发展前景时，必须关注公司的人力资源信息。

虽然信息众多，但财务报表信息拥有自身的特有优势。对于会计信息对股价的重要性，Beaver 曾以饼分图进行解释，如图 1 - 1 所示：

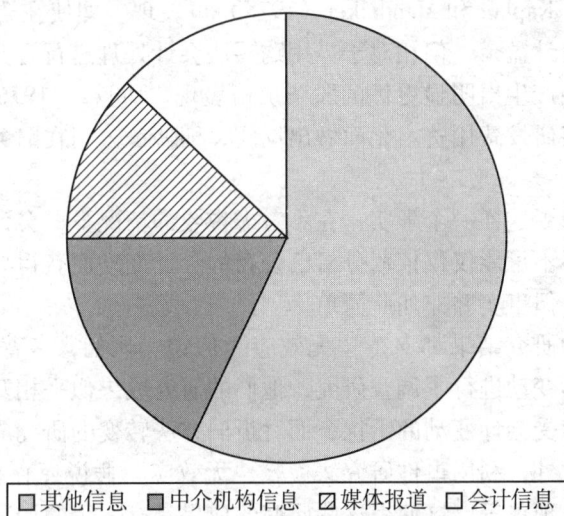

其他信息　■ 中介机构信息　☑ 媒体报道　□ 会计信息

图 1 - 1　会计信息与其他信息源的关系

该饼分图代表了能够改变或影响股票价格的信息源集合，而会计信息只是饼分图中的一块，然而，该饼分图是由许许多多小块组成的，并没有哪一部分特别的大。这一方面说明会计信息不能"决定一切"，因为它只是所有信息源中的某一部分；另一方面也说明会计信息十分重要，因为它们所占的那一部分至少与饼分图的任何其他部分一样大，特别是以会计信息披露的频率来考虑价格对此信息源的反应时更是如此。此外，其他数据也可能是同会计信息相关的信息源，如果投资者足够重视会计信息，他们就会试图去挖掘其他的信息源来解释现有的会计信息，或预测未来的会计数据，这样，在会计信息的指引下，更多的信息源得以被发掘。

2. 有效市场中的会计政策分析

在有效市场理论提出之前，财务报表被视为是关于公司财务状况的唯一信息来源，而且投资者处理会计信息的成本巨大，这使得管理层可以通过选择不同的会计程序所产生的数据无法加以区分或者调整，这使得公司管理层可以通过选择不同的会计程序达到操纵股价和转移财富的目的。换而言之，会计收益与股价之间存在着一定的机械关系，不管会计政策的变更对现金流量是否有影响，增加会计收益的会计政策变更会导致股价上涨，反之亦然。这也被称之为"机械性"假说。

而有效市场理论的提出则认为市场能够无偏好地对包括会计政策变动在内的所有信息做出反应，在没有税收的条件下，会计政策变动不会影响股票价格。因此，只要公司披露其所选择的会计政策，以及有关从一种会计方法转变为另一种会计方法的附加信息，那么不管公司实际选择哪种会计政策，市场都能清楚审视出最终的现金流量和股利，因此，有效市场不会被不同的会计政策所"愚弄"。这也被称之为"无效应"假说。

针对有效市场中的会计政策变更是否会引起市场反应，众多学者进行了相关的检验。Archibald（1972）检验了公司将加速折旧法改为直线折旧法时对股价的影响，结果发现尽管直线折旧法下的会计盈余大于原来加速折旧法下的会计盈余，但是股价并未对会计盈余的增加做出反应。Hong、Kaplan 和 Mandelker（1978）也发现，即使在合并中采取权益结合法会得到比购买法高的会计盈余，但相对于采用购买法会计处理进行合并的公司而言，采用权益结合法的公司并不能产生出明显更优的股票价格表现。Dukes（1976）发现股票价格似乎会随着投资者精确地将研发费用资本化而做出反应，即使该公司在财务报表中将研发费用全部费用化。

上述研究似乎证明了这样一个事实：在不考虑税收的情况下，会计方法的选择与公司价值无关。因此，投资者不可能仅仅依赖分析已公布的会计变动而获得异常回报，因为市场早已做出了相应的调整。但事实并非如此简单。

首先，并非所有的研究结果都支持"无效应"假说。比如，卡普兰和罗尔（1972）对不影响现金流量的会计变动进行了调查研究，他们的研究成果似乎相互矛盾：对投资减免税的研究成果表明市场深受会计变动的干扰，而对折旧方法转变的研究成果却表明市场不受折旧方法转变的干扰。此外，利用事件研究法检验"无效应"假说还存在着一些方法论问题，比如选择性偏见、群集现象等，这使得这些研究的成果具有一定的局限性。

其次，在会计政策选择理论方面，还存在着两种重要的竞争性理论：实证会计理论和经济后果理论。经济后果理论认为财务报表不仅仅反映特定决策的结果，而且还能够影响公司管理层或其他人员所做出的真实决策，因此，"不论有效证券市场理论的含义如何，会计政策的选择会影响公司的价值"。也即经济后果理论认为会计政策选择具有经济后果，虽然可能不影响公司现金流量，但却能够影响公司的价值及其股票价格。

由此可见，学术上对会计政策的选择是否影响公司价值仍存在激烈争议。有效市场假说认为会计政策选择不影响公司的现金流量和公司价值，证券市场能自发调节并形成洞悉一切的无偏见的股票价格；而经济后果理论则认为会计政策选择具有经济后果，影响公司价值。实证会计研究结果更倾向于经济后果理论。如前所述，完全有效的市场只是一种理想状态，现实中存在着信息成本不为零、信息不对称等问题，因此市场难以具备完全看透公司价值的能力。这显然较为符合投资大众的主观经验，因为现实生活中公司管理层利用会计政策选择欺骗市场，造成股价与真实价值严重背离的案例屡见不鲜，功能锁定（Functional Fixation）和幼稚投资者（Naive Investor）现象极为突出，大量投资者不能察觉到某些会计变更"化妆"本质，而仅仅"盯住"最后一行的净收益数字，从而导致市场被会计政策的变更所愚弄。特别是在现行的以会计准则作为规范公司会计政策的模式下，对某一经济事项的会计处理往往有很多种备选的会计处理方法，这时公司往往会借助与形式多样的会计政策选择实现对自己有利的经济后果。比如：改变折旧政策，通过延长固定资产折旧年限，降低折旧费，从而增加当期的账面利润，同时又可以高估资产价值；调低坏账准备率，减少当期费用，增加账面利润，同时夸大应收账款可实现价值；存货计价方法变更；选择那些能将本期会计利润递延到未来期间的会计政策，以降低或递延税负。

因此，即使是在有效市场中，对会计政策选择进行分析仍然是十分有必要的。以下问题有助于财务报表分析者评价公司会计政策选择的恰当性：

（1）公司选择的关键会计政策与行业是否一致？若不一致，是因为公司的经营战略与众不同，还是其他原因？比如当公司报告了低于行业平均水平的产品保修准备，那么分析人员应当判断是由于公司将高质量作为竞争基础抑或是公司低估了其产品保修负债？

（2）公司管理层是否存在利用会计弹性进行盈余管理的强烈动机？例如，公司是否处于违反债务保证条款的边缘？经理人员实现以报表数据为基础的奖金目标有困难吗？股票期权计划是如何设计的？公司是否正在准备发行新股（IPO）或配股（SEO）？

（3）公司是否变更会计政策和估计？理由是否充分？影响如何？例如，计提的保修费用下降是由于公司为了提高产品质量而进行了大量投资吗？

（4）公司过去所采用的会计政策和估计是否合乎实际情况？例如，某年度对购入商誉的巨额冲销可能意味着以前年度预计商誉费用化的时间太长。

（5）公司是否为了特定会计目的而进行交易设计或从事缺乏商业理由的交易？比如是否为了确认收益而将非货币性交易拆分成一个销货交易和一个购货交易；或者通过对租赁期长短的设计使租赁业务符合销售型租赁的要求等。

当然，在会计政策进行分析时还应当注意以下问题：

稳健的会计政策并不等同于"好"的会计政策。财务报表分析者应当致力于以客观公正的立场评估公司财务报表信息对基本经营现实的反映程度，从这一角度而言，过犹不及，过于稳健的会计政策同过激的会计政策一样具有误导性。此外，稳健的会计政策往往是公司管理层进行盈余管理的"漂亮借口"。

非正常的会计政策并不等同于有问题的会计政策。尽管不符合惯例的会计政策可能使公司的经营业绩难以与其他公司业绩相比较，但如果公司的经营活动的确存在与众不同之处，那么选择非正常的会计政策就是可以理解的。因此，联系经营战略来评估公司的会计选择很重要。

会计政策的异常变化并非一定意味着盈余管理。会计政策的变化可能是经营环境变化的恰当反映。例如，坏账准备计提政策的变化可能是由于公司的客户定位发生变化；存货的异常增长可能是公司正准备销售新产品；应收账款的异常增长可能是由于公司销售战略发生了变化。因此，考虑会计政策变更的所有可能解释，并利用各类信息加以印证，对财务报表分析者而言至关重要。

由上分析可见，会计政策分析是一个极其复杂的过程，有人形象的将其比喻为"剥洋葱"（Peeling Onion）。会计分析的核心是理解公司经营情况的实际情况，但财务报表所展示的只是洋葱的最外层，只有对公司会计政策选择进行进一步理解，才能够不断接近公司经营情况的真相。

3. 有效市场中的价值发掘

数据发掘（Data Mining）指的是在庞大的数据库中寻找出有价值的隐藏事件，借由统计及人工智能的科学技术，将资料作深入分析，发掘其中的真相。财务报表分析就类似于数据发掘，在纷繁复杂的报表数据中搜寻出公司的内涵价值信息。

　　财务报表分析关注的是财务报表中与投资决策相关的信息，分析的重要目标之一就是搜寻公司的内涵价值，并试图发现错误定价的证券。传统的分析基本认为：公司的内涵价值包含于会计信息之中，股票价格往往围绕其内涵价值波动。因此，投资者可以通过财务报表分析来搜寻公司的内涵价值，并以此作为一个标杆，以判断股价的高估或低估。股价最终是要回归于内涵价值的，因此根据股价同内涵价值的对比而设计的投资策略是可以获得异常回报的。

　　但按照有效市场假说，市场价格已经包含了所有可获得的信息，为什么证券的价格与其价值还会发生偏离？原因可能在于以下几点：

　　信息不对称的存在阻碍了某些信息在价格中的反应，例如内幕信息，而财务报表分析专业人员所具备的专业知识和分析能力也属于内幕信息。

　　已反映在价格中的某些信息可能是错误的，比如一些小道消息，或者是公司管理层对财务报表的精心粉饰"欺骗"了市场。

　　噪音交易者的存在。市场上某些投资者的买卖决策并非建立在对相关信息的理性评价的基础上，他们的决策往往是随机做出的，如因急需现金而抛售股票，而非因为对未来收益预期的降低。他们的随机买卖决策同样会对市场价格造成影响，从而造成错误定价。

　　证券价格对信息的充分反应往往有一段时间差，那么就可能存在暂时性的定价错误。

　　市场价格遵循"少数服从多数"原则，反映出的是大多数投资者的意见，但真理有时掌握在少数人手里。正如行为金融学所指出的，证券市场上的投资者往往会"系统性"地犯错，而市场价格也将无偏地反映出这种系统性的错误。

　　研究证据表明，即使在证券市场最为有效的美国，也存在系统性的错误定价现象，而且定价错误的程度足以补偿投资者（特别是机构投资者）为了发现这些不当定价证券所支付的信息收集、分析等交易成本。

　　由此可见，股价并非完全等同于公司内涵价值，证券市场上的确存在错误定价现象。事实上，正是努力寻找错误定价证券的财务报表分析者促使了证券市场的有效。试想一下，在一个不存在证券定价错误的完全有效市场，有谁会愿意花费成本去进行财务报表分析？人们只需简单地以市场价格作为交易指示器，价涨则买，价跌则抛。最终的结果将导致价格完全失去信息含量，市场失效。打破这种"死循环"的关键在于必须有一群质疑市场有效性的人，他们坚信自己能挖掘出未充分反映在价格中的信息，发现错误定价的证券从而获利，因此他们有花费成本去获取和分析信息来战胜市场的动力。有效市场并不要求每一个投资者均认为市场是有效的，相反，可能许多人认为市场是无效的，这可能是因为：（1）单个投资者往往只关注到了价格所反映的信息中的某一部分，他们根据不完全的信息进行估价时就会同市场价格发生偏离，这会使他们以为市场定价发生了错误。（2）每个投资者都有自身的盈利预期，而且往往不同于市场的盈利预期，那么，当实际盈余公布时，个人和市场的反应就会存在偏差。例如个人认为每股盈利可能高于上年10%，而市场预期为20%，那么当实际盈余高于上年15%，市场可能将其解释为坏消息，并做出股价下跌的反应，而对个人而言则是好消息，他所观察到的股价变动就是"无效"的。

　　而证券分析师便是这样一群人，职业利益所在促使他们强烈反对市场的有效性。现代证券市场的大理财家巴菲特和索罗斯都不相信有效市场理论，从世界九大投资基金经理的投资理念来看，他们也都不大相信有效市场理论。巴菲特就曾说过：劝人们相信股价反映了公司的一切信息，等于叫人打牌时不看牌就出牌一样荒谬。正是由于证券分析师对市场有效性的不屑，所以他们有动力去获取并分析信息以期战胜市场，获得超额回报率。这样的行为有时候显得极为成功，这将诱使更多的人加入同市场"作战"的行列。这些基于"反市场"的行为却恰恰不断地将各种信息反映到价格中，推动了市场的有效性，减少了市场上的不当定价证券，使市场价格进一步回归于其内涵价值。

二、资本资产定价模型与财务报表分析

（一）资本资产定价模型

现代组合理论的主要内容是资本资产定价模型（CAPM），该模型展示了证券的预期回报与风险之间的关系。按照 CAPM 模型，所有的公司特有风险均可以通过分散投资组合予以规避。因此，承担公司特有风险无法为投资者带来更高的回报，而只有系统风险才能为投资者带来超额回报。也就是说"高风险高回报"只适用于系统风险。经验证据表明，对于分散程度较好的投资组合（30 只股票以上）而言，85% 的股价波动取决于系统风险。资本资产定价理论认为，一项投资所要求的必要报酬率取决于以下三个因素：（1）无风险报酬率；（2）市场平均报酬率，即整个市场的平均报酬率，如果一项投资所承担的风险与市场平均风险程度相同，该项报酬率与整个市场的平均报酬率相同；（3）投资组合的系统风险系数即 β 系数，它代表某一投资组合的风险程度与市场证券组合的风险程度之比。CAPM 模型说明了单个证券投资组合的期望收益率与相对风险之间的关系，即任何资产的期望报酬一定等于无风险利率加上一个风险调整，后者相对整个市场组合的风险程度越高，需要得到的额外补偿也就越高。

（二）CAPM 对财务报表分析的含义

1. 盈利分析与风险分析并重

CAPM 模型显示出公司的价值不仅受到未来盈利能力的影响，而且与风险紧密相关。因此，财务报表分析不仅应当关注公司未来的盈利能力，还应当关注对风险的衡量和预测。法玛和米勒（1972）指出公司的 β 可以表述为公司现金流量与现金流量市场指数之间协方差的一个函数。如果将会计盈余视为现金流量的替代量，那么理论上就可以利用会计盈余估计公司风险。鲍尔和布朗（1969）的研究证明了会计 β（公司的盈利与盈利的市场指数之间的协方差除以盈利的市场指数的方差）与市场 β 之间的确存在着显著的相关性。值得注意的是，会计盈余并非财务报表中有助于衡量公司风险的唯一变量，财务杠杆、经营杠杆等财务比率也有助于估计公司的风险。由此可见，利用财务报表分析衡量公司风险是可能的。其他研究则显示出以财务报表分析数据为基础的风险衡量指标对于 β 有很强的预测能力，比如比弗、凯特勒和斯科尔斯（1970）利用财务报表计算出了与风险度量相关的一些财务比率，

如股利发放比率、财务杠杆、盈利变化和会计 β 等，他们发现这些财务比率在预测 β 时十分有效。虽然许多学者对 β 与回报之间的相关性提出了质疑，甚至提出"β 已死"的悲观观点，但造成这种情况的重要原因可能在于缺乏对 β 的正确计量，而利用财务报表信息来提高 β 估计的准确性无疑是拯救 β 的一剂良方。另一些研究人员干脆认为以财务报表分析数据为基础的指标是比 β 更好的风险计量指标，如权益的账面价值对市场价值比率、市盈率、财务杠杆等。Dhaliwal（1986）的研究进一步发现，根据表外信息对债务/权益比率进行调整后，其对 β 的预测能力显著加强。这说明了恰当的财务报表分析在预测和衡量风险方面是可以发挥作用的，通过会计政策选择、异常项目、表外信息等因素的调整，我们可以进一步提高财务报表数据的风险评估、预测能力。

2. 财务风险与经营风险兼顾

公司经营总是在风险与机遇的权衡中寻找发展的机会，随着经营环境日趋复杂，公司所面临的风险种类日益增多。总体而言，公司面临的风险通常可以分为两类：财务风险和经营风险。公司在经营过程中不可避免的伴随着上述两种风险，因而公司有必要采取措施加以防范，如改变资本结构以降低财务风险，适当的多元化经营以控制经营风险等。由于各类风险对公司的影响或多或少会在财务报表上有所体现，因而财务报表分析在风险防范中的作用十分重要。此外，财务报表分析人员还可以通过对公司财务报表和相关资料的分析，及早发现公司发生财务危机的各种征兆，以避免发生损失，也就是财务预警分析。

第四节 实证会计研究学派与财务报表分析

实证会计研究学派（Positive Accounting Research）同样关注会计数据的市场反应，但他们从两个方面扩展了研究范围。首先，实证会计理论不仅考虑会计数据的市场反应，还考虑了深受财务报表信息影响的契约环境，如果公司管理层薪酬计划、债务契约、政治成本等；其次，实证会计理论意识到既然财务报表信息会对上述环境造成影响，那么会计信息系统就不单单只是衡量决策的结果，而是会对决策行为造成影响，这种反作用力可能会影响公司管理层的经营决策和会计政策的选择。

一、代理理论与实证会计理论

所谓的代理关系指的是"一个或若干委托人聘用其他个人（代理人）代表他们从事某种活动的一种契约关系，其中包括授予代理人某些决策权。"（Jensen 和 Meckling，1976）。委托人和代理人都被假定为只受自身利益激励，但同时也意识到他们的共同利益。代理人尽力最大化其可以获取的契约收入，但受制于必要的努力水平；委托人尽力最大化使用资源所带来的报酬，但受到支付给代理人费用水平的影响。这些利益冲突被认为只有通过签署双方都同意的契约才能达到均衡状态。在给定隐含自利动机的前提下，契约促使成员同意一系列合作行为。因此，公司被视为"契约的结合体"，在此基础上的契约成本理论认为财务报表信息可以通过监督和执行这些契约来降低某种利益冲突的代理成本。比如公司的债券持有者和股票持有者之间存在利益冲突，这可能要求通过借款协议中的限制性条款，定义一些计算财务报表数据的计量规则；而高管人员的报酬合同也可能需要使用财务报表数据。因此，契约成本理论将会计政策选择视为实现公司价值最大化过程的一部分。实证会计理论的中心问题就是，在代理和契约成本假设的指导下，确定什么因素可能会影响到会计政策的选择。

根据有效市场理论，不影响现金流量的会计政策选择对证券的价格不会造成影响。但实际情况是财务报表使用者的三个主要群体（管理者、政府和投资者）确实对会计政策变化做出了反应，即使这些变化不影响现金流量。人们将这样的现象归结为会计信息的经济后果，也就是说，不论有效证券市场理论的含意如何，会计政策的选择会影响公司的价值。有人将其形象比喻为"尾巴摇狗"现象。对经济后果的进一步研究促使了实证会计研究的发展。

二、实证会计理论的三大假设

（一）报酬计划假说

根据报酬计划假说，公司管理层的报酬水平取决于其经营表现。而管理人员薪酬计划往往将财务报表数据视为衡量其经营表现的标杆。因此，选择较为激进的会计政策，将报告收益从未来期间提前至当期，从而提高自身薪酬水平是最符合管理人员利益的。

但是，报酬计划假说并不仅仅是"提高会计盈余"这么简单。Watts 和 Zimmerman（1990）认为薪酬计划假说并不总是促使管理人员提高会计盈余，如果会计盈余低于可发放奖金的最低标准，管理人员就可能反其道而行之，减少当年的盈余，通过这种"洗大澡"来增加下年的盈余和可能的奖金，而当盈余符合标准时，管理人员也没有动机再增加盈余。Healy（1985）也发现当盈利水平低于最低标准或高于最高标准时，公司管理层都没有动机改变当期会计政策。他们的研究都显示出公司管理层选择不稳健会计政策的目的并非为了"欺骗市场"（有效市场下是不可能的），而只是为了通过得到较高的会计盈余来提高公司管理层的报酬水平。

（二）债务契约假设

债权人最关心的是保证本息的支付，因此，他们往往会限制借款人的股利支付、股票回购、债务发行等。这些限制通常是以会计数据、会计比率为标准的，如营运资金水平、利息保障倍数、净资产等。会计政策的选择将极大地影响上述会计数据，从而决定公司是否构成技术性违约。债务契约假说认为公司管理层有动机通过会计政策的选择尽量减小违约的可能性，比如债务/权益比例较高的公司往往选择可以增加当期收益的会计政策。

（三）政治成本假说

政治行为可能导致公司的成本增加。当政治家和监管者可以通过增加别人的成本来增进自身福利时，他们通常会这么做。财务报表数据在此过程中起了很重要的作用。如果会计盈余表明某公司或行业获得了超额利润，则可能面临价格管制压力或被征收高额利润税。因此，可能受影响的公司就有动机通过选择会计政策来减少报告盈余，从而降低政治风险。比如当石油危机导致油价狂涨时，一些石油公司就通过提取环境成本准备和资产减值准备等手段降低盈余。同样，出于税务方面的原因也可能诱使公司管理层选择降低报告盈余的会计方法。通常认为大型公司较容易受政治成本和压力的影响，因此公司规模越大越有可能选择会计政策来降低利润，减轻政治压力，比如在石油开采业中，大公司往往选择成本法，而小公司往往选择完全成本法。

三、实证会计理论与财务报表分析的复杂性

早在 1953 年 Heyworth 就观察到 "……有多种会计技术被用来影响连续会计期间内净收益的分配……，其目的是为了均衡或抹平期间净收益波动的振幅"。Monsen 和 Downs（1965）也指出：相对于波动幅度较大的高平均收益，公司管理层更倾向于偏好收益和增长率的稳定性。Gordon 在此基础上，根据委托—代理理论和理性经济人假说，列出了四个命题：（1）公司管理层选择会计政策的标准是其效用或财富最大化；（2）公司管理层效用最大化是指其增加了：工作的安全感、管理的收益水平和增长率、公司规模的水平和增长率；（3）公司管理层是否能达到效用最大化目标部分地依赖于股东对公司业绩的满意程度；（4）股东所满意的是平均收益增长率以及稳定情况下的公司增长。他认为如果上述四个命题成立，那么在可允许的会计规则之内，公司管理层就会平滑报告收益或平滑收益的增长率。因此 Gordon 得出以下结论：如果收益率增长率过高，公司管理层就会采用减少收益的会计方法；反之亦然。但是根据有效市场假说，只要跨级政策变更没有导致现金流量产生差别后果，或对所采用的特定会计政策所形成的差别予以披露，而且投资者能够获得充分的信息并拥有足够的分析能力在不同的会计政策之间做出选择，公司所采用的会计政策就不会影响证券的市价。因此，公司管理层通过盈余操纵来影响股价被认为是不可能的，除非有其他动机。

实证会计理论就是提供了公司管理层会计政策选择的其他动机，并证明了无论会计政策的选择是否会对股价造成影响，公司管理层都有动机通过会计政策选择进行盈余管理，也即如果他们可以在一系列会计政策中自由选择，那么他们自然会选择那些使自身效用或公司市场价值最大化的会计政策。实证会计理论证明了公司管理层的确有各种动机来进行盈余管理甚至报表粉饰，这严重影响了财务报表分析系统的信息输入（报表数据）的质量，因此，恰当的财务报表分析首先要对财务报表所处的"契约环境"进行考察，并关注其可能对财务报表数据造成的影响。显而易见，每个不同的公司都面对着自身独特的"契约环境"，传

统"一刀切"式的财务报表分析显然无法洞穿各类契约对财务报表的影响。因此,恰当的财务报表分析应当遵循"具体问题具体分析"的原则,充分考虑公司所面临的各种特殊契约可能对公司管理层会计政策选择的影响,并对这些影响进行适当的调整,从而为后续的财务报表分析步骤奠定良好的信息基础。这极大地提高了财务报表分析的复杂性,并使得利用会计分析来识别、清楚财务报表中的"会计地雷"成为财务报表分析过程中不可或缺的重要环节。

首先,必须对报表粉饰行为存在的可能性进行分析。虽然实证会计理论侧重于研究公司管理层进行盈余管理的动机,但是光有动机是远远不够的,就像燃烧必须同时具备热度、燃料和氧气一样,一项舞弊行为通常是如下舞弊因子"合力"所产生的后果:策划舞弊的动机或压力、进行舞弊的机会、使舞弊合理化的态度和借口(Albecht,1995)。人们形象地将其称之为舞弊三角理论。舞弊的动机在前文中已有详尽论述;舞弊的机会通常包括:缺乏内部控制、信息不对称、会计和审计制度不健全、缺乏惩罚措施、工作质量不易辨认、监管人员无知或无能力察觉舞弊行为等;舞弊的借口通常包括:我只不过是跟着别人这么做、我应该获得更多的回报、我也是被逼无奈、名誉或诚信是可以牺牲的等。财务报表分析者可以根据上述舞弊风险因子从根源上判断公司管理层报表粉饰可能性大小,并根据分析结果对会计分析过程的复杂性取得主观认识,如果上述舞弊风险因子的结合作用超出了一定的"可容忍程度",财务报表分析者在会计分析中就应当保持"职业怀疑态度",对财务报表数据的可靠性进行更为深入细致的分析。

其次,必须针对财务报表进行恰当的会计分析,尽量排除掉隐藏于报表中的"会计地雷"。恰当的会计分析应当包括如下步骤:确认关键会计政策;评估会计灵活性;评价会计政策;评价披露质量;识别报表中的危险信号。

最后,如果通过上述分析发现应计制财务报表存在扭曲公司真实情况的现象,财务分析人员应当利用报表附注、现金流量表以及其他相关信息源,尝试采用现金流量分析法、虚拟资产剔除法、审计报告分析法、关联交易剔除法、异常利润剔除法等方法予以消除。

实证会计理论还扩展了市场基础研究的范围,使之对强制性和自愿性会计变更的市场反应进行检验,并进一步指出市场反应是一系列变量的函数,这些变量不仅仅包括会计盈余,还包括各公司不同的债务/权益比率、公司规模、管理报酬计划、债务保证条款等。比如,对于高负债/权益比率的公司而言,增加盈余的会计变更将会引起正的市场反应,因为这将可以使公司在不改变负债/权益比率的情况下多举债,从而使财富从债权人手中转移到股东手中。而对于大型公司而言,盈利的增加可能导致政治风险增加,从而导致负的市场反应。这一结论无疑对扩展利用财务报表分析的视野有重要意义,同时也进一步增加了财务报表分析的复杂程度。

第二章

财务报表粉饰与识别

现代企业制度形成两权分离的状况，赋予了上市公司管理层经营管理权，其中包括编制财务报表的权利。根据代理理论，上市公司管理层有义务准确地向投资者等利益相关者提供能够真实反映财务状况、经营业绩和现金流量的财务报表，以利于利益相关者做出决策并评价管理层是否有效地履行其受托责任。多数情况下，上市公司的管理层能够比较诚实地履行提供会计信息的义务。然而，基于利益驱动，上市公司的管理层或控股股东，有时也会利用其掌握的信息优势，利用会计准则和制度所赋予的会计政策选择权，进行报表粉饰以人为地修饰、美化上市公司的财务状况、经营成果和现金流量。对于财务报表使用者而言，期望上市公司管理层如实地提供财务报表显然是不切实际的。相反，了解上市公司管理层的报表粉饰动机及惯常粉饰手段，避免被误导才是上策。

所谓报表粉饰，是指公司管理层通过人为操纵，使财务报表反映"预期"财务状况、经营成果和现金流量的行为。上市公司进行财务报表粉饰的原因包括以下几个方面：（1）我国还处于经济转轨时期，所以还没有统一的上市公司管理层报酬制度。不论薪酬由谁发放，基本上都与其业绩、国有资产保值增值情况有关。因此，用来反映经营业绩的会计收益信息是非常重要的。为获取更多报酬，上市公司管理层就会产生粉饰财务报表动机。（2）从已被揭露出来的造假上市的典型案例分析来看，虽然我国的法律法规对企业上市有着严格的规定，但发行股票可以在短期之内筹集到数以亿计的资金，这种巨大的市场诱惑驱使不少拟发行股票的公司为达到上市的目的而不惜造假。已上市公司千方百计虚增经营业绩不排除是为了迈过净资产收益率达到10%这道增资配股的门槛。而那些暂时被挡在门外的上市公司也以业绩的提升向债权人展示其盈利能力的增强，进而更方便地举债。（3）我国目前的会计准则与税法的分离程度还比较小，有些会计准则的规定本身就是税法的规定。由于缴税是公司实实在在的现金流出，会计政策选择影响着公司的现金流量。所以，上市公司有动机粉饰财务报表，以降低缴税额。（4）上市公司经营若出现很小的亏损也会产生很大的负面影响。随着《亏损上市公司暂停上市和终止上市实施办法》的施行，那些濒临亏损边缘的上市公司被停牌或摘牌的危险日益显露出来。为此，公司可能会利用一些手段虚假提升经营业绩，变亏损为盈利，以免受停牌或摘牌的处罚。（5）在证券市场上，现任大股东和管理层更清楚公司的资产质量和发展前景。通过粉饰报表，释放业绩良好的信号，以求达到改善二级市场形象的目的。(6) 中国股市发展仍处于不成熟阶段，上市公司与机构投资者沟通，通过粉饰财务报表，以使股价同步炒高。最后，由于上市资格不易取得，众多非上市公司试图通过购并，达到借壳上市的目的。上市公司有可能为购并增加筹码而粉饰财务报表。

第一节　财务报表粉饰的动机分析

判断公司管理层粉饰财务报表的潜在动机，是有效地分析和利用财务报表的关键。根据证券监管部门披露的大量财务舞弊和报表粉饰案例，我国企业财务报表粉饰的主要动机可以分为 6 种：业绩考核动机、信贷资金获取动机、股票发行动机和上市资格维护动机、税收策划动机、政治利益动机、责任推卸动机。

一、业绩考核动机

企业的经营业绩，其考核办法一般以财务指标为基础，如利润（或扭亏）计划的完成情况、投资回报率、产值、销售收入、国有资产保值增值率、资产周转率、销售利润率等，均是经营业绩的重要考核指标。而这些财务指标的计算都涉及会计数据。除了内部考核外，外部考核如行业排行榜，主要也是根据销售收入、资产总额、利润总额来确定的。经营业绩的考核，不仅涉及企业总体经营情况的评价，还涉及企业厂长经理的经营管理业绩的评定，并影响到厂长经理的提升、奖金福利等。我国企业在设计报酬方案时，主要采用以利润为基础的奖金分享。企业的高管人员为了其自身的利益，往往选择能够将报告盈利由未来期间提前至本期确认的会计政策或方法。

二、信贷资金获取动机

改革开放以来，我国的证券市场得到迅速发展，但我国的证券市场仍属于新兴市场，其深度和广度不能与发达国家的证券市场相提并论。因此，企业需要的资金，绝大部分来自银行等金融机构。国有企业超过 70% 的负债率，大多数上市公司的负债率也超过 50%，均凸显出信贷资金的重要性。在市场经济下，银行等金融机构出于风险考虑和自我保护的需要，一般不愿意贷款给亏损企业和缺乏资信的企业。然而，资金又是市场竞争取胜的四要素之一。在我国，企业普遍面临资金紧缺的局面。因此，为了获得金融机构的信贷资金或其他供应商的商业信用，经营业绩欠佳，财务状况不健全的企业，就有可能对其财务报表粉饰。

随着商业银行改革的深入，银行与企业签订的贷款合同越来越多地利用会计信息。许多银行为了控制风险，往往对贷款企业的财务指标提出限制性要求，有些甚至对贷款企业的继续举债、利润分配、收购兼并做出限制。这意味着，如果违反与银行签订的以会计数据为基础的债务契约，企业将面临着许多严重的经济后果，如银行可能提高贷款利率、要求追加抵押或质押物、提高信用担保条件等。所有这些，都会增加企业的借款成本，甚至使企业陷入技术性偿债困难。因此，为了避免违反以会计数据为基础的债务契约，企业可能诉诸于财务报表的粉饰。

案例分析："审计风暴"下的南海华光骗贷案①

为了获取信贷资金而不惜粉饰财务报表的一个典型案例就是南海华光骗贷案。2004 年审计总署李金华总审计长掀起的"审计风暴"，揭露了南海华光集团通过粉饰财务报表骗取中国工商银行 74 亿贷款的恶性案件。表 2－1 列示了南海华光集团触目惊心的报表粉饰。

表 2－1　　　　　　　　　　南海华光集团财务数据比较　　　　　　　　单位：亿元

项目名称	资产总额	所有者权益	销售收入	净利润	增值税
真实金额	9.77	1.17	3.22	9.11	0.04
报表金额	36.43	18.63	64.38	16.31	1.55
虚增金额	26.66	17.46	61.16	7.20	1.51
虚假比例	273%	1 492%	1 899%	6 545%	3 775%

资料来源：作者根据《中国审计》，2014 年相关资料整理而得。

面对如此丧心病狂的报表粉饰，如果不加以识别，银行信贷决策者进行再高明的财务报表分析都是徒劳的。从这个意义上说，我国商业银行也是会计信息失真的"牺牲品"，惟有提高识别报表粉饰的能力，才能避免产生巨额的不良贷款。

三、股票发行动机和上市资格维持动机

股票发行分为首次发行（IPO）和后续发行（配股）。在 IPO 情况下，根据《公司法》等法律法规的规定，企业必须连续三年盈利，且经营业绩要比较突出，才能通过证监会的审批。此外，股票发行价格的确定也与盈利能力有关。为了多募集资金，塑造优良业绩的形象，企业在设计股改方案时往往对会计报表进行粉饰。

在后续发行情况下，要符合配股条件，企业最近三年的净资产收益率每年必须在 10%以上。因此，10% 的配股已成为上市公司的"生命线"。统计表明，1997 年 755 家上市公司净资产收益率在 10% ~11% 的高达 211 家，约占 28%，可见，为配股而粉饰会计报表的动机并不亚于 IPO。

---

① 作者根据《中国审计》，2014 年相关资料整理而得。

四、纳税筹划动机

所得税是在会计利润的基础上,通过纳税调整,将会计利润调整为应纳税所得额,再乘以适用的所得税率而得出的。因此,基于偷税、漏税、减少或推迟纳税等目的,企业往往对会计报表进行粉饰。当然,也有少数国有企业和上市公司,基于资金筹措和操纵股价的目的,有时甚至不惜虚构利润,多缴所得税,以"证明"其盈利能力。

五、政治利益动机

国有企业改革已进入了攻坚阶段,党中央和国务院十分重视,力争用三年的时间使国有企业走出困境。从某种意义上说,国有企业扭亏为盈、创造良好经营业绩已成为一项政治任务。对厂长经理而言,完成这项任务可能仕途光明,否则可能职位难保,甚至下岗分流。在这种政治压力下,国有企业很有可能粉饰会计报表。

此外,许多地方的市长、局长从大型国有企业的厂长、经理挑选。为了表现其才能,体现业绩,厂长、经理们就有粉饰会计报表的动机。不难发现,一些企业的老总一旦被提拔为市长和局长,继任者往往不得不花费几年的时间来消化上任厂长经理因粉饰会计报表而遗留下的沉重历史包袱。

六、责任推卸动机

为推卸责任而粉饰会计报表的主要表现为:(1)更换高级管理人员时进行的离任审计,一般暴露出许多问题。新任总经理就任当年,为明确责任或推卸责任,往往大刀阔斧头地对陈年老账进行清理。(2)会计准则、会计制度发生重大变化时,如《股份有限公司会计制度》的实施,可能诱发上市公司粉饰会计报表,提前消化潜亏,并将责任归咎于新的会计准则和会计制度;(3)发生自然灾害,或高级管理人员卷入经济案件时,企业也很可能粉饰会计报表。

第二节 财务报表粉饰的类型

根据财务报表粉饰对象的不同,财务报表粉饰可分为三种类型:经营业绩粉饰,财务状况粉饰和现金流量粉饰。

一、经营业绩粉饰

（一）利润最大化

这种类型的会计报表粉饰在上市前一年和上市当年尤其明显。典型做法是：提前确认收入、推迟结转成本、亏损挂账、资产重组、关联交易。

（二）利润最小化

当企业达不到经营目标或上市公司可能出现连续三年亏损，面临被摘牌时，采用这种类型的会计报表粉饰就不足为奇了。典型做法是：推迟确认收入、提前结转成本，转移价格。

（三）利润均衡化

企业为了塑造绩优股的形象或获得较高的信用等级评定，往往采用这种类型的会计报表粉饰。典型做法是：利用其他应收、应付款、待摊费用、递延资产、预提费用等科目调节利润，精心策划利润稳步增长的趋势。

（四）利润清洗

利润清洗，亦称巨额冲销，俗称"洗大澡"。当企业更换法定代表人，新任法定代表人为了明确或推卸责任，往往采用这种类型的会计报表粉饰。典型做法是：将坏账、存货积压、长期投资损失、闲置固定资产、待处理流动资产和待处理固定资产等所谓虚拟资产一次性处理为损失。

二、财务状况粉饰

（一）高估资产

当对外投资和进行股份制改组时，企业往往倾向于高估资产，以便获得较大比例的股权。典型做法是：编造理由进行资产评估、虚构业务交易和利润。

（二）低估负债和或有负债

企业贷款或发行债权时，为了证明其财务风险较低，通常有低估负债的欲望。典型做法是：账外账或将负债隐匿在关联企业。

（三）现金流量粉饰

1. 突击制造现金流量

为了使对外报告的利润表显得真实，企业可能在粉饰利润表的同时，对现金流量表进行粉饰。典型做法是突击制造不可持续的现金流量。如在会计期间即将结束前，突击收回关联企业结欠的账款，降价处置存货，低价抛售有价证券，高额融入资金，在会计期间结束前形成现金流入的"高峰"。

2. 混淆现金流量的类别

不同类别的现金流量将发出的信号也存在差别。其他条件保持相同的情况下，经营活动产生的现金流入净额越大，意味着企业的高利润质量越高。反之，如果企业的现金流量主要来自投资活动或融资活动，则其利润的质量较低。为此，企业为了改变投资者对利润表的"印象"，可能蓄意混淆现金流量表的类别，将投资活动或融资活动产生的现金流量划分为经营活动产生的现金流量。

第三节　财务报表粉饰的手法

我国上市公司粉饰财务报表可归纳为 12 种惯常手法，区分为传统手法和现代手法两大类。

一、传统的财务报表粉饰手法

（一）提前或推迟收入确认时间或者确认虚假的收入

我国《企业会计准则第 14 号》指出，对于收入的确认，遵循实质重于形式的原则。在商品销售的交易中，收入的确认需满足下列 5 个条件：（1）商品所有权上的主要风险和报酬已经转移给购买方；（2）企业即没有保留通常与所有权相联系的继续管理权，也没有对已售出的商品实施有效控制；（3）收入的金额能够可靠地计量；（4）相关的经济利益很可能流入企业；（5）相关的已发生或者将发生的成本可以可靠地计量。

在确认劳务收入时，更多地是使用完工百分比进行确认；提供劳务交易的结果能够可靠地计量，是指同时满足下列条件：（1）收入的金额可以可靠地计量；（2）相关的经济利益很可能流入企业；（3）交易的完工进度能够可靠地计量；（4）交易中已经发生和即将发生的成本能够可靠地计量；

收入准则对收入的确认着眼于经济实质，但是在实际操作中，存在着许多需要会计人员进行职业判断的余地，而且外部投资者很难通过分析会计报表发现这些问题。

典型的收入确认方法包括以下 9 种：（1）寅吃卯粮，透支未来收入；（2）以丰补歉，储备当期收入；（3）鱼目混珠，伪装收入性质；（4）张冠李戴，弯曲分部收入；（5）借鸡生蛋，夸大收入规模；（6）瞒天过海，虚构经营收入；（7）里应外合，相互抬高收入；（8）六亲不认，隐瞒关联收入；（9）随心所欲，篡改分配。

案例分析：万福生科的收入创造[①]

2012 年 8 月，湖南证监局在对万福生科的例行检查中偶然发现两套账本，万福生科财务造假问题便由此浮现。截止到 2013 年 5 月，证监会对该造假案件的行政调查已终结。调查结果显示，万福生科上市前 2008～2010 年分别累计虚增销售收入约 46 000 万元，虚增营业利润 11 298 万元；上市后披露的 2011 年年报和 2012 年半年报累计虚增销售收入 44 500 万元，虚增营业利润 10 070 万元，同时隐瞒重大停产事项。

万福生科 2008～2012 年主营业务收入分别为 22 824 万元、32 765 万元、43 359 万元、55 324 万元和 29 616 万元，主营业务收入增长率分别为 43.55%（2009）、32.33%（2010）、27.60%（2011）和 -46.47%（2012）。而同属于农产品加工行业的、首批农业产业化国家重点龙头企业的湖南金健米业股份有限公司，其 2009～2012 年的主营业务收入增长率分别为 2.27%、1.99%、13.86% 和 3.23%。二者同在湖南省常德市，且主营业务同为稻米精深加工，但是相差悬殊，让人难以置信。经证监会调查，其在 2008～2012 年半年报中，累计虚增销售收入 90 500 万元，虚增营业利润 21 368 万元。

万福生科通过财务造假上市成功，公开募得资金总额 42 500 万元。如此巨大收益使得企业铤而走险，不惜财务造假以达到政策要求上市。另一方面，上市成功能极大增强企业声誉资本和社会资本，企业和产品的知名度增加，更容易获得客户的尊重和信任，而企业家个人也获得了自我价值的实现和社会的认可。

（二）利用虚拟资产高估利润

所谓虚拟资产是指实际已经发生的费用或损失，但由于上市公司缺乏承受能力而暂时挂列为待摊费用、长期待摊费用、待处理财产损溢等资产科目。广义的虚拟资产还包括资产潜亏，如潜在的坏账损失、潜在的存货跌价损失、潜在的长期资产的价值损失。利用虚拟资产科目作为"蓄水池"，不及时确认、少摊销或不摊销已经发生的费用和损失，是上市公司粉饰会计报表、虚盈实亏的常用手法。

案例分析：蓝田的鱼塘里的鱼到底有多少？[②]

蓝田股份有限公司上市前总资产仅 2.77 亿元，到 2000 年年末公司总资产已经扩大到 28.38 亿元，四年内资产增长 9 倍，公司业绩以每年每股 0.6 元到 1.15 元之间增长。缔造了一个中国农业企业罕见的"蓝田神话"。而在 2001 年 10 月，经济学专家刘姝威在国家机密

---

① 作者根据"中国网"相关资料整理而得。
② 作者根据"中国证券网"相关资料整理而得。

级刊物《金融内参》上发表了一篇600多字的文章，称"蓝田股份已经成为一个空壳，已经没有任何创造现金流量的能力，也没有收入来源"、"为了避免遭受严重的坏账损失，我建议银行尽快收回对蓝田股份的贷款"这才让人们引起对蓝田股份的关注。

事实上除了极少数人，大概没有人能搞清蓝田的真正收入和利润率。同样，没有蓝田核心以外的人能搞清它的真实投资。2000年年报显示，至2000年年底，蓝田的固定资产已达21.69亿元，占总资产的76.4%，即公司经营收入和其他资金来源大部分都转化为固定资产。有学者认为这主要在于蓝田选择的农业和农产品加工这个行业的特殊性。资产折旧没有一个固定标准，而且根本无法盘点。例如，在湖里打了几根桩，鱼池里还有多少只甲鱼，审计师是无法审计的。蓝田利用生物资产难以计量的特殊性虚增巨额资产和利润，让为其进行审计的注册会计师也弄不清楚"鱼塘里的鱼到底有多少"。

（三）期间费用资本化

如果是为在建工程和固定资产等长期资产而支付的专项长期借款而支付的利息费用，在这些长期资产投入使用前，可以资本化，计入生产成本，然后逐年进行折旧摊销；而广告促销和研发支出有可能使上市公司在一个以上会计年度或经营周期获得收益，从理论上讲属于资本性支出，但是由于广告促销和研究开发支出所能带来的未来经济利益具有很大的不确定性，因此我国现行会计制度和准则均要求将其当做期间费用，不能资本化。

案例分析："无知无畏"的渝钛白①

重庆渝钛白粉股份有限公司1993年7月12日在深圳证券交易所上市。1997年度未经审计的财务报表显示亏损总额为3 136万元，但是注册会计师进行年度报表审计时发现，1997年度应计入财务费用的借款利息，即应付债券利息8 064万元，该公司将其资本化计入了钛白粉工程成本。重庆市会计师事务所要求其更正这一违反会计规定的账务处理，将这8 064万元利息支出反映为期间费用，但遭到公司的"严正拒绝"。重庆市会计师事务所无奈出具否定意见的审计报告，而渝钛白竟欣然接受，可谓无知无畏！

渝钛白上述年度报告引起了证券监管部门的高度关注，1998年6月30日，该公司召开股东大会，经表决，一致同意按重庆会计师事务所的审计报告调整1997年度会计报表，调整后，该公司1997年度的亏损额由原来的3 879万元增至11 943万元。

（四）借助股权转让"炮制"利润

上市公司可以通过资产重组、关联交易将不良股权投资以天价与关联公司置换股权获取"暴利"，还有少数公司利用利润转投资掩盖虚假投资收益和投资项目合作分成等手段蓄意粉饰会计报表。

关于股权转让这块，在1998年之后，因为财政部要求收购企业只能从收购之日起以权

---

① 作者根据《中国证券报》相关资料整理而得。

益法或合并报表的方法确认被收购企业的利润，收购日之前的利润只能作为收购成本，收购企业不能将其确认为投资收益。所以这个规定能有效抑制国资委和上市公司利用股权交易调节利润，粉饰会计报表。

（五）高估存货少计销售成本

对于规模较大的企业而言，由于其存货品种繁多，存放地点分散，盘点工作量大，应收账款数量多，难以函证，很容易利用应收账款调节利润。典型的做法包括：（1）利用存货难以直接盘点或计量误差，夸大期末存货或存货盘盈，少转主营业务成本；（2）向关联方高价销售商品或提供劳务，夸大主营业务收入，提高销售毛利率；（3）多提存货跌价准备，为未来会计期间拓展盈利空间；（4）空挂应收账款，虚构销售收入；（5）随意改变应收账款账龄结果或坏账准备计提比例，调节利润；（6）全额计提坏账准备，并在收回期间确认为当期收益。

（六）利用其他应收款项、应付款项隐瞒亏损或藏匿利润

一般而言，"其他应收款"主要用于隐藏潜亏，高估利润；"其他应付款"用于隐瞒收入，低估利润。其他应收账款特别巨大可能意味着：（1）关联股东占用了上市公司的资金；（2）变相的资金拆借；（3）隐形投资；（4）费用挂账；（5）或有损失；（6）误用会计科目。

二、现代的财务粉饰手法

现代财务粉饰手法相比传统财务手法，其粉饰手法立竿见影，粉饰手段没有逾越法律界限，因此其危害性更隐蔽。

（一）以资产重组为名，行会计造价之实

不少资产重组实际上是转移利润，即由非上市公司的关联股东将利润转移到上市公司，以达到配股、增发或避免被摘牌的厄运。其典型做法包括：（1）借助关联交易，由非上市的关联股东以优质资产置换上市公司的劣质资产；（2）由非上市的关联股东将盈利较高的下属企业廉价的出售给上市公司；（3）将亏损的子公司高价出售给关联股东；（4）将不良资产和股权出售给关联股东；（5）互购资产，哄抬利润和资产价值；（6）剥离资产和负债。

案例分析：陕长岭的资产重组①

2000 年，陕长岭通过卖出刚刚从其集团公司——长岭黄河集团购入的 1 000 万股西安圣方科技股权，获得了一笔可观的投资收益 7 000 万元。另外，陕长岭以冰箱生产单位 27 车间、29 车间及冰箱物资处等经营性资产净值 1.45 亿元出资，组建成宝鸡长岭冰箱公司，并将其和控股的西安长岭冰箱公司托管给长岭黄河集团，期限为两年。翻开陕长岭的有关资料，不难发现，陕长岭获得西安圣方科技的股权仅仅付出了 1 元/股的代价，而转让给美鹰玻璃实业（浙江）公司则是按 8 元/股成交的。这一进一出的时间非常之短，不足半月。这笔收益究竟为什么呢？

经调查，美鹰玻璃公司与陕长岭及其大股东无任何关系。如此看来，西安圣方科技股权进出价悬殊只能是 1 元/股的定价事出有因。陕长岭年报显示，其大股东拖欠上市公司的应收账款高达 1 亿元之多。为了清理应收账款，陕长岭与大股东进行过反复沟通，最后达成按 1 元/股的价格购买大股东持有的西安圣方科技股份，以冲抵一小部分欠款。西安圣方科技是上市公司圣方科技的母公司，是块不错的资产。

对于请大股东托管陕长岭冰箱生产业务一事，陕长岭管理层是鉴于以下情况而做出决定的，即目前冰箱业竞争越来越激烈，利润越来越薄，而通过集团托管冰箱生产业务后，可以利用其专业化的管理能力降低成本和增强竞争力。陕长岭的有关发言人说，冰箱业是公司的主业，此次托管不意味着淡出该行业，相反是为了集中力量搞好冰箱生产之外的两头——科研和销售工作。另从公告可知，通过托管之举，陕长岭每年还能从大股东获取稳定的大约 300 多万元的托管费。

年末资产重组是证券市场的一大景观，许多上市公司借重组快速提升业绩。陕长岭是否有此考虑呢？据资料显示，该公司已亏损一年半了，其中 1999 年亏了 1.8 亿元，今年中期亏损 780 万元。如果没有发生意外情况，陕长岭的此次 7 000 万元的投资收益之于公司今年的经营业绩的贡献应是可想而知。

（二）通过关联交易，不当输送利益。

我国的上市公司由国有企业改组而成，改组后上市公司与改组前的母公司及母公司控制的其他子公司之间必然存在着错综复杂的关联关系和关联交易。利用关联交易粉饰财务报表，不当输送利益已成为上市公司乐此不疲的"游戏"。其典型做法包括：（1）虚构经济业务，虚构上市公司收入和人为抬高上市公司业绩；（2）采用大大高于或低于市场价格的方式，进行购销活动或资产置换；（3）以旱涝保收的方式委托经营或受托经营，虚构上市公司经营业绩；（4）以低息或高息发生资金往来，调节财务费用；（5）以收取或支付管理费或分摊共同费用调节利润；（6）隐瞒关联关系，为关联企业提供贷款担保。

---

① 作者根据《中国证券报》相关资料整理而得。

案例分析：会稽山的利益输送①

"会稽山在接受劳务上，并没有履行有关关联交易内部决策程序。"这条消息使得一个巨大的利益输送链条浮出水面。会稽山每年都有巨额的现金流入精功集团，输送的秘密渠道是，精功集团所提供的工程劳务以及工程建设。仅在2011年会稽山净流入精功集团的现金就高达3 815万元。而精功集团这三年来，为会稽山提供的工程劳务就高达2 377万元。尽管会稽山声称价格是公允的，但是有资深会计人士表示，"工程劳务的定价权完全由精功集团决定，精功集团很容易通过这种方式来输送利益"。

随着会稽山招股说明书出炉，公司股权结构首次对外完整披露，第一大股东精功集团拥有会稽山44%的股权，第二大股东轻纺城拥有34%的股权。值得注意的是，早前精功集团曾是轻纺城的实际控制人，即通过控股子公司精功控股持有轻纺城26.12%的股份。2010年和2011年两次减持之后，目前前者仍持有轻纺城7.42%的股权。作为一家上市公司，轻纺城曾经拥有会稽山51%的控股权，可以合并报表。但现在变成会稽山的第二大股东，仅拥有34%的股权，在财务上不能再合并报表。失去了会稽山这块优质资产的支撑，轻纺城业绩急剧惨跌。其主营业务收入，在2009年跌入历史低点，为2.8亿元。仅为鼎盛时期2003年14亿元的20.1%。而分拆出去的会稽山，在2011年却有8.8亿元营业收入，是轻纺城的2.55倍。

随着轻纺城业绩惨跌已成定局，精功集团通过其控股的公司——浙江精功控股有限公司，不断抛售轻纺城的股票。据轻纺城2010年年度报告，截至2010年12月31日，精功控股持有轻纺城7.42%的股权。此前，在高峰时期，精功集团曾持有轻纺城26.11%的股权。

精功集团将轻纺城的"现金牛"——会稽山，包装上市。事实上，精功集团与会稽山这几年的关联交易频繁不断，且金额巨大。

2009年，精功集团控股子公司浙江精工世纪建设工程有限公司为会稽山提供工程劳务991.7万元；2010年、2011年，精工世纪继续为会稽山提供工程劳务分别为907.1万元、478.6万元。三年间，精功集团通过精工世纪为会稽山提供工程劳务超过2 377万元。不仅如此，更多的关联交易伴随着上述工程劳务合同展开，并不断膨胀。2010年，精工世纪负责会稽山"4万千升中高档优质绍兴黄酒项目"的建设，后者向其支付工程进度款1 134万元。2011年更甚，当年会稽山继续向精工世纪支付上述工程进度款3 430.57万元；同时精功集团另一家控股子公司精工工业建筑系统有限公司，开始负责会稽山的酿造车间钢结构等工程建设，会稽山当年向其支付工程进度款345.1万元。伴随上述经常性关联交易，精功集团也频繁向会稽山购买黄酒。2009~2011年，分别有108.7万元、355.6万元、439.7万元。

在经常性关联交易中，扣除精功集团单向流入会稽山的现金，2009年到2011年，会稽山实际流入精功集团的现金分别为883万元、1 685.5万元、3 814.57万元。

管理人士指出，关联交易规模不断攀高，与董事结构有莫大关系。精功集团的法定代表人为金良顺。金氏家族的金建顺及其他5人也持有精功集团的股权，金氏家族合计持有精功集团59.82%的股权。这一案例说明会稽山的关联交易实质上是输送利润的渠道。

---

① 作者根据"网易财经"相关资料整理而得。

（三）滥用"八项准备"，上演"洗大澡"闹剧

首先八项准备主要是指：坏账准备、短期投资跌价准备、存货跌价准备、长期投资减值准备、固定资产减值准备、无形资产减值准备、在建工程减值准备和委托贷款减值准备。

当会计准则改变或者其他重大事情发生时，一些过去做假账或采用不稳健会计政策导致资产负债不实的上市公司往往选择巨额冲销，消化以前年度的不良或不实资产，为未来期间的盈利营造空间。

案例分析：南方证券带来的尴尬①

近年来频繁发生的券商倒闭事件从一个侧面戏剧性地展现了上市公司"各取所需"地计提资产减值准备的乱象。表2-2是截至2003年12月31日多家参股南方证券的上市公司计提投资减值准备的情况。

表2-2　　　　上市公司对南方证券计提的投资减值准备差异　　　　单位：万元

股票简称	投资余额	计提情况		年净利润	净资产收益率（%）
		金额	比例（%）		
上海汽车	3.96	3.96	100	15.16	14.55
首创股份	3.96	0.59	15	4.04	9.08
东电B股	2.20	1.80	82	6.09	10.14
四川长虹	1.30	0	0	2.40	1.84
邯郸钢铁	1.10	0.52	47	6.26	8.63
万鸿集团	0.83	0.75	90	-7.68	N/A
海王生物	0.77	0.23	30	0.44	2.51
中原油气	0.49	0.27	55	5.22	12.16

资料来源：作者根据"搜狐财经"相关资料整理而得。

从表2-2中可以清楚地看出，在南方证券生死不明的2003年，对其投资的上市公司依据各自的估计和判断，计提了长期投资减值准备，计提比例迥然不同。譬如：并列为第一大股东的上海汽车和首创股份的投资额均为3.96万元，上海汽车因利润充盈计提了100%的减值准备，而首创股份的计提比例仅为15%；计提比例较高者还有盈利情况较好的东电B股（计提了80%以上的减值准备）和巨亏的万鸿集团（洗大澡似地计提了90%的减值准备）。

① 作者根据《财经》2007年第10期相关资料整理而得。

　　当然，减值准备计提额的多少并不仅仅受上市公司当年经营业绩的影响，其他的影响因素还有：经营战略（如上表中忙着筹备去香港上市的海王生物的计提比例也明显偏低）；当地政府的财政压力（如 2005 年 4 月底，以及会计师事务所因坚持将某上市公司委托某证券公司购买国债的 6 000 万元投资款的减值准备计提比例提高到 80%，而在该上市公司大股东的重压下惨遭解聘）。

　　对于资产减值准备的计提，我国会计制度的规定与国际会计准则趋同。但现实中，按资产可回收金额低于账面价值的部分确认减值价值准备却很难操作，对计提金额的合理性也难有统一的验证标准，这就滋生了利润操纵空间。从上述案例我们不难看出：减值准备远不是管理层根据准则要求计算出的一个简单数字，其背后隐含着公司经营战略、业绩目标、大股东利益取向、当地政府财政意志和会计师事务所风险把握的较量。

（四）随意追溯调整，逃避监管规定

　　当上市公司实行会计政策变更或发生重大会计错误时，必须采用追溯调整法，将会计政策变更的累积影响或重大会计差错的影响数在以前年度进行反映；而对于会计估计变更，则采用未来适用法，将变更的影响数在当期以及以后各期反映。而在实际工作中，会计政策、会计估计变更和会计差错更正的区分界限有时并不十分清楚。这样就会给一些上市公司滥用这一准则以粉饰财务报表提供了机会。其典型的做法是：（1）故意混淆会计政策和会计估计变更，或者将会计估计变更解释为重大会计差错，滥用追溯调整法；（2）将会计舞弊解释为会计差错，以逃避被监管部门处罚的命运。因为按照规定，上市公司是否连续两年或连续三年亏损的判断标准是以上市公司首次对外报告数为准，不受会计政策变更或会计差错更正的影响。而假若上市公司被查出之前有会计舞弊，则必须进行追溯调整，且是否连续亏损以追溯调整后的利润表为依据。因此，将会计舞弊诠释为会计差错，就可避免被特别处理或者退市。

（五）借助补贴收入，编造经营业绩

　　出于种种原因，地方政府直接为上市公司提供财政补贴的现象屡见不鲜，有的财政补贴数额巨大，有的财政补贴没有正当理由，往往是"业绩不够，补贴来凑"。数据显示，不少上市公司的补贴收入占其利润总额比例较大。这种或多或少带有"官商勾结"烙印的粉饰行径短期内难以得到有效遏制，使用者在分析财务报表时必须保持警惕。

　　表 2-3 列示了 2004 年度 20 家上市公司的补贴收入及其占利润总额比例的统计资料，这些统计资料足以彰显名目繁多的政府补贴对上市公司经营业绩的"贡献"程度。

表 2-3			2004 年补贴收入位居前 20 名的上市公司			单位：万元
序号	公司简称	政府补贴	非经常性损益合计	占非经常性损益的比例	净利润	占净利润的比例
1	首创股份	42 447.01	45 096.84	94.12%	49 045.92	86.55%
2	深高速	14 091.16	13 643.80	103.28%	48 456.40	29.08%
3	TCL 集团	12 653.26	20 093.01	62.97%	24 520.51	51.60%
4	长春经开	10 458.69	7 099.89	147.31%	3 999.13	261.52%
5	赣粤高速	8 985.32	6 487.43	138.50%	36 874.93	24.37%
6	东北高速	8 628.00	- 13 885.16	- 62.14%	- 12 547.80	- 68.76%
7	巴士股份	8 415.06	7 788.58	108.04%	16 060.63	52.40%
8	福建高速	8 000.00	5 640.68	141.83%	39 494.37	20.26%
9	青岛啤酒	7 558.62	1 112.04	679.71%	27 972.42	27.02%
10	大众交通	6 770.41	7 125.44	95.02%	23 109.79	29.30%
11	中华企业	6 441.86	8 539.46	75.44%	21 618.01	29.80%
12	建发股份	6 246.67	6 410.59	97.44%	30 949.83	20.18%
13	吉林敖东	6 121.28	5 017.14	122.01%	11 684.85	52.39%
14	东方航空	6 063.68	30 244.83	20.05%	53 634.21	11.31%
15	大地基础	5 937.76	7 059.98	84.10%	1 889.41	314.27%
16	ST 农化	5 345.70	7 375.24	72.48%	796.53	671.12%
17	扬子石化	5 313.01	2 440.32	217.72%	467 859.70	1.14%
18	晨鸣纸业	5 259.16	5 060.11	103.93%	50 372.13	10.44%
19	焦作鑫安	5 000.02	4 588.59	108.97%	85.98	5 815.33%
20	亚泰集团	4 792.51	3 753.31	127.69%	10 585.08	45.28%
	合计	184 529.18	181 592.10	101.62%	906 462.03	20.36%

资料来源：作者根据"网易财经"相关数据整理而得。

从表 2-3 可以看出，政府补贴对上述 20 家上市公司经营业绩的创造，功不可没。如果没有政府补贴，长春经开、大地基础、ST 农化和焦作鑫安等四家上市公司甚至会发生"业绩变脸"的现象。这种或多或少带有"官商勾结"烙印的粉饰行径，短期内难以得到有效的遏制，使用者在分析财务报表时必须保持警惕。

案例分析：用心良苦的财政补贴[①]

1997 年新疆某政府给新疆友好（商业零售企业）1 550 万元的补贴。该项补贴占该公司

---

① 作者根据《会计研究》1999 年第 12 期相关资料整理。

税前利润的 48%。应当说，地方政府根据各国有关产业政策或从地方经济发展的角度出发，对特定行业的特定企业给予一定的财政补贴是无可非议，但向以零售业为主营业务，且盈利能力不断下降的新疆友好提供巨额补贴就令人匪夷所思了。从该公司 1995～1997 年三年的净资产收益率分别为 10.21%，10.03%，10.47%（当时配股的条件是净资产收益率必须达到 10%）的事实以及 1998 年度顺利实现配股的战略目标，我们不难看出这笔补贴的真实目的，政府的用心良苦可见一斑。

（六）利用收购兼并，进行数字游戏

在我国利用收购兼并进行数字游戏常见的手法包括：（1）规避购买法，选用权益结合法；（2）操纵收入和费用确认时间，将被收购公司购买日前的利润转移到购买日后的会计期间；（3）在购买日之前滥用"八项准备"，为购买日后业绩提升埋下伏笔；（4）在购买日前计提大量或有负债，在购买日后冲回或冲减经营费用。

第四节　财务报表粉饰的识别及防范

一、财务会计报表粉饰的识别

（一）关联交易剔除法

关联交易剔除法是一种可以较为真实地了解企业的实际盈利能力的一种方法。关联交易剔除法是指将来自关联企业的营业收入和利润总额从公司利润表中予以剔除。分析该企业的盈利能力对关联企业的依赖程度，从而判定这一企业的盈利情况和利润来源状况。如果企业的营业收入和利润大部分来源于关联企业，关联交易的定价政策就应被会计信息使用者特别关注，并有会计信息使用者分析企业与关联交易发生交易时是否是以不等价交换的方式进行财务报表粉饰。将企业的财务报表与其母公司编制的合并财务报表进行对比、分析是关联交易剔除法的拓展运用。假如母公司合并财务报表的利润总额（应剔除上市公司的利润总额）远高于上市公司的利润总额，就说明母公司并未通过关联交易将利润改头换面偷偷加入上市公司。

（二）合并报表分析法

合并报表分析法，是指将合并会计报表中的母公司数和合并数进行比较分析，来判断上市公司公布的财务数据真实性的一种方法。对合并报表进行分析时，须将合并后的报表与合并前母、子公司各自的报表结合起来进行对比阅读，重点考察合并报表中的利润构成情况以

缺乏，对于很大一部分中小企业来说，其自身可能仅拥有一两名会计，无法进行岗位轮换，更无法完全体现这一措施的作用，在这种情况下可以成立一间会计公司由会计行业协会统一管理，将其会计人员从企业中分离出来，进入自主经营、自负盈亏的会计公司，从而客观地开具企业财务报表，减少企业财务报表粉饰的可能性。

2. 完善上市公司业绩考评及经营管理人员报酬制度

对经营者进行正面激励可以通过给予一定的报酬使被激励的高层经营者愿意付出自己的努力以达到公司的利益要求。把对经营者的短期激励变为长期激励，例如：可以将公司的股票价格作为参考依据，这样经营者就不会采取操纵利润的短期行为，而是注重公司的长远发展与长期获利能力的提高。财务报表粉饰本质上是一种逐利行为，如果能够通过建立合理的分配机制，使经营者的收益和企业的长期业绩挂钩，就会自发地激励经营者放弃对财务报表粉饰，开始注重企业经营，减少会计信息造假的动机。

3. 完善内部治理结构

完善内部治理结构，应该是在明晰产权的基础上，将决策权、监督权和经营权三权分立，由股东大会、董事会和经理组成一个相互制衡的运行机制。2008 年 6 月 28 日，国家财政部、证监会、审计署、银监会、保监会联合发布了《企业内部控制基本规范》，为我国企业内部控制制度的建立发挥了积极的作用。加强对内部控制行为主体"人"的控制，把内部控制工作落到实处。离开了人的能动性作用，无论制定多好的管理制度和控制措施也都无法产生作用。人员素质控制包括了：知人善任；加强对员工特别是会计人员的职业道德教育；定期对员工的技术进行考核和业绩抽查评分；制定奖惩制度；进行岗位轮换；建立良好的沟通渠道，增强企业内部控制的成效；建立内部控制评价制度。为了确保企业内部控制制度能将作用发挥到最大，并能使之不断得到完善，企业还应当对内部控制制度的执行情况进行定期检查和考核。

第三章

财务报表分析基本内容

　　财务报表分析，是指利益相关者以会计核算和报表资料及统计、市场等相关经济资料为依据，采用一系列专门的分析技术和方法，对公司财务运行的结果及其形成过程和原因进行分析，为企业的财务管理和其他有关方面提供准确的信息或依据（评价过去、反映现在和预测未来）的一门综合性、边缘性学科。

　　财务报告，是指企业对外提供的反映企业某一特定日期财务状况和某一会计期间经营成果、现金流量等会计信息的书面文件。财务报告主要包括资产负债表、利润表、现金流量表以及所有者权益变动表等内容。

第一节　资产负债表分析

　　资产负债表，是指反映企业在某一特定日期财务状况的财务报表。资产负债表分析的目的，就在于了解企业会计对企业财务状况的反映程度，所提供会计信息的质量，据此对企业资产和权益的变动情况以及企业财务状况做出恰当的评价。

　　一般情况下，资产负债表采用账户式的格式，即左侧列报资产方，通常按资产的流动性大小排列；右侧列报负债方和所有者权益方，通常按要求清偿时间的先后顺序排列。账户式资产负债表中的资产各项目合计等于负债和所有者各项目的合计，即"资产＝负债＋所有者权益"。

　　青岛海尔的资产负债表格式如表3-1所示：

表3-1　　　　　　　　2014年青岛海尔合并资产负债表　　　　　　　单位：百万元

项　目	期末数	期初数	项　目	期末数	期初数
流动资产：			流动负债：		
货币资金	28 644.03	20 625.46	短期借款	1 008.67	1 173.87
交易性金融资产	—	—	交易性金融负债		

续表

项　目	期末数	期初数	项　目	期末数	期初数
应收票据	16 434.89	15 711.01	应付票据	14 126.65	11 892.39
应收账款	5 295.78	4 326.84	应付账款	13 487.52	13 963.23
预付款项	747.08	1 591.47	预收款项	4 218.00	3 521.48
其他应收款	272.80	281.82	应付职工薪酬	1 062.06	1 057.78
应收关联公司款	—	—	应缴税费	1 216.48	1 249.59
应收利息	178.49	87.71	应付利息	7.15	7.30
应收股利	54.52	7.73	应付股利	147.31	150.70
存货	7 557.92	6 864.00	其他应付款	6 354.21	4 965.03
一年内到期的非流动资产	—	—	一年内到期的非流动负债		24.30
其他流动资产	289.00	50.97	其他流动负债	—	—
流动资产合计	59 474.52	49 547.01	流动负债合计	41 628.06	38 005.67
非流动资产：			非流动负债：		
可供出售金融资产	1 631.28	5.72	长期借款		
持有至到期投资	—	—	应付债券	1 800.70	716.84
长期应收款	—	—	长期应付款		
长期股权投资	3 356.61	2 712.65	专项应付款		
投资性房地产	30.58	26.25	预计负债	2 157.25	2 162.98
固定资产	6 970.70	5 453.06	递延所得税负债	117.61	14.30
在建工程	1 085.86	1 603.66	其他非流动负债	47.16	121.93
工程物资	—	—	非流动负债合计	4 258.43	3 016.05
固定资产清理	31.40	—	负债合计	45 886.49	41 021.72
生产性生物资产	—	—	股东权益：	—	—
油气资产	—	—	实收资本（或股本）	3 045.94	2 720.84
无形资产	972.39	669.21	资本公积	3 541.87	578.37
开发支出	68.34	—	盈余公积	2 024.11	1 949.19
商誉	74.53	6.12	减：库存股	6.10	—
长期待摊费用	102.93	86.54	未分配利润	12 855.51	9 172.64
递延所得税资产	894.71	905.65	少数股东权益	7 279.94	5 527.04
其他非流动资产	312.62	—	外币报表折算价差	—	46.07
			非正常经营项目收益调整	—	—
			归属母公司所有者权益（或股东权益）	21 840.02	14 467.10
非流动资产合计	15 531.94	11 468.85	所有者权益（或股东权益）合计	29 119.97	19 994.14
资产总计	75 006.46	61 015.86	负债和所有者（或股东权益）合计	75 006.46	61 015.86

数据来源：作者根据和讯网相关资料整理而得。

一、资产负债表项目分析[①]

资产负债表项目分析，是指在资产负债表全面分析的基础上，对资产负债表中资产、负债和股东权益的主要项目进行深入分析，包括会计政策、会计估计等变动对相关项目影响的分析。

（一）主要资产项目分析

1. 货币资金

货币资金是企业在生产经营过程中处于货币形态的那部分资金，它可立即作为支付手段并被普遍接受，因而最具有流动性。货币资金一般包括企业的库存现金、银行存款和其他货币资金。货币资金是企业流动性最强的，却是获利能力最差的，几乎不会产生收益的资产。因此，企业应保持适量的货币资金拥有量。

货币资金变动的主要原因可能有销售规模的变动、信用政策的变动以及资金调度。由于货币资金的特殊性，存量过低不能满足日常经营的需要，而存量过高却影响资产的利用效率以及降低资产的收益水平。因此，结合以下四个因素对货币资金存量的合理性进行分析：第一，资产的规模和业务量。通常情况下，资产的规模越大，业务量越多，企业的货币资金存量可能越多。第二，企业的融资能力。如果企业有比较好的信誉，并且融资渠道比较多，企业可以保持较低的货币资金存量。第三，企业对货币资金的控制。如果企业可以灵活的控制货币资金，则企业可以保持相对较低的货币资金。第四，企业所处行业。不同行业的企业对货币资金的需求量不同，企业货币资金的存量就会有所不同。

根据表 3-1 以及青岛海尔股份有限公司 2014 年的年报可知，本年该公司货币资金为 28 644.03 百万元，其中银行存款余额为 28 537.96 百万元，其他货币资金余额为 106.07 百万元。因此可知，青岛海尔的货币资金主要为银行存款，其次是其他货币资金，库存现金几乎为 0。该公司由于资产规模较大和业务量较多，并且本年营业收入也增加，因此，拥有较大的货币资金存量。由于该公司融资能力较强以及能够灵活控制货币资金，公司可以考虑将一部分货币资金用于收益更高的项目，适当减少货币资金存量。

2. 应收款项

应收款项主要包括应收账款、应收票据和其他应收款。应收票据的特点是期限短、有利息以及易变现。应收票据应该注意防范风险，若有确凿证据表明其无法收回时，也应转入应收账款，并计提坏账准备。应收账款是商业信用的产物，与企业的销售规模及信用政策密切相关，也是造假者虚增资产、虚构利润的重要手段。其他应收款的特点是种类繁杂、数额一般不大以及期限较短。主要从以下两个方面进行分析：与企业主要业务无关，表中余额应明显小于应收账款的余额，且各期变动幅度不应过大；因种类繁多，规律性不强，极易成为造

---

① 该部分所涉及的表格数据均来自青岛海尔 2014 年财务报表附注。

假者转移销售收入，偷逃税款的"集散地"或"垃圾桶"。青岛海尔所提供的应收票据明细分类表、应收账款账龄明细分类表分别见表3-2、表3-3。

表3-2　　　　　　　　　　　　　　　　应收票据明细分类表　　　　　　　　　　　　单位：百万元

项　目	期末余额	期初余额
银行承兑票据	3 896.72	5 148.29
商业承兑票据	12 538.17	10 563.12
合计	16 434.89	15 711.41

注：本公司期末质押的应收票据为 10 119.56 百万元。

表3-3　　　　　　　　　　　　　　　应收账款账龄明细分类表　　　　　　　　　　　　单位：百万元

账龄	期末数			期初数		
	账面余额	比例	坏账准备	账面余额	比例	坏账准备
1 年以内	5 447.19	97.72%	272.36	4 426.49	97.19%	221.32
1~2 年	76.58	1.37%	3.83	97.60	2.14%	4.88
2~3 年	76.58	0.65%	1.82	27.17	0.60%	1.36
3 年以上	14.33	0.26%	0.72	3.31	0.07%	0.17
合计	5 574.51	100.00%	278.73	4 554.56	100.00%	227.73

根据青岛海尔所提供的会计报表及会计报表附注可知，该公司应收票据本年期末余额为 16 434.89 百万元，应收账款本年期末余额为 5 295.78 百万元，其他应收款本年期末余额为 272.80 百万元。因此，在应收款项中，应收票据所占的比重最大，其次是应收账款，最后为其他用收款。其中，期末应收账款中前 5 名的金额总计为 2 635.17 百万元，占应收账款账面余额的 46.97%，其对应的账龄均为 1 年以内，期末应收关联方账款占应收账款账面余额的 38.37%；期末其他应收款前 5 名的金额总计为 161.05 百万元，占其他应收款账面余额的 54.63%，其对应的账龄均为 1 年以内，期末其他应收关联方账款占其他应收款账面余额的 10.31%。由于企业可以利用应收款项调节利润，因此分析时需要格外注意应收款项。该公司应收款项中应收账款中将近有一半是一年以内的，因此变现能力比较强。相对于营业收入的增长而言，应收款项的增长也是合理的。但应收关联方账款占应收账款账面余额将近 40%，以及其他应收关联方账款占其他应收款账面余额的 10% 左右，应注意公司利用关联方交易调节利润。

3. 存货

存货是企业的重要资产之一，一般所占资产的比重相对较大，对企业的影响也很大的，因此，企业需要重视对存货的分析。企业存货一般包括材料、在产品和产成品等。存货的特点为品种多、数量大、流动性强以及易损耗。一般而言，随着企业收入的增加，企业材料存货和在产品会随之增加，它们的非正常减少，会对企业今后的生产连续性产生影响；产成品我们希望越少越好。

表 3 – 4		存货明细分类表			单位：百万元
项　目	期末余额		期初余额		
	账面余额	跌价准备	账面余额	跌价准备	
原材料	1 592.77	24.11	1 687.22	33.93	
在产品	76.31	——	79.20	——	
库存商品	6 016.08	103.14	5 362.31	185.89	
合计	7 685.16	127.25	7 128.74	219.82	

根据表 3 – 4 以及青岛海尔所提供的会计年报可知，该公司期末存货中库存商品所占的比重最大 78.28%，其次是原材料，最后是在产品。与上年相比，存货总额虽然有所上升，但是比例不大，与营业收入的增长是相对应的。库存商品期末余额有所增加，而原材料和在产品期末余额却有些下降，虽然比例不高，应关注这种变化可能会对公司下期生产经营产生的不利影响。此外，存货总额虽然上升了，企业的存货跌价准备却下降了，是因为存货实现销售后跌价准备的转回。存货跌价准备反映了企业存货的质量，如果存货跌价准备所占存货的比例过高，可以判定企业存货质量不高。本例中存货跌价准备所占比重不高，说明该公司存货的质量还是比较高的。

4. 长期投资

长期投资，是指企业持有的不准备随时变现、持有期超过一年以上，因对外出让资产而形成的股权或债权。长期投资主要包括持有至到期投资、长期股权投资以及投资性房地产。其特点主要有占用资金量大、持续时间较长以及风险程度高。

长期投资变动情况分析：

（1）关注长期投资的目的：战略性考虑；多元化经营；将来为了特定目的积累资金；实现控制性股东或者重大影响性股东的战略，操纵企业的经营业绩。

（2）关注投资收益的确认以及对现金流量的影响等。

（3）对长期投资的若干认识问题：长期投资，在很大程度上代表企业长期不能直接控制的资产流出；代表企业高风险的资产领域。

根据青岛海尔所提供的会计报表及会计报表附注可知，该公司长期股权投资期末余额为 3 356.61 百万元，投资性房地产期末余额为 30.58 百万元。因此，该公司长期投资主要为长期股权投资，投资性房地产所占比重较小。青岛海尔本身为集团企业，拥有众多的联营企业，如海尔集团财务有限责任公司、青岛海尔特种电器有限公司、卧龙电气章丘海尔电机有限公司、合肥华东包装有限公司以及青岛海尔软件投资有限公司等。

5. 固定资产

固定资产作为企业赖以生存的物质基础，是企业产生效益的源泉，关系到企业的运营与发展。其特点为单位价值大、使用时间长、实物形态相对稳定以及价值逐渐转移等。合理配置固定资产，既可以在不增加固定资金占有量的同时提高企业生产能力，又可以使固定资产得到充分利用。在进行固定资产分析的同时，还需要分析固定资产折旧方法选择是否合理，以及折旧方法是否前后一致。青岛海尔所提供的固定资产明细分类表见表3-5。

表3-5　　　　　　　　　　　　固定资产明细分类表　　　　　　　　　单位：百万元

固定资产类别	期初余额	本期增加	本期减少	期末余额
（1）账面金额				
房屋及建筑物	3 860.04	1 075.46	242.45	4 693.05
生产设备	6 272.09	1 361.09	789.78	6 843.40
运输设备	144.11	48.85	21.45	171.52
办公设备	147.18	13.46	21.66	138.98
其他	394.56	130.05	59.29	465.32
合计	10 817.99	2 628.91	1 134.63	12 312.27
（2）累计折旧				
房屋及建筑物	1 301.65	197.89	110.13	1 389.41
生产设备	3 591.26	445.10	507.65	3 528.71
运输设备	89.52	17.45	19.16	87.81
办公设备	101.04	13.44	14.82	99.66
其他	236.76	31.03	44.86	222.93
合计	5 320.24	704.91	696.63	5 328.52
（3）账面净值				
房屋及建筑物	2 558.39	—	—	3 303.64
生产设备	2 680.83	—	—	3 314.69
运输设备	54.59	—	—	83.71
办公设备	46.14	—	—	39.32
其他	157.80	—	—	242.39
合计	5 497.75	—	—	6 983.75
（3）减值准备				
房屋及建筑物	—	—	—	—
生产设备	12.41	0.64	—	13.05
运输设备	—	—	—	—
办公设备	—	—	—	—
其他	—	—	—	—
合计	12.41	0.64	—	13.05

固定资产类别	期初余额	本期增加	本期减少	期末余额
（4）账面价值				
房屋及建筑物	2 558.39	—	—	3 303.64
生产设备	2 668.42	—	—	3 301.64
运输设备	54.59	—	—	83.71
办公设备	46.14	—	—	39.32
其他	157.80	—	—	242.39
合计	5 485.34			6 970.70

根据表 3 – 5 以及青岛海尔所提供的会计年报可知，该公司固定资产期末余额为 6 970.70 百万元，其中，房屋及建筑物为 3 303.64 百万元、生产设备为 3 301.64 百万元、运输设备为 83.71 百万元、办公设备为 39.32 百万元以及其他为 242.39 百万元。房屋及建筑物和生产设备几乎占据整个固定资产，则企业的生产能力还是有保障的。此外，以上一年相比，固定资产总额还是有所增加的，主要是因为本期由在建工程完工转入固定资产 2 579.23 百万元。

（二）主要负债项目分析

1. 短期借款

短期借款数额的多少，往往取决于企业生产经营和业务活动对流动资金的需要量、现有流动资产的沉淀和短缺情况等。企业应结合短期借款的使用情况和使用效果分析该项目。短期借款的特点是时间短、利息低、较灵活，但如果数量大，企业将面临着集中还本付息的财务风险。短期借款发生变化一般是由于生产经营的需要以及企业负债筹资政策的变化。

根据青岛海尔所提供的会计报表及会计报表附注可知，该公司短期借款期末余额为 1 008.67 百万元，所占企业负债的比重并不大，主要是由于该公司资金比较充裕，无须过多的短期借款。

2. 应付账款及应付票据

应付账款和应付票据均因商品交易而产生，其变动原因有：

（1）企业销售规模的变动。当企业销售规模扩大时，会增加存货需求，使应付账款和应付票据等规模扩大；反之，会使其降低。

（2）为充分利用无成本资金。应付账款及应付票据是因商业信用产生的一种无资金成本或资金成本极低的资金来源，企业在遵守财务制度、维护企业信誉的条件下对其充分加以利用，可以减少其他方式筹资数额，节约利息支出。

（3）提供商业信用企业的信用政策发生变化。如果其他企业放宽信用政策和收账政策，企业应付账款和应付票据的规模就会大些；反之，就会小些。

（4）企业资金的充裕程度。企业的资金相对充裕，应付账款和应付票据的规模就会小些，当企业资金比较紧张时，就会影响到应付账款和应付票据的清偿。

根据青岛海尔所提供的会计报表及会计报表附注可知，该公司应付账款期末余额为 13 487.52 百万元，应付票据为 14 126.65 百万元。与上年相比，应付票据有所上涨，应付账款几乎没有变化，因此，企业应付账款和应付票据比较稳定，不会有太大的风险。

3. 应缴税费和其他应付款的分析

应缴税费反映企业应缴未缴的各种税金，包括流转税和所得税等。缴纳税金是每个企业应尽的法定义务。如果该项目的金额过多，一般情况说明该企业有拖欠国家税款的现象，应引起企业的重视。通常情况下，其他应付款包括企业应付、暂收其他单位或个人的款项，如应付租入固定资产和包装物的租金，存入保证金，应付、暂收所属单位、个人的款项，管辖区内业主和物业管户装修存入保证金，应付职工统筹退休金，以及应付暂收上级单位、所属单位的款项。

根据青岛海尔所提供的会计报表及会计报表附注可知，该公司应缴税费期末余额为 1 216.48 百万元，其他应付款为 6 354.21 百万元。与上年相比，其他应付款有所上涨，应缴税费几乎没有变化，主要是由于企业收入增长比例也不是很大导致的。

4. 长期借款

由于我国证券市场的发育还不够成熟，长期借款仍是大多数企业融资的主要渠道。因此，在负债总额中占的比重较大。可能由于该企业固定资产和无形资产比较稳定，不需要长期借款，因此长期借款期末余额为零。

5. 预计负债

预计负债是与或有事项密切相关的债务，预计负债一般需要满足如下三个条件：该义务是需要承担的现时义务；该义务的履行很可能导致经济利益流出企业；该义务的金额能够可靠地计量。

根据青岛海尔所提供的会计报表及会计报表附注可知，该公司预计负债本期期末余额为 2 157.25 百万元，主要为售后安装维护费和购买少数股东股权，几乎占到非流动负债的一半，而且与上一年相比变化不是很大。

（三）主要所有者权益项目分析

1. 股本变动情况分析

股本变动的原因如下：

（1）公司增发新股或配股。从本质上讲，这是由投资者追加投资引起的股本变化。如果企业减资则会相反。应注意的是，在我国一般不允许减资。

（2）资本公积或盈余公积转增股本。这虽然会引起股本发生变化，但所有者权益总额并不发生变化。

（3）以送股进行利润分配，即股票股利。这会引起股本增加和未分配利润减少，但所有者权益总额不变。

股本变动的原因总结为图 3-1。

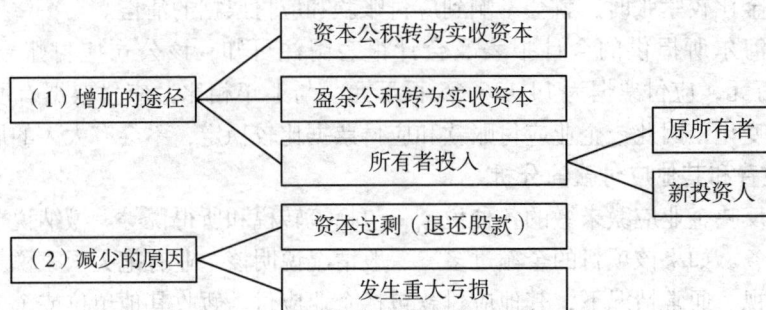

图 3 - 1　股本变动的原因

根据青岛海尔所提供的会计报表及会计报表附注可知，该公司实收资本（或股本）期末余额为 3 045.94 百万元，上一年为 2 720.84 百万元，增加比较多。主要原因如下：第一，公司向特定对象非公开发行人民币普通股（A 股）302 992 994.00 股，于 2014 年 7 月 17 日完成过户。本次非公开发行增加公司股本 302.99 百万元。第二，期权行权增加公司股本 16 005 200 元。第三，公司向 27 位激励对象授予限制性股票，由激励对象以 7.73 元每股的授予价格认购 6 101 000.00 股人民币普通股，增加注册资本人民币 6 101 000.00 元，增资方式为货币出资。

2. 资本公积分析

资本公积是企业一种储备形式的资本。通过对资本公积进行分析，可以全面反映企业资本公积的结构和形成，为正确决策提供可靠的依据。

根据青岛海尔所提供的会计报表及会计报表附注可知，该公司本年资本公积期末余额为 3 541.87 百万元，上年数期末余额为 578.37 百万元，增加非常多。主要原因为股东溢价变动和其他资本公积变动。

股本溢价变动的主要原因：（1）非公开发行股票导致股本溢价增加 2 911.72 百万元；（2）《第二期股票期权激励计划》第三个行权期行权以及《第三期股票期权激励计划》第二个行权期行权导致股本溢价增加 240.43 百万元。（3）本期子公司少数股东增资导致母公司持股比例变动，增加股本价 548.21 百万元。（4）本期同一控制合并以及收购子公司少数股权导致股本溢价减少 808.37 百万元。

其他资本公积变动的主要原因：（1）公司本期由于股利支付计入股东权益导致其他资本公积增加的金额为 85.42 百万元；（2）本期权益法核算的被投资单位少数股东增资导致其他资本公积增加的金额为 51.82 百万元；（3）《第二期股票期权激励计划》第三个行权期行权以及《第三期股票期权激励计划》第二个行权期行权导致其他资本公积减少的金额为 91.82 百万元。

3. 留存收益分析

留存收益包括盈余公积和未分配利润两部分。其中，盈余公积可以转增资本，弥补亏损，特殊情况下还可以用于分配股利。盈余公积金的数量越多，企业资本积累能力、亏损弥补能力和股利分配能力，以及应付风险的能力越强。未分配利润反映各年累计的尚未分配给投资者的利润。按规定，当年未分配的利润可以并入以后年度进行分配。因此，这部分的利润越多，企业当年和以后年度的积累能力、股利分配能力，以及应付风险能力就越强。

　　根据青岛海尔所提供的会计报表及会计报表附注可知，该公司盈余公积本年期末余额为2 024.11 百万元，而未分配利润期末余额为 12 855.51 百万元，与上一年相比均稍微增加，主要是由于营业收入的增加引起的。

二、资产负债表水平分析

　　资产负债表水平分析的目的之一就是从总体上概括了资产、权益的变动情况，揭示出资产、负债和所有者权益的变动的差异，分析其差异产生的原因。资产负债表水平分析的依据是资产负债表，通过采用水平分析法，将资产负债表的实际数与选定的标准进行比较。青岛海尔集团合并资产负债表水平分析见表 3 - 6。

　　某项目变动对总资产（权益总额）的影响（％）＝某项目的变动额÷基期总资产（权益总额）

表 3 - 6　　　　　　　　　　青岛海尔集团合并资产负债表水平分析　　　　　　　　　　单位：百万元

项　目	2014 年	2013 年	变动情况		对总额的影响（％）
			变动额	变动（％）	
流动资产：					
货币资金	28 644.03	20 625.46	8 018.57	38.88	69.92
交易性金融资产	—	—	—	—	—
应收票据	16 434.89	15 711.01	723.89	4.61	1.19
应收账款	5 295.78	4 326.84	968.95	22.39	1.59
预付款项	747.08	1 591.47	- 844.39	- 53.06	- 1.38
其他应收款	272.80	281.82	- 9.02	- 3.20	- 0.01
应收关联公司款	—	—	—	—	—
应收利息	178.49	87.71	90.78	103.50	0.15
应收股利	54.52	7.73	46.80	605.54	0.08
存货	7 557.92	6 864.00	693.91	10.11	1.14
一年内到期的非流动资产	—	—	—	—	—
其他流动资产	289.00	50.97	238.03	466.95	0.39
流动资产合计	59 474.52	49 547.01	9 927.51	20.04	16.27
非流动资产：					
可供出售金融资产	1 631.28	5.72	1 625.56	28 419.87	2.66
持有至到期投资	—	—	—	—	—

续表

项 目	2014 年	2013 年	变动情况		对总额的影响（%）
			变动额	变动（%）	
长期应收款	—	—	—	—	—
长期股权投资	3 356.61	2 712.65	643.96	23.74	1.06
投资性房地产	30.58	26.25	4.33	16.50	0.01
固定资产	6 970.70	5 453.06	1 517.64	27.83	2.49
在建工程	1 085.86	1 603.66	−517.80	−32.29	−0.85
工程物资	—	—	—	—	—
固定资产清理	31.40	—	31.40		0.05
生产性生物资产	—	—	—	—	—
油气资产	—	—	—	—	—
无形资产	972.39	669.21	303.18	45.30	0.50
开发支出	68.34	—	68.34		0.11
商誉	74.53	6.12	68.41	1 117.22	0.11
长期待摊费用	102.93	86.54	16.39	18.94	0.03
递延所得税资产	894.71	905.65	−10.94	−1.21	−0.02
其他非流动资产	312.62	—	312.62		0.51
非流动资产合计	15 531.94	11 468.85	4 063.09	35.43	6.66
资产总计	75 006.46	61 015.86	13 990.60	22.93	22.93
流动负债：					
短期借款	1 008.67	1 173.87	−165.20	−14.07	−0.27
交易性金融负债	—	—	—	—	—
应付票据	14 126.65	11 892.39	2 234.25	18.79	3.66
应付账款	13 487.52	13 963.23	−475.70	−3.41	−0.78
预收款项	4 218.00	3 521.48	696.52	19.78	1.14
应付职工薪酬	1 062.06	1 057.78	4.28	0.40	0.01
应缴税费	1 216.48	1 249.59	−33.11	−2.65	−0.05
应付利息	7.15	7.30	−0.15	−2.08	0.00
应付股利	147.31	150.70	−3.39	−2.25	−0.01
其他应付款	6 354.21	4 965.03	1 389.18	27.98	2.28
一年内到期的非流动负债	—	24.30	−24.30	−100.00	−0.04
其他流动负债	—	—	—	—	—

续表

项　目	2014 年	2013 年	变动情况		对总额的影响（%）
			变动额	变动（%）	
流动负债合计	41 628.06	38 005.67	3 622.39	9.53	5.94
非流动负债：					
长期借款	—	—	—	—	—
应付债券	1 800.70	716.84	1 083.87	151.20	1.78
长期应付款	—	—	—	—	—
专项应付款	—	—	—	—	—
预计负债	2 157.25	2 162.98	- 5.72	- 0.26	- 0.01
递延所得税负债	117.61	14.30	103.31	722.18	0.17
其他非流动负债	47.16	121.93	- 74.77	- 61.32	- 0.12
非流动负债合计	4 258.43	3 016.05	1 242.39	41.19	2.04
负债合计	45 886.49	41 021.72	4 864.77	11.86	7.97
股东权益：					
实收资本（或股本）	3 045.94	2 720.84	325.10	11.95	0.53
资本公积	3 541.87	578.37	2 963.50	512.39	4.86
盈余公积	2 024.11	1 949.19	74.91	3.84	0.12
减：库存股	6.10	—	6.10	—	0.01
未分配利润	12 855.51	9 172.64	3 682.87	40.15	6.04
少数股东权益	7 279.94	5 527.04	1 752.90	31.72	2.87
外币报表折算价差	—	46.07	- 46.07	- 100.00	- 0.08
非正常经营项目收益调整					
归属母公司所有者权益（或股东权益）	21 840.02	14 467.10	7 372.92	50.96	12.08
所有者权益（或股东权益）合计	29 119.97	19 994.14	9 125.83	45.64	14.96
负债和所有者（或股东权益）合计	75 006.46	61 015.86	13 990.60	22.93	22.93

资料来源：作者根据"和讯财经"相关资料整理。

（一）资产负债表变动情况的分析

企业总资产表明企业资产的存量规模，随着企业经营规模的变动，资产存量规模也处在变动之中。资产存量规模过小，将难以满足企业经营的需要，影响企业经营活动的正常进行。资产存量规模过大，将造成资产的闲置，使资金周转缓慢，影响资产的利用效率。企业通过举债或吸收投资人投资来满足对企业资产的资金融通，从而产生了债权人和股东。对资产变动情况的分析主要从以下两个方面进行：

1. 从投资或资产角度进行分析评价

投资或资产角度的分析评价主要从以下几方面进行：

第一，分析总资产规模的变动状况以及各类、各项资产的变动状况，揭示出资产变动的主要方面，从总体上了解企业经过一定时期经营后资产的变动情况。

第二，发现变动幅度较大或对总资产影响较大的重点类别和重点项目。分析时首先要注意发现变动幅度较大的资产类别或资产项目，特别是发生异常变动的项目。其次是要把对总资产影响较大的资产项目作为分析重点。某资产项目变动自然会引起总资产发生同方向变动，但不能完全根据本项目本身的变动来说明对总资产的影响。该项目变动对总资产的影响，不仅取决于该项目本身的变动情况，还取决于该项目在总资产中所占的比重。当某项目本身变动幅度较大时，如果该项目在总资产中所占比重较小，则该项目变动就不会对总资产产生太大影响；反之，即使该项目本身变动程度较小，如果其比重较大时，其影响程度也很大。

第三，分析资产变动的合理性与效率性。

第四，分析会计政策变动的影响。虽然会计准则和会计制度对会计核算乃至财务报表的编制都有严格的要求，但会计准则和会计制度也对企业灵活运用会计政策和会计估计有很大的余地。因此，需要分析会计政策变动的影响。

根据表 3-6，可以对青岛海尔公司的资产变动情况做出如下分析：

青岛海尔本期的总资产增加了 13 990.60 百万元，增长幅度为 22.93%，说明该公司本年资产规模有较大幅度的增长。具体分析如下：

流动资产本期增加 9 927.51 百万元，增长的幅度为 20.04%，使总资产规模增长了 16.27%。非流动资产本期增加 4 063.09 百万元，增长的幅度为 35.43%，使总资产规模增长了 6.66%。

本期总资产的增加主要体现在流动资产的增长上。如果仅从这一变化来看，该公司资产的流动性有所增强，尽管流动资产的各项目都有不同程度的增减变动，但其增长主要体现在以下四个方面：一是货币资金的大幅度增长。货币资金本期增长 8 018.57 百万元，增长的幅度为 38.88%，对总资产的影响为 69.92%。货币资金的增长对提高企业的偿债能力、满足资金流动性需要都是有利的。二是应收账款的增加。应收账款本期增长 968.95 百万元，增长的幅度为 22.39%，对总资产的影响为 1.59%。由青岛海尔的年报可知，应收账款部分为账龄一年以内并支付给关联方的款项。分析时应注意是否存在利用关联方交易进行舞弊的行为。三是预付款项的增加。预付款项本期减少 844.39 百万元，减少的幅度为 53.06%，对总资产的影响为 -1.38%。由年报可知，青岛海尔虽然预付款项变动较大，缺失减少预付账款，减少了企业资金的利用。四是存货的增加。存货本期增长 693.91 百万元，增长的幅度为 10.11%，对总资产的影响为 1.14%。存货增加是营业收入的增加所导致的，而且数额不大，属于正常变动范围。

非流动资产的变动主要体现在以下三个方面：一是可供出售金融资产，本期增长

1 625.56百万元，增长的幅度为28 419.87%，对总资产的影响为2.66%。由年报知，可供出售金融资产采用公允价值计量，因此价格变动比较大，可能是由于资本市场总体的变化引起的，而且数额相对较小。二是长期股权投资的增长。长期股权投资本期增长643.96百万元，增长的幅度为23.74%，对总资产的影响为1.06%。由年报知，是由本年并购其他企业引起的。三是固定资产的增加。固定资产本期增长1 517.64百万元，增长的幅度为27.83%，对总资产的影响为2.49%。由年报可知，是由于在建工程转入造成的。

2. 从筹资或权益角度进行分析评价

筹资或权益角度的分析评价主要从以下几方面进行：

第一，分析权益总额的变动状况以及各类、各项筹资的变动状况，揭示出权益总额变动的主要方面，从总体上了解企业经过一定时期经营后权益总额的变动情况。

第二，发现变动幅度较大或对权益影响较大的重点类别和重点项目，为进一步分析指明方向。

第三，注意分析评价表外业务的影响。

根据表3-6，可以对青岛海尔公司的权益总额变动情况作出如下分析：

青岛海尔本期的权益总额增加了13 990.60百万元，增长幅度为22.93%，说明该公司2013年权益总额有较大幅度的增长。具体分析如下：

（1）负债本期增加4 864.77百万元，增长的幅度为11.86%，使权益总额增长了7.97%。股东权益本期增加9 125.83百万元，增长的幅度为45.64%，使权益总额增长了14.96%。

（2）本期权益总额的增加主要体现在股东权益的增长上，股东权益本期增长9 125.83百万元，增长的幅度为45.64%，对总资产的影响为14.96%。股东权益的增长主要体现在三个方面：一是资本公积的增加，资本公积本期增长2 963.50百万元，增长的幅度为512.39%，对总资产的影响为4.86%。主要原因是非公开发行股票、期权行权和少数股东增资导致的股本溢价和其他资本公积的增加。二是未分配利润，未分配利润本期增长3 682.87百万元，增长的幅度为40.15%，对总资产的影响为6.04%。主要原因是本期实现净利润增加。三是少数股东权益的增加，少数股东权益本期增长1 752.90百万元，增长的幅度为31.72%，对总资产的影响为2.87%。主要原因是少数股东增资所导致的。

（3）流动负债的增长对权益总额的影响又比非流动负债大。流动负债的增长额为3 622.39百万元，增长的幅度为9.53%，对权益总额的影响为5.94%，负债的增长主要体现在以下四个方面：一是应付票据的增长。应付票据本期增长2 234.25百万元，增长的幅度为18.79%，对总资产的影响为3.66%。应付票据的增加可能是由于采购的增加造成的。二是预收款项的增加，预收款项本期增长696.52百万元，增长的幅度为19.78%，对总资产的影响为1.14%。预收款项的增加说明企业可以无偿利用其他企业的资金，降低了资本成本。三是其他应付款的增加。其他应付款本期增长1 389.18百万元，增长的幅度为27.98%，对总资产的影响为2.28%。主要原因可能是由于关联方交易导致的。四是应付债券的增加。应付债券本期增长1 083.87百万元，增长的幅度为151.20%，对总资产的影响为1.78%。主要原因是该公司在本年发行可转换债券导致的，使应付债券大幅度增加。

（二）资产变动的合理性和效率性分析

对总资产变动情况进行分析，不仅要考虑其增减变动额和变动幅度，还要对其变动的合理性和效率性进行分析。通过资产变动与产值变动、销售收入变动、利润变动及经营活动现金净流量变动的比较，对资产变动的合理性和效率性进行分析。比较的结果可能有以下几种情况：

（1）增产增收的同时增资，但增资幅度小，表明企业资产利用效率提高，形成资金相对节约。

（2）增产增收的同时不增资，表明资产利用效率提高，形成资金相对节约。

（3）增产增收的同时减少资产，表明资产利用效率提高，形成资金绝对节约和相对节约。

（4）产值、收入持平，资产减少，表明企业资产利用效率提高，形成资金绝对节约。

（5）增产增收的同时，资产增加，且资产增加幅度大于增产增收的幅度，表明企业资产利用效率下降，资产增加不合理。

（6）减产减收的同时，资产不减或资产减少比率低于减产减收比率，表明资产利用效率下降，资产结构调整不合理。

（7）减产减收的同时，资产增加，必然造成资产大量闲置，生产能力利用不足，资产利用效率大幅度下降。

三、资产负债表垂直分析

资产负债表垂直分析目的是通过计算资产负债表各项目占总资产或权益总额的比重，分析评价企业资产结构和权益结构变动的合理程度，并分析变动原因。垂直分析可以从静态角度和动态角度，静态角度是以本期资产负债表来分析其实际构成情况，动态角度是以本期资产负债表的实际构成与选定的标准进行对比分析。青岛海尔集团合并资产负债表垂直分析见表 3 –7。

表 3 –7　　　　　青岛海尔集团合并资产负债表垂直分析　　　　　单位：百万元

项　　目	2014 年	2013 年	2014 年（%）	2013 年（%）	变动情况（%）
流动资产：					
货币资金	28 644.03	20 625.46	38.19	33.80	4.39
交易性金融资产	—	—	—	—	—
应收票据	16 434.89	15 711.01	21.91	25.75	– 3.84
应收账款	5 295.78	4 326.84	7.06	7.09	– 0.03

项　目	2014 年	2013 年	2014 年（%）	2013 年（%）	变动情况（%）
预付款项	747.08	1 591.47	1.00	2.61	−1.61
其他应收款	272.80	281.82	0.36	0.46	−0.10
应收关联公司款	—	—	—	—	—
应收利息	178.49	87.71	0.24	0.14	0.09
应收股利	54.52	7.73	0.07	0.01	0.06
存货	7 557.92	6 864.00	10.08	11.25	−1.17
一年内到期的非流动资产	—	—	—	—	—
其他流动资产	289.00	50.97	0.39	0.08	0.30
流动资产合计	59 474.52	49 547.01	79.29	81.20	−1.91
非流动资产：					
可供出售金融资产	1 631.28	5.72	2.17	0.01	2.17
持有至到期投资	—	—	—	—	—
长期应收款	—	—	—	—	—
长期股权投资	3 356.61	2 712.65	4.48	4.45	0.03
投资性房地产	30.58	26.25	0.04	0.04	0.00
固定资产	6 970.70	5 453.06	9.29	8.94	0.36
在建工程	1 085.86	1 603.66	1.45	2.63	−1.18
工程物资	—	—	—	—	—
固定资产清理	31.40		0.04	0.00	0.04
生产性生物资产	—	—	—	—	—
油气资产	—	—	—	—	—
无形资产	972.39	669.21	1.30	1.10	0.20
开发支出	68.34	—	0.09	0.00	0.09
商誉	74.53	6.12	0.10	0.01	0.09
长期待摊费用	102.93	86.54	0.14	0.14	0.00
递延所得税资产	894.71	905.65	1.19	1.48	−0.29
其他非流动资产	312.62	—	0.42	0.00	0.42
非流动资产合计	15 531.94	11 468.85	20.71	18.80	1.91
资产总计	75 006.46	61 015.86	100.00	100.00	0.00
流动负债：					
短期借款	1 008.67	1 173.87	1.34	1.92	−0.58

项　目	2014 年	2013 年	2014 年（%）	2013 年（%）	变动情况（%）
交易性金融负债	—	—	—	—	—
应付票据	14 126.65	11 892.39	18.83	19.49	-0.66
应付账款	13 487.52	13 963.23	17.98	22.88	-4.90
预收款项	4 218.00	3 521.48	5.62	5.77	-0.15
应付职工薪酬	1 062.06	1 057.78	1.42	1.73	-0.32
应缴税费	1 216.48	1 249.59	1.62	2.05	-0.43
应付利息	7.15	7.30	0.01	0.01	0.00
应付股利	147.31	150.70	0.20	0.25	-0.05
其他应付款	6 354.21	4 965.03	8.47	8.14	0.33
一年内到期的非流动负债	—	24.30	0.00	0.04	-0.04
其他流动负债					
流动负债合计	41 628.06	38 005.67	55.50	62.29	-6.79
非流动负债：					
长期借款	—	—	—	—	—
应付债券	1 800.70	716.84	2.40	1.17	1.23
长期应付款	—	—	—	—	—
专项应付款	—	—	—	—	—
预计负债	2 157.25	2 162.98	2.88	3.54	-0.67
递延所得税负债	117.61	14.30	0.16	0.02	0.13
其他非流动负债	47.16	121.93	0.06	0.20	-0.14
非流动负债合计	4 258.43	3 016.05	5.68	4.94	0.73
负债合计	45 886.49	41 021.72	61.18	67.23	-6.05
股东权益：					
实收资本（或股本）	3 045.94	2 720.84	4.06	4.46	-0.40
资本公积	3 541.87	578.37	4.72	0.95	3.77
盈余公积	2 024.11	1 949.19	2.70	3.19	-0.50
减：库存股	6.10	—	0.01	0.00	0.01
未分配利润	12 855.51	9 172.64	17.14	15.03	2.11
少数股东权益	7 279.94	5 527.04	9.71	9.06	0.65
外币报表折算价差	—	46.07	0.00	0.08	-0.08
非正常经营项目收益调整	—	—	0.00	0.00	0.00

续表

项　目	2014 年	2013 年	2014 年（%）	2013 年（%）	变动情况（%）
归属母公司所有者权益（或股东权益）	21 840.02	14 467.10	29.12	23.71	5.41
所有者权益（或股东权益）合计	29 119.97	19 994.14	38.82	32.77	6.05
负债和所有者（或股东权益）合计	75 006.46	61 015.86	100.00	100.00	0.00

资料来源：作者根据青岛海尔 2014 年财务报表整理而得。

（一）资产结构的分析评价

企业资产结构分析评价的思路是：

第一，从静态角度观察企业资产的配置情况，通过与行业平均水平或可比企业的资产结构比较，评价其合理性。

第二，从动态角度分析资产结构的变动情况，对资产的稳定性做出评价。

从表 3-7 可以看出：

第一，从静态方面分析，青岛海尔本期流动资产比重高达 79.29%，非流动资产仅为 20.71%。根据该公司的资产结构，可以认为该公司资产的流动相对较强，资产风险较小。

第二，从动态方面分析，本期流动资产比重下降 1.91%，非流动资产比重上升 1.91%。流动资产下降主要是应收票据、预付款项和存货分别下降了 3.84%、1.61% 和 1.17%，不过货币资金上升了 4.39%；非流动资产上升主要是可供出售金融资产上升了 2.17%，不过在建工程下降了 1.18%。由以上可知，该公司资产结构还算稳定，无论流动资产还是非流动资产都是小幅度的变化。

（二）资本结构的分析评价

企业资本结构分析评价的思路是：

第一，从静态角度观察资本的构成，结合企业盈利能力和经营风险，评价其合理性。

第二，从动态角度分析资本结构的变动情况，分析其对股东收益产生的影响。

从表 3-7 可以看出：

1. 从静态方面分析，青岛海尔本期股东权益比重为 38.82%，负债比重为 61.18%，资产负债比率偏低，财务风险不大。

2. 从动态方面分析，本期负债比重下降 6.05%，股东权益比重上升 6.05%。负债下降主要是应付账款分别下降了 4.90%；股东权益上升主要是资本公积和未分配利润分别上升了 3.77%、2.11%。由以上可知，该公司资产结构还算稳定，负债和股东权益都是小幅度的变化。

（三）资产结构与资本结构适应程度的分析评价

资产结构与资本结构适应程度有如下四种形式：

1. 保守性结构分析

保守性结构指企业全部资产的资金来源都是长期资本，即所有者权益和非流动负债。其优点是风险较低，缺点为资本成本较高以及筹资结构弹性较弱。保守型结构很少被企业采用。

2. 稳健型结构分析

稳健型结构，是指非流动资产依靠长期资金解决，流动资产需要长期资金和短期资金共同解决。其优点是风险较小，负债资本相对较低，并具有一定的弹性。稳健型结构被大部分企业采用。

3. 平衡型结构分析

平衡型结构分析，是指非流动资产用长期资金满足，流动资产用流动负债满足。其优点是当二者适应时，企业风险较小，且资本成本较低。缺点是当二者不适应时，可能使企业陷入财务危机。平衡型结构适用于经营状况良好，流动资产与流动负债内部结构相互适应的企业。

4. 风险型结构分析

风险型结构，是指流动负债不仅用于满足流动资产的资金需要，且用于满足部分非流动资产的资金需要。其优点为资本成本最低，缺点是财务风险较大。风险型结构适用于企业资产流动性很好且经营现金流量较充足。

第二节　利润表分析

从利润表的报表结构来看，利润项目分为主营业务利润、营业利润、利润总额和净利润，每一利润项目内部又是收入与相关费用配比的结果。上述结构是以企业利润动因和业务风险角度为标准的，不同的组成部分有着不同的持久性，盈利的持久性是其组成成分的不同持久性的平均数。青岛海尔集团合并利润表见表3-8。

表3-8	青岛海尔集团合并利润表	单位：百万元
一、营业收入	88 775.44	86 487.72
减：营业成本	64 345.18	64 586.11
营业税金及附加	399.71	433.41
销售费用	11 578.02	10 306.82
管理费用	5 994.66	5 443.05

续表

项　目		
勘探费用	—	—
财务费用	− 231.13	− 45.75
资产减值损失	189.91	217.41
加：公允价值变动净收益	—	—
投资收益	1 237.48	621.87
其中：对联营企业和合营企业的投资收益	—	—
影响营业利润的其他科目	—	—
二、营业利润	7 736.58	6 168.54
加：补贴收入		
营业外收入	370.01	599.95
减：营业外支出	59.96	54.52
其中：非流动资产处置净损失		
加：影响利润总额的其他科目		
三、利润总额	8 046.64	6 713.97
减：所得税	1 354.37	1 162.69
加：影响净利润的其他科目	—	—
四、净利润	6 692.26	5 551.28

数据来源：作者根据和讯网相关资料整理。

一、利润表增减变动分析——水平分析

利润表分析依据的分析资料是利润表、相关附表及附注资料，以主营业务利润、营业利润、利润总额和净利润四个关键利润指标展开的。分析内容是分析期各项利润较前一期或几期利润而言发生了怎样的变化，对企业造成了怎样的影响，是积极的还是消极的，并确定利润分析的重点项目所在。青岛海尔集团合并利润表水平分析见表3-9。

表 3-9　　　　　青岛海尔集团合并利润表水平分析　　　　　单位：百万元

项　目	2014 年	2013 年	增减额	增减（%）
一、营业收入	88 775.44	86 487.72	2 287.72	2.65
减：营业成本	64 345.18	64 586.11	− 240.93	− 0.37
营业税金及附加	399.71	433.41	− 33.70	− 7.78
销售费用	11 578.02	10 306.82	1 271.20	12.33

项　目	2014 年	2013 年	增减额	增减（%）
管理费用	5 994.66	5 443.05	551.61	10.13
勘探费用	—	—	—	—
财务费用	−231.13	−45.75	−185.38	405.25
资产减值损失	189.91	217.41	−27.50	−12.65
加：公允价值变动净收益	—	—	—	—
投资收益	1 237.48	621.87	615.60	98.99
其中：对联营企业和合营企业的投资收益	—	—	—	—
影响营业利润的其他科目	—	—	—	—
二、营业利润	7 736.58	6 168.54	1 568.04	25.42%
加：补贴收入	—	—	—	—
营业外收入	370.01	599.95	−229.94	−38.33
减：营业外支出	59.96	54.52	5.44	9.98
其中：非流动资产处置净损失	—	—	—	—
加：影响利润总额的其他科目	—	—	—	—
三、利润总额	8 046.64	6 713.97	1 332.66	19.85
减：所得税	1 354.37	1 162.69	191.68	16.49
加：影响净利润的其他科目	—	—	—	—
四、净利润	6 692.26	5 551.28	1 140.98	20.55

资料来源：作者根据青岛海尔 2014 年利润表整理而得。

进行利润增减变动情况分析的基本思路：

第一，进行利润增减变动情况分析应采用水平分析法。

第二，编制利润水平分析表。计算增减变动额和增减变动百分比。

第三，对重要项目（即变化较大、比重较大的项目）进行对比分析。

根据表 3-9 对青岛海尔利润表进行水平分析，具体分析如下：

（一）净利润分析

青岛海尔本期的净利润 6 692.26 百万元，比上年增长了 1 140.98 百万元，增长率为 20.55%，增长幅度比较大。从水平分析表看，公司净利润增长主要是利润总额比上年增长 1 332.66 百万元；由于所得税比上年增长了 191.68 百万元，主要原因是报告期利润总额增加，导致计提所得税费用增加。两者相抵，导致净利润增长了 1 140.98 百万元。

（二）利润总额分析

青岛海尔本期的利润总额 8 046.64 百万元，比上年增长了 1 332.66 百万元，增长率为 19.85%，增长幅度比较大。从水平分析表看，公司利润总额增长主要是营业利润比上年增长 1 568.04 百万元，增长率为 25.42%；但是营业外收入比上年下降了 229.94 百万元，由年报知主要原因非流动资产处置利得的减少；营业外支出增加了 5.44 百万元，增加的比率为 9.98%，主要原因是报告期非流动资产处置损失增加。

（三）营业利润分析

青岛海尔本期的营业利润 7 736.58 百万元，比上年增长了 1 568.04 百万元，增长率为 25.42%，增长幅度比较大。从水平分析表看，公司营业利润增长主要是毛利的增长导致的。其中营业收入比上年增长 2 287.72 百万元，增长比率为 2.65%，主要原因是经营规模扩大，主营业务收入大幅度增加，但其他业务收入略有减少；还有就是销售费用和管理费用分别比上年增长 1 271.20 百万元、551.61 百万元，增长比率分别为 12.33%、10.13%，主要原因是为了扩大经营规模，加大了企业产品的宣传力度。

二、利润表构成变动分析——垂直分析

利润表垂直分析，是指通过计算各因素和各种财务成果在营业收入中所占的比重，分析说明财务成果的结构及其增减变动的合理程度。青岛海尔集团合并利润表垂直分析见表 3-10。

表 3-10 　　　　　　　　　　青岛海尔集团合并利润表垂直分析 　　　　　　　　　　单位:%

项　目	2014 年	2013 年
一、营业收入	100	100
减：营业成本	72.48	74.68
营业税金及附加	0.45	0.50
销售费用	13.04	11.92
管理费用	6.75	6.29
勘探费用	—	—
财务费用	−0.26	−0.05
资产减值损失	0.21	0.25
加：公允价值变动净收益	—	—

项　目	2014 年	2013 年
投资收益	1.39	0.72
其中：对联营企业和合营企业的投资收益	—	—
影响营业利润的其他科目	—	—
二、营业利润	8.71	7.13
加：补贴收入	—	—
营业外收入	0.42	0.69
减：营业外支出	0.07	0.06
其中：非流动资产处置净损失	—	—
加：影响利润总额的其他科目	—	—
三、利润总额	9.06	7.76
减：所得税	1.53	1.34
加：影响净利润的其他科目	—	—
四、净利润	7.54	6.42

资料来源：作者根据青岛海尔 2014 年财务报表整理而得。

进行利润构成变动分析的基本思路：

第一，进行利润增减变动情况分析应采用垂直分析法。

第二，编制利润垂直分析表。计算利润表各项目分别占营业收入总额的百分比。

第三，将分析期各项目的比重与前期同项目比重对比，针对重要项目进行评价分析。

根据表 3 - 10 对青岛海尔利润表进行结构分析，具体分析如下：

青岛海尔的毛利占营业收入的比重为 27.52%，比上年度的 25.32%，上升了 2.20%。虽然营业成本有所增加，但其增长的速度小于营业收入增长的速度，导致毛利占营业收入的比率有所上升。营业利润占营业收入的比重为 8.71%，比上年度的 7.13%，上升了 1.58%。相对于毛利而言，主要是由于滚利费用比上年度上升了 1.12%。利润总额占营业收入的比重为 9.06%，比上年度的 7.76%，上升了 1.3%。净利润占营业收入的比重为 7.54%，比上年度的 6.42%，上升了 1.12%。从以上分析可知，青岛海尔的盈利能力是有所上升的，净利润的增长主要是由毛利上升导致，但是销售费用和管理费用过高，需要适当控制费用的增长。

三、上市公司的利润表分析

利润表依据"收入 - 费用 = 利润"来编制的，它主要反映一定时期内公司的营业收入减去营业支出之后的净收益。通过利润表，我们一般可以对上市公司的经营业绩、管理的成功程度做出评估，从而评价投资者的投资价值和报酬。

利润表包括两个方面：一是反映公司的收入及费用，说明公司在一定时期内的利润或亏损数额，据以分析公司的经济效益及盈利能力，评价公司的管理业绩；另一部分反映公司财务成果的来源，说明公司的各种利润来源在利润总额中占的比例，以及这些来源之间的相互关系。

对利润表进行分析，主要从两方面入手：

（一）收入项目分析

公司通过销售产品、提供劳务取得各项营业收入，也可以将资源提供给他人使用，获取租金与利息等营业外收入。收入的增加，则意味着公司资产的增加或负债的减少。记入收入账的包括当期收讫的现金收入，应收票据或应收账款，以实际收到的金额或账面价值入账。

（二）费用项目分析

费用是收入的扣除，费用的确认、扣除正确与否直接关系到公司的盈利。所以分析费用项目时，应首先注意费用包含的内容是否适当。确认费用应贯彻权责发生制原则、历史成本原则、划分收益性支出与资本性支出的原则等。其次，要对成本费用的结构与变动趋势进行分析，分析各项费用占营业收入百分比，分析费用结构是否合理，对不合理的费用要查明原因。同时对费用的各个项目进行分析，看看各个项目的增减变动趋势，以此判定公司的管理水平和财务状况，预测公司的发展前景。

看利润表时要与上市公司的财务情况说明书联系起来。它主要说明公司的生产经营状况；利润实现和分配情况；应收账款和存货周转情况；各项财产物资变动情况；税金的缴纳情况；预计下一会计期间对公司财务状况变动有重大影响的事项。财务情况说明书为财务分析提供了了解、评价公司财务状况的详细资料。

第三节　现金流量表分析

现金，是指企业库存现金以及可以随时用于支付的存款，包括现金、银行存款、其他货币资金（外埠存款等）。不能随时用于支取的存款不属于现金。现金等价物，是指企业持有的期限短、流动性强、易于转换为已知金额现金、价值变动风险很小的投资，如：3个月内到期的证券市场上流通的短期债券。

现金流量表包括经营活动产生的现金流量、投资活动产生的现金流量、筹资活动产生的现金流量以及报表附注。现金流量表分析的目的：从动态上了解企业现金变动情况和变动原因、判断企业获取现金的能力和评价企业盈利的质量。

一、现金流量表一般分析

进行现金流量表的一般分析，就是根据现金流量表的数据，对企业现金流量情况进行分析。下面以青岛海尔合并现金流量表的资料为基础，对该公司 2014 年现金流量进行一般分析。

表 3 –11 青岛海尔合并现金流量表 单位：百万元

项　目	2014 年	2013 年
一、经营活动产生的现金流量		
销售商品、提供劳务收到的现金	91 216.79	79 292.93
收到的税费返还	305.81	387.85
收到其他与经营活动有关的现金	662.09	438.61
经营活动现金流入小计	92 184.69	80 119.38
购买商品、接受劳务支付的现金	64 246.24	53 918.15
支付给职工以及为职工支付的现金	6 935.22	6 402.09
支付的各项税费	5 523.99	5 222.74
支付其他与经营活动有关的现金	8 472.66	8 066.07
经营活动现金流出小计	85 178.11	73 609.05
经营活动产生的现金流量净额	7 006.58	6 510.33
二、投资活动产生的现金流量		
收回投资收到的现金	4.65	49.88
取得投资收益收到的现金	70.24	816.94
处置固定资产、无形资产和其他长期资产收回的现金净额	96.69	360.47
处置子公司及其他营业单位收到的现金净额	404.65	—
收到其他与投资活动有关的现金	43.08	19.05
投资活动现金流入小计	619.30	1 246.34
购建固定资产、无形资产和其他长期资产支付的现金	2 005.43	1 751.26
投资支付的现金	1 864.95	870.76
取得子公司及其他营业单位支付的现金净额	—	—
支付其他与投资活动有关的现金	—	—
投资活动现金流出小计	3 870.38	2 622.02
投资活动产生的现金流量净额	− 3 251.08	− 1 375.69

续表

项　目	2014 年	2013 年
三、筹资活动产生的现金流量		
吸收投资收到的现金	5 075.57	381.02
取得借款收到的现金	1 268.66	1 378.82
收到其他与筹资活动有关的现金	—	—
筹资活动现金流入小计	7 399.25	1 759.84
偿还债务支付的现金	1 483.04	1 293.80
分配股利、利润或偿付利息支付的现金	1 468.29	1 390.67
支付其他与筹资活动有关的现金	88.60	—
筹资活动现金流出小计	3 039.93	2 684.47
筹资活动产生的现金流量净额	4 359.33	-924.63
四、汇率变动对现金的影响	—	—
五、现金及现金等价物净增加额	8 117.86	4 178.06
期初现金及现金等价物余额	20 421.08	16 243.02
期末现金及现金等价物余额	28 538.94	20 421.08

数据来源：作者根据和讯网相关资料整理。

第一，青岛海尔本期现金及现金等价物共增加了 3 939.80 百万元。其中经营活动产生的现金流量增加了 496.25 百万元，投资活动产生的现金流量为减少了 1 875.39 百万元，筹资活动产生的现金流量增加了 5 283.96 百万元。

第二，经营活动产生的现金流量净额比上年增加了，主要是因为销售商品、提供劳务收到的现金比购买商品、接受劳务支付的现金更多。

第三，投资活动产生的现金流量净额同比减少，主要是因为取得投资收益收到的现金减少。

第四，筹资活动产生的现金流量净额同比增长，主要原因是吸收投资收到的现金增多了。

二、现金流量表水平分析

现金流量表水平分析，目的在于通过对比不同时期的各项现金流量变动情况，揭示企业当期现金流量水平及其变动情况，反映企业现金流量管理的水平与特点。下面以青岛海尔合并现金流量表水平分析的资料为基础，对该公司现金流量进行水平分析，见表 3-12。

表 3-12　　　　　　　青岛海尔集团合并现金流量表水平分析　　　　　　单位：百万元

项　目	2014 年	2013 年	增减额	增减（%）
一、经营活动产生的现金流量				
销售商品、提供劳务收到的现金	91 216.79	79 292.93	11 923.86	15.04
收到的税费返还	305.81	387.85	-82.03	-21.15
收到其他与经营活动有关的现金	662.09	438.61	223.48	50.95
经营活动现金流入小计	92 184.69	80 119.38	12 065.30	15.06
购买商品、接受劳务支付的现金	64 246.24	53 918.15	10 328.09	19.16
支付给职工以及为职工支付的现金	6 935.22	6 402.09	533.14	8.33
支付的各项税费	5 523.99	5 222.74	301.24	5.77
支付其他与经营活动有关的现金	8 472.66	8 066.07	406.59	5.04
经营活动现金流出小计	85 178.11	73 609.05	11 569.05	15.72
经营活动产生的现金流量净额	7 006.58	6 510.33	496.25	7.62
二、投资活动产生的现金流量				
收回投资收到的现金	4.65	49.88	-45.23	-90.68
取得投资收益收到的现金	70.24	816.94	-746.70	-91.40
处置固定资产、无形资产和其他长期资产收回的现金净额	96.69	360.47	-263.78	-73.18
处置子公司及其他营业单位收到的现金净额	404.65	—	—	—
收到其他与投资活动有关的现金	43.08	19.05	24.03	126.15
投资活动现金流入小计	619.30	1 246.34	-627.03	-50.31
购建固定资产、无形资产和其他长期资产支付的现金	2 005.43	1 751.26	254.17	14.51
投资支付的现金	1 864.95	870.76	994.19	114.17
取得子公司及其他营业单位支付的现金净额	—	—	—	—
支付其他与投资活动有关的现金	—	—	—	—
投资活动现金流出小计	3 870.38	2 622.02	1 248.36	47.61
投资活动产生的现金流量净额	-3 251.08	-1 375.69	-1 875.39	136.32
三、筹资活动产生的现金流量				
吸收投资收到的现金	5 075.57	381.02	4 694.55	1 232.09
取得借款收到的现金	1 268.66	1 378.82	-110.16	-7.99
收到其他与筹资活动有关的现金	—	—	—	—
筹资活动现金流入小计	7 399.25	1 759.84	5 639.41	320.45
偿还债务支付的现金	1 483.04	1 293.80	189.24	14.63

项　目	2014 年	2013 年	增减额	增减（％）
分配股利、利润或偿付利息支付的现金	1 468. 29	1 390. 67	77. 62	5. 58
支付其他与筹资活动有关的现金	88. 60	—	88. 60	—
筹资活动现金流出小计	3 039. 93	2 684. 47	355. 46	13. 24
筹资活动产生的现金流量净额	4 359. 33	-924. 63	5 283. 96	-571. 47
四、汇率变动对现金的影响	—	—	—	—
五、现金及现金等价物净增加额	8 117. 86	4 178. 06	3 939. 80	94. 30
期初现金及现金等价物余额	20 421. 08	16 243. 02	4 178. 06	25. 72
期末现金及现金等价物余额	28 538. 94	20 421. 08	8 117. 86	39. 75

资料来源：作者根据青岛海尔 2014 年财务报表计算整理而成。

青岛海尔本期现金及现金等价物共增加了 3 939. 80 百万元。其中经营活动产生的现金流量增加了 496. 25 百万元，投资活动产生的现金流量减少了 1 875. 39 百万元，筹资活动产生的现金流量增加了 5 283. 96 百万元。

经营活动现金净流量比上年增加了 496. 25 百万元，增长率为 7. 62％。经营活动现金流入同比增长主要是因为销售商品、提供劳务收到的现金增加；经营活动现金流出小计同比增长是由于购买商品、接受劳务支付的现金增加；经营活动产生的现金流量净额同比减少主要是因为销售商品、提供劳务收到的现金增加的速度大于购买商品、接受劳务支付的现金增加的速度。

投资活动现金净流量比上年增加了 1 875. 39 百万元，下降率为 136. 32％。投资活动现金流入小计同比增加是因为取得投资收益收到的现金少于去年同期；投资活动现金流出小计同比增加是因为本年投资支付的现金增加。

筹资活动现金净流量比上年增加了 5 283. 96 百万元，增长率为 571. 47％。筹资活动现金流入小计同比增长是由于吸收投资收到的现金增加；筹资活动现金流出小计同比增长是由于偿还债务支付的现金有所增加。

三、现金流量表结构分析

现金流量表结构分析，目的在于揭示现金流入量和现金流出量的结构情况，从而抓住企业现金流量管理的重点。现金流量表结构分析包括现金流入量结构的分析、现金流出量结构的分析以及现金流量净额结构分析。下面以青岛海尔合并现金流量表结构分析的资料为基础，对该公司现金流量进行结构分析见表 3 - 13。

项　目	2014 年	流入结构（%）	流出结构（%）	内部结构（%）
表 3 - 13　　青岛海尔集团合并现金流量表结构分析　　　单位：百万元				
一、经营活动产生的现金流量				
销售商品、提供劳务收到的现金	91 216.79	91.03	—	98.95
收到的税费返还	305.81	0.31	—	0.33
收到其他与经营活动有关的现金	662.09	0.66	—	0.72
经营活动现金流入小计	92 184.69	92.00	—	100.00
购买商品、接受劳务支付的现金	64 246.24	—	69.77	75.43
支付给职工以及为职工支付的现金	6 935.22	—	7.53	8.14
支付的各项税费	5 523.99	—	6.00	6.49
支付其他与经营活动有关的现金	8 472.66	—	9.20	9.95
经营活动现金流出小计	85 178.11	—	92.50	100.00
经营活动产生的现金流量净额	7 006.58	—	—	—
二、投资活动产生的现金流量				
收回投资收到的现金	4.65	0.00	—	0.75
取得投资收益收到的现金	70.24	0.07	—	11.34
处置固定资产、无形资产和其他长期资产收回的现金净额	96.69	0.10	—	15.61
处置子公司及其他营业单位收到的现金净额	404.65	0.40	—	65.34
收到其他与投资活动有关的现金	43.08	0.04	—	6.96
投资活动现金流入小计	619.3	0.62	—	100.00
购建固定资产、无形资产和其他长期资产支付的现金	2 005.43	—	2.18	51.81
投资支付的现金	1 864.95	—	2.03	48.19
取得子公司及其他营业单位支付的现金净额	—	—	—	—
支付其他与投资活动有关的现金	—	—	—	—
投资活动现金流出小计	3 870.38	—	4.20	100.00
投资活动产生的现金流量净额	- 3 251.08	—	—	—
三、筹资活动产生的现金流量				
吸收投资收到的现金	5 075.57	5.07	—	68.60
取得借款收到的现金	1 268.66	1.27	—	17.15
收到其他与筹资活动有关的现金	—	—	—	—
筹资活动现金流入小计	7 399.25	7.38	—	100.00
偿还债务支付的现金	1 483.04	—	1.61	48.79

项　目	2014 年	流入结构（%）	流出结构（%）	内部结构（%）
分配股利、利润或偿付利息支付的现金	1 468.29	—	1.59	48.30
支付其他与筹资活动有关的现金	88.6	—	0.10	2.91
筹资活动现金流出小计	3 039.93	—	3.30	100.00
筹资活动产生的现金流量净额	4 359.33	—	—	—
现金流入总额	100 203.24	100	—	—
现金流出总额	92 088.42	—	100	—
四、汇率变动对现金的影响				
五、现金及现金等价物净增加额	8 117.86	—	—	—
期初现金及现金等价物余额	20 421.08	—	—	—
期末现金及现金等价物余额	28 538.94	—	—	—

资料来源：作者根据青岛海尔 2014 年现金流量表整理而得。

现金流量表结构分析的主要思路：

首先，分别计算经营活动现金流入、投资活动现金流入和筹资活动现金流入占现金总流入的比重，了解现金的主要来源。一般来说，经营活动现金流入占现金总流入比重大的企业，经营状况较好，财务风险较低，现金流入结构较为合理。

其次，分别计算经营活动现金支出、投资活动现金支出和筹资活动现金支出占现金总流出的比重，它能具体反映企业的现金用于哪些方面。一般来说，经营活动现金支出比重大的企业，其生产经营状况正常，现金支出结构较为合理。

根据表 3－13 对青岛海尔的现金流量表进行结构分析，具体分析如下：

（一）现金流入结构分析

青岛海尔本期现金流入总额为 100 203.24 百万元，其中经营活动现金流入量、投资活动现金流入量、筹资活动现金流入量所占比重分别为 92.00%、0.62%、7.38%。可见企业的现金流入量主要是有经营活动产生的。经营活动现金流入量中销售商品、提供劳务收到的现金、投资活动现金流入量中处置子公司及其他营业单位收到的现金净额和筹资活动现金流入量中吸收投资收到的现金分别占各类现金流量中的绝大部分。

总的来说，企业的现金流入量主要来自于经营活动现金流入量，其次是筹资活动现金流入量，投资活动现金流入量占的比例相当小。

（二）现金流出结构分析

青岛海尔本期现金流出总额为 92 088.42 百万元，其中经营活动现金流出量、投资活动现金流出量、筹资活动现金流出量所占比重分别为 92.50%、4.20%、3.30%。可见企业的现金流出量主要是由经营活动产生的。经营活动现金流出量中购买商品、接受劳务支付的现金，投资活动现金流出量中购建固定资产、无形资产和其他长期资产支付的现金和投资支付的现金，筹资活动现金流出量中偿还债务支付的现金以及分配股利、利润或偿付利息支付的现金分别占各类现金流量中的绝大部分。

总的来说，企业的现金流出量主要来自于经营活动现金流出量，其次是筹资活动现金流出量，投资活动现金流出量占的比例相当小。由此可见，企业的大部分现金来自于经营活动现金，说明企业在正常营业，而不是靠大量投资获得现金流。

四、现金流量表主要项目分析

（一）经营活动现金流量分析

经营活动是企业的主要活动，经营活动产生的现金流量主要是销售产生的现金流量。如果销售收现等于营业收入，则说明企业的资金周转好；如果销售收现大于营业收入，则说明企业的应收账款下降或形成预收账款；如果销售收现小于营业收入，则说明企业形成应收账款或有预收账款转入。青岛海尔经营活动现金流量主要项目见表3-14。

表3-14　　　　　　　　　青岛海尔经营活动现金流量主要项目　　　　　　　　单位：百万元

项　目	2014 年	2013 年	2012 年
销售商品、提供劳务收到的现金	91 216.79	79 292.93	64 504.72
购买商品、接受劳务支付的现金	64 246.24	53 918.15	41 864.12
经营活动产生的现金净额	7 006.58	6 510.33	5 518.79

资料来源：作者根据青岛海尔相关财务报表整理而得。

由表3-14可见，青岛海尔的主营业务收入和主营业务成本均有所增长，与此同时销售商品、提供劳务收到的现金和购买商品、接受劳务支付的现金也呈逐年递增的趋势，与其变化基本吻合，说明该企业在近两年以来的发展较稳定。公司的财务基础比较稳固，持续经营和获利能力的稳定程度在提高；收现能力强，坏账风险减小，营销能力有所提高；在同行业中，公司经营活动现金流量净额处于较高水平。

（二）投资活动现金流量分析

当企业需要发展时必然需要投资，投资活动现金流量也是企业重要的现金流。如果现金流入远大于现金流出，说明企业有固定资产闲置，否则说明企业偿债困难，面临财务危机。青岛海尔经营活动现金流量主要项目见表3-15。

表 3-15　　　　　　　　青岛海尔经营活动现金流量主要项目　　　　　　单位：百万元

项　目	2014 年	2013 年	2012 年
投资活动现金流入小计	619. 30	1 246. 34	46. 52
购建固定资产、无形资产和其他长期资产所支付的现金	2 005. 43	1 751. 26	1 228. 00
股权投资所支付的现金	1 864. 95	870. 76	—
投资活动现金流出小计	3 870. 38	2 622. 02	1 228. 00
投资活动产生的现金流量净额	-3 251. 08	-1 375. 69	1 181. 47

资料来源：作者根据青岛海尔相关财务报表整理而得。

（三）筹资活动现金流量分析

　　毋庸置疑，企业想生存、想发展就离不开筹资，筹资活动现金流量也是企业现金流量的重要部分。如果企业筹资现金流入量大于现金流出量，则说明企业在吸收投资或有举债行为。青岛海尔经营活动现金流量主要项目见表 3-16。

表 3-16　　　　　　　　青岛海尔经营活动现金流量主要项目　　　　　　单位：百万元

项　目	2014 年	2013 年	2012 年
吸收权益性投资所收到的现金	507 557. 00	38 102. 00	18 486. 00
借款所收到的现金	126 866. 00	37 882. 00	116 518. 00
筹资活动现金流入小计	39 925. 00	75 984. 00	178 863. 00
偿还债务所支付的现金	48 304. 00	129 380. 00	116 839. 00
分配股利、利润或偿付利息所支付的现金	146 829. 00	139 067. 00	108 877. 00
筹资活动现金流出小计	303 993. 00	268 447. 00	225 717. 00
筹资活动产生的现金流量净额	435 933. 00	-92 463. 00	-46 854. 00

五、经营活动净现金流量与净利润关系的分析

　　利润表是按照权责发生制来归集企业的收入和支出，而现金流量表是按照收付实现制来归集企业的收入和支出。它们所反映的经济活动是相同的，只是反映的角度不同。
　　将净利润调整为经营活动的现金流量的主要内容：

（一）将净利润调整为经营活动现金流量

1. 经营非付现成本的调整（调整成本）
2. 非经营利得和损失（投资和筹资）
3. 经营性应收应付项目的调整（调整收入）

（二）不涉及现金收支的投资和筹资活动

（三）现金及现金等价物净变动情况

用公式表示经营活动净现金流量与净利润之间的关系如下：

经营活动净现金流量＝本期净利润＋不减少现金的经营性费用＋非经营性活动费用

－非经营性活动收入＋非现金流动资产的减少

－非现金流动资产的增加＋流动负债的增加

－流动负债的减少

通过对经营活动净现金流量与利润关系分析，能够揭示净利润与经营活动净现金流量之间的区别与联系。财务报表附注当中根据此原理编制的揭露了将净利润调整为经营活动的现金流量的资料，见表3－17。

表3－17	将净利润调整为经营活动的现金流量	单位：百万元
项　目	2014 年	2013 年
净利润	6 692.26	5 551.28
加：资产减值准备	189.91	217.41
固定资产折旧、油气资产折耗、生产性生物资产折旧	705.40	647.12
无形资产摊销	47.91	22.13
长期待摊费用摊销	29.53	21.14
处置固定资产、无形资产和其他长期资产的损失（减：收益）	－ 53.46	－ 319.86
固定资产报废损失	—	—
公允价值变动损失		
财务费用	128.73	105.47
投资损失（减：收益）	－ 1 237.48	－ 621.87
递延所得税资产减少（减：增加）	10.94	－ 171.19
递延所得税负债增加（减：减少）	－ 1.03	1.53
存货的减少（减：增加）	－ 772.90	28.58
经营性应收项目的减少（减：增加）	－ 1 329.94	－ 5 733.62
经营性应付项目的增加（减：减少）	2 430.49	6 652.23
其他	166.21	109.96
经营活动产生的现金流量净额	7 006.58	6 510.33
不涉及现金收支的重大投资和筹资活动		
债务转为资本	—	—

项　目	2014 年	2013 年
一年内到期的可转换公司债券	—	—
融资租入固定资产	—	—
现金及现金等价物净变动情况		
现金的期末余额	28 538.94	20 405.11
减：现金的期初余额	20 421.08	16 221.97
加：现金等价物的期末余额		
减：现金等价物的期初余额		
加：其他原因对现金的影响额		
现金及现金等价物净增加额	8 117.86	4 183.15

数据来源：作者根据和讯网相关资料整理。

青岛海尔 2014 年净利润为 6 692.26 百万元，而在这一期间内的经营活动净现金流量为 8 117.86 百万元。形成这种差距的主要原因在于当其发生：第一，不减少现金的经营性费用包括资产减值损失、固定资产折旧、油气资产折耗、生产性生物资产折旧、无形资产摊销、长期待摊费用摊销共计 972.75 百万元。第二，非经营性费用包括财务费用 128.73 百万元。第三，非经营性收入包括投资收益 1 237.48 百万元。第四，非现金流动资产的增加包括递延所得税资产增加、存货的增加和经营性应收项目的增加共计 2 113.78 百万元。第五，流动负债的增加包括经营性应付项目的增加 2 430.49 百万元。

六、现金流量表与资产负债表比较分析

资产负债表是反映企业期末资产和负债状况的报表，运用现金流量表的有关指标与资产负债表有关指标比较，可以更为客观地评价企业的偿债能力。盈利能力及支付能力。

(一) 偿债能力分析

流动比率是流动资产与流动负债之比，而流动资产体现的是能在一年内或一个营业周期内变现的资产，包括了许多流动性不强的项目，如呆滞的存货，有可能收不回的应收账款，以及本质上属于费用的待摊费用，待处理流动资产损失和预付账款等。它们虽然具有资产的性质，但事实上却不能再转变为现金，不再具有偿付债务的能力。而且，不同企业的流动资产结构差异较大，资产质量各不相同，因此，仅用流动比率等指标来分析企业的偿债能力，往往有失偏颇。可运用经营活动现金净流量与资产负债表相关指标进行对比分析，作为流动比率等指标的补充。具体内容为：

第一，经营活动现金净流量与流动负债之比。这指标可以反映企业经营活动获得现金偿

还短期债务的能力，比率越大，说明偿债能力越强。

第二，经营活动现金净流量与全部债务之比。该比率可以反映企业用经营活动中所获现金偿还全部债务的能力，这个比率越大，说明企业承担债务的能力越强。

第三，现金（含现金等价物）期末余额与流动负债之比。这一比率反映企业直接支付债务的能力，比率越高，说明企业偿债能力越大。但由于现金收益性差，这一比率也并非越大越好。

（二）盈利能力及支付能力分析

由于利润指标存在的缺陷，因此，可运用现金净流量与资产负债表相关指标进行对比分析，作为每股收益、净资产收益率等盈利指标的补充。

第一，每股经营活动现金净流量与总股本之比。这一比率反映每股资本获取现金净流量的能力，比率越高，说明企业支付股利的能力越强。

第二，经营活动现金净流量与净资产之比。这一比率反映投资者投入资本创造现金的能力，比率越高，创现能力越强。为了口径一致，净利润指标应剔除投资收益和筹资费用。

第三，销售商品、提供劳务收到的现金与主营业务收入比较，可以大致说明企业销售回收现金的情况及企业销售的质量。收现数所占比重大，说明销售收入实现后所增加的资产转换现金速度快、质量高。

第四，分得股利或利润及取得债券利息收入所得到的现金与投资收益比较，可大致反映企业账面投资收益的质量。

第四章

财务分析基本方法

　　财务分析是根据企业财务报表等信息资料，采用专门方法，系统分析和评价企业的财务状况、经营成果以及未来发展趋势的过程。研究财务分析方法进行财务分析的基础与关键，它为开展财务分析工作、掌握财务分析技术指明了方向。财务分析的方法有很多种，主要包括图解分析法、比率分析法、趋势分析法和因素分析法四种方法。①

第一节　图解法

　　图解法，亦称图解分析法，是财务分析中经常应用的方法之一。严格地说，图解法不是一种独立的分析方法，而是本章下几节将要介绍的几种分析方法的一种直观形式。例如，比例分析法、趋势分析法、因素分析法等都可用图解法来表达。图解法的主要作用在于能形象生动地反映财务活动的过程和结果，将复杂的经济活动及其结果以通俗易懂的语言表达出来。本节主要介绍图解法，下面列出了三种常见的图解模型，并不是关注数据关系，因此没有写明图表中所涉及的相关数值。

一、对比图解分析法

　　对比图解分析法，是指用图形的形式，将某一指标的报告数值与基准数值进行对比，以揭示报告数值与基准数值之间的差异。对比图解分析法很有实用价值，能够清楚地比较出所需对比的对象的差别。对比图解分析法是实践中广泛应用的图解分析法之一，其形式多种多样。常见的对比分析图是柱形图，如图 4-1 所示：

――――――――――

① 本章图表数据均为作者根据万科、荣盛、SOHO 三家公司 2008~2014 年财务报表相关数据整理而得。

（亿元）

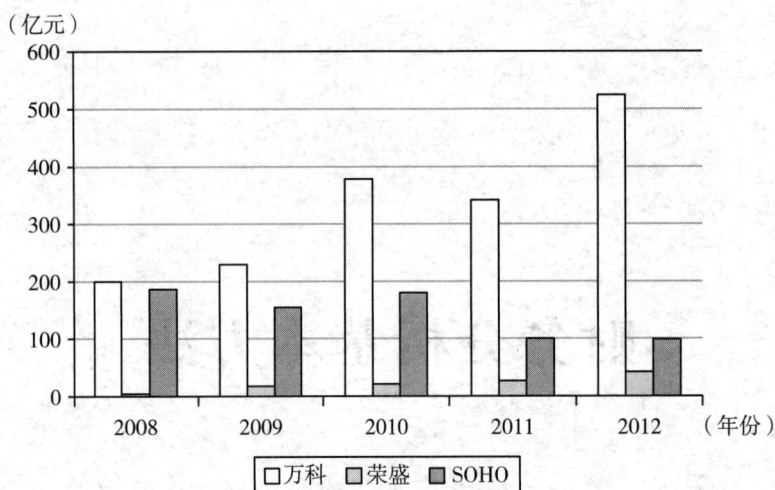

图4-1 对比分析柱形图

由图4-1可知，万科、荣盛和SOHO这三家公司五年来的货币资金均有所上升，虽然有的年份略微有些下降，但整体趋势还是上升的。货币资金的上升，结合这三家公司的发展可知，均是随着企业规模的增大，货币资金也在上升。

二、结构图解分析法

结构图解分析法，实际上是垂直分析法的图解形式，它以图解的方式表示在总体中，各部分所占的比重。结构分析图的形式也有很多种，较常见的微饼形图。图4-2反映了某企业的资产结构。

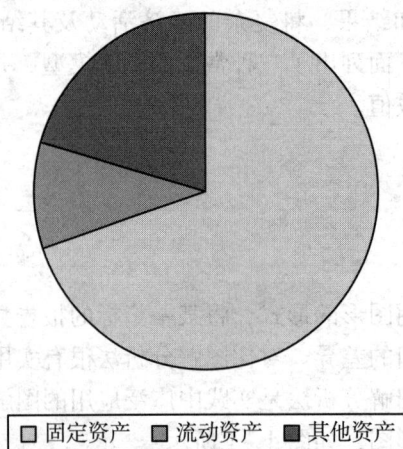

图4-2 资产结构图

图4-2反映了企业总资产中流动资产所占的比重最大，大大超过了一半，其次是其他资产，最后是固定资产。通过图解分析法可以看出，企业资产的流动性还是比较大的，企业资产以流动资产为主。

三、趋势图解分析法

趋势图解分析法，通常是指用坐标图反映某一个或某几个指标在一个较长的时期内的变动趋势。坐标的横轴表示时期，纵轴表示指标数值，将不同时期的指标数值用线连接起来，就形成了反映指标变动趋势的曲线，或称折线图。下面用图4-3表示行业流动比率的变动趋势。

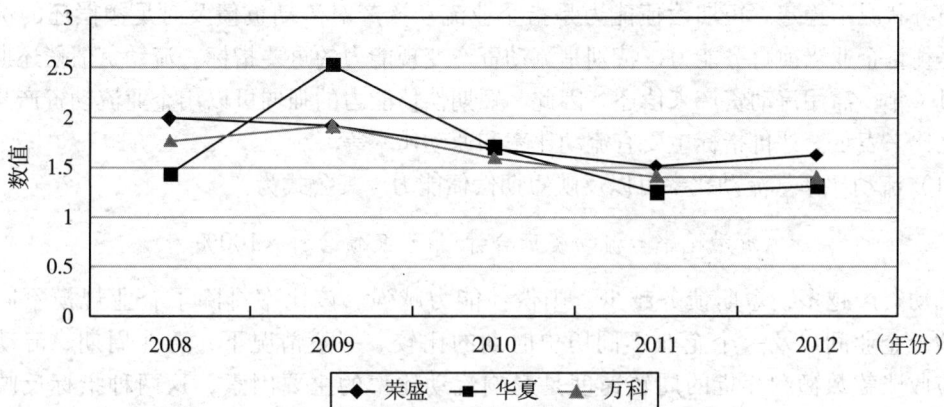

图4-3　趋势分析图

从图4-3可以看出，2008年以来荣盛流动比率总体上呈下降趋势，2012年和2011年流动比率分别为1.62和1.51，该指标较低，表示企业的偿付能力不强，企业所面临的短期流动性风险较大，债权人安全程度不高。

第二节　比率分析法

一、比率分析法的概念

比率分析法是指利用财务报表中两项相关数值的比率揭示企业财务状况和经营成果的一种分析方法。即通过计算、对比同一时期内有关经济指标的比率，来反映财务报表所列各有关项目的相互关系，借以判断企业财务和经营状况的好坏。比率是一种相对数，可以把某些用绝对数不可比的指标转变成为可比性较强的指标，从而便于报表使用者进行分析和评价。

二、比率分析法的五大指标

比率分析法是财务分析的常用方法，比率分析法使用指标主要包括短期偿债能力分析指标、营运能力分析指标、资本结构与长期偿债能力分析指标、盈利能力分析指标和社会贡献率分析指标这五种，具体介绍如下：

1. 短期偿债能力分析指标

偿债能力是指企业偿付到期债务（包括本息）的能力，它表现为企业对各种到期债务偿付的及时性和有效性。如到期债务不能及时和有效地偿付，表明企业的偿债能力不足或企业的财务状况不稳定。短期偿债能力是指企业流动资产对流动负债及时足额偿还的保证程度，是衡量企业当前财务能力，特别是流动资产变现能力的重要指标。流动负债偿还期通常不超过一年，需用流动资产来偿还。因此，短期偿债能力的强弱可以用企业流动资产与流动负债之比来表示。评价指标主要有流动比率和速动比率等。

（1）流动比率。流动比率可以反映短期偿债能力。其公式为：

$$流动比率 = 流动资产合计/流动负债合计 \times 100\%$$

流动资产越多，短期债务越少，则偿债能力越强。该比率排除了企业规模不同的影响，适合企业间以及一个企业不同历史时期的比较。一般情况下，营业周期、流动资产中的应收账款数额和存货的周转速度是影响流动比率的主要因素，这两种指标反映流动性资产偿付流动负债的保证程度。以万科 A（000002）为例，分析万科企业股份有限公司 2010～2014 年短期偿债能力，可选择流动比率和流动资产周转率进行比较，如表 4 - 1、图 4 - 4 所示。

表 4 - 1　　　　　万科 A 2010～2014 年流动比率和流动资产周转率分析表

项　　目	2010 年	2011 年	2012 年	2013 年	2014 年
流动比率	1.59	1.41	1.40	1.34	1.34
流动资产周转率	0.30	0.29	0.32	0.34	0.32

从表 4 - 1、图 4 - 4 中可以看出，万科股份有限公司 2010～2014 年流动比率在 2010 年以后逐年降低，流动资产周转率在考察的五年内出现上下浮动，但总体水平不高的情况，这说明其短期偿债能力较弱。

（2）速动比率。速动比率是对流动比率的补充，其公式为：

$$速动比率 = 速动资产/流动负债 \times 100\%$$

通常认为正常的速动比率为 1，低于 1 的速动比率被认为是短期偿债能力偏低。影响速

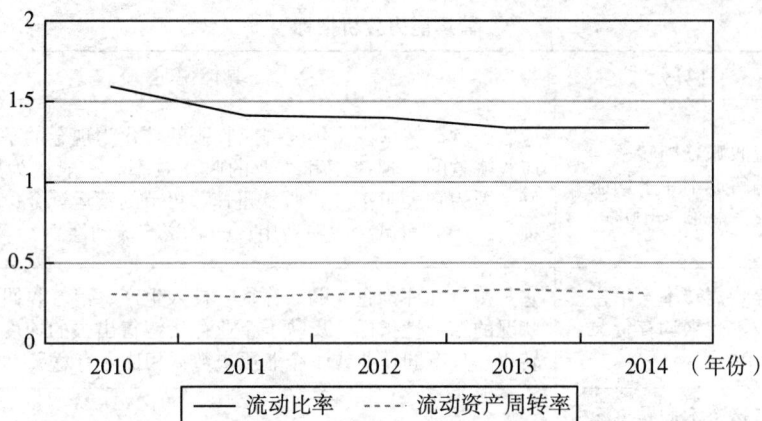

图4-4 万科A 2010～2014年流动比率和流动资产周转率分析图

动比率可信度的重要因素是应收账款的变现能力。

承上例,以万科A(000002)为例,分析万科企业股份有限公司2010～2014年短期偿债能力,选择速动比率进行分析,如表4-2、图4-5所示:

表4-2   万科A 2010～2014年速动比率分析表

项　目	2010年	2011年	2012年	2013年	2014年
速动比率	0.56	0.37	0.41	0.34	0.43

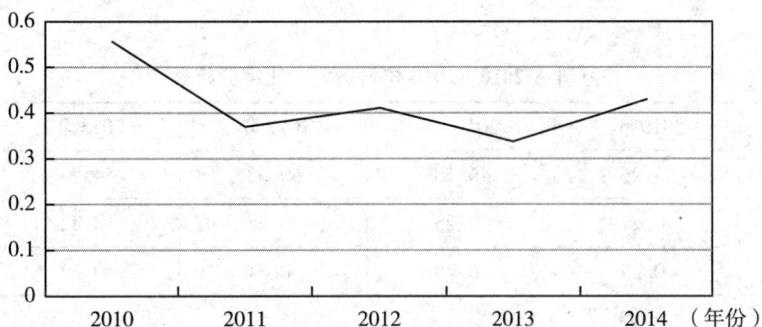

图4-5 万科A 2010～2014年速动比率分析图

从表4-2、图4-5中可以看出,万科股份有限公司2010～2014年速动比率是在2010年以后的五年内出现上下浮动的,但总体呈下降的趋势,这说明其速动比率降低,短期偿债能力下降。

2. 营运能力分析指标

营运能力是指企业各项经济资源通过配置组合与相互作用而生成的推动企业运行的物质能量,它表现为企业占用或消耗的经济资源与其提供的产品数量的对比关系,它是由企业资金的周转状况体现出企业经营总效率的。这些指标的内容见表4-3。

表 4 - 3 营运能力分析指标

指标名称	计算公式	具体说明
应收账款周转率	应收账款周转率 = 销售成本÷平均应收账款额×100%	应收账款周转率说明年度内应收账款转化为现金的平均次数，体现应收账款的变现速度和企业的收账效率。一般认为周转率越高越好，因为它表明：（1）收款迅速，可节约营运资金；（2）减少坏账损失；（3）可减少收账费用；（4）资产流动性高
存货周转率	存货周转率 = 销售成本÷平均存货×100%	它是衡量和评价企业购入存货、投入生产、销售收回等各环节管理状况的综合性指标，反映了企业存货销售出去的速度。对于存货周转率，只有同行业或本企业历史数据相比才有意义
营运资本周转率	营运资本周转率 = 销售净额÷平均营业成本×100%	它反映了营运资本的运用效率。营运资本周转率越高，企业每单位营运资本运用效率越高，营运资本利用效果越好
总资产周转率	总资产周转率 = 销售净额÷平均资产总额×100%	它反映了资产总额的周转速度。周转率越大，说明总资产周转越快，反映销售能力越强。总资产周转率受企业行业特点、技术构成等多方面因素的制约，并不一定完全反映了管理效率的高低。但是对于同行业和本企业历史数据相比较，则能反映出管理效率的高低

承上例，以万科 A（000002）为例，分析万科企业股份有限公司 2010～2014 年的营运能力，选择应收账款周转率，存货周转率和总资产周转率等指标进行分析，如表 4 - 4、图 4 - 6 所示：

表 4 - 4 万科 A 2010～2014 年营运能力比率分析表

项 目	2010 年	2011 年	2012 年	2013 年	2014 年
应收账款周转率	43.96	46.18	60.63	54.54	58.87
存货周转率	0.27	0.25	0.28	0.32	0.32
总资产周转率	0.29	0.28	0.31	0.32	0.30

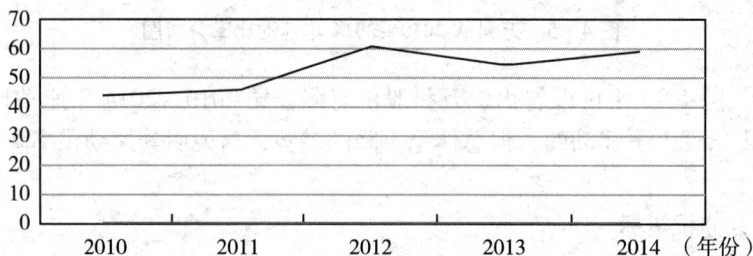

图 4 - 6 万科 A 2010～2014 年应收账款周转率分析表

从表4-4、图4-6中可以看出，万科股份有限公司2010~2014年应收账款周转率在2010年以后的五年内呈上升趋势，存货及总资产周转率总体也呈上升趋势，这说明万科股份有限公司五年内的营运水平有所提高。

3. 资本结构与长期偿债能力分析指标

资本结构和长期偿债能力是从企业资本结构角度分析企业财务状况和长期偿债能力，预测企业未来的财务和经营趋势。反映资本结构与长期偿债能力分析指标主要有：

（1）资产负债比率。资产负债比率反映了债权人所提供的资本与全部资本的比例关系和企业经营风险的大小，又反映企业利用债权人提供的资金从事经营活动的能力。其公式为：

$$资产负债比率 = (流动负债 + 长期负债)/资产总计 \times 100\%$$

通常企业资产负债率越低，说明以负债取得的资产越少。但从经营的角度看，资产负债率过低，说明企业运用外部资金的能力较差。

承上例，以万科A（000002）为例，分析万科企业股份有限公司2010~2014年资本结构与长期偿债能力，选择资产负债比率进行分析，如表4-5、图4-7所示：

表4-5 万科A 2010~2014年资产负债率分析表

项 目	2010 年	2011 年	2012 年	2013 年	2014 年
资产负债率	0.75	0.77	0.78	0.78	0.77

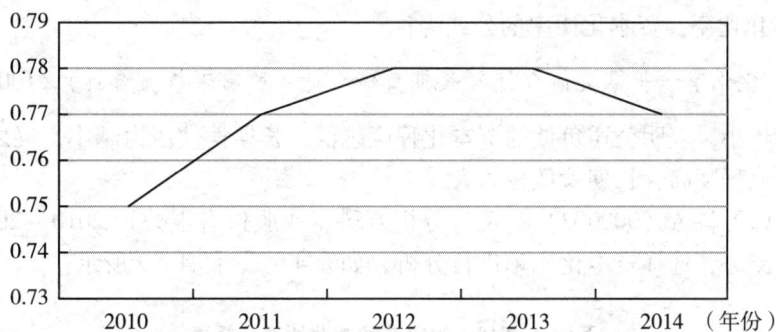

图4-7 万科A 2010~2014年资产负债率分析表

从表4-5、图4-7中可以看出，万科股份有限公司2010~2014年资产负债率在2010年以后的五年内呈上升趋势，这说明万科股份有限公司五年内的负债比率提高。

（2）权益比率。权益比率指标反映企业基本财务结构是否稳定。其公式为：

$$股东权益比率 = 股东权益总额/资产总额$$

股东权益比率高，是低风险、低报酬的财务结构；股东权益比率低，是高风险、高报酬的财务结构。

承上例，以万科A（000002）为例，分析万科企业股份有限公司2010~2014年资本结构与长期偿债能力，选择股东权益比率进行分析，如表4-6、图4-8所示：

表4-6 万科A 2010~2014年股东权益比率分析表

项　目	2010 年	2011 年	2012 年	2013 年	2014 年
股东权益比率	0.21	0.18	0.16	0.16	0.17

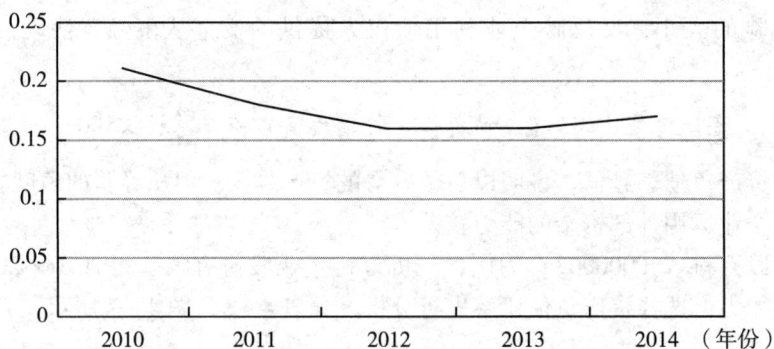

图4-8　万科A 2010~2014年股东权益比率分析图

从表4-6、图4-8中可以看出，万科股份有限公司2010~2014年股东权益比率在2010年以后的五年内呈下降趋势，这说明万科股份有限公司五年内的股东权益比率降低，这是高风险、高报酬的财务结构。

（3）资本化比率。资本化比率的公式为：

$$资本化比率 = 长期负债合计/(长期负债合计 + 所有者权益合计) \times 100\%$$

该指标值越小，表明公司负债的资本化程度越低，长期偿债压力越小；反之，则表明公司负债的资本化程度高，长期偿债压力大。

承上例，以万科A（000002）为例，分析万科企业股份有限公司2010~2014年资本结构与长期偿债能力，选择资本化比率进行分析，如表4-7、图4-9所示：

表4-7 万科A 2010~2014年资本化比率分析表

项　目	2010 年	2011 年	2012 年	2013 年	2014 年
长期负债	31 400.56	27 651.74	36 829.85	44 844.07	46 861.11
所有者权益	54 586.20	67 832.54	82 138.19	105 439.42	115 893.62
合计	85 986.76	95 484.28	118 968.05	150 283.49	162 754.72
资本化比率	0.37	0.29	0.31	0.30	0.29

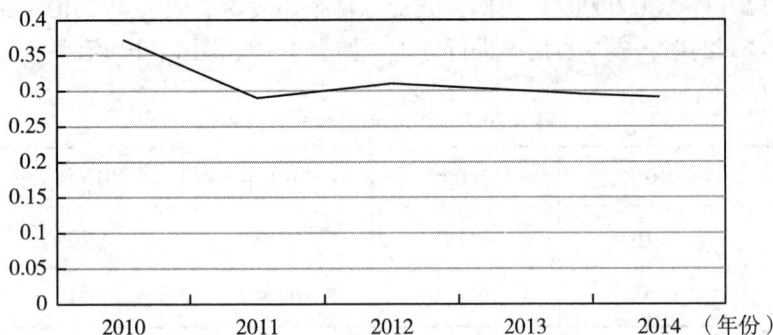

图4-9 万科A 2010~2014年资本化比率分析图

从表4-7、图4-9中可以看出，万科股份有限公司2010~2014年资本化比率在2010年以后的五年内呈下降趋势，这说明万科股份有限公司五年内的负债的资本化程度越来越低，长期偿债压力降低。

4. 盈利能力分析指标

盈利能力又称为获利能力，是指企业进行生产经营活动赚取利润的能力，是评价企业经营管理水平和财务状况最重要的指标。反映盈利能力的指标见表4-8。

表4-8   盈利能力分析指标

指标名称	计算公式	具体说明
净资产利润率	净资产利润率=利润总额（净利润）÷净资产额×100%	反映了所有者投入企业资本的获利能力
销售利润率	销售利润率=利润总额（净利润）÷销售净额×100%	反映了企业销售收入的收益水平
投资报酬率	投资报酬率=（净利润+所得税+利息费用）÷总资产平均余额×100%	投资报酬率用于衡量企业管理者对可用资源的运用效率
		投资报酬率越高，表明企业资产的获利能力越强
成本费用利润率	成本费用利润率=净利润÷成本费用总额×100%	表明每付出1元成本费用可获得多少利润，体现了经营耗费所带来的经营成果
		该项指标越高，利润就越大，反映企业的经济效益越好；反之，则表明企业的盈利水平越低
普通股每股净收益	普通股每股净收益=（税后利润总额-优先股股利）÷普通股股数×100%	每股净收益是股份公司衡量普通股股本获利能力的重要指标，对普通股股东极为重要
		每股净收益越多，说明普通股投资报酬越多，企业获利能力越强
		这一比率是影响股票市价的一个十分重要的财务信息，对投资者买入还是卖出该企业股票的决策有重大影响力

承上例，以万科 A（000002）为例，分析万科企业股份有限公司 2010～2014 年盈利能力，选择净资产利润率，成本费用率进行分析，如表 4－9、图 4－10 所示：

表 4－9　　　　　　　　万科 A 2010～2014 年盈利能力分析表

项　目	2010 年	2011 年	2012 年	2013 年	2014 年
净资产利润率	0.16	0.18	0.20	0.20	0.18
成本费用率	0.35	0.32	0.29	0.24	0.23

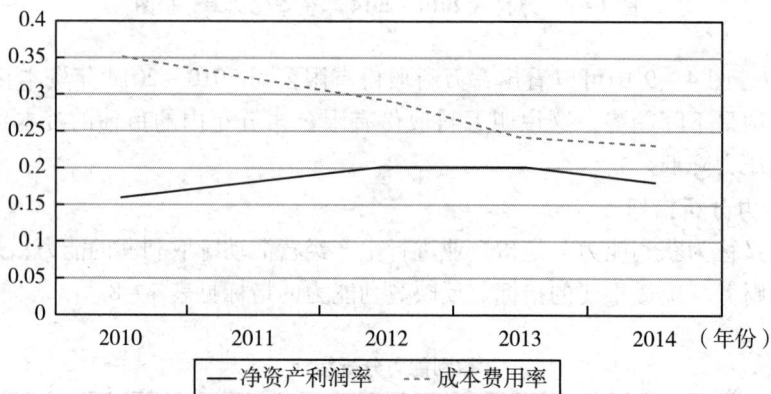

图 4－10　万科 A 2010～2014 年盈利能力分析表

从表 4－9、图 4－10 中可以看出，万科股份有限公司 2010～2014 年成本费用率在 2010年以后的五年内持续下降，净资产收益率在五年内呈上升趋势，这说明万科股份有限公司五年内的成本降低，利润提升，公司的盈利能力有所提高。

5. 社会贡献率指标

现代经济社会，企业对社会的贡献表现在两个方面：一方面是通过依法纳税使企业能以合法的权利获得法人资格；另一方面是履行法定的社会责任，如不断提高职工生活待遇及福利保障等。具体的评价指标主要有两个：社会贡献率和社会积累率。

（1）社会贡献率。社会贡献率的公式为：

$$社会贡献率 = 社会贡献总额 \div 平均资产总额 \times 100\%$$

上式中，企业社会贡献总额包括工资、劳保退休统筹及其他社会福利支出、利息支出净额、应缴或已缴的各项税款、附加及净利等。

（2）社会积累率。社会积累率的公式为：

$$社会积累率 = 上交国家财政总额 \div 企业社会贡献总额 \times 100\%$$

上式中，企业上交财政收入总额包括应缴增值税及附加、应缴消费税及附加、应缴营业税及附加、应缴所得税、应缴其他税金等。

通过对企业的社会贡献能力分析，可以了解企业的市场行为是否规范，评价企业在行业和社会的地位及影响力。

三、比率分析法的优点及注意事项

比率分析法的优点是计算简便，计算结果容易判断，而且可以使某些指标在不同规模的企业之间进行比较，甚至也能在一定程度上超越行业间的差别进行比较。但采用这一方法时对比率指标的使用应注意以下几点：

第一，对比项自身的相关性。计算比率的子项和母项必须具有相关性，把不相关的项目进行对比是没有意义的。

第二，对比口径的一致性。计算比率的子项和母项必须在计算时间、范围等方面保持口径一致。

第三，衡量标准的科学性。运用比率分析，需要选用一定的标准与之对比，以便对企业的财务状况做出评价。通常而言，科学合理的对比标准有：（1）预定目标；（2）历史标准；（3）行业标准；（4）公认标准。

第三节　趋势分析法

一、趋势分析法的概念

趋势分析法又称水平分析法，是将两期或连续数期财务报告中相同指标进行对比，确定其增减变动的方向、数额和幅度，以说明企业财务状况和经营成果的变动趋势的一种方法。它通过对比两期或连续数期财务报表中的主要项目或指标数值的增减变动的方向，数额和幅度，来说明企业财务状况、经营成果和现金流量变化的趋势。趋势分析法在会计报表分析中的作用主要表现在：通过比较分析，可以发现差距，找出产生差异的原因，进一步判定企业的财务状况和经营成果；通过比较分析，可以确定企业生产经营活动的收益性和资金投向的安全性。

二、趋势分析法的应用

（一）横向比较分析

横向比较分析又称报表原数趋势分析，它是将连续数期的财务报表金额并列起来，比较其相同指标的增减变动金额和幅度，据以判断企业财务状况和经营成果发展的一种方法。财务报表的比较，具体包括资产负债表比较、利润表比较和现金流量表比较等。比较时，既要计算出表中有关项目增减变动的绝对值，又要计算出增减变动的百分比。依据及其选择的不同，横向比较分析又分为以下两种方法：

1. 定基百分比分析

所谓定基百分比分析，是指通过将普通会计报表转换成定基百分比报表，然后再比较相邻若干年度的会计报表，从而判断并分析企业的财务状况、经营成果和现金流量的增长趋势，同时分析是何种因素决定这种趋势，这些决定因素对企业财务状况、经营成果和现金流量的影响是否持久，进而对公司未来的财务状况、经营成果作出预测的一种分析方法。其计算公式如下：

$$定基百分比 = 分析期数据/基期数据 \times 100\%$$

承上例，以万科 A（000002）为例，以 2012 年的数据为基准数值来编制万科企业股份有限公司 2012~2014 年定基资产负债表，如表 4-10 所示：

表 4-10　　　　　　　　万科股份 2012~2014 年定基资产负债表　　　　　　单位：百万元

项　目	2014 年	2013 年	2012 年	定基比较资产负债表（%）		
				2014 年	2013 年	2012 年
	（1）	（2）	（3）	（4）=（1）/（3）	（5）=（2）/（3）	（6）
货币资金	62 715.25	44 365.41	52 291.54	1.20	0.85	100
交易性金融资产	—	—	—	—	—	—
应收票据	—	—	—	—	—	—
应收账款	1 894.07	3 078.97	1 886.55	1.00	1.63	100
预付款项	29 433.13	28 653.67	33 373.61	0.88	0.86	100
其他应收款	48 924.46	34 815.32	20 057.92	2.44	1.74	100
应收关联公司款	—	—	—	—	—	—
应收利息	—	—	—	—	—	—
应收股利	—	—	—	—	—	—
存货	317 726.38	331 133.22	255 164.11	1.25	1.30	100
其中：消耗性生物资产	—	—	—	—	—	—
一年内到期的非流动资产	—	—	—	—	—	—
其他流动资产	4 112.40	—	—	—	—	—

项 目	2014 年	2013 年	2012 年	定基比较资产负债表（%）		
				2014 年	2013 年	2012 年
	(1)	(2)	(3)	(4) = (1)/(3)	(5) = (2)/(3)	(6)
可供出售金融资产	133.18	2 466.19	4.76	27.96	517.71	100
持有至到期投资	—	—	—	—	—	—
长期应收款	—	—	—	—	—	—
长期股权投资	19 233.66	10 637.49	7 040.31	2.73	1.51	100
投资性房地产	7 980.88	11 710.48	2 375.23	3.36	4.93	100
固定资产	2 308.35	2 129.77	1 612.26	1.43	1.32	100
在建工程	1 833.48	913.67	1 051.12	1.74	0.87	100
工程物资	—	—	—	—	—	—
固定资产清理	—	—	—	—	—	—
生产性生物资产	—	—	—	—	—	—
油气资产	—	—	—	—	—	—
无形资产	877.55	430.07	426.85	2.06	1.01	100
开发支出	—	—	—	—	—	—
商誉	201.69	201.69	201.69	1.00	1.00	100
长期待摊费用	339.00	63.51	42.32	8.01	1.50	100
递延所得税资产	4 016.20	3 525.26	3 054.86	1.31	1.15	100
其他非流动资产	6 679.07	5 080.62	218.49	30.57	23.25	100
资产总计	508 408.76	479 205.32	378 801.62	1.34	1.27	100

从表 4 - 10 可以看出，与 2012 年相比，2013 年和 2014 年的资产总额增长率均有所增加，2014 年的增长幅度大于 2013 年，其中，货币资金、其他应收款、长期股权投资、在建工程、无形资产、长期待摊费用和其他非流动资产的增长率均有所增加，不过应收账款、可供出售金融资产和投资性房地产的增长率有所下降。

2. 环比百分比分析

环比百分比分析是以每一分析期的前期数值为基期数值而计算出来的动态比率，其计算公式如下：

$$环比百分比 = 分析期数值/前期数值 \times 100\%$$

承上例，以万科 A（000002）为例，编制万科企业股份有限公司 2012～2014 年环比资产负债表，如表 4－11 所示：

表 4－11　　　　　　万科股份 2012～2014 年环比资产负债表　　　　　单位：百万元

项　目	2014 年	2013 年	2012 年	环比比较资产负债表（%）		
				2014 年	2013 年	2012 年
	（1）	（2）	（3）	（4）=（1）/（3）	（5）=（2）/（3）	（6）
货币资金	62 715.25	44 365.41	52 291.54	1.41	0.85	100
交易性金融资产	—	—	—	—	—	—
应收票据	—	—	—	—	—	—
应收账款	1 894.07	3 078.97	1 886.55	0.62	1.63	100
预付款项	29 433.13	28 653.67	33 373.61	1.03	0.86	100
其他应收款	48 924.46	34 815.32	20 057.92	1.41	1.74	100
应收关联公司款	—	—	—	—	—	—
应收利息	—	—	—	—	—	—
应收股利	—	—	—	—	—	—
存货	317 726.38	331 133.22	255 164.11	0.96	1.30	100
其中：消耗性生物资产	—	—	—	—	—	—
一年内到期的非流动资产	—	—	—	—	—	—
其他流动资产	4 112.40	—	—	—	—	—
可供出售金融资产	133.18	2 466.19	4.76	0.05	517.71	100
持有至到期投资	—	—	—	—	—	—
长期应收款	—	—	—	—	—	—
长期股权投资	19 233.66	10 637.49	7 040.31	1.81	1.51	100
投资性房地产	7 980.88	11 710.48	2 375.23	0.68	4.93	100
固定资产	2 308.35	2 129.77	1 612.26	1.08	1.32	100
在建工程	1 833.48	913.67	1 051.12	2.01	0.87	100
工程物资	—	—	—	—	—	—
固定资产清理	—	—	—	—	—	—
生产性生物资产	—	—	—	—	—	—
油气资产	—	—	—	—	—	—

续表

项　目	2014 年	2013 年	2012 年	环比比较资产负债表（%）		
				2014 年	2013 年	2012 年
	(1)	(2)	(3)	(4)=(1)/(3)	(5)=(2)/(3)	(6)
无形资产	877.55	430.07	426.85	2.04	1.01	100
开发支出	—	—	—	—	—	—
商誉	201.69	201.69	201.69	1.00	1.00	100
长期待摊费用	339.00	63.51	42.32	5.34	1.50	100
递延所得税资产	4 016.20	3 525.26	3 054.86	1.14	1.15	100
其他非流动资产	6 679.07	5 080.62	218.49	1.31	23.25	100
资产总计	508 408.76	479 205.32	378 801.62	1.06	1.27	100

从表 4-11 可以看出，2013 年和 2014 年的资产总额均有所增加，但是总资产增长率 2014 年却有所下降，并且 2014 年的增长幅度小于 2013 年，主要是由于应收账款、其他应收款、存货、可供出售金融资产、投资性房地产和其他非流动资产下降导致的。

（二）纵向比较分析

纵向比较分析又称结构百分比趋势分析，是指将普通会计报表转换成共同百分比会计报表，然后对共同百分比会计报表逐项比较，分析企业的财务状况、经营成果与现金流量。

纵向对比是将企业本期的财务报表及其相关数据与以前各期的同类数据进行对比，以评价企业财务状况和经营成果的变化规律及趋势。前后期的比较还可以进行多期的比较。例如，在我国上市公司的年度财务报告中，要求企业提供最近三年的主要会计数据和财务指标。与上期实际数或历史最高水平比，可以考察其发展变化情况，预测其发展趋势。

承上例，以万科 A（000002）为例，编制万科企业股份有限公司 2013~2014 年资产负债表（部分），说明结构百分比趋势分析法，如表 4-12 所示：

表 4-12　　　　　万科股份 2013~2014 年资产负债表　　　　单位：百万元

项　目	2013 年	2014 年	结构百分比资产负债表（%）	
			2013 年	2014 年
	(1)	(2)	(3)=(1)各行/(1)合计	(4)=(2)各行/(2)合计
货币资金	44 365.41	62 715.25	9.26	12.34
交易性金融资产	—	—	—	—
应收票据	—	—	—	—
应收账款	3 078.97	1 894.07	0.64	0.37

续表

项　目	2013 年	2014 年	结构百分比资产负债表（%）	
			2013 年	2014 年
	（1）	（2）	（3）=（1）各行/（1）合计	（4）=（2）各行/（2）合计
预付款项	28 653.67	29 433.13	5.98	5.79
其他应收款	34 815.32	48 924.46	7.27	9.62
应收关联公司款	—	—	—	—
应收利息	—	—	—	—
应收股利	—	—	—	—
存货	331 133.22	317 726.38	69.10	62.49
其中：消耗性生物资产	—	—	—	—
一年内到期的非流动资产	—	—	—	—
其他流动资产	—	4 112.40	—	0.81
可供出售金融资产	2 466.19	133.18	0.51	0.03
持有至到期投资	—	—	—	—
长期应收款	—	—		
长期股权投资	10 637.49	19 233.66	2.22	3.78
投资性房地产	11 710.48	7 980.88	2.44	1.57
固定资产	2 129.77	2 308.35	0.44	0.45
在建工程	913.67	1 833.48	0.19	0.36
工程物资	—	—	—	—
固定资产清理	—	—	—	—
生产性生物资产	—	—	—	—
油气资产	—	—	—	—
无形资产	430.07	877.55	0.09	0.17
开发支出	—	—	—	—
商誉	201.69	201.69	0.04	0.04
长期待摊费用	63.51	339	0.01	0.07
递延所得税资产	3 525.26	4 016.20	0.74	0.79
其他非流动资产	5 080.62	6 679.07	1.06	1.31
资产总计	479 205.32	508 408.76	100.00	100.00

（三）财务比率趋势分析

财务比率的趋势分析就是通过比较分析特定企业不同时期的一组财务比率，来分析企业财务状况、经营成果的变化及其原因。每一个财务比率均有不同的经济内涵，因此，财务比率的趋势分析，更能够从财务报表中解读出对决策有用的信息。例如，效率比率，主要反映运用某种经济资源获取利润的能力，或者说单位经济资源能够带来多少利润。通过比较各期的效率比率，可以帮助财务分析人员判断企业活力能力的变化方向及变化原因，找出导致企业获利能力变化的因素，见表 4 – 13、图 4 – 11。

表 4 – 13　　　　　　　　　　　行业现金到期债务比率比较表

	2008 年	2009 年	2010 年	2011 年	2012 年
荣盛	– 0. 24	0. 28	– 0. 81	– 0. 1	– 0. 23
华夏	0. 47	1. 16	0. 75	0. 14	0. 08
万科	– 0. 0019	1. 07	1. 33	0. 143	0. 105

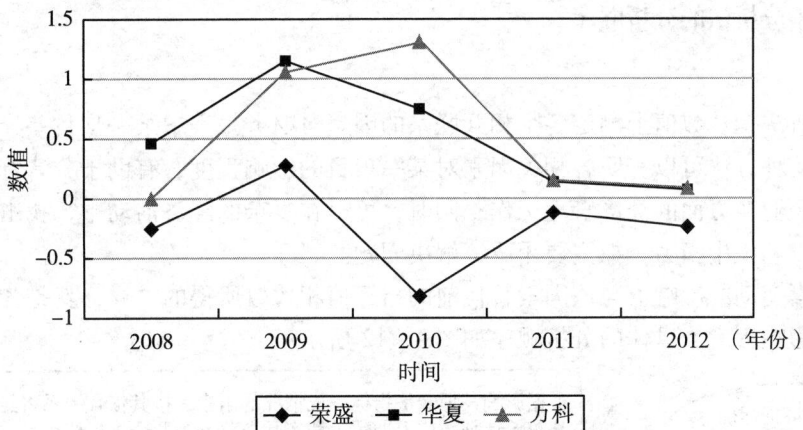

图 4 – 11　行业现金到期债务比率比较表

荣盛的现金到期债务比率基本上都为负值，说明该企业的经营活动现金流不足以偿付本期的到期债务，说明该企业的经营活动现金偿付本期债务能力有待提高。

三、趋势分析法的优点及注意事项

趋势分析法的优点是简便、直观。但是在采用趋势分析法进行分析的同时要注意以下问题：

第一，用于进行对比的各个时期的指标，在计算口径上必须一致；

第二，剔除偶发性项目的影响，使作为分析的数据能反映正常的经营状况；

第三，应用例外原则，应对某项有显著变动的指标作重点分析，研究其产生的原因，以便采取对策，趋利避害。

第四节 因素分析法

一、因素分析法的概念

因素分析法也称因素替换法、连环替代法，它是用来确定几个相互联系的因素对分析对象——综合财务指标或经济指标的影响程度的一种分析方法。采用这种方法的出发点在于，当有若干因素对分析对象发生影响作用时，假定其他各个因素都无变化，顺序确定每一个因素单独变化所产生的影响。从而可以掌握指标变动的原因，分清经济责任，找出关键问题，做出正确的财务评价。

二、因素分析法的分析顺序

因素分析法是从数值上测定各个相互联系的因素对财务报表中某一项目差异影响程度的方法。应用这种方法可以查明各相关因素对某一项目的影响程度，有助于分清责任，更有说服力地评价企业各方面的经济管理工作；同时，可以在复杂的经济活动中，找出影响企业的主要因素，以利集中精力，抓主要矛盾，解决问题。

将各因素变动的影响值与该因素替代前的指标值相比较所得的差异，就是各种因素对所分析指标的影响程度，具体的分析顺序如图4-12所示：

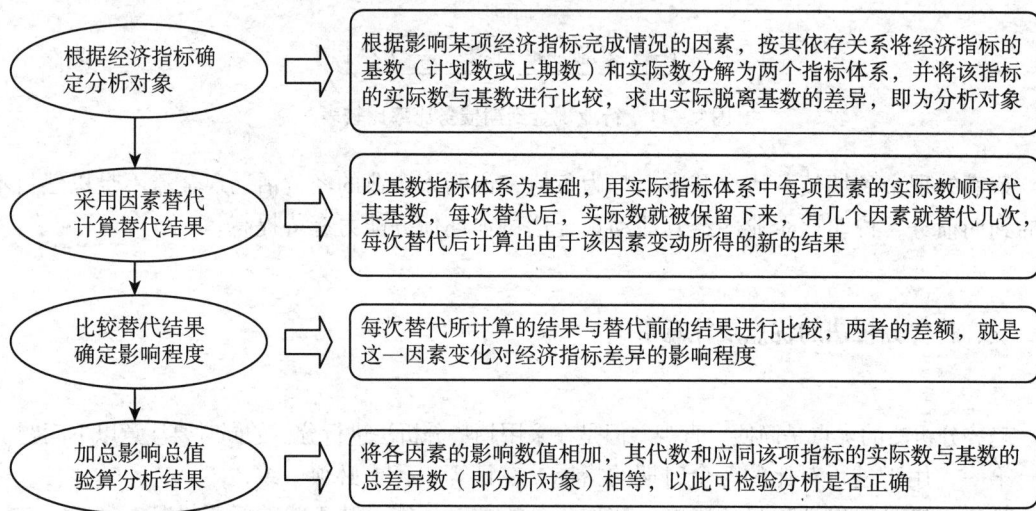

根据经济指标确定分析对象	根据影响某项经济指标完成情况的因素，按其依存关系将经济指标的基数（计划数或上期数）和实际数分解为两个指标体系，并将该指标的实际数与基数进行比较，求出实际脱离基数的差异，即为分析对象
采用因素替代计算替代结果	以基数指标体系为基础，用实际指标体系中每项因素的实际数顺序代其基数，每次替代后，实际数就被保留下来，有几个因素就替代几次，每次替代后计算出由于该因素变动所得的新的结果
比较替代结果确定影响程度	每次替代所计算的结果与替代前的结果进行比较，两者的差额，就是这一因素变化对经济指标差异的影响程度
加总影响总值验算分析结果	将各因素的影响数值相加，其代数和应同该项指标的实际数与基数的总差异数（即分析对象）相等，以此可检验分析是否正确

图4-12 因素分析法的运用步骤

三、因素分析法的优点及注意事项

因素分析法是一种客观的、科学程度较高的分析方法，它能从众多因素中分析出起决定性作用的主因素。但是在应用因素分析法的同时还应注意以下几个问题：

（一）因素分解的相关性

因素分解的相关性即确定分析指标构成体系或分析模型必须是客观上存在一定的因果关系，要能够反映形成该项指标差异的内在构成原因，否则就失去了存在的价值。如上述例子中影响材料费用总额的只能是该产品的质量、单位产品材料耗用量和材料单价，而不能确定为其他因素。

（二）因素替代的顺序性

因素替代的顺序性即替代因素时，必须按照各因素的依存关系，排成一定的顺序依次替代，不得任意地颠倒，否则就会出现不同的结果。因此在分析中，必须从可能的替代顺序中确定比较正确的替代顺序。在排列替代顺序时，应注意：在数量因素与质量因素同时存在的情况下，应是数量因素在先，派生因素在后；在因素较多且数量指标、质量指标同时存在的情况下，应是两主导因素在先，派生因素在后。

数量因素是指实际的使用数量脱离设立的模型内标准数量；质量因素指涉及与事件质量相关的因素脱离设立的模型内标准数量；主导因素是对事物的发展起主要作用的因素，也可以认为是重要因素；派生因素是指次要因素，是随主导因素产生的因素。

（三）顺序替代的连环性

顺序替代的连环性，即在计算时必须按照顺序逐一进行计算，保持计算程序上的连环性。只有这样，才能使各因素影响数之和等于所分析指标的差异，以全面说明分析指标变动的原因。在替代时，必须顺序地逐一进行计算。如果替代顺序不连环，就会使各项因素的影响程度之和不等于分析对象，即分析指标变动总差异。

（四）分析的有效性

连环替代计算的各因素变动的影响数会因替代计算的顺序不同而有差别，即其计算结果只是在某种假定前提下的结果，因此，计算结果只能说明是在某种假定条件下的结果，不免带有假定性。由于连环替代计算的各因素变动的影响数因替代顺序不同而各有差别，因而计算结果不免带有假定性，即它不可能使每个因素的计算结果都能达到绝对的标准。它只能说明是在某种假定前提下的影响结果，离开了这种假定前提条件，影响的结果也不相同。因此在分析中，力求使这种假定合乎逻辑，保证分析的有效性。

四、连环替代法

连环替代法是将各经济指标分解为各个可以计量的因素，根据因素之间的相互依存关系，顺序地测定这些因素对于财务指标的影响方向和影响程度的分析方法。连环替代法是因素分析法的基本形式。

（一）连环替代法的基本步骤

连环替代法的基本步骤如下：
第一，确定分析指标与其影响因素之间的关系；
第二，根据分析指标与影响因素之间的关系式，列出基期值和实际值的计算公式，确定分析对象；
第三，连环顺序替代，计算替代结果；
第四，比较各因素的替代结果，确定各因素对分析指标的影响程度；
第五，检验分析结果。

（二）连环替代法的具体应用

所谓连环替代法，是通过顺次逐个替代影响因素，计算各相关因素变动对指标差异影响程度的一种因素分析方法。具体分析方法应用如下：

假定某项财务指标 P 受 a、b、c 三个因素的影响，存在的计算关系为 $P = a \times b \times c$，设基期指标 $p_0 = a_0 \times b_0 \times c_0$，报告期指标 $p_1 = a_1 \times b_1 \times c_1$，则指标差异 $= p_1 - p_0$。

报告期与基期数的差异 $p_1 - p_0$，即为分析对象。应用连环替代法顺次逐个地计算即可得出 a、b、c 三个因素变动分别对指标 P 变动的影响。需要说明，当分析某一个因素时，需将其余因素暂时当做不变的因素。

已知，基数指标：$p_0 = a_0 \times b_0 \times c_0$ ①

第一次替代：假设 a 因素变动，用 a_1 替代 a_0，则 b、c 因素保持基数不变。

$$p_2 = a_1 \times b_0 \times c_0 \quad ②$$

②－① $= p_2 - p_0$，其差额表示为 a 因素变动的影响。

第二次替代：假定 b 因素又变动，用 b_1 替代 b_0 后只有 c 因素保持基期不变。

$$p_3 = a_1 \times b_1 \times c_0 \quad ③$$

③－② $= p_3 - p_2$ 的差额，则表示为 b 因素变动的影响。

第三次替代：假定 c 因素又变动，用 c_1 替代 c_0 后已经成为报告期指标。即：

$$p_1 = a_1 \times b_1 \times c_1 \qquad ④$$

④ – ③ = $p_1 - p_3$ 的差额，则表示为 c 因素变动的影响。

将 a、b、c 三个因素变动的影响程度相加，应当恰好等于报告期与基期数的差异。即：

$$(p_2 - p_0) + (p_3 - p_2) + (p_1 - p_3) = p_1 - p_0$$

（三）连环替代法举例

下面我们以下例说明连环替代法：某企业 2007 年和 2008 年有关总资产报酬率、总资产产值率、产品销售率和销售利润率的资料见表 4 – 14：

表 4 – 14　　　　　　　　　　　企业财务指标　　　　　　　　　单位:%

指　　标	2008 年	2007 年
总资产产值率	80	82
产品销售率	98	94
销售利润率	30	22
总资产报酬率	23.52	16.96

要求：分析各因素变动对总资产报酬率的影响程度。

根据连环替代法的程序和上述对资产报酬率的因素分解式，可得出：

实际指标体系：80% ×98% ×30% =23.52%

基期指标体系：82% ×94% ×22% =16.96%

分析对象是：23.52% – 16.96% = 6.56%

在此基础上，按照第三步骤的做法进行连环顺序替代，并计算每次替代后的结果：

基础指标体系：82% ×94% ×22% =16.96%

替代第一因素：80% ×94% ×22% =16.54%

替代第二因素：80% ×98% ×22% =17.25%

替代第三因素：80% ×98% ×30% =23.52%

根据第四步骤，确定各因素对总资产报酬率的影响程度：

总资产产值率的影响：16.54% – 16.96% = – 0.42%

产品销售率的影响：17.25% – 16.54% = 0.71%

销售利润率的影响：23.52% – 17.25% = 6.27%

最后检验分析结果： – 0.42% + 0.71% + 6.27% = 6.56%

五、差量分析法

差量分析法是连环替代法的简化形式，差量法可以直接利用各因素的实际数与基期数的差额，在其他因素不变的假定条件下，计算各因素对分析指标的影响程度。

以下例说明差量分析法：

承上例，根据表 4 – 14 提供的数据，运用差量分析法分析各因素变动对总资产报酬率的影响程度。

分析对象：$23.52\% - 16.96\% = 6.56\%$

因素分析：

总资产产值率的影响：$(80\% - 82\%) \times 94\% \times 22\% = -0.42\%$

产品销售率的影响：$80\% \times (98\% - 94\%) \times 22\% = 0.71\%$

销售利润率的影响：$80\% \times 98\% \times (30\% - 22\%) = 6.27\%$

最后检验分析结果：$0.42\% + 0.71\% + 6.27\% = 6.56\%$

应当指出，并非所有的连环替代法都可以按照上述差量分析法的方式简化。特别是在各影响因素不是连乘的情况下，运用差量分析法必须慎重。下面举例加以说明。

表 4 – 15 　　　　　　　　　　　　　　成本资料

项　目	2008 年	2007 年
产品产量（件）	1 200	1 000
单位变动成本（元/件）	11	12
固定总成本（元）	10 000	9 000
产品总成本（元）	23 200	21 000

要求：确定各因素变动对产品总成本的影响程度

产品总成本与其影响因素之间的关系式是：

产品总成本 = 产品产量 × 单位搬动成本 = 固定总成本

运用连环替代法进行分析如下：

分析对象：$23\,200 - 21\,000 = 2\,200$（元）

因素分析：

2007 年：$1\,000 \times 12 + 9\,000 = 21\,000$（元）

替代 1：$1\,200 \times 12 + 9\,000 = 23\,400$（元）

替代 2：$1\,200 \times 11 + 9\,000 = 22\,200$（元）

2008 年：$1\,200 \times 11 + 10\,000 = 23\,200$（元）

产品产量变动影响：$23\,400 - 21\,000 = 2\,400$（元）

单位变动成本变动影响：$22\,200 - 23\,400 = -1\,200$（元）

总成本变动影响：$23\,200 - 22\,200 = 1\,000$（元）

各因素影响之和为：$2\,400 - 1\,200 + 1\,000 = 2\,200$（元）（与分析对象相同）

如果直接运用差量分析法，则得到：

产品产量变动影响：$(1\,200 - 1\,000) \times 12 + 9\,000 = 11\,400$（元）

单位变动成本变动影响：$1\,200 \times (11 - 12) + 9\,000 = 7\,800$（元）

固定总成本变动影响：$1\,200 \times 11 + (10\,000 - 9\,000) = 14\,200$（元）

各因素影响之和为：$11\,400 + 7\,800 + 14\,200 = 33\,400$（元）

可见，运用差量分析法各因素分析结果之和不等于 $2\,200$ 元的分析对象，显然是错误的。错误的原因在于产品总成本的因素分解式中各因素之间不是纯粹相乘的关系，而是存在相加的关系。这时运用差量分析法对连环替代法进行简化应为：

产品产量变动影响：$(1\,200 - 1\,000) \times 12 = 2\,400$（元）

单位变动成本变动影响：$1\,200 \times (11 - 12) = -1\,200$（元）

固定总成本变动影响：$10\,000 - 9\,000 = 1\,000$（元）

在因素分解式中存在加、减、除法的情况下，一定要注意这个问题，否则将得出错误的结果。

第五章

财务报表指标分析

财务指标分析是指总结和评价企业财务状况与经营成果的分析指标，包括偿债能力指标、营运能力指标、盈利能力指标和发展能力指标。

财务报表指标分析的意义：

第一，可以设立结构化、全方位的分析手段与要素，从各个层面对企业进行财务分析。

第二，可以将财务分析标准化，有利于财务专业人士与非专业人士对分析数据理解的沟通。

第三，可以同口径地记录各年分析指标，有利于进行历史对比和趋势分析。

第四，有利于设立考核指标，对企业各职能部门加强控制，发现问题，及时解决。

第一节　偿债能力分析

偿债能力，是指企业偿还各种债务的能力。企业的负债按偿还期的长短，可以分为流动负债和非流动负债两大类。其中，反映企业偿付流动负债能力的是短期偿债能力；反映企业偿付非流动负债能力的是长期偿债能力。偿债能力是企业经营者、投资人、债权人等都十分关心的重要问题。

偿债能力分析的目的：有利于投资者进行正确的投资决策，有利于企业经营者进行正确的经营决策，有利于债权者进行正确的借贷决策，有利于正确评价企业的财务状况。

偿债能力分析主要包括以下两方面内容：

第一，短期偿债能力分析。通过对反映短期偿债能力的主要指标和辅助指标的分析，了解企业短期偿债能力的高低和短期偿债能力的变化情况，揭示企业的财务状况和风险程度。

第二，长期偿债能力分析。通过对反映企业长期偿债能力指标的分析，了解企业长期偿债能力的高低和长期偿债能力的变化情况，揭示企业整体财务状况和债务负担及偿债能力的保障程度。

一、短期偿债能力分析

短期偿债能力是企业偿还流动负债的能力，短期偿债能力的强弱取决于流动资产的流动性，即资产转换成现金的速度。企业流动资产的流动性强，相应的短期偿债能力也强。因此，通常使用营运资本、流动比率、速动比率和现金比率衡量短期偿债能力。短期偿债能力是所有企业利益相关者关注的问题，对企业管理者来说，短期偿债能力的强弱意味着企业承受财务风险的能力大小；对投资者来说，短期偿债能力的强弱意味着企业盈利能力的高低和投资机会的多少；对企业的债权人来说，企业短期偿债能力的强弱意味着本金与利息能否按期收回；对企业的供应商和消费者来说，企业短期偿债能力的强弱意味着企业履行合同能力的强弱。

（一）影响短期偿债能力的因素

1. 影响短期偿债能力的内部因素

（1）流动资产规模与结构。在企业的资本结构中，如果流动资产所占比重较大，则企业短期偿债能力相对大些，因为流动负债一般需要通过流动资产变现来偿还。如果流动资产所占比重较高，但其内部结构不合理，其实际偿债能力也会受到影响。在流动资产中，如果存货资产占较大比重，而存货资产的变现速度通常又低于其他流动资产，则其偿债能力是要打折扣的。从这个意义上讲，流动资产中应收账款、存货资产的周转速度也是反映企业偿债能力强弱的辅助性指标。

（2）流动负债的结构。企业的流动负债有些必须以现金偿付，如短期借款、应缴款项等，有些则用商品或劳务来偿还，如预收货款等。需要用现金偿付的流动负债对资产的流动性要求更高，企业只有拥有足够的现金才能保证其偿债能力。如果在流动负债中预收货款的比重较大，则企业只要拥有足够的存货就可以保证其清偿能力。此外，流动负债中各种负债的偿还期限是否集中，也会对企业偿债能力产生影响。分析时，不仅要看各种反映偿债能力指标的数值，还要根据各种因素考察其实际的偿债能力。

（3）企业的融资能力。企业的融资能力也是影响短期偿债能力的一个重要指标。如果一个企业拥有良好的筹资能力，也就是说债务到期时可以随时筹到资金，如与银行保持良好的信用关系，这样企业的实际偿债能力也很高。如果企业的融资能力不强，也就是说再需要偿还债务时不好筹集到资金，那企业的偿债能力也是不高的。

（4）企业经营现金流量。企业的短期债务通常是用现金偿还的，因此，现金流量是决定企业短期偿债能力的重要因素。企业现金流量状况如何，主要受企业的经营状况和融资能力两方面影响。如果没有充足的现金流量，即使是盈利企业也可能无法及时偿还到期债务而导致信用危机甚至破产。海尔公司在内部确定了一个原则：没有现金流支持的利润就不算利润，没有利润支持的销售额就不算销售额。

2. 影响短期偿债能力的外部因素

（1）宏观经济形势。宏观经济形势是影响企业短期偿债能力的重要外部因素。当一国经济持续稳定增长时，社会的有效需求也会随之稳定增长，产品畅销。由于市场条件良好，企业的产品和存货可以较容易的销售转化为货币资金，从而提高企业短期偿债能力。如果国民经济进入迟滞阶段，国民购买力不足，就会使企业产品积压，企业资金周转不灵，企业间货款相互拖欠，形成所谓的"三角债"，企业的偿债能力就会受到影响，反映短期偿债能力的指标也不实。

（2）证券市场的发育和完善程度。在企业的流动资产中，常常会包括一定比例的有价证券，在分析企业偿债能力时，是把有价证券视为等价现金的。实际上，这样计算的偿债能力指标是和企业的实际偿债能力有区别的。这是因为，有价证券是按历史成本列示在资产负债表中的，与转让价格必然有一定的差异，且转让有价证券是要支付一定的费用。证券市场的发育和完善程度对企业短期偿债能力的影响还表现在，如果证券市场发达，企业随时可以将手中持有的有价证券转换为现金；如果证券市场不发达，企业转让有价证券就很困难，或者不得不以较低的价格出售。这些都会对企业的短期偿债能力产生影响，特别是企业把有价证券作为资金调度手段时，证券市场的发育和完善程度对企业的短期偿债能力的影响就更大。

（3）银行的信贷政策。国家为保证整个国民经济的发展，必然要采取宏观调控方法，利用金融、税收等宏观经济政策的制定，调整国家的产业结构和经济发展速度。一个企业，如果其产品是国民经济急需的，发展方向是国家政策鼓励的，就会较容易的取得银行借款，其偿债能力也会提高。此外，当国家采取宽松的信贷政策时，所有的企业都会在需要资金时较容易的取得银行信贷资金，其实际偿债能力就会提高。

（二）短期偿债能力指标计算与分析

企业短期偿债能力可以从以下两个方面进行分析，一是根据资产负债表进行静态分析评价；二是根据现金流量表和其他相关资料进行动态分析评价。

1. 短期偿债能力的静态分析

（1）流动比率的计算和分析。流动比率是企业流动资产与流动负债的比率。其计算公式如下：

$$流动比率 = \frac{流动资产}{流动负债}$$

流动比率是衡量企业短期偿债能力的一个重要财务指标，这个比率越高，说明企业偿还短期负债的能力越强，流动负债得到偿还的保障越大。但是，过高的流动比率也并非好现象。因为流动比率越高，可能是企业滞留在流动资产上的资金过多，未能有效加以利用，可能会影响企业的获得能力。经验表明，流动比率在 2：1 左右比较合适。但是，对流动比率的分析应该结合不同的行业特点和企业流动资产结构等因素。有的行业流动比率较高，有的较低，不应该用统一的标准来评价各企业流动比率合理与否。只有和同行业平均流动比率、本企业历史的流动比率进行比较，才能知道这个比率是高还是低。

根据表3-1所提供的青岛海尔合并资产负债表资料，可以计算出青岛海尔公司的流动比率指标。

期初流动比率 = 49 547.01 ÷ 38 005.67 = 1.30

期末流动比率 = 59 474.52 ÷ 41 628.06 = 1.43

青岛海尔公司期初流动比率为1.30，期末流动比率为1.43，短期偿债能力具有一定的压力，但是这种现象在期末得到缓解，流动比率相比期初有所上升。按照经验标准来判断，该公司无论是期初，还是期末，流动比率都低于2∶1的水平，表明该公司的偿债能力较弱。

（2）速动比率的计算和分析。速动比率是企业速动资产与流动负债的比率。流动比率在评价企业短期偿债能力时，存在一定的局限性，如果流动比率较高，但流动资产的流动性较差，则企业的短期偿债能力仍然不强。在流动资产中，存货需经过销售，才能转变为现金，若存货滞销，则其变现就成问题。一般来说，流动资产扣除存货后称为速动资产。速动比率的计算公式为：

$$速动比率 = \frac{速动资产}{流动负债} = \frac{流动资产 - 存货}{流动负债}$$

通常认为正常的速动比率为1，低于1的速动比率被认为是短期偿债能力偏低。但这仅是一般的看法，因为行业不同速动比率会有很大差别，没有统一标准的速动比率。例如，采用大量现金销售的商店，几乎没有应收账款，远远低于1的速动比率则是很正常的。相反，一些应收账款较多的企业，速动比率可能要大于1。

根据表3-1所提供的青岛海尔合并资产负债表资料，可以计算出青岛海尔公司的速动比率指标。

期初速动比率 = (49 547.01 - 6 864.00) ÷ 38 005.67 = 1.12

期末速动比率 = (59 474.52 - 7 557.92) ÷ 41 628.06 = 1.25

从计算结果可以看出，青岛海尔公司期末短期偿债能力高于期初。如果联系到公司的流动比率综合加以分析就会更清楚地发现，该公司的偿债能力没有那么弱。虽然流动比率小于2，但速动比率小于1，说明公司的大部分流动资产变现能力是比较强的。这是因为在该公司的流动资产中，速动资产占有较大比重，期初的速动资产如果能够及时变现，可以偿还现有负债的112%；而在期末，更能偿还流动负债的125%。

（3）现金比率的计算和分析。现金比率是企业现金类资产与流动负债的比率。现金类资产包括企业所拥有的货币资金和持有的有价证券（即资产负债表中的短期投资）。它是速动资产扣除应收账款后的余额，由于应收账款存在着发生坏账损失的可能，某些到期的账款也不一定能按时收回，因此速动资产扣除应收账款后计算出来的金额，最能反映企业直接偿付流动负债的能力。

现金比率的计算公式为：

$$现金比率 = \frac{现金类资产}{流动负债} = \frac{货币资金 + 有价证券或短期投资}{流动负债}$$

虽然现金比率最能反映企业直接偿付流动负债的能力，这个比率越高，说明企业偿债能力越强。但是，如果企业停留过多的现金类资产，现金比率过高，就意味着企业流动负债未能合理地运用，经常以获得能力低的现金类资产保持着，这会导致企业机会成本的增加。通常现金比率保持在20%左右为宜，在这个水平上，企业的支付能力不会有太大的问题。

根据表3-1所提供的青岛海尔合并资产负债表资料，可以计算出青岛海尔公司的流动比率指标。

期初现金比率 = (20 625.46 + 0) ÷ 38 005.67 = 54.27%

期末现金比率 = (28 644.03 + 0) ÷ 41 628.06 = 68.81%

从计算结果可以看出，青岛海尔公司期末现金比率比期初现金比率上升了14.54%，这种变化表明企业的支付能力有很大的提高。和经验标准相比，该公司期初、期末现金比率都超过了20%。因此，如果按现金比率来评价青岛海尔公司的短期偿债能力，应该说该公司短期偿债能力很强。结合该公司期末流动比率和速动比率综合分析可以发现，由于该公司流动资产结构中，期末速动资产、现金类资产比例相对较大。所以，尽管青岛海尔公司流动比率并不理想，相对于各指标的评价标准也还存在一定的差距，但对该公司期末的短期偿债能力还是应该给予肯定评价的。

(4) 流动比率、速动比率、现金比率相互关系分析。以全部流动资产作为偿付流动负债的基础，所计算的指标是流动比率。它包括了变现能力较差的存货和基本不能变现的预付费用。如果存货中有超储积压物资时，会造成企业短期偿债能力较强的假象。速动比率以扣除变现能力较差的存货和预付费用作为偿付流动负债的基础，它弥补了流动比率的不足。现金比率以现金类资产作为偿付流动负债的基础，但现金持有量过大会对企业资产利用效果产生副作用，该比率不宜过大，相对流动比率和速动比率来说，其作用程度较小。

2. 短期偿债能力的动态分析

企业偿还债务是一个动态的过程，其偿债能力也应该是在未来某一时点上的能力。从动态上反映企业的短期偿债能力的指标是建立在现金流量表和对经营中现金流量分析基础之上的，主要有现金流动负债比率、企业支付能力系数和现金到期债务比率。此外，应收账款周转率、应付账款周转率和存货周转率也是从动态上反映企业短期偿债能力的辅助性指标。

(1) 现金流动负债比率。现金流量比率是指经营活动现金流量净额与流动负债的比率，用来衡量企业的流动负债用经营活动所产生的现金来支付的程度。其计算公式是：

$$现金流动负债比率 = \frac{经营活动现金流量净额}{流动负债}$$

该指标从现金流入和流出的动态角度对企业的实际偿债能力进行考察，反映本期经营活动所产生的现金净流量足以抵付流动负债的倍数。一般该指标大于1，表示企业流动负债的偿还有可靠保证。该指标越大，表明企业经营活动产生的现金净流量越多，越能保障企业按期偿还到期债务，但也并不是越大越好，该指标过大则表明企业流动资金利用不充分，盈利能力不强。

根据表3-1所提供的青岛海尔合并资产负债表资料，表3-11所提供的青岛海尔合并现金流量表资料，可以计算出该公司的现金流动负债比率。

本期现金流动负债比率 = 7 006.58 ÷ 41 628.06 = 0.17

计算结果表明，青岛海尔公司的本期现金流动负债比率仅为0.17，依靠生产经营活动产生的现金满足不了偿债的需要，公司必须以其他方式取得资金，才能保证债务的及时清偿。

（2）企业支付能力系数。企业支付能力系数是反映企业短期偿债能力的重要指标。根据企业支付能力反映的具体时间的差异，支付能力系数可以分为期末支付能力系数和近期支付能力系数两种。期末支付能力系数是指期末货币资金额与急需支付款项之比。其计算公式如下：

$$期末支付能力系数 = \frac{期末货币资金}{急需支付款项}$$

其中，急需支付款项包括逾期未缴款项、逾期银行借款、逾期应付款项等。该指标大于或等于1说明企业有支付能力；反之，说明企业支付能力差。期末支付能力系数的值越低，说明企业支付能力越差。近期支付能力系数是指在近期可用于支付的资金与近期需要支付的资金之间的比值。其计算公式如下：

$$期末支付能力系数 = \frac{近期可用于支付的资金}{近期需要支付的资金}$$

近期支付能力系数指标在计算时必须注意以下4个问题：

第一，这里所说的近期，可根据企业的实际支付情况而定，可以是三天、五天，也可十天或半月，当然也可计算企业当天的支付能力。

第二，该指标分子和分母的口径应一致，即分子和分母所说的近期相同，企业可用于支付的资金数额，包括现金、银行存款、近期可收回的应收款、近期现销收入、其他可收回的资金等。

第三，近期需要支付的资金，是指到最后支付时点企业需要支付的资金数额，包括已经到期需要归还的各种负债、近期将要到期的负债，以及近期其他应付款或预交款等。

第四，企业近期支付能力系数对于评价企业短期或近期的偿债能力状况和财务状况有着重要的作用。当近期支付能力系数大于或等于1时，说明企业近期支付能力较好；反之，则说明企业近期支付能力较差。该指标越低，说明近期支付能力越差。

（3）现金到期债务比率。现金到期债务比率是指经营活动现金流量净额与本期到期的债务的比率，用来衡量企业本期到期的债务用经营活动所产生的现金来支付的程度。其计算公式是：

$$现金到期债务比率 = \frac{经营活动现金流量净额}{本期到期的债务}$$

当该指标大于或等于1时，表示企业有足够的能力以生产经营活动产生的现金来偿还当期的短期债务；如果该指标小于1，企业生产经营活动产生的现金不足以偿还当期到期的债务，必须采取其他措施才能满足企业当期偿还到期债务的需要。

（4）反映企业短期偿债能力的辅助性指标分析。流动比率、速动比率和现金比率都是以企业某一时点上的流动资产存量和流动负债相比较，来反映企业的短期偿债能力的，对各项流动资产和流动负债的流动和周转等动态变化没有加以反映。所以，通过对各项流动资产和流动负债周转和流动情况的分析，进一步反映企业短期偿债能力的动态变化，可以弥补流动比率、速动比率和现金比率的不足。

① 应收账款周转率和应付账款周转率的比较分析。一般来说，应收账款周转速度越快，表明企业回款迅速，收账费用和坏账损失越少；同时也表明企业的流动资产流动性高，偿债能力强。如果应收账款占流动资产比重很大，即使流动比率和速动比率指标都很高，其短期偿债能力仍值得怀疑，需要进一步分析具体原因。通常，应收账款周转率越高、平均收账期越短，说明应收账款的收回越快；否则，企业的营运资金会过多地呆滞在应收账款上，影响正常的资金运转。企业购入材料等物资的目的，在于通过企业的加工制成产品，然后通过销售收回现金，并实现价值的增值。从这个意义上讲，因赊购商品所产生的应付账款，应由赊销商品回收的现金来偿付。在资金周转上，二者与资金周转期密切相关，而且必须相互配合。应收账款与应付账款这种相互关系对企业的短期偿债能力产生如下影响。

第一，应收账款与应付账款的周转期相同。在这种情况下，通过赊销商品所回收的现金恰好能满足偿付因赊购业务而产生的债务，不需动用其他流动资产来偿还，企业的短期偿债能力指标不会因应收账款和应付账款的存在而改变。

第二，应收账款的周转速度快于应付账款的周转速度。假定企业应收账款的平均收账期为 30 天，而应付账款的平均付款期为 60 天。在这种情况下，企业的流动比率就会降低，以流动比率反映的企业静态短期偿债能力就会相对差一些。但是由于流动资产中的应收账款周转速度快，而流动负债中的应付账款周转速度慢，从动态上看，企业的实际偿债能力较强，因为在企业的应收账款回收两次的情况下仅支付一次现金去偿付应付账款。

第三，应收账款的周转速度低于应付账款的周转速度。假定企业应收账款的平均收账期为 60 天，应付账款的平均付款期为 30 天，那么在这种情况下企业的流动比率就会提高，以流动比率反映的企业静态短期偿债能力就比较强。从动态上看，企业的实际短期偿债能力是低于以流动比率表示的企业短期偿债能力水平的。这是因为每当企业将其赊销商品所产生的应收账款转化为一次现金时，就要支付两次现金去偿付因赊购业务产生的应付账款，这样只有在动用其他流动资产的情况下，才能按期偿付因赊购而形成的债务。

以上仅就应收账款和应付账款的周转速度进行了分析，当其规模不同时，也会相对增强或减弱因周转速度不同对短期偿债能力的影响。这种对比不仅可以就流动资产与流动负债之间的对应项目进行，也可以按流动资产和流动负债整体进行分析，因为短期偿债能力分析本身就是建立在流动资产与流动负债的关系的基础之上的。

② 存货周转率分析。就一般企业而言，存货在流动资产中占有相当比重。尽管存货不能直接用于偿还流动负债，但是如果企业的存货变现速度较快，意味着资产的流动性良好，会有较大的现金流量在未来注入企业。企业投资于存货的目的，在于通过存货销售而获得利润。一般的制造企业为了配合销售的需要，都要维持相当数量的存货。存货对企业经营活动的变化非常敏感，这就要求企业应将存货控制在一定的水平上，使其与经营活动基本上保持一致。因此，分析企业短期偿债能力时，必须考虑存货变现速度。存货周转率是衡量和评价企业购入存货、投入生产、销售收回等各环节管理状况的综合性指标。一般来讲，在销售规模一定的情况下，存货周转速度越快，存货的占用水平越低、流动性越强，存货转换为现金和应收账款的速度就越快；反之，存货的周转速度就越慢。存货周转分析的目的是从不同角度和环节上找出存货管理中存在的问题，使存货管理在保证生产经营连续性的同时，尽可能少地占用流动资金，以提高流动资金的使用效率，增强企业短期偿债能力，促进企业存货管

理水平的提高。应当指出的是，进行短期偿债能力分析时，不能孤立地根据某一指标分析就下结论，而应根据分析的目的和要求并结合企业的实际情况，将各项指标结合起来综合考虑，这样才有利于得出正确的结论。

二、长期偿债能力分析

长期偿债能力是指企业对长期债务的承担能力和对偿还债务的保障能力。长期偿债能力的强弱是反映企业财务安全和稳定程度的重要标志。长期偿债能力分析是企业债权人、投资者、经营者和与企业有关联的各方面等都十分关注的重要问题。

(一) 影响长期偿债能力的因素

分析一个企业长期偿债能力，主要是为了确定该企业偿还债务本金和支付债务利息的能力。影响企业长期偿债能力的因素有企业的资本结构和企业的获利能力两个方面。

(1) 企业的资本结构。资本结构是指企业各种资本的构成及其比例关系。企业筹资的渠道和方式尽管有多种，但企业全部资本归结起来不外乎是权益资本和债务资本两大部分。由于单凭自有资金很难满足企业的需要，实际中很少有企业不利用债务资本进行生产经营活动的，负债经营是企业普遍存在的现象。债务资本不仅能从数量上补充企业资金的不足，而且由于企业支付给债务资本的债权人收益（如债券的利息），国家允许在所得税前扣除，就降低了融资资金成本。

一般情况下，负债筹资资金成本较低，弹性较大，是企业灵活调动资金余缺的重要手段。但是，负债是要偿还本金和利息的，无论企业的经营业绩如何，负债都有可能给企业带来财务风险；可见，资本结构对企业长期偿债能力的影响一方面体现在权益资本是承担长期债务的基础；另一方面体现在债务资本的存在可能带给企业财务风险，进而影响企业的偿债能力。企业的资本结构是影响企业长期偿债能力的重要因素。

(2) 企业的获利能力。企业能否有充足的现金流入供偿债使用，在很大程度上取决于企业的获利能力。而企业的长期负债大多用于长期资产投资，在企业正常生产经营条件下，长期资产投资形成企业的固定资产，一般来讲企业不可能靠出售资产作为偿债的资金来源，而只能依靠企业生产经营所得。另外，企业支付给长期债权人的利息支出，也要从所融通资金创造的收益中予以偿付。可见，企业的长期偿债能力是与企业的获利能力密切相关的。一个长期亏损的企业，正常生产经营活动都不能进行，保全其权益资本肯定是困难的事情，保持正常的长期偿债能力也就更无保障了。

一般来说，企业的获利能力越强，长期偿债能力越强；反之，则长期偿债能力越弱。如果企业长期亏损，则必须通过变卖资产才能清偿债务，最终要影响投资者和债权人的利益。因此，企业的盈利能力是影响长期偿债能力的重要因素。

(二) 长期偿债能力指标的计算与分析

长期偿债能力是指企业偿还长期负债的能力，企业的长期负债主要有长期借款、应付长期债券、长期应付款等。对于企业的长期债权人和所有者来说，不仅关心企业短期偿债能力，更关心企业长期偿债能力。因此，在对企业进行短期偿债能力分析的同时，还需分析企业的长期偿债能力，以便于债权人和投资者全面了解企业的偿债能力及财务风险。反映企业长期偿债能力的财务比率主要有：资产负债率、股东权益比率、权益乘数、负债股权比率、有形净值债务率和利息保障倍数。现分述如下。

（1）资产负债率。资产负债率是企业负债总额与资产总额的比率，也称为负债比率或举债经营比率，它反映企业的资产总额中有多少是通过举债而得到的。其计算公式为：

$$资产负债率 = \frac{负债总额}{资产总额}$$

资产负债率反映企业偿还债务的综合能力，这个比率越高，企业偿还债务的能力越差；反之，偿还债务的能力越强。如果该比率超过100%，则表明企业以资不抵债，视为达到破产的警戒线。

根据表3-1所提供的青岛海尔公司合并资产负债表资料，对青岛海尔公司资产负债率计算如下：

期初资产负债率 = 41 021.72 ÷ 61 015.86 = 67.23%

期末资产负债率 = 45 886.49 ÷ 75 006.46 = 61.18%

通过比较可知，青岛海尔公司期末资产负债率比期初下降了6.05%，说明该企业债务负担略有减少，但这一比率相对较高，无论是企业本身，还是投资者和债权人，虽然可以接受，但是长期偿债能力风险较大。

（2）股东权益比率与权益乘数。股东权益比率是所有者权益同资产总额的比率，反映企业全部资产中有多少是投资人投资所形成的。其计算公式是：

$$股东权益比率 = 股东权益 ÷ 总资产 = 1 - 资产负债率$$

该指标越高，说明企业资产中由投资人投资所形成的资产越多，偿还债务保证越大。而上例中，公司资产的60%左右是通过各种负债资金融通的，期末股东权益比率为38.82%，只要公司资产价值下跌40%以上，债权人就不能全额收回其债权。可见，债权人利益的保障程度较低。

实际中，可将该指标以倒数的形式列示，称为业主权益乘数。其计算公式是：

$$业主权益乘数 = \frac{总资产}{股东权益}$$

该指标表示企业的股东权益支撑多大规模的资产，该指标越大，说明企业对负债经营利用得越充分，财务风险也就越大。

（3）产权比率。产权比率是将负债与股东权益直接对比的比率。其计算公式是：

$$产权比率 = \frac{负债总额}{股东权益总额}$$

这个比率实际上是负债比率的另一种表现形式，它反映了债权人所提供资金与股东所提供资金的对比关系，因此它可以揭示企业的财务风险以及股东权益对债务的保障程度。该比率越低，说明企业长期财务状况越好，债权人贷款的安全越有保障，企业财务风险越小。

为了进一步分析股东权益对负债的保障程度，可以保守地认为无形资产不宜用来偿还债务（虽然实际上未必如此），故将其从上式的分母中扣除，这样计算出的财务比率称为有形净值债务率。其计算公式为：

$$有形净值债务率 = \frac{负债总额}{净资产 - 无形资产}$$

有形净值债务率实际上是负债股权比率的延伸，它更为保守地反映了在企业清算时债权人投入的资本受到股东权益的保障程度。该比率越低，说明企业的财务风险越小。

（4）利息保障倍数。利息保障倍数也称已获利息倍数，是税前利润加利息支出之和与利息支出的比率。其计算公式为：

$$利息保障倍数 = \frac{利润总额 + 利息支出}{利息支出}$$

分母中的利息支出包括财务费用中的利息支出和资本化利息。利息保障倍数反映了企业的经营所得支付债务利息的能力。如果这个比率太低，说明企业难以保证用经营所得来按时按量支付债务利息，这会引起债权人的担心。一般来说，企业的利息保障倍数至少要大于1，否则，就难以偿付债务及利息，若长此以往，甚至会导致企业破产倒闭。此外，利息费用是计入财务费用的，公司借款利息费用计入借方，存款利息计入贷方。当存款利息大于借款利息时，财务费用为负数。所以利息保障倍数也为负数，说明公司利息保障能力非常强。

第二节 盈利能力分析

盈利能力通常是指企业在一定时期内赚取利润的能力。盈利能力，也称为企业的资金或资本增值的能力。盈利能力的大小是一个相对的概念，即利润相对于一定的资源投入、一定的收入而言。

盈利能力分析对企业的经理人员、债权人和股东，都具有十分重要的意义。第一，对企业经理人员而言。利用盈利能力的有关指标反映和衡量企业经营业绩，还可以通过盈利能力分析发现经营管理中存在的问题。第二，对于债权人而言。利润是企业偿债的重要来源，特别是对长期债务而言。盈利能力强弱直接影响企业的偿债能力。第三，对于股东而言。股东投资的直接目的是获取利润，而盈利能力是影响股东获利的关键因素，因此股东认为盈利能力比财务状况和营运能力更重要。

一、资本经营盈利能力分析

资本经营是与资本经营型的企业经营方式紧密相连的。资本经营的内涵是指企业以资本为基础，通过优化配置来提高资本经营效益的经营活动，其活动领域包括资本流动、收购、重组、参股和控股等能实现资本增值的领域，从而使企业以一定的资本投入，取得尽可能多的资本收益。

资本经营盈利能力是指企业的所有者通过投入资本（对投入资本的不同理解）经营所取得利润的能力。反映资本经营盈利能力的基本指标是净资产收益率，即指企业本期净利润与平均净资产的比率，其计算公式是：

$$净资产收益率 = \frac{净利润}{平均净资产}$$

根据表 3 - 1 所提供的青岛海尔公司合并资产负债表资料，表 3 - 8 所提供的青岛海尔公司合并利润表资料，对青岛海尔公司资产负债率计算如下：

净资产收益率 = 6 692. 26 ÷ （19 994. 14 + 29 119. 97）= 27. 25%

根据计算结果可以得出，该公司净资产收益率为 27. 25% ，即一元的所有者权益可以产生 0. 2715 元的利润，这是相对不错的报酬。

净资产收益率是反映盈利能力的核心指标，因为企业是股东的企业，该指标自然也是股东最关注，是反映股东满意与否的关键指标。该指标越高越好，通常可用社会平均利润率、行业平均利润率或资本成本率等。

一般而言，资本分为债权资本和所有者权益资本，此处由于债权人无法分享净利润，资本经营盈利能力主要指股东的所有者权益的盈利能力。另外对于债权人盈利能力的考察指标有：（1）利息保障倍数；（2）负债资金利息率。这是使用债务资金而对盈利提出的最低要求。

二、资产经营盈利能力分析

资产经营是与资产经营型的企业经营方式紧密相连的。资产经营的基本内涵是合理配置与使用资产，以一定的资产投入，取得尽可能多的收益。

（一）总资产报酬率计算与分析

资产经营盈利能力，是指企业运营资产产生利润的能力。反映资产经营盈利能力的指标是总资产报酬率。

$$总资产报酬率 = \frac{利润总额 + 利息支出}{平均总资产}$$

$$平均总资产 = \frac{期初资产总额 + 期末资产总额}{2}$$

根据表 3 - 1 青岛海尔合并资产负债表所提供的资料，表 3 - 8 青岛海尔合并利润表所提供的资料，计算总资产报酬率。

总资产报酬率 = （8 046. 64 – 231. 13）÷ 68 011. 16 = 0. 11

平均总资产 = （61 015. 86 + 75 006. 46）÷ 2 = 68 011. 16

（二）总资产报酬率分解

$$总资产报酬率 = \frac{营业收入}{平均总资产} \times \frac{利润总额 + 利息支出}{营业收入} \times 100\%$$

$$= 总资产周转率 \times 销售息税前利润率 \times 100\%$$

该指标可以反映企业的管理水平，并且该指标越高越好；评价总资产报酬率时，需要与企业前期的比率、同行业其他企业的这一比率等进行比较，并进一步找出影响该指标的不利因素，以利于企业加强经营管理。

由上述总资产报酬率的分解公式可知，影响总资产报酬率的因素有两个：一是总资产周转率，该指标作为资本运营能力的指标，可用于说明企业资产的运用效率；二是销售息税前利润率，反映商品生产经营的盈利能力。

三、商品经营盈利能力分析

（一）商品经营、产品经营和资产经营

商品经营是与生产经营型的企业经营方式紧密相连的。商品经营的基本内涵是企业以市场为导向，组织供产销活动，以一定的人力、物力消耗生产与销售尽可能多的社会需要的商品。

产品经营是与单纯生产型的企业经营方式紧密相连的。产品经营的基本内涵就是在国家计划指导下，企业组织产品生产，以一定的人力、物力消耗按时、保质、保量生产出一定的产品。

商品经营和产品经营是既相互联系又有所区别的。第一，产品经营是商品经营的一个环节，且是一个最基本的环节；商品经营是产品经营的扩展；第二，产品经营主要侧重于产品实物经营，而不强调投入品与产出品的价格；第三，商品经营目标比产品经营目标更综合。要实现商品经营目标，既要搞好产品经营，提高生产技术效率，又要重视供产销的衔接及价值管理，提高商品的经济效率。

资产经营与商品经营及产品经营是既相互联系又相互区别的。第一，资产经营不能离开商品经营而独立存在，没有有效的商品经营是不能取得好的资产经营效果的；第二，资产经营是对商品经营的进一步发展，它不仅考虑商品本身的消耗与收益，而且将资产的投入与产出及周转速度作为经营的核心；第三，资产经营目标比商品经营目标更重要。要实现资产经营目标，应在商品经营基础上，进一步搞好资产重组与有效使用，加快资产周转速度。

商品经营是相对资产经营和资本经营而言的。商品经营盈利能力不考虑企业的筹资或投资问题，只研究利润与收入或成本之间的比率关系。因此，反映商品经营盈利能力的指标可

分为两类：一类是各种利润额与收入之间的比率，统称收入利润率；另一类是各种利润额与成本之间的比率，统称成本利润率。

（二）收入利润率分析

反映收入利润率的指标主要有营业收入利润率、营业收入毛利率、总收入利润率、销售净利润率、销售息税前利润率等。不同的收入利润率，其内涵不同，揭示的收入与利润关系不同，分析评价中的作用也不同。

营业收入利润率，指营业利润和营业收入之间的比率。

营业收入毛利率，指营业收入和营业成本的差额与营业收入之间的比率。

总收入利润率，指利润总额和企业总营业收入之间的比率，企业总收入包括营业收入、投资净收益和营业外收入。

销售净利润率，指净利润和营业收入之间的比率。

销售息税前利润率，指企业息税前利润额和营业收入之间的比率，息税前利润指利润总额和利息支出之和。

收入利润率指标是正指标，指标值越高越好。分析时应根据分析目的与要求，确定适当的标准值，如可用行业平均值、全国平均值、企业目标值等。

（三）成本利润率指标

反映成本利润率的指标有许多形式，其主要形式有：营业成本利润率、营业费用利润率、全部成本费用利润率等。

1. 营业成本利润率，是指营业利润与营业成本之间的比率。其计算公式是：

$$营业成本利润率 = \frac{营业利润}{营业成本}$$

2. 营业费用利润率，是指营业利润与营业费用总额之间的比率。其计算公式是：

$$营业费用利润率 = \frac{营业利润}{营业费用}$$

$$营业费用 = 营业成本 + 营业税费 + 期间费用 + 资产减值损失$$

3. 全部成本费用利润率。该指标又可分为全部成本费用总利润率和全部成本费用净利润率两种形式。

（1）全部成本费用总利润率的计算公式是：

$$全部成本费用总利润率 = \frac{利润总额}{营业费用 + 营业外支出}$$

（2）全部成本费用净利润率的计算公式是：

$$全部成本费用净利润率 = \frac{净利润}{营业费用 + 营业外支出}$$

成本利润率也是正指标，即指标值越高越好。分析评价时，可将各指标实际值与标准值进行对比。标准值可根据分析的目的与管理要求确定。

四、上市公司盈利能力分析

由于上市公司自身特点所决定，其盈利能力除了可通过一般企业盈利能力的指标分析外，还应进行一些特殊指标的分析，特别是一些与企业股票价格或市场价值相关的指标分析，如每股收益、普通股权益报酬率、股利发放率、价格与收益比率等指标。

（一）每股收益

每股收益，是指净利润扣除优先股股息后的余额与发行在外的普通股的平均股数之比，它反映了每股发行在外的普通股所能分摊到的净收益额。每股收益越高，说明企业的盈利能力越强，在判断企业盈利能力强弱时，应将几家不同企业或者同一企业不同时期的每股收益进行比较，才能得出正确认识。其计算公式如下：

$$每股收益 = \frac{净利润 - 优先股股利}{发行在外的普通股加权平均数（流通股数）}$$

其中，分子选用"净利润 - 优先股股息"，优先股股息类似与负债利息，一般支付固定金额，而普通股投资者关心的是自身享有的净利润，因此扣减优先股股息。而发行在外的普通股加权平均数按下列公式计算：

$$\begin{aligned} 发行在外的普通股加权平均数 = &\ 期初发行在外的普通股股数 + 当期新发行普通股股数 \times \frac{已发行时间}{报告期时间} \\ &- 当期回购普通股股数 \times \frac{已回购时间}{报告期时间} \end{aligned}$$

例如，某企业 2014 年年初发行在外的普通股股份 20 万股，该年 7 月 1 日又增发了 6 万股，并且该年内未发行其他股票，亦无退股事项，则该年度普通股流通在外的平均数应为 23 万股（20 + 6 × 6 ÷ 12）。

（二）股利发放率

股利发放率是普通股股利与每股收益的比值，反映普通股股东从每股的全部获利中分到多少。其计算公式如下：

$$股利发放率 = \frac{每股股利}{每股收益}$$

公式中的每股股利是指实际发放给通普股股东的股利总额与流通股股数的比值。股利发放率反映了企业的股利政策，其高低要根据企业对资金需要量的具体情况而定，没有一个固定的衡量标准。

（三）价格与收益比率

价格与收益比率，亦称市盈率，反映普通股的市场价格与当期每股收益之间的关系，可用来判断企业股票与其他企业股票相比潜在的价值。其计算公式如下：

$$价格与收益比率 = \frac{每股市价}{每股收益}$$

该比率直观理解为每 1 元钱的收益可以支撑多高的股价，反映市场对该行业及企业是否看好。该指标在一个企业内几年的数值能够表明企业盈利能力的稳定性，可在一定程度上反映管理部门的经营能力和企业盈利能力及潜在的成长能力。同时，该指标还反映此股票市价是否具有吸引力，把多个企业的股票价格与收益比率进行比较，并结合对其所属行业的经营前景的了解，可以作为选择投资目标的参考。需要注意的是，当全部资产利润率很低或企业发生亏损时，每股收益可能为零或负数，因此价格收益比率很高。这样有可能人们导致对企业前景的错误估计。

（四）托宾 Q 指标分析

托宾 Q 指标，由诺贝尔经济学奖得主詹姆斯·托宾（James Tobin）于 1969 年提出。指公司的市场价值与其重置成本之比。若某公司的托宾 Q 值大于 1，表明市场上对该公司的股价水平高于其自身的重置成本，该公司的市场价值较高；若某公司的托宾 Q 值小于 1，表明市场上对该公司的股价水平低于其自身的重置成本，该公司的市场价值较低。

为了方便计算，人们用总资产的账面价值替代重置成本，用普通股的市场价格和债务的账面价值之和表示市场价值，则：

$$托宾\ Q\ 值 = \frac{股权市场价 + 长、短期债务账面价格合计}{总资产账面价值}$$

托宾 Q 值事实上就是股票市场对企业资产价值与生产这些资产的成本的比值进行的估算。高 Q 值意味着高产业投资回报率，此时企业发行的股票的市场价值大于资本的重置成本，企业有强烈的进入资本市场变现套利动机。当 Q 值较大时，企业会选择持后将金融资本转换为产业资本；而当 Q 值较小时，企业会将产业资本转换成金融资本，即继续持有股票或选择增持股票。

第三节 营运能力分析

企业营运资产的利用及其能力如何，从根本上决定企业的经营状况和经济效益。企业营运能力主要指企业营运资产的效率与效益。营运资产的效率通常指资产的周转速度。营运资产的效益则指营运资产的利用效果，即通过资产的投入与其产出相比较来体现。

企业进行企业营运能力分析，主要目的是评价企业资产的流动性，评价企业资产利用的效益和挖掘企业资产利用的潜力。另外，企业营运能力分析的内容主要包括总资产营运能力分析、流动资产周转速度分析两部分内容。

资产周转速度是衡量企业营运效率的主要指标，资产周转速度的快慢，通常使用资产周转率和资产周转期两个指标。

第一，资产周转率。资产周转率是一定时期资产平均占用额与周转额的比率，是用资产的占用量与运用资产所完成的工作量之间的关系来表示运营效率的指标。

$$周转率（次数）= \frac{资产周转额}{资产平均余额}$$

其中，资产周转额是指计算期内企业有多少资产完成了周转；周转率表示在一定时期内完成几个从资产投入到资产收回的循环，在一定时期内资产周转的次数。

第二，资产周转期。资产周转期表示完成一个从资产投入到资产收回的循环需要多长时间。

$$周转期（天数）= \frac{计算期天数}{周转次数} = \frac{计算期天数 \times 资产平均余额}{资产周转额}$$

资产周转率和资产周转期的关系如下。资产周转次数和周转天数呈相反方向变动，在一定时期内，资产周转次数越多，周转天数越少，周转速度就越快，营运效率就越高；反之，则周转速度就越慢，营运效率就越低。虽然两种形式都可以表示资产周转速度，但在实务上则更多地使用周转天数这一形式，这是因为，当企业提高生产技术水平、改善生产组织等使资产周转速度加快时，明显地表现为资产使用时间的缩短，用周转天数表示，易于看出资产周转对生产技术和生产组织的依存关系。此外，如果采用周转次数，不同时期（如年度、季度和月度）的周转速度不能直接加以比较。而采用周转天数则可以消除期限长短对周转速度的影响，可以使不同计算期间的周转速度直接进行比较。

一、总资产营运能力分析

企业总资产营运能力主要指企业总资产的效率和效益。总资产周转率可以反映出企业总资产的效率，即总资产的周转速度。总资产产值率和总资产收入率可以反映出企业总资产的效益，即投入或使用总资产所取得的产出的能力。

总资产产值率的计算与分析

总资产产值率反映了企业总资产与总产值之间的对比关系。其计算公式是：

$$总资产产值率 = \frac{总产值}{平均总资产} \times 100\%$$

该指标数值越高，说明企业资产的投入产出率越高，企业总资产运营状况越好。

（一）总资产周转率的计算与分析

总资产收入率从资产周转角度看，亦称总资产周转率（次数），尽管这两个指标的计算方法相同，但总资产周转率却是从资产流动性方面反映总资产的利用效率。其计算公式是：

$$总资产周转率 = \frac{总周转额（营业收入）}{平均总资产}$$

企业资金循环包括短期资金循环和长期资金循环，长期资金循环必须依赖短期资金循环，因此，流动资产周转速度的快慢是决定企业总资产周转速度的关键性因素，下面的分解式可以反映出这种关系，也为进行总资产周转率分析、提高总资产周转速度指明了方向。

$$总资产周转率 = \frac{营业收入}{流动资产平均余额} \times \frac{流动资产平均余额}{总资产平均余额}$$
$$= 流动资产周转率 \times 流动资产占总资产的比重$$

上面分解式表明，总资产周转速度的快慢取决于两大因素：一是流动资产周转率。流动资产的周转速度要高于其他类资产的周转速度，加速流动资产周转，就会使总资产周转速度加快；反之，则会使总资产周转速度减慢。二是流动资产占总资产的比重。由于流动资产周转速度快于其他类资产周转速度，所以，企业流动资产所占比例越大，总资产周转速度越快；反之，则越慢。

根据青岛海尔公司财务报表的有关资料，计算该公司有关资产的有关指标，见表5-1。

表5-1　　　　　　　　　　　总资产周转率分析资料表

项　目	2014年	2013年	差异
销售净额（百万元）	88 775.44	86 487.72	2 287.72
总资产平均余额（百万元）	68 011.16	55 352.09	12 659.07
流动资产平均余额（百万元）	54 510.77	44 623.35	9 887.42
总资产周转率（次）	1.31	1.56	-0.25
流动资产周转率（次）	1.63	1.94	-0.31
流动资产占总资产比率（%）	0.80	0.81	-0.01

注：该公司2013年年初总资产为49 688.32百万元，流动资产为39 699.69百万元。

根据表 5-1 可知，青岛海尔公司本年总资产周转率比上年慢了 0.25，其主要原因是流动资产周转率下降了 0.31，流动资产占总资产比率几乎没有变化。

（二）总资产营运能力综合对比分析

总资产营运能力综合对比分析，就是将反映总资产营运能力的指标与反映流动资产和固定资产营运能力的指标结合起来进行分析。

依据各类指标之间的相互关系，综合对比分析主要包括以下内容。提高资产营运能力最终要为盈利能力这个目标服务，通过综合对比分析总资产营运能力与盈利能力之间的关系，可以解释总资产盈利能力变动的原因，为提高总资产盈利能力指明方向。二者之间的关系可用下式反映。

$$总资产盈利能力 = 资产营运能力 \times 商品盈利能力$$

即：

$$总资产报酬率 = \frac{营业收入}{平均总资产} \times \frac{利润总额 + 利息支出}{营业收入} \times 100\%$$
$$= 总资产周转率 \times 销售息税前利润率 \times 100\%$$

二、流动资产周转速度分析

企业的营运过程，实质上是资产的转换过程，由于流动资产和固定资产的性质和特点不同，决定了它们在这一过程中的作用也不同。流动资产营运能力分析是企业营运能力分析最重要的组成部分。

（一）流动资产周转速度分析

流动资产完成从货币到商品，再到货币这一循环过程，表明流动资产周转了 1 次，以产品实现销售为标志。表示销售实现的指标有两个，即营业收入和营业成本。实务中，在计算流动资产周转速度指标时，究竟是使用营业收入还是营业成本，应视分析的具体目的而定。

流动资产周转速度指标的具体计算公式如下：

$$流动资产周转期 = \frac{营业收入}{流动资产平均余额}$$

$$流动资产周转期 = \frac{流动资产平均余额 \times 计算期天数}{营业收入}$$

$$流动资产垫支周转率 = \frac{营业成本}{流动资产平均余额}$$

为了分析流动资产周转速度变动的原因，找出加速流动资产周转的途径，根据流动资产周转速度指标的经济内容和内在联系，可将流动资产周转速度指标做如下分解：

$$流动资产周转率 = \frac{营业收入}{流动资产平均余额}$$

$$= \frac{营业成本}{流动资产平均余额} \times \frac{营业收入}{营业成本}$$

$$= 流动资产垫支周转率 \times 成本收入率$$

以上分解式表明，影响流动资产周转率的因素，一是流动资产垫支周转率，二是成本收入率。流动资产垫支周转率反映了流动资产的真正周转速度，成本收入率说明了所费与所得之间的关系，反映出流动资产的利用效益。加速流动资产垫支周转速度是手段，提高流动资产利用效益才是目的。

因此，加速流动资产垫支周转速度必须以提高成本收入率为前提。当成本收入率大于1时，流动资产垫支周转速度越快，流动资产营运能力越强。反之，如果成本收入率小于1，企业所得补偿不了所费，流动资产垫支周转速度越快，企业亏损越多。

根据青岛海尔公司报表的有关资料，计算该公司的有关指标，见表5-2。

表5-2   流动资产周转率分析资料表

项 目	2014 年	2013 年	差异
营业收入（百万元）	88 775.44	86 487.72	2 287.72
流动资产平均余额（百万元）	54 510.77	44 623.35	9 887.42
其中：平均存货（百万元）	7 210.96	6 981.33	229.63
营业成本（百万元）	64 345.18	64 586.11	64 465.65
流动资产周转率（次）	1.63	1.94	-0.31
流动资产垫支周转率（次）	1.18	1.45	-0.27
成本收入率（%）	1.38	1.34	0.04

注：该公司 2013 年年初存货为 7 098.65 百万元。

根据表5-2可知，青岛海尔公司本年流动资产周转率比上年慢了0.31，其主要原因是流动资产垫支周转率下降了0.27，成本收入率几乎没有变化。

（二）各项流动资产周转速度分析

1. 存货周转速度分析

存货周转速度通常以存货平均余额与营业成本的比率来表示，以反映企业存货规模是否合适，周转速度如何。

$$存货周转率 = \frac{营业成本}{存货平均余额}$$

$$存货周转期 = \frac{存货平均余额 \times 计算期天数}{营业成本}$$

当存货周转速度偏低时，可能由以下原因引起。第一，经营不善，产品滞销；第二，预测存货将升值，而故意囤积居奇，以等待时机获取重利；第三企业销售政策发生变化。

2. 应收账款周转速度分析

应收账款周转速度是指企业一定时期赊销收入净额与应收账款平均余额的比率，用以反映应收账款的收款速度，一般以周转次数来表示。其计算公式是：

$$应收账款周转期 = \frac{赊销收入净额}{应收账款平均余额}$$

$$应收账款周转期 = \frac{计算期天数}{应收账款周转率}$$

$$= \frac{应收账款平均余额 \times 计算期天数}{赊销收入净额}$$

应收账款是指因商品购销关系所产生的债权资产，而不是单指会计核算上的应收账款科目，一般包括应收账款和应收票据。应收账款周转率说明年度内应收账款转化为现金的平均次数，体现应收账款的变现速度和企业的收账效率。一般认为周转率越高越好，因为它表明：（1）收款迅速，可节约营运资金；（2）减少坏账损失；（3）可减少收账费用；（4）资产流动性高。

在分析计算应收账款周转率时，还应注意以下两个问题：

第一，计算公式中所采用的周转额从理论上说应采用赊销净额，不包括现销收入，但赊销净额作为企业的商业秘密并不对外公布，所以，外部分析者难以取得赊销收入的资料，一般用营业收入代替。

第二，为了消除季节性的影响，最好采用月度应收账款平均余额计算，但企业外界分析人员只能根据资产负债表上的期初、期末数来计算应收账款平均余额，这样就可能造成应收账款周转率的虚增或虚减。

第四节　发展能力分析

企业发展能力通常是指企业未来生产经营活动的发展趋势和发展潜能，也可以称之为增长能力。从形成看，企业的发展能力主要是通过自身的生产经营活动，不断扩大积累而形成的，主要依托于不断增长的销售收入、不断增加的资金投入和不断创造的利润等。从结果看，一个发展能力强的企业，能够不断为股东创造财富，能够不断增加企业价值。

发展能力分析的目的主要体现在：

对于股东而言，可以通过发展能力分析衡量企业创造股东价值的程度，从而为采取下一步战略行动提供依据。

对于潜在的投资者而言，可以通过发展能力分析评价企业的成长性，从而选择合适的目标企业做出正确的投资决策。

对于经营者而言，可以通过发展能力分析发现影响企业未来发展的关键因素，从而采取正确的经营策略和财务策略促进企业可持续增长。

对于债权人而言，可以通过发展能力分析判断企业未来盈利能力，从而做出正确的信贷决策。

一、企业单项发展能力分析

（一）股东权益增长率计算与分析

股东权益增长率是本期股东权益增加额与股东权益期初余额之比，也叫做资本积累率，其计算公式为：

$$股东权益增长率 = \frac{本期股东权益增加额}{股东权益期初余额} \times 100\%$$

股东权益增长率越高，表明企业本期股东权益增加得越多；反之，股东权益增长率越低，表明企业本年度股东权益增加得越少。

$$
\begin{aligned}
股东权益增长率 &= \frac{本期股东权益增加额}{股东权益期初余额} \times 100\% \\
&= \frac{净利润 + （股东新增投资 - 支付股东股利） + 直接计入股东权益的利得和损失}{股东权益期初余额} \\
&= \frac{净利润 + 对股东的净投资 + 直接计入股东权益的净损益}{股东权益期初余额} \\
&= 净资产收益率 + 股东净投资率 + 净损益占股东权益比率
\end{aligned}
$$

从公式中可以看出股东权益增长率是受净资产收益率和股东净投资率这两个因素驱动的。为正确判断和预测企业股东权益规模的发展趋势和发展水平，应将企业不同时期的股东权益增长率加以比较。

下面以股东权益增长率为例，根据青岛海尔公司相关的财务报表资料，分析该公司的股东权益增长情况，见表5-3。

表5-3　　　　　　　　青岛海尔公司股东权益增长率指标计算表

项　目	2011 年	2012 年	2013 年	2014 年
股东权益总额（百万元）	11 538.95	15 426.14	19 994.14	29 119.97
本年股东权益增加额（百万元）	—	3 887.19	4 568.00	9 125.83
股东权益增长率（%）	—	33.69	29.61	45.64

从表 5 - 3 可以看出，青岛海尔公司自 2011 年以来，其股东权益规模不断增加，从 2011 年的 11 538. 95 百万元增加到 2014 年的 29 119. 97 百万元；自 2011 年以来三年的资产增长率均为正值，说明资产投入一直保持增长，并且增长率整体呈现增长趋势，但在 2013 年却有些下降。

（二）资产增长率计算与分析

资产增长率就是本期资产增加额与资产期初余额之比，其计算公式如下：

$$资产增长率 = \frac{本期资产增加额}{资产期初余额} \times 100\%$$

资产增长率是用来考核企业资产投入增长幅度的财务指标。资产增长率为正数，则说明企业本期资产规模增加，资产增长率越大，则说明资产规模增加幅度越大；资产增长率为负数，则说明企业本期资产规模缩减，资产出现负增长。

在对资产增长率进行具体分析时，应该注意以下几点：

第一，企业资产增长率高并不意味着企业的资产规模增长就一定适当。因为只有在企业的销售增长、利润增长超过资产规模增长的情况下，这种资产规模增长才属于效益型增长，才是适当、正常的。

第二，需要正确分析企业资产增长的来源。企业的资产来源包括负债和所有者权益，无论是增加负债还是增加所有者权益都会提高资产增长率。如果一个企业资产的增加完全来自于负债，而所有者权益项目几乎没有变化，则说明企业不具备良好的发展能力。

第三，为全面认识企业资产规模的增长趋势和增长水平，应将企业不同时期的资产增长率加以比较。如果一个处在成长期中的企业，资产规模不但没有增加反而减少了，说明企业的经营业务并不稳定，同时也说明了企业不具备良好的发展潜力。

下面以资产增长率为例，根据青岛海尔公司相关的财务报表资料，分析该公司的资产发展能力，见表 5 - 4。

表 5 - 4　　　　　　　　青岛海尔公司资产增长率指标计算表

项　目	2011 年	2012 年	2013 年	2014 年
资产总额（百万元）	39 723. 48	49 688. 32	61 015. 86	75 006. 46
本年资产增加额（百万元）		9 955. 84	11 327. 54	13 990. 60
资产增长率（%）		25. 06	22. 80	22. 93

从表 5 - 4 可以看出，青岛海尔公司自 2011 年以来，其资产规模不断增加，从 2011 年的 39 723. 48 百万元增加到 2014 年的 75 006. 46 百万元；自 2011 年以来三年的资产增长率均为正值，说明资产投入一直保持增长，但是增长率却趋于稳定。

（三）销售增长率计算与分析

销售增长率就是本期营业收入增加额与上期营业收入之比。其计算公式如下：

$$销售增长率 = \frac{本期营业收入增加额}{上期营业收入} \times 100\%$$

需要说明的是，如果上期营业收入为负值，则应取其绝对值代入公式进行计算。而且该公式反映的是企业某期整体销售增长情况。

在利用销售增长率来分析企业在销售方面的发展能力时，应该注意以下几个方面：

第一，要判断企业在销售方面是否具有良好的成长性，必须分析销售增长是否具有效益性。

第二，要全面、正确地分析和判断一个企业销售收入的增长趋势和增长水平，必须将一个企业不同时期的销售增长率加以比较和分析。

第三，可以利用某种产品销售增长率指标，来观察企业产品的结构情况，进而也可以分析企业的成长性。

下面以销售增长率为例，根据青岛海尔公司相关的财务报表资料，分析该公司的销售发展能力，见表5-5。

表5-5   青岛海尔公司销售增长率指标计算表

项 目	2011 年	2012 年	2013 年	2014 年
营业收入（百万元）	73 662.50	79 856.60	86 487.72	88 775.44
本年营业收入增加额（百万元）		6 194.10	6 631.12	2 287.72
收入增长率（%）		8.41	8.30	2.65

从表5-5可以看出，青岛海尔公司自2011年以来，其销售规模不断扩大，从2011年的73 662.50百万元增加到2014年的88 775.44百万元；自2011年以来三年的销售增长率均为正值，说明销售额一直保持增长，但是2014年销售增长率却有所下降，不排除存在一些偶然性或者特殊性的因素。

（四）收益增长率计算与分析

收益增长率是本期收益增加额与上期收益之比，主要包括净利润增长率和营业利润增长率两种，具体介绍如下：

1. 净利润增长率

净利润增长率是本期净利润增加额与上期净利润之比，其计算公式如下：

$$净利润增长率 = \frac{本期净利润增加额}{上期净利润} \times 100\%$$

需要说明的是，如果上期净利润为负值，则应取其绝对值代入公式进行计算。该公式反映的是企业净利润增长情况。

2. 营业利润增长率

营业利润增长率是本期营业利润增加额与上期营业利润之比，其计算公式如下：

$$营业利润增长 = \frac{本期营业利润增加额}{上期营业利润} \times 100\%$$

如果上期营业利润为负值，则应取其绝对值代入公式进行计算。该公式反映的是企业营业利润增长情况。

3. 收益增长率分析

要全面认识企业净利润的发展能力，还需要结合企业的营业利润增长情况共同分析。要分析营业利润增长情况，应结合企业的营业收入增长情况一起分析。为了更正确地反映企业净利润和营业利润的成长趋势，应将企业连续多期的净利润增长率和营业利润增长率指标进行对比分析，这样可以排除个别时期偶然性或特殊性因素的影响，从而更加全面真实地揭示企业净利润和营业利润的增长情况。

下面以净利润增长率为例，根据青岛海尔公司相关的财务报报表资料，分析该公司的利润增长情况，见表5-6。

表5-6　　　　　　　　　　　青岛海尔公司净利润增长率指标计算表

项　目	2011 年	2012 年	2013 年	2014 年
净利润（百万元）	3 647.66	4 360.61	5 551.28	6 692.26
本年净利润增加额（百万元）		712.95	1 190.67	1 140.98
净利润增长率（%）		19.55	27.31	20.55

从表5-6可以看出，青岛海尔公司自2011年以来，其净利润不断增加，从2011年的3 647.66百万元增加到2014年的6 692.26百万元；自2011年以来三年的净利润增长率均为正值，说明净利润一直保持增长，但是增长率在2013年却比其前后两年均高些，不排除存在一些偶然性或者特殊性的因素。

二、企业整体发展能力分析

（一）企业整体发展能力分析框架

企业整体发展能力的具体的思路是：

第一，分别计算股东权益增长率、收益增长率、销售增长率和资产增长率等指标的实际值。

第二，分别将上述增长率指标实际值与以前不同时期增长率数值、同行业平均水平进行比较，分析企业在股东权益、收益、销售收入和资产等方面的发展能力。

第三，比较股东权益增长率、收益增长率、销售增长率和资产增长率等指标之间的关系，判断不同方面增长的效益性以及它们之间的协调性。

第四，根据以上分析结果，运用一定的分析标准，判断企业的整体发展能力。一般而言，只有一个企业的股东权益增长率、资产增长率、销售增长率、收益增长率保持同步增长，且不低于行业平均水平，才可以判断这个企业具有良好的发展能力。

根据上述思路可形成企业整体发展能力分析框架，如图 5 - 1 所示：

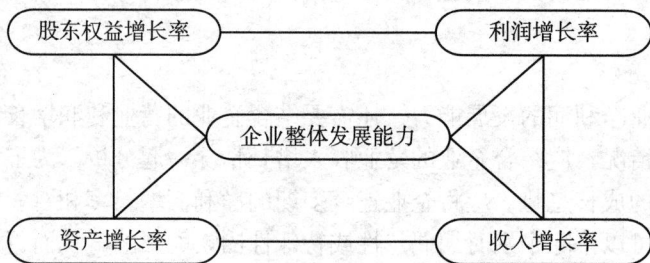

图 5 - 1　企业整体发展能力分析框架

（二）企业整体发展能力分析框架应用

应用企业整体发展能力分析框架分析企业整体发展能力时应该注意以下几方面：

第一，对股东权益增长的分析。股东权益的增长一方面来源于净利润，净利润又主要来自于营业利润，营业利润又主要取决于销售收入，并且销售收入的增长在资产使用效率保持一定的前提下要依赖于资产投入的增加；股东权益的增长另一方面来源于股东的净投资，而净投资取决于本期股东投资资本的增加和本期对股东股利的发放。

第二，对收益增长的分析。收益的增长主要表现为净利润的增长，而对于一个持续增长的企业而言，其净利润的增长应该主要来源于营业利润；而营业利润的增长又应该主要来自于营业收入的增加。

第三，对销售增长的分析。销售增长是企业营业收入的主要来源，也是企业价值增长的源泉。一个企业只有不断开拓市场，保持稳定的市场份额，才能不断扩大营业收入，增加股东权益；同时为企业进一步扩大市场、开发新产品和进行技术改造提供资金来源，最终促进企业的进一步发展。

第四，对资产增长的分析。企业资产是取得销售收入的保障，要实现销售收入的增长，在资产利用效率一定的条件下就需要扩大资产规模。要扩大资产规模，一方面可以通过负债融资实现，另一方面可以依赖股东权益的增长，即净利润和净投资的增长。

总之，在运用这一框架时需要注意这四种类型增长率之间的相互关系，否则无法对企业的整体发展能力做出正确的判断。

下面根据以上计算得到的青岛海尔公司 2012 年、2013 年、2014 年的股东权益增长率、净利润增长率、收入增长率和资产增长率等指标实际值进行分析，并判断该公司整体发展能力。它们的计算结果列示见表 5 -7。

表 5 - 7 青岛海尔公司 2012 ~ 2014 年单项增长率一览表

项 目	2012 年	2013 年	2014 年
股东权益增长率（%）	33.69	29.61	45.64
净利润增长率（%）	19.55	27.31	20.55
收入增长率（%）	8.41	8.30	2.65
资产增长率（%）	25.06	22.80	22.93

根据表 5 - 7 可以发现青岛海尔公司 2012 年以来股东权益增长率、净利润增长率、收入增长率和资产增长率都为正值，这说明青岛海尔公司 2012 ~ 2014 年的股东权益、营业收入和净利润一直都在增加，资产规模一直都在扩大。

观察表 5 - 7 可以发现青岛海尔公司 2012 年以来股东权益增长率和资产增长率都是先减后增，收入增长率一直下降，净利润增长率先增后减。问题的焦点集中在 2013 年，可以观察到，该公司 2013 年净利润增长率明显高于其他年份，而其他指标与其他年份的差别不是特别大，不排除 2013 年存在一些偶然性或者特殊性的原因。

最后，比较各种类型的增长率之间的关系。

第一，首先看收入增长率和资产增长率，可以看出青岛海尔公司这三年的收入增长率均低于资产增长率，说明近期公司的增长并不是主要依赖资产投入的增加，因此具有较好的效益性。

第二，其次比较股东权益增长率和净利润增长率，该公司这三年净利润的增长率均低于股东权益增长率，这说明该公司这三年股东权益的增长并非都是来自于生产经营活动创造的利润，这并不是一种好现象。此外，股东权益增长率和净利润增长率之间出现较大的差异，应进一步分析两者之间出现较大差异的原因。

通过以上分析，对青岛海尔公司的发展能力可以得出一个初步的结论，即该公司除了个别方面的增长存在效益性问题以外，大多方面都表现出较强的增长能力，因而该公司具有较强的整体发展能力。

下篇：财务报表分析实务

第六章

哈佛框架分析

第一节　哈佛框架分析概述

本章参考了哈佛大学佩普（K. G. Palepu）、希利（P. M. Healy）和伯纳德（V. L. Bernard）在《运用财务报表进行企业分析与评估》一书中提出的融资战略分析和财务报表分析于一体的"哈佛分析框架"，在第一节系统地介绍财务报表分析完整的逻辑框架，并对运用该逻辑框架进行战略分析、会计分析、财务分析和前景分析的主要方法和步骤进行了详细介绍。第二节运用给逻辑框架进行案例分析，以帮助读者更好地理解和运用该逻辑框架。

一、概述

（一）从企业经营活动到企业财务报表

在市场经济环境下，企业的经营活动总是受到经营环境和经营战略的影响。经营环境包括劳动力市场、资本市场以及商品市场等；经营战略包括经营范围、竞争优势以及成功因素和风险因素等，它决定了企业如何在经营环境中获得竞争优势。

企业财务报表用会计语言总结了企业经营活动的财务后果。企业会计系统提供了一种机制，通过这种机制，对企业的经营活动进行确认、计量，以财务报表的形式对外报告，从而完成了从企业经营活动到企业财务报表的转化过程。因此，我们在分析财务报表时不仅要考虑企业的经营活动及其影响因素，还要注意分析会计系统本身及其影响因素。会计系统受到会计环境和会计政策的影响。会计环境包括资本市场结构、会计惯例和法规以及独立审计等；会计政策包括会计政策的选择、会计估计的选择以及报告形式的选择等。由此可见，从企业经营活动到财务报表的过程中，许多因素都会影响财务报告数据质量。

企业经营活动与财务报告的关系以及会计系统对财务报告的影响可通过图6-1来展示。

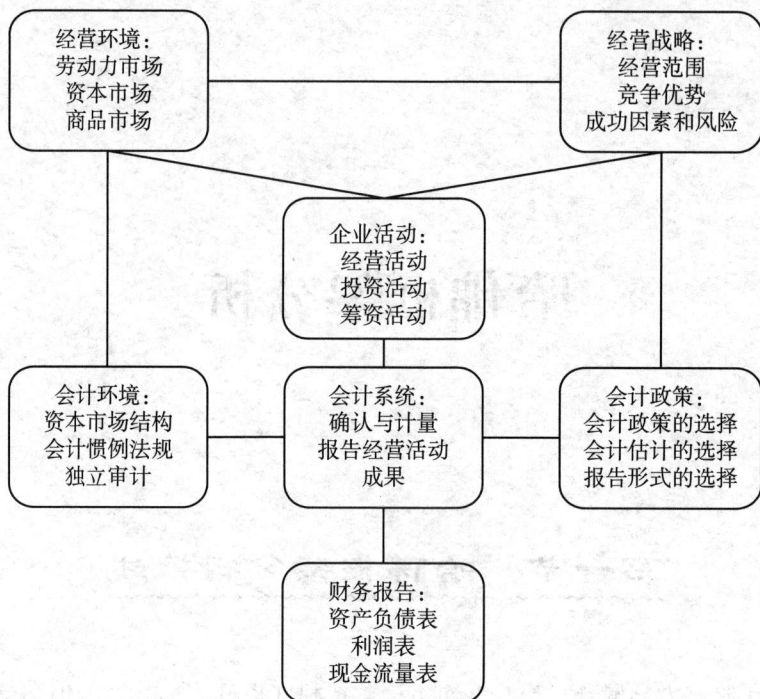

图6-1 企业经营活动与财务报告的相互关系

（二）财务报表分析框架

从企业经营活动与财务报告的关系可知，财务报告的质量受经营环境、经营战略、会计环境和会计政策选择等多种因素的影响。这些都会对会计信息系统消除资本市场信息不对称的作用产生一定影响。有效的财务报告分析可从财务报告中提取出管理层的内部信息，并通过对企业所处的行业环境和企业竞争战略的分析，对企业财务报告做出更加合理的解读。

企业财务报表分析首先要分析企业的战略以及定位，然后进行会计分析，评估企业财务报表的会计数据及其质量，再进行财务分析，评价企业的经营业绩，最后进行前景分析，诊断企业未来发展前景。这样，企业财务报表分析者便能从"环境—战略—行为—过程—结果"这一整体角度理解和把握财务报告呈现的经营结果。企业财务报表分析者对财务报告的分析的基本框架见图6-2，主要从以下几方面进行分析：战略分析、会计分析、财务分析、前景分析。

财务报表：
资产负债表
利润表
现金流量表
其他公开信息
行业和公司数据

经营分析：
信贷分析
证券分析
并购分析
股利分析
总体经营分析

经营战略分析：
行业分析
竞争战略分析

会计分析：
会计政策分析
会计估计分析

财务分析：
财务比率分析
现金流量分析

前景分析：
业绩预测
价值评估

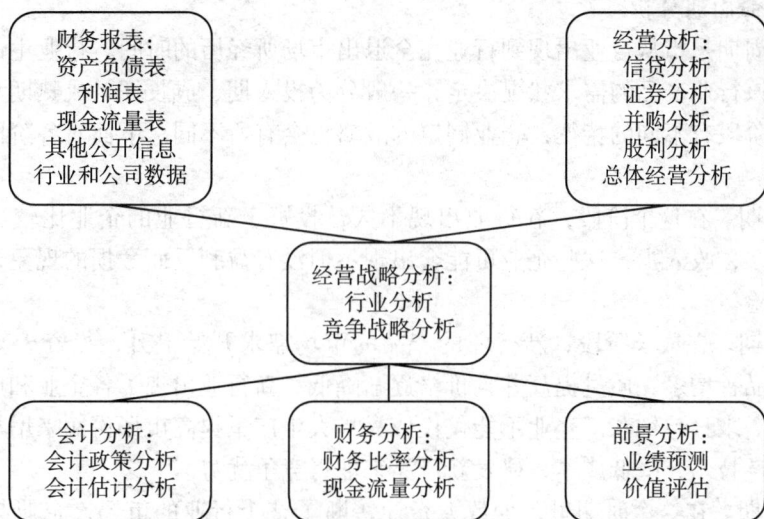

图 6 - 2　财务报表分析框架

二、战略分析

合理有效的财务报表分析的逻辑出发点便是战略分析。通过战略分析，财务报表分析者可以对企业经营活动的出发点及经济意义进行定性的了解，为接下来将要进行的会计分析和财务分析奠定良好基础。此外，战略分析还有助于财务报表分析者辨认影响公司盈利状况的主要因素及其背后隐藏的主要风险，从而评估企业业绩的可持续性并预测其未来业绩。

企业的价值创造能力是进行战略分析的核心。企业的价值创造能力取决于企业运用其资本获取超过资本成本的收益能力。虽然资本成本由资本市场决定，但企业的盈利能力却受自身战略选择的影响。企业战略选择的影响因素包括：行业选择、竞争定位以及企业战略。因此，战略分析应该包括：行业分析、竞争战略分析和企业战略分析。

（一）行业分析

1. 行业特征分析

行业特征是指某一行业在一定时期的基本属性，它综合反映了该行业的基本状况和发展趋势。行业特征以不同的方式影响财务报表的内在关系，因此，分析行业特征是有效分析财务报表的重要前提之一。分析行业特征主要是进行行业的竞争特征、需求特征、技术特征、增长特征、盈利特征等方面的分析。竞争特征分析主要包括竞争企业数、竞争企业战略、行业竞争热点、竞争结构及潜在竞争者等；需求特征可以从需求增长率、需求弹性、互补性及顾客稳定性等几方面进行分析；技术特征包括技术复杂性、技术成熟程度、技术进步及研发费用等；增长特征包括生产能力增长率、企业规模经济程度及新投资总额等；盈利特征包括利润率、贡献率及收益率等指标。

2. 行业生命周期分析

行业生命周期是指从行业出现到行业完全退出市场所经历的时间。行业生命周期的长短主要由市场对该行业产品的需求状况决定，一般分为投入期、成长期、成熟期和衰退期四个阶段。不同的阶段有不同的特征，企业制定的战略也会有所不同。下面对各阶段特征进行简单介绍。

（1）投入期。在这个阶段，新行业出现不久，投资于新行业的企业比较少，并且因为初始阶段投入多，收入少，这些企业可能会出现不但没有盈利反而亏损的现象，使这些企业面临很大的风险。

（2）成长期。在成长阶段，新行业的产品的市场需求开始上升，投资于新行业的企业也增多，产品品种增多、质量提高并且价格逐渐降低。新行业出现了各企业和产品相互竞争的局面，市场需求日趋饱和。企业不能仅仅依靠扩大生产量提高市场份额来增加收入，而需要依靠改进生产技术，降低成本，研发新产品来取得竞争优势。

（3）成熟期。在这个时期里，少数大企业垄断了整个行业的市场，企业与产品之间的竞争方式逐渐从价格竞争转向非价格竞争，通过提高产品质量、改善性能和加强售后服务等取得竞争优势。

（4）衰退期。在这一时期，由于新产品和大量替代品的出现，原行业的市场需求开始减少，一些企业也逐渐退出转而投资于其他有利可图的行业。企业数目逐渐减少，市场逐渐萎缩，利润率没有提升的空间，甚至逐渐下降。整个行业的利润无法维持，便逐渐走向解体。

3. 行业获利能力分析

各行各业间的盈利能力存在着显著差异。迈克尔·波特（Michael E. Porter）在《竞争战略》中指出，有五种力量影响着行业的平均盈利水平，提出了"五大力量理论"，五大力量包括：现有企业之间的竞争、新进入企业的威胁、替代产品的威胁、购买方的议价能力和供应商的议价能力。

（1）现有企业之间的竞争。在多数行业中，现有企业之间的竞争性质影响企业的平均盈利水平。以下因素对现有企业之间的竞争程度有重要影响。

① 行业成长性。如果某个行业有较高的增长速度，那么现有企业不需要通过从其他企业夺取市场份额来获得自身的增长，其竞争程度相对较低；相反的，如果某个行业很萧条，现有企业拓展发展空间的唯一途径便是从其他企业那里夺取市场份额，其竞争程度相对较为激烈。

② 行业集中程度。某个行业的集中程度是由该行业的企业数量和规模决定的。同行业中企业之间的协商定价能力和其他竞争方式的竞争程度受行业集中程度的影响。某一行业中企业数量越多，竞争就越激烈，特别是当某个行业存在许多规模相当且较小的众多企业时。

③ 产品差异化和转换成本。产品的差异化程度对企业之间的竞争程度有重大影响。当某个行业提供的产品非常相似且转换成本较低时，顾客就会更倾向于选择价格较低的产品。此时，同行业企业之间的竞争就会非常激烈。如果企业的产品非常具有独特性，与其他企业的差异化程度较大，就更容易保持住顾客，同行业之间的竞争程度也会相对较低。

④ 规模经济效应与成本结构。如果某一行业中存在某种规模经济效应，那么市场份额

的竞争就会显得非常激烈。这里所说的成本结构问题是指在企业的成本总额中，固定成本与变动成本所占的比例。在规模经济效应较大的企业，其固定成本所占比重较高。此时，为了充分利用其剩余生产能力，企业就会更倾向于降低价格。

⑤ 剩余生产能力和退出障碍。如果企业存在剩余生产能力，企业就会有较强的降低价格，扩大需求，以充分利用剩余生产能力的动机。如果企业资产的专用性很高，则企业退出该行业就会有较大的障碍，剩余生产能力问题更为明显。因此，剩余生产能力和退出障碍都会影响现有企业之间的竞争。

（2）新进入者威胁。如果某一行业的收益十分可观，会吸引很多新进入者。新进入者的加入会对行业的现有竞争格局产生影响，进而影响行业的平均盈利水平。新进入者对现有企业的威胁程度以下几个因素影响。

① 规模经济。如果某一行业存在明显的规模经济效应，新进入者在成本方面就会处于劣势，对现有企业的威胁程度较低。

② 先行优势。先行者起步早，在行业内已具有一定的竞争地位，具备一定的先行优势。例如，当存在规模经济效应时，先行者便会较新进入者具有绝对的成本优势。先行者还可能制定行业标准，与廉价原材料供应商达成特别协议，获得管制行业经营的政府许可等。

③ 分销渠道与公共关系。现有的分销渠道容量有限，并且开辟新的分销渠道需要投入巨额成本，因此新进入者进入该行业便有很大的障碍。此外，现有企业与顾客之间形成的良好往来关系也使新进入者难以进入该行业。

④ 法律障碍。专利权、版权以及许可证等法律障碍也是限制新进入者进入该行业的一道障碍。

（3）替代品威胁。替代产品也是某一行业中企业的潜在竞争源之一。替代产品对企业的威胁主要在于它的性价比以及顾客对原有产品的忠诚度。如果替代品的性能好，价格低，它投入市场就会使本行业产品的价格处于较低的水平，这就使本行业的收益受到一定影响。

（4）购买方的议价能力。购买方的议价能力主要受价格敏感性和相对议价能力的影响。

① 价格敏感性。价格敏感性决定购买者愿意讨价还价的程度。如果企业提供的产品缺乏独特性且转换成本很低时，购买者就比较愿意花费一定资源来寻找价格较低的产品，此时购买者对价格的敏感性就比较强。此外，价格敏感性与顾客定位也有关。一般说来，收入较少的人群对价格的敏感性更强一些。

② 相对议价能力。尽管购买者对价格敏感，但却不具备一定的议价能力，也很难得到较低的交易价格。购买者议价能力受购买者与供应商的相对数量、单一购买者的购买数量、可供购买者选择的产品数量、购买者的转换成本以及购买者向后整合威胁的影响。例如，在汽车行业，汽车制造商比零部件制造商具有更强的议价能力。这是因为汽车制造商是比较大的购买者，有许多可选择的供应商，并且转换成本较低。

（5）供应商的议价能力。当供应商数量很少且客户可选择的替代品很少时，供应商具有强势地位。当供应商提供的产品对购买方企业很重要时，供应商也比购买方更有优势。最后，当供应商能够实施向前整合威胁时，供应商也会处于有利地位。

（二）竞争战略分析

在市场经济环境下，企业之间的竞争是不可避免的。尽管企业相对竞争对手有很多优势和劣势，企业始终可以采取两种基本的竞争战略：成本领先战略和差异化战略。这两种战略是由波特教授在 1985 年出版的《竞争优势》一书中总结出来的。一个企业所具有的优势或劣势的显著程度最终取决于企业在多大程度上能够在成本领先和差异化方面有所作为。图 6-3 展示了这种创造竞争优势的战略关系。

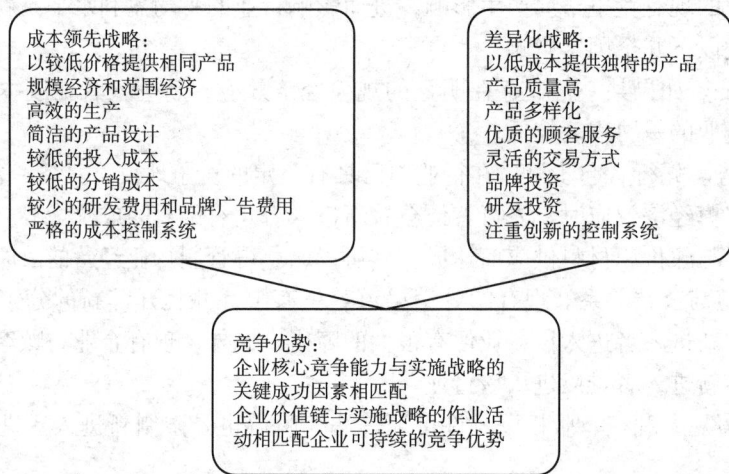

成本领先战略：
以较低价格提供相同产品
规模经济和范围经济
高效的生产
简洁的产品设计
较低的投入成本
较低的分销成本
较少的研发费用和品牌广告费用
严格的成本控制系统

差异化战略：
以低成本提供独特的产品
产品质量高
产品多样化
优质的顾客服务
灵活的交易方式
品牌投资
研发投资
注重创新的控制系统

竞争优势：
企业核心竞争能力与实施战略的关键成功因素相匹配
企业价值链与实施战略的作业活动相匹配企业可持续的竞争优势

图 6-3 竞争战略

1. 成本领先战略

成本领先战略是一种获得竞争优势的最基本的竞争战略。实施成本领先战略需要建立达到有效规模的生产设施，在经验基础上尽可能降低成本，严格控制与管理费用，以期达到规模经济效应。整个战略的主要目标是使企业成本低于其竞争对手。为了达到这一目标，企业必须在管理方面高度重视成本管理问题。

尽管企业在一个行业内部有很强大的竞争力量，但是处于成本领先地位的企业仍然可以获得高于行业平均水平的盈利能力。主要原因是成本领先企业面对"五大力量"的威胁具有更强的防御作用，主要体现在以下几方面：成本领先可以使企业在与其竞争对手的竞争过程中受到保护，成本领先意味着可以获得比其他企业更多的利润；成本领先可以使企业在与购买者的议价博弈过程中保护自己，购买者最多只能将价格压到居于其次的竞争对手的水平；成本领先也可以使企业在与供应商的博弈过程中处于更为有利的地位，成本领先企业在应对产品涨价方面具有较高的灵活性；形成成本领先地位的各种因素通常也以规模经济或者成本优势的形式形成进入壁垒，从而可以抵御潜在进入者的威胁；成本领先企业在面临替代品的竞争时通常处于更为有利的地位，从而抵御了替代品的威胁。

在成本领先战略的指导下，企业的目标就是成为行业的低成本生产者。成本领先优势有多种来源，并受行业结构的影响。它们主要包括规模经济、专有技术、优惠的原料等。如果企业能够创造并维持全面的成本领先地位，则它只需要将价格控制在行业平均水平或者较接近的水平，便可以获得高于平均水平的经营绩效。与竞争对手的价位相比，成本领先企业的低成本优势可以转化为高盈利能力。成本领先优势的战略性价值取决于其持久性。如果企业成本领先优势来源是竞争对手难以复制或者模仿的，其优势就具有持久性。因此，要获得持久的成本领先优势就必须控制成本动因和重构价值链。

2. 差异化战略

实施差异化战略的企业力求在顾客广泛重视的一些方面独树一帜。如果一个企业能够提供给顾客某种具有独特性的东西，它就具有了有别于其竞争对手的经营差异化。经营差异化减少了竞争，可以维持其市场份额。

差异化战略利用顾客对品牌的忠诚以及由此产生的价格敏感性下降降低了激烈的竞争对企业的影响。它可以使企业提高盈利能力而不必追求成本领先。顾客的忠诚度以及竞争对手要战胜这种"独特性"需要投入的成本也就构成了进入壁垒。产品差异化带来的较高收益可以应对来自供应商议价的压力，同时也可以缓解来自购买者议价的压力。采取差异化战略而赢得顾客忠诚的企业在面对替代品的威胁时，其所处的地位比其他竞争对手也更为有利。

要实施差异化战略，企业需要做好以下几点：确定产品的一种或多种受顾客重视的独特性；以独特的方式为顾客提供具有独特性的产品，满足顾客需求；以低于顾客愿意为具有独特性产品支付的价格的成本水平来实现这种独特性。

企业竞争战略的选择并不会自然而然地产生竞争优势。为了获得持续的竞争优势，企业必须明确目标，制定与企业面临的内外部环境相适应的战略并有效执行战略。成本领先和差异化战略都要求企业具备核心竞争力，并以适当的方式构造其价值链。核心竞争力和价值链的独特性以及竞争对手难以模仿的程度决定其竞争优势的可持续性。

（三）识别企业战略

企业要在激烈的竞争中脱颖而出，必须制定有效的经营战略。行业的经济特征会影响企业制定这些战略的灵活性，所以各行各业的企业都会面临一系列的战略性选择。通过战略分析框架，有助于财务报表分析者更好地考察企业的战略选择。

1. 产品的性质

企业是基于特定细分市场尝试创造独特的产品，从而达到相对较高的盈利能力（差异化战略），还是提供无差异产品达到相对较低的盈利能力，从而提高资产周转率（成本领先战略）？对于企业而言是否有可能通过培育品牌的忠诚度并严格控制成本，从而实现差异化战略与成本领先战略呢？

2. 价值链的一体化程度

企业是追求纵向一体化战略，参与价值链所有环节，还是只占据价值链某些战略环节？就生产而言，企业是自己进行所有生产流程，还是外包所有生产流程？就分销而言，企业是自己直接控制分销功能，还是依靠外部资源进行分销？

3. 地区多元化程度

企业产品的目标市场是集中于国内市场，还是国际市场？在国际市场开拓可以创造并获得增长的机会，但却面临更多的风险，如汇率风险和政治风险等。

4. 行业多元化程度

企业是在单一行业开展经营活动，还是分散投资于多个行业？多元化经营对企业有利还是有害，在很大程度上取决于企业的战略定位以及以此为基础的核心竞争力的培养。

企业战略选择及其实施结果最终都会体现在财务报表上。因此，财务报表分析者必须将财务报表分析与识别企业战略相结合，从而使企业战略、企业经营活动与企业财务融为一体。

三、会计分析

会计分析的目标是评估财务报表披露的会计信息对企业经营活动现实的反映程度。财务报表分析者可以通过多种方式进行会计分析，有效的会计分析有助于提升财务分析结论的可靠性。下面将会对会计分析进行详细介绍。

（一）财务报告制度框架及其对会计信息质量的影响

财务报表数据是经过严密的会计程序加工后生成的信息。如果说原始的交易数据是财务报表的原材料，那么现行的财务报告制度框架就是财务报表的生产线。为了进行有效的会计分析，财务分析者首先需要了解会计信息的基本特征和制约它们的制度框架。

1. 财务报表的编制基础

总体而言，财务报表的编制基础是权责发生制。除现金流量表外，其他财务报表的编制基础是权责发生制而不是现金制。权责发生制有其优点，即能够提供更为丰富的信息。同时，权责发生制也有其缺点，并且其缺点也是导致财务报告日趋复杂的核心问题。权责发生制在运用时涉及许多假设，具有较强的主观性和武断性。特别是随着社会经济的发展，企业的组织结构日益复杂，关联方交易极为频繁，各种融资、投资方式不断被创新，权责发生制的局限性更加明显。

2. 财务报表的编制主体

一般而言，财务报表由企业管理层编制。由于现行财务报表采用的是权责发生制基础，因此在编制财务报表的过程中经常涉及复杂的职业判断。管理层作为公司的具体经营者，拥有一定的信息优势，他们往往拥有一定的会计政策选择权。赋予管理层一定的会计政策选择权是很有价值的，因为这使得管理层有机会在财务报表中更好地披露他们所拥有的内部信息。但是这种会计政策选择权也会带来一定的负面影响。管理层的会计政策选择权往往会受到薪酬计划、债务契约和政治成本的影响。因此，管理层有可能通过不恰当地实施会计政策选择权达到一定的契约目标，这有损财务报表信息的质量。此外，管理层虽然拥有相对信息优势，但仍然是"有限理性"无法做出完全准确的职业判断。即使管理层在做出决策时是"最佳"判断，公司环境的变化和整体经济形势的发展也可能导致偏差。

3. 会计准则的质量

为了限制管理层滥用其信息权利，各个国家都制定了相应的会计准则，规范企业管理层对经济业务的确认、计量和报告行为。财务报表也正是会计准则的产物。因此，财务报告信息质量与会计准则的质量密切相关。会计准则是社会财富转移或利益分配的"游戏规则"。会计准则的质量问题不仅仅是"技术问题"，更重要的还是"经济后果"问题。在许多情况下，会计准则只是"微妙的平衡"。只要会计准则还没有达到"完美"境界，财务报告信息的质量就可能存在问题。

4. 财务报表的独立审计

独立审计通过评价公司编制的财务报表是否符合会计准则的要求，进一步限制公司扭曲财务报表信息的可能性，提高了财务报表的信息质量和可信度。尽管独立审计的有效性受到颇多质疑，但审计报告仍然是一种重要的财务报表派生信息，有效的财务报表分析要求在进行分析前应查阅审计报告，以对财务报表的可信度形成初步印象，而且审计报告往往指出了财务报表中的"高危区域"，这有助于财务报表分析者确定相应的分析点。

5. 财务报告的法律责任

裁定企业管理层、审计师和投资者等会计信息使用者之间会计争端的法律环境也会对财务报告信息质量产生重要影响。尽管巨额的诉讼成本和法律惩处有助于遏制企业管理层滥用其信息权利，也有助于督促审计师恪尽职守，提高会计信息质量，但是这种承受重大法律责任的可能性也可能影响财务报告信息质量。最为典型的例证就是预测性、前瞻性信息的披露。虽然这些预测性或前瞻性信息有助于会计信息使用者的决策，但是面临经营环境的急剧变化，这些预测性或前瞻性信息偏离现实的可能性比较大。这样，企业管理层和审计师经常担心因披露预测性或前瞻性信息而受到法律诉讼或惩处，不愿意在财务报表中披露这些预测性或前瞻性信息，从而极大地影响了财务报告信息的质量。因此，财务报告制度框架的法律责任可能导致企业管理层和审计师在财务报表信息披露方面存在许多"难言之隐"。

（二）会计分析的基本步骤

1. 辨认关键会计政策

正如前边所述，企业的行业特征以及竞争战略选择决定了其关键成功因素和风险因素。企业的财务报表体现了企业的行业与经济特征。会计分析的目的之一在于评估企业如何处理这些关键成功因素和风险因素。因此，在会计分析过程中，财务报表分析者首先要辨认企业用于反映这些关键成功因素和风险因素的会计政策，从而评估这些会计政策是否与行业特征以及战略选择相符合。例如，对于高新技术企业而言，创新是其灵魂，那么与人力资源、研发等关键成功因素和风险因素相关的会计政策就显得十分重要。财务报表分析者应该关注这些会计政策、隐含在这些会计政策中的各种会计估计以及由此产生的会计信息。

2. 评估会计政策的弹性

不同企业的关键会计政策不同，其会计政策的弹性也不同。有些企业的关键会计政策受到会计准则的严格限制，企业管理层没有多少"自由裁量权"。例如，尽管研发支出是生物技术公司的关键成功因素，但是在美国企业管理层在报告研发支出时没有"自由裁量权"，必须全部费用化。而有些企业的关键会计政策可能受企业管理层的信息权利影响较大，具有一定的"弹性"。例如，信贷风险管理是商业银行的关键成功因素，商业银行管理层对信贷资产的质量和贷款损失准备的计提却拥有较大的"自由裁量权"。当然，还有些会计政策的弹性较大，如固定资产折旧、存货流动计价等，企业管理层拥有较大的"自由裁量权"。企业的会计政策的弹性越大，财务报表分析者就越需要谨慎。

3. 评估会计策略

如果企业管理层在重要会计政策和估计的选择方面具有较大弹性时，他们可以选择利用这种会计政策弹性更好地传递公司的实际经营情况，也可以选择利用这种弹性隐瞒公司的真实业绩。这就涉及企业管理层的会计策略问题。一般而言，在考察企业管理层如何实施会计策略时，可以关注以下问题：

（1）与行业惯例相比，企业的关键会计政策如何？如果企业的关键会计政策与行业惯例相悖，是否意味着企业实施与众不同的竞争战略？例如，当企业报告了低于行业平均水平的产品保修准备，那么财务分析者应当判断是由于公司以高质量为竞争基础或者是公司低估了其产品保修负债。

（2）企业管理层是否存在运用会计弹性进行盈余管理的动机？例如，企业是否处于违反债务保护条款的边缘？企业经理人是否难以实现以财务报表数据为基础的薪酬目标？企业管理层是否持有企业大量股份？其激励机制是如何设计的？其薪酬安排如何？企业是否准备上市或增资扩股？

（3）企业是否改变其会计政策或会计估计？如果企业改变其会计政策或会计估计，原因是什么？产生了什么影响？例如，企业的保修费用降低了，这是企业为了提高产品质量而进行了大量投资吗？

（4）企业过去采用的会计政策和会计估计是否切合实际？例如外购商誉费用化时间过长的企业可能被迫在以后期间巨额冲销。这种巨额冲销的历史记录可能预示着企业盈余管理已经存在。

（5）为了达到某些目标，企业是否做出了重要的经营安排或从事明显缺乏商业意义的交易？例如，企业可以改变融资安排，以避免稀释企业财务报表披露的每股收益。

4. 评价信息披露质量

当前的财务报告体系不仅仅包含三张主要财务报表，还包括其他信息披露，如董事会报告、监事会报告、监事会信息等。会计准则只是规定了最低的披露要求，管理层还可以通过多种途径来披露企业的实际经营情况。因此，披露质量是体现企业会计信息质量的一个重要方面。在评价企业的披露政策时，财务分析者可以关注以下几个问题：

（1）企业是否披露了充分的资料以便让使用者评估企业的经营战略及其经济结果？

（2）附注是否充分解释企业的主要会计政策？如果企业会计政策与同行业管理不同或发生重大变化时，是否对其进行了说明？

（3）企业是否对当前业绩变动情况进行了充分说明？

（4）若现行财务报告体系的固有限制阻碍了某些重要成功因素在报表内的披露，企业是否提供了充分的信息以帮助外部人士了解这些要素？例如难以资本化的研发费用以及难以货币计量的产品缺陷率、客户满意度、市场占有率等实物指标。

（5）对于多元化经营的企业，其业务分部报告和地区分部报告是否充分？

（6）企业是否对好消息和坏消息"一视同仁"，均予以充分披露，还是"报喜不报忧"？

根据上述标准，如果财务分析者对企业报表信息披露质量不太满意，就应当扩大分析范围，注意收集表外信息作为必要的补充。

5. 识别危险信号

基于财务报表内在的"勾稽关系"，企业的财务舞弊行为或潜在危险信号都可能在财务报表上留下"痕迹"。识别潜在危险信号有助于引领财务报表分析者更仔细地检查某些项目或针对某些项目收集更充分的信息。常见的危险信号包括：

（1）未加解释的会计政策和会计估计的变化，特别是经营绩效不佳时的变化。这可能预示着经理人正在运用会计政策弹性来粉饰财务报表。

（2）未加解释的旨在提升利润的交易。例如，当企业经营绩效不佳时，通过资产负债表交易（资产销售或债转股等）获得利润。

（3）应收账款异常增加。这可能预示着企业为了当期利润放宽赊销的信用政策，从而导致当期应收账款增长速度远远大于销售收入增长的速度。

（4）销售收入与经营活动产生的现金流量相互背离。

（5）净利润与经营活动产生的现金流量持续背离，尤其是企业连续盈利，但经营活动产生的现金流量连续多年入不敷出。

（6）报告利润与应税所得额之间的差距日益扩大，且缺乏正当理由。

（7）过分热衷于融资机制，如与关联方合作从事研发活动，带有追索权的应收账款转让。

（8）突如其来的巨额资产冲销，尤其是当年计提的资产价值准备远超过前几年利润之和，可能表明以前年度存在严重的虚盈实亏现象。

（9）被出具"不干净意见"的审计报告，或者频繁更换独立审计师。

（10）频繁的关联交易、资产重组和剥离、股权转让、资产评估。

（11）不合乎商业逻辑的资产置换。

（12）前期"销售"在本期大量退货。

（13）盈利质量与资产质量相互背离，如在报告利润大幅增长的同时，不良资产大量增加。

（14）与客户频繁发生套换交易，即向客户出售资产的同时，向客户购入类似的资产。

（15）企业合并日前后被合并企业的毛利率差异悬殊。

财务报表分析者不仅要关注上述常见的危险信号，还要深入分析这些信号背后隐含的经营活动才能得出最终结论。因为上述每一种常见的危险信号都存在多种解释，有些解释存在合理的理由，而有些解释则是因为会计方法本身存在问题。因此，识别潜在危险信号只是财务报表分析者深入研究财务报表的起点，而不是终点。

6. 消除会计信息失真

如果经过上述会计分析发现企业财务报表披露的会计信息有问题，财务报表分析者应该利用财务报表附注、现金流量表和其他信息，去伪存真，尽量还原企业经营活动的本来面目。

四、财务分析

本书的第四章已经对财务分析的几种基本方法进行了详细介绍，所以本部分只对几种财务分析方法进行简单介绍，其中也有前面章节未涉及的，帮助读者加深印象并拓展知识面。它们分别是共同比分析法、趋势分析法、比率分析法、现金流量分析法以及模拟报表法。

（一）共同比分析法

共同比分析是指在一张财务报表中列示出各具体项目占某综合项目的百分比，以反映某一财务报表中各具体项目间的相对重要性，以及各具体项目与综合项目之间的关系。关于共同尺度的选择，一般均以财务报表中某一类合计数为准。例如，在共同比资产负债表中，通常以总资产为共同尺度；在共同比损益表中，通常以主营业务收入作为共同尺度。

共同比分析法能够消除不同企业规模所带来的影响，进而揭示出企业经营活动的相关特点。就共同比资产负债表而言，分析重点主要在于企业的资本结构以及企业的资源分配情况。就资本结构而言，主要应当分析企业的总资产中权益与债务的比例，以及企业债务中长、短期负债的配合情况，进而判断企业的资本结构是否合理；就企业的资源分配情况而言，应当分析企业在各类资产项目中的投入比例如何，判断企业是否存在某类资产比重过大的异常现象。就共同比损益表而言，其分析重点在于各项收入、费用项目的结构构成情况，以及各成本费用是如何"侵蚀"销售收入的。

此外，在使用共同比分析法时，通过比较不同竞争对手之间的共同比报表更能显示出目标分析企业在资金结构和资源分配方面的优势与劣势。

（二）趋势分析法

趋势分析是指在连续数年的财务报表中，以某一年度为基期，计算出其他各期各项目对基期同一项目的趋势百分比，从而描绘出财务报表各项目的时间变化趋势。通过恰当的趋势分析，我们不但能够了解各财务报表项目过去的变化趋势，而且通过对过去数据的研究和观察，还能对未来的发展趋势有所了解。在运用趋势分析法时，应当注意将相关联项目的变化趋势结合起来考虑，并注意选择合适的基期，所选的基期要尽量具有代表性。

（三）比率分析法

比率分析法是将同一报表或不同报表中两个项目之间的关系用百分比或倍数的关系表示出来，是目前财务分析中运用最广泛的一项分析工具。比率分析能够将大量的财务报表项目及财务数据减少为若干比率，从而使财务数据的比较突破时间及规模的限制。各种财务比率本身并不重要，只有对其进行时间序列比较或在各竞争对手之间比较时，才能在对比中发现财务比率中包含的有关企业优势的重要信息。财务比率分析既可以通过单项比率分析来考察特定方面的财务现象，如通过计算流动比率来概括了解企业短期债务偿付能力大小，也可以通过比率体系分析以综合评价企业的财务状况，如典型的杜邦分析体系是以净资产收益率为中心指标逐步分解展开，以综合评价企业的经营管理效率、投资管理效率和财务管理效率。

（四）现金流量分析法

前几种财务分析方法主要侧重于分析企业损益表或者资产负债表。随着人们对现金流量的重视程度与日俱增，现金流量表披露信息也日益完善，现金流量信息已在使用者的决策中获得越来越多的应用。现金流量分析是指对现金流量表上的有关数据进行比较、分析和研究，从而了解企业的财务状况，发现企业在财务方面存在的问题，预测企业未来的财务状况，从而为科学决策提供依据。财务分析者可以通过考察现金流量以获取对公司经营、投资和筹资效率的更深入的了解。

（五）模拟报表分析法

前面几种财务分析方法主要利用的是历史财务报表数据，而当公司面临着分立、并购或股票回购等重大行为时，未来的财务报表数据可能会发生根本性的变化，因此如果报表使用者将自身决策建立在以历史数据为主的财务分析结果的基础上，便有可能导致决策失误。在这种情况下，财务分析者可以通过编制模拟财务报表来进行财务分析。通过模拟财务报表的编制，能够显示出来某项特定交易如果在更早的时期完成可能对历史会计报表产生的影响，由此来为投资者提供关于此项特定交易持续影响的信息。模拟财务报表将有助于投资和分析公司的未来前景，因为它详细阐述了交易导致的公司历史财务状况和经营成果变动的可能的范围，对投资者评价公司兼并、收购等交易活动具有预测价值。模拟财务报表一般包括模拟资产负债表、模拟收益表和相关解释性附注。

模拟财务报表是对历史财务报表的一种补充。在编制模拟财务报表时，应当注意三张模拟财务报表之间的数据要保持正确的勾稽关系。此外，编制模拟财务报表时难免要做出一系列假设，这些假设应当与企业的实际情况相符，并考虑到公司管理层在未来可能做出的变动。

五、前景分析

现行财务报表体系是以决策有用观为导向的，但财务报表信息往往只提供了过去的历史数据，而决策却是面向未来的。因此，以报表中的历史数据为基础，对未来进行前瞻性预测，实现财务报表"决策有用性"的关键步骤。因此，财务分析者在经过战略分析、会计分析和财务分析之后，还需要进行恰当的前景分析。前景分析可以对企业的销售收入增长行为、盈利变动行为等进行分析。

（一）销售收入增长行为

对销售收入的预测是分析企业前景的重要方法之一。尽管不同行业、不同企业的销售增长率不尽相同，但长期看来是趋于一致的。根据美国公司的历史经验，拥有高于或低于平均水平销售收入增长率的公司往往会在不超过 3 ~ 10 年的时间内回归到"正常水平"。这可能是由于随着行业和公司的成熟，增长率会因需求饱和及行业内部竞争而减缓。因此，我们不能仅凭企业目前的高速增长就推断企业当前的高速增长可无限持续，而应当结合企业所处行业的特征、发展阶段以及企业所选择的竞争战略来估计销售增长率。

（二）盈利变动行为

对盈利变动行为的分析也是分析企业的重要方法之一。在预测未来盈利水平时，上年度盈利水平可以作为预测基础的有效数据。此外，总体而言，盈利的长期趋势往往是可持续的，因此也值得对这一趋势加以考虑。如果同时考虑季度数据，则通常应该对最近季度发生的对长期趋势的偏离予以考虑。对大多数企业而言，这些最近变化往往会在以后各季度部分重复出现。

除上述两种前景分析的方法之外，还有很多其他分析企业前景的方法，财务分析者可以根据自己所要分析的企业实际情况以及自己所掌握的资料进行分析，只要能够对企业的未来进行前瞻性预测并有利于提高企业财务报表的"决策有用性"即可，例如本书第五章中的发展能力分析也可以用来分析预测企业的发展前景。

第二节　哈佛框架分析案例[①]

一、战略分析

（一）公司背景分析

1. 公司简介

创建于 1968 年的美的集团，是一家以家电业为主，涉足照明电器、房地产、物流等领域的大型综合性现代化企业集团，旗下拥有三家上市公司、四大产业集团，是中国最具规模的白色家电生产基地和出口基地之一。

---

① 本节中图表数据均由作者根据美的集团财务报表相关资料整理而得。

1980 年，美的正式进入家电业；1981 年开始使用美的品牌。据尚蛙会员联盟调查显示，目前，美的集团员工 13 万人，旗下拥有美的、小天鹅、威灵、华凌等十余个品牌。除顺德总部外，美的集团还在国内的广州，中山，重庆，安徽合肥及芜湖，湖北武汉及荆州，江苏无锡、淮安及苏州，山西临汾，河北邯郸等地建有生产基地；并在越南、白俄罗斯建有生产基地。美的集团在全国各地设有强大的营销网络，并在海外各主要市场设有超过 30 个分支机构。美的集团主要产品有家用空调、商用空调、大型中央空调、冰箱、洗衣机、饮水机、电饭煲、电磁炉、电压力锅、微波炉、烤箱、风扇、取暖器、空气清新机、洗碗机、消毒柜、抽油烟机、热水器、吸尘器、豆浆机、电水壶、酒柜、电吹风机、热水器等家电产品和空调压缩机、冰箱压缩机、电机、磁控管、变压器等家电配件产品，拥有中国最大最完整的空调产业链、微波炉产业链、洗衣机产业链、冰箱产业链和洗碗机产业链，拥有中国最大最完整的小家电产品群和厨房家电产品群，年产各类家电产品超过 2 亿台。

美的集团一直保持着健康、稳定、快速的增长。20 世纪 80 年代平均增长速度为 60%，90 年代平均增长速度为 50%。21 世纪以来，年均增长速度超过 30%。

2. 主要经营业绩和财务数据

美的集团主要经营业绩和财务数据见图 6 - 4。

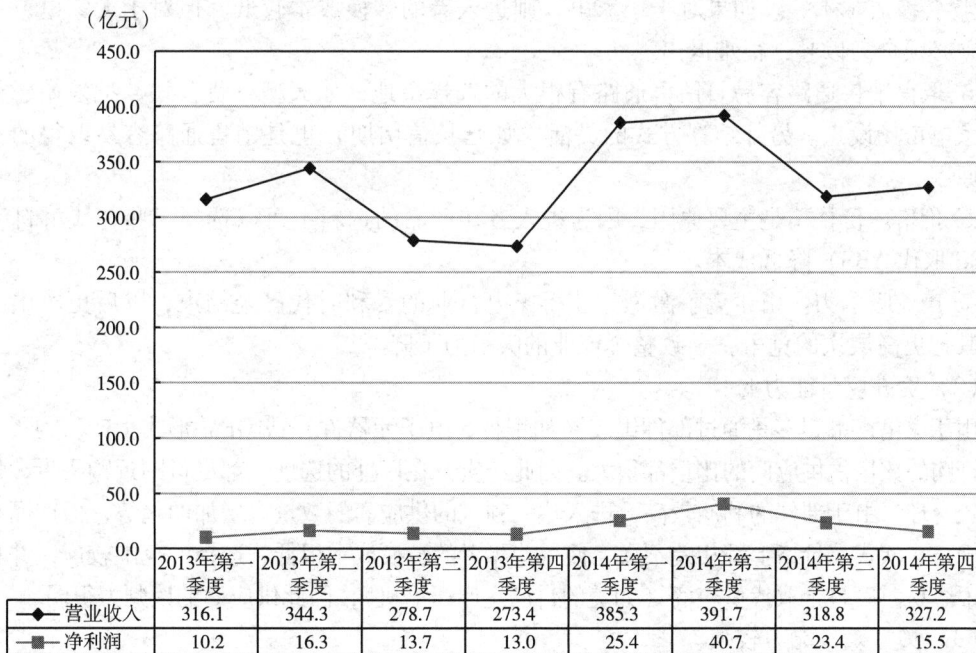

（亿元）

	2013年第一季度	2013年第二季度	2013年第三季度	2013年第四季度	2014年第一季度	2014年第二季度	2014年第三季度	2014年第四季度
◆ 营业收入	316.1	344.3	278.7	273.4	385.3	391.7	318.8	327.2
■ 净利润	10.2	16.3	13.7	13.0	25.4	40.7	23.4	15.5

图 6 - 4 美的集团主要经营业绩和财务数据

图 6 - 4 列示了 2013 年第一季度和第二季度的营业收入都在上升，但在第三季度出现大幅度下降，这与家电行业销售的季节性密切相关，一二季度为销售旺季，而且与当时的补贴政策刺激带来的销售增长有很大影响。三四季度为销售的淡季，因此出现三四季度营业收入下降的情况，属于正常，而净利润并没有因为营业收入的下降而大幅度下降。

2014 年美的集团各季度的营业收入和净利润环比均有大幅度提高，这说明美的转型已经初具成效，这无疑再次提振了公司、投资者及股民的信心。同时，美的推进内部物流资源协同与社会化物流资源整合，加快干线和支线物流建设与区域仓布局，将美的旗舰店、专卖店及售后服务网点等线下优秀资源纳入电商业务支持体系，加速美的的电商的线上与线下互融。

（二）战略分析

1. 家电行业的五大竞争力量分析

（1）新进入者之威胁小。

① 经济规模的要求并非特别重要。家电行业需要很大的经济规模，并冒着现有企业强烈反击的风险；或者规模小的企业也可以选择有限的目标市场或用单一品种与规模企业抢占市场。

② 产品差异化小。产品差异化小的特点使得潜在的进入者有机可乘。但则需要花费进入者相当多的资金和时间。

③ 资金需求。如果资金少，则可以小规模、单产品生产（如只生产电饭煲），集中优势力量投入资金。

④ 转换成本不一。如果对于小家电，则进入者的转换成本较低。但对于大家电，一旦投入则必须全力以赴，很难退出。

⑤ 取得销售通路容易。销售通路有很大的选择余地，如大型百货公司、批发站、在各地的家电市场设点。另外结算方式的灵活（如延长信用期）也是销售通路容易取得的一个很大原因。

⑥ 价格。价格不是主要原因，因为进入者在产品的选料上可以选择一些替代材料（如用 BBS 取代 ABS）降低成本。

⑦ 产业吸引力。由于竞争激烈，使得家电行业的暴利时代已经结束，以后更集中于服务和其他更高层次的竞争，导致整个产业的吸引力下降。

（2）卖方议价能力弱。

由于家电产品很多是通过部件组装（如钢板、电子元器件）或 OEM 形式生产，购买者每次所订购的数量占供应商的比重都很大。因此，卖方在厂址的选址上都尽量贴近购买者，地理分布较合理。由于部件的利润较高，进入这一领域的供应商的数量有增加的趋势，但产品在性能、规格、款式、价格上都相差不大，使得购买者的转换成本很低、选择的范围较广，并且购买者很容易向后整合取代供应商（如美的自己生产压缩机），因此供应商的谈判力很弱。

（3）买方议价能力较强。

购买者主要是指消费者和批发商，由于目前家电的竞争异常激烈，加上所有供应商的产品的品质相差不大，使得购买者的转换成本很低，而且替代品也比较容易找到。由于信息交流的便利化，消费者能以较低的成本掌握充分的市场行情，从而增加了其议价能力。

（4）替代品威胁弱。

本身产品不容易被替代。小家电的替代品不一，空调的替代产品是取暖器和风扇，这两种产品虽然有价格优势、不需要安装、移动方便的特点，但是功率不大，难以达到空调的效果，因而一般不容易替代。

（5）现有公司间的竞争激烈程度很高。

① 数量多、规模大。我国企业自身每年空调器的生产能力超过 1 000 万台，而年需求量仅 600 万~800 万台，各大企业在规模扩张思潮的带动下还要扩大产能，加之跨国公司的进入，使冰箱、空调等白色大家电的生产能力严重过剩，供给明显大于需求。长此下去，企业将面临大量生产能力闲置的困境，结果必然造成经济效益下滑。

② 产品和服务差异很小。由于家用电器的科技含量并不算很高，其核心部件等已国产化，其余部件一般为通用件，因此造成产品的差异性很小。越来越多的企业已经投入巨资，希望通过服务来拉大与其他公司的距离，强占市场份额，但是由于这种服务还属于一种基本的服务、无明显特色、并且开始的时间也不长、模仿比较容易，到目前为止，除了海尔有一点点优势，其他厂势均力敌。

③ 固定成本高。家电行业有点类似于钢铁行业，需要一定的库存随时满足市场需要，并且季节性很强、初期的沉淀资金相当大、固定成本如厂房、设备、生产线的投入很大，因此竞争者必须面对较高的成本。

④ 产品属于耐用性、款式变化快、季节性强。家电产品分大家电和小家电，一般像空调和冰箱的使用寿命 10 年以上，而电水瓶、电饭煲的使用寿命一般为 3 年，产品的这种耐用性导致了选择目标客户时不能完全集中在这部分人身上。而款式的变化则要求生产厂不断推陈出新，并且要注意淡、旺季的生产安排。

⑤ 退出产业的障碍很大。整个产业的性质决定了退出产业的障碍相当大。

综合上述，目前家电行业现有竞争者的竞争非常激烈，替代品的威胁力最弱，潜在进入者的威胁力、供应商议价力偏下，购买者的谈判力偏上。整个行业综合获利能力因现有竞争者的竞争激烈和购买者谈判力还可以而减弱，但也因替代产品的威胁力、潜在进入者的威胁力和供应商谈判力不强而增加，因此总体而言家电行业获利能力一般并呈下降趋势。

2. 美的集团竞争战略分析

（1）狠抓全面质量管理。

①生产过程的全面质量管理；②售后服务差异化；③扫除贸易壁垒；④市场或顾客导向的经营路线。

（2）制造资源计划的实施。

生产销售计划的转变，由手工制订生产计划的方式，即生产科生产计划、车间生产计划和产品销售计划的生产作业三级计划转变为以市场为导向，以销售计划为龙头的控制生产计划，解决传统生产系统与分销系统的供求矛盾。

（3）低成本的实现。

① 生产技术的改进，工艺加工技能。

② 确立现代管理观念，对工人严格监督。

③ 规模效应：企业规模不断扩大，产销量大增。形成规模效应，有机会反过来压低材料采购成本，平均固定成本的下降。

④ 持续的资本投资和良好的融资能力。

⑤ 低成本的分销系统、强大的生产营销能力。

（4）与供应商和经销商的战略联盟。

美的集团与供应商和经销商的关系处理，大部分采用战略联盟的方式，签订长期合作协议。

（5）核心技术竞争。

大胆引进国外技术和人才，与国外拥有先进技术的企业实行合作，率先掌握核心技术。

（6）销售价格差异化。

美的集团决定实施销售价格差异化，把价格主动降下来，而且不可以炒作加价之风，一方面其他企业跟着降，破坏销售价格差异化的实施。

3. 美的集团战略分析

（1）产品开发战略。

家电领域的产品更新很快，产品的生命周期很短，只有不断开发出适应市场的新产品、新功能、新技术才能与竞争对手竞争，否则只能被淘汰。

（2）市场渗透战略。

农村生活条件提高，使得人们开始重视生活享受。而且，中国的农村人口还是占大多数，所以潜力巨大。东北、西北等地原来使用空调较少，随着气候的变化，空调越来越成为生活必需品。美的越早进入越容易占领市场。

（3）纵向一体化战略。

后向一体化：进入原材料和核心零部件的供应产业，充分发挥企业在生产方面的核心竞争力。增强企业的主动权，规避外部合作风险。

（4）国际化战略。

美的是一家传统的出口导向型企业。在国际市场上，中国家电产品的销售市场、原材料采购市场都将会扩大，这样无疑会大大降低中国家电成本，提高质量，增强国际竞争力。

国际化还有利于避开国内家电市场恶劣的竞争环境，开辟新的出路。

二、会计分析

（一）存货质量分析

美的集团存货政策：存货盘存采用永续盘存制，存货按照成本与可变现净值孰低计量，存货跌价准备按单个（或类别）存货项目的成本高于其可变现净值的差额提取。美的2013年至2015年第一季度的存货周转率如表6-1和图6-5所示。

表6-1　　　　　　　　　　美的集团存货周转率

美的集团	2013年	2014年	2015年度第一季度
存货周转率	6.5027	6.9939	2.3833

美的集团2013~2014年存货周转率在6左右，存货周转速度较快，存货的占用水平较低，存货转换为现金或应收账款的速度加强。

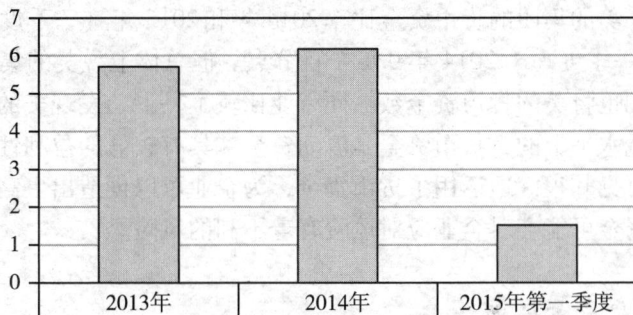

图 6 - 5　美的集团存货周转率

（二）货币资金质量分析

货币资金是企业在生产经营过程中处于货币形态的那部分资金，流动性最强，是企业重要的支付手段和流通手段。包括库存现金、银行存款和其他货币资金。企业持有多少货币资金也对经济效益有着重要影响。拥有合理的货币资金，不仅能够保证业务的正常需要，又能避免偿债危机和资金机会成本的增加。企业的业务功能、运用能力等因素会影响企业持有货币资金数量。货币资金的数额以及占总资产的比率由表 6 - 2 展示，图 6 - 6 和图 6 - 7 分别对货币资金总额和总资产数量进行了更直观的展示。

表 6 - 2　　　　　　　　　　　货币资金比率分析表

项　　目	2013 年	2014 年	2015 年（一季度）
货币资金	155. 30	62. 03	92. 10
总资产	969. 46	1 202. 92	1 358. 30
货币资金比率	0. 16	0. 052	0. 067

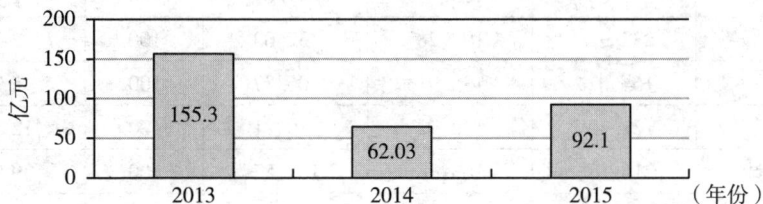

图 6 - 6　货币资金

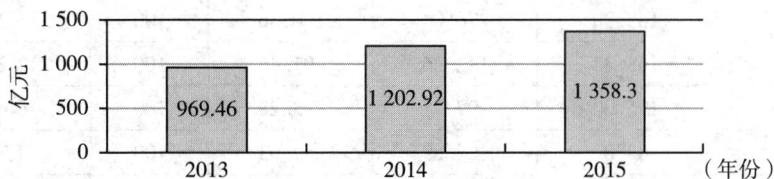

图 6 - 7　总资产柱状图

由此可以看出，美的集团的货币资金比率2014年和2015年（一季度）均有所下降，但是不难看出2015年一季度高于2014年0.1个百分点。但总体上说美的集团的货币资金持有量还是较低的。我们也将美的货币资金数据同行业比较了一下，发现美的集团的货币资金比率是相对保持在较低水平上的，货币资金是流动资金，具有较低的盈利性，美的集团未持有较多的货币资金，可见其很好地运用了货币资金，为企业可以创造出更高的价值。但同时也需注意较低的货币资金可能会对企业应对风险有着不利的风险。

（三）信息披露质量分析

美的集团——"中国家电行业领导者"，2014年美的集团因筹划重大事项，为维护投资者利益，保证信息披露公平，12月8日起申请停牌，并于12月15日起复牌。作为国内家电行业的领导者之一，美的不断加强信息披露能力是值得表扬的地方，但是在关联交易、资料充分披露，以及当前业绩变动情况和业务的地区分部是否充分等方面值得注意。

三、财务分析

（一）趋势分析

我们以美的集团2011年为基年，然后将2012年、2013年和2014年的报表数据与2011年相比较，计算出美的集团损益表和资产负债表主要项目的趋势变动，如表6-3和表6-4所示：

表6-3　　　　　　　　　　　　美的集团趋势资产负债表　　　　　　　　　　　单位:%

项　目	2014年	2013年	2012年	2011年	2011年金额（千元）
货币资金	56.00	140.58	106.25	100	11 078 305.36
预付账款	71.86	123.57	41.69	100	1 968 420.27
应收票据	232.32	192.28	132.02	100	7 359 470.33
应收账款	164.02	138.91	106.37	100	5 707 738.49
存货	121.49	122.92	80.21	100	12 363 439.23
流动资产合计	216.15	163.38	101.57	100	39 984 542.12
固定资产合计	182.19	182.66	116.91	100	10 714 826.46
资产总计	202.00	162.80	102.27	100	59 550 158.97
短期借款	188.90	276.04	100.36	100	3 213 690.52
应付账款	163.73	142.36	91.46	100	12 298 852.43
应付票据	195.00	97.25	83.28	100	6 486 738.64
预收账款	83.87	104.69	52.03	100	4 760 174.91
流动负债合计	222.10	172.01	96.83	100	32 932 364.71

续表

项 目	2014 年	2013 年	2012 年	2011 年	2011 年金额（千元）
长期负债合计	12.47	62.56	107.40	100	1 381 362.96
负债合计	216.80	168.25	97.42	100	34 392 010.02
股东权益合计	181.78	155.34	108.90	100	25 158 148.95

1. 流动资产分析

（1）应收票据从 2001 年逐年递增，到 2014 年实现翻番。这是美的集团面临 2008 年美国金融危机持续影响，2013 年之后"家电下乡"等一系列家电优惠政策相继退出市场，市场需求疲软的现状的情况下，为了稳固和扩大原有市场占有额，在销售回款结构中提高了收取商业汇票的比率。

（2）应收账款自 2001 年逐年递增，2014 年是基年的 1.6 倍。这是因为美的集团采取了宽松的赊销政策和宽松的坏账准备计提政策（低于格力电器）。

（3）存货水平稳中有涨，是由于中国家电行业在经过政策拉动高速增长期之后，逐渐走向市场调节的平滑期。

由于上述主要因素的共同作用，美的集团的流动资产变化较大，2014 年流动资产与 2011 年翻了一番，但是受应收票据到期日和应收账款收账期、存货转化为货币资金的共同影响，美的集团的流动资产流动性不是特别好，其应该加强对应收票据、应收账款，存货的管理。

2. 流动负债分析

（1）短期借款 2011 ~ 2013 年呈现上涨趋势，且 2012 ~ 2013 年大幅上涨，这主要是因为劳动力成本上升及原材料价格波动，需要更多的流动资金来保证正常的经营运转。

（2）应付账款与应付票据自 2011 年以来都呈现出上涨趋势，应付票据的上涨趋势明显快于应付账款。说明美的集团在业内有着良好的信用口碑，能够利用延迟付款的方式，提高自身资金的利用效率。

3. 长期资产和长期负债的分析

美的集团的长期资产自 2011 年不断上涨，长期负债不断下降，且降幅很大。说明美的集团偿债能力不断增强，自有资金充足，这与美的集团 2013 年重组上市有很大的关系。

总体来说，美的集团的财务状况良好，财务风险较低。

表 6 - 4 　　　　　　　　　　美的损益表趋势分析　　　　　　　　单位:%

项 目	2014 年	2013 年	2012 年	2011 年	2011 年绝对值（千元）
主营业务收入	152.15	130.00	73.11	100	93 108 058.26
主营业务成本	139.74	122.74	69.48	100	75 618 779.24
主营业务利润	205.33	160.74	20.11	100	17 137 387.36
销售费用	171.51	144.72	78.41	100	8 590 884.80
管理费用	235.00	211.00	113.42	100	3 191 097.79

项　目	2014 年	2013 年	2012 年	2011 年	2011 年绝对值（千元）
财务费用	23.90	53.66	30.69	100	1 051 478.28
营业利润	268.00	185.63	94.45	100	5 022 596.07
投资收益	209.21	138.16	48.19	100	722 312.33
净利润	256.47	182.73	90.92	100	4 540 959.87

（1）主营业务收入自 2011 年以来呈现出不断上涨的良好态势，这主要是由于 2011 年美的集团适应市场环境及竞争需要，开展经营转型和不断开拓海外市场，紧紧围绕"产品领先、效率驱动、全球经营"三大战略，推进自身可持续发展。

（2）主营业务利润 2014 年实现较 2011 年翻一番。主要是由于美的集团自开展经营转型以来，不断加强成本管控，拓展销售渠道，开拓市场容量，使主营业务成本增速低于主营业务收入增速所致。

（3）销售费用自 2011 年以来持续上涨，主要由于美的集团不断加强销售渠道建设，不断加强线上线下销售，使销售费用增加。

（4）管理费用不断上涨，尤其是 2013 年以后大幅上涨，这可能是因为美的集团 2013 年整体上市，经营规模扩大所至。

总体而言，美的集团的净利润自 2011 年以来呈现出不断上涨的趋势，说明美的经营战略转型与整体上市增强其竞争优势。

（二）报表结构分析

本部分主要运用共同比分析方法对资产负债表和利润表报表结构进行分析。

1. 资产负债表结构分析

表 6-5　　　　　　　　　　　美的集团资产负债表结构　　　　　　　　　　单位:%

	时　间	2013 年	2014 年	2015 年一季度
美的集团	流动资产在资产中所占比重	67.38	71.25	75.1
	非流动资产在资产中所占比重	32.62	28.15	24.9
	流动负债在负债及所有者权益中所占比重	58.43	60.8	62.61
	非流动负债在负债及所有者权益中所占比重	1.26	1.18	1.04

表 6-6　　　　　　　　　　　美的集团流动资产结构　　　　　　　　　　单位:%

项　目	货币资金	应收票据	应收账款	预付账款	应收利息	其他应收款	存货	其他	合计
2013 年所占比重	23.84	21.66	12.14	3.72	0	1.57	23.26	13.81	100
2014 年所占比重	7.18	19.78	10.83	1.64	0	1.37	17.38	41.82	100

（1）2013 年，美的集团的应收票据比重较高，占 21.66%。说明美的集团为了扩大销售采取了赊销的销售政策，但是要注意坏账情况，美的集团采用的销售政策相对比较稳健。美的集团的货币资金比重占 23.84%。美的集团的风险承担能力一般，但从另一方面也说明美的集团的资金利用率较高；美的集团存货比重较大，占 23.26%，对于产生差异的原因可能是美的集团相对稳健的销售政策虽然使应收票据比重不是很高，但相对制约了存货的减少，同时，美的作为一个综合家电制造行业，由于受季节影响，家电生产难免出现存货积压现象，2014 年美的加强了对存货的管理，存货所占比重有所下降。

（2）2014 年，美的集团由 21.66% 下降至 19.78%。美的集团的应收票据有略微下降，美的集团受国内经济进入新常态，经济发展方向由规模粗放型增长转向质量效率型增长，受行业变革、消费升级等因素导致销售量下降。

表 6-7　　　　　　　　　　　美的集团非流动资产结构　　　　　　　　　　单位:%

项　目	可供出售金融资产	长期股权投资	投资性房地产	固定资产	在建工程	无形资产	商誉	长期待摊费用	递延所得税资产	合计
2013 年所占比重	0	5.55	0.65	61.9	1.94	10.52	9.27	2.05	8.12	100
2014 年所占比重	4.89	2.81	0.51	57.65	1.95	10.13	8.66	2.24	11.16	100

通过对比表 6-7 可以看出，美的集团的固定资产占非流动资产的比重比较大，这表明了企业规模很大而且生产能力很强，经营很稳定，2014 年美的集团固定资产所占比重下降有可能是因为美的的生产能力已经达到了一定规模，无须扩大固定资产所占比重。但是同样固定资产所占比重过大会影响资产的变现速度，资产变现速度慢，即变现能力差，美的管理层应该也注意到了这一点，所以在 2014 年对固定资产所占比重进行了调整。美的集团的无形资产和商誉所占比重比较大，说明了美的比较重视专利技术和知识产权，在技术上的投入量比较大。

表 6-8　　　　　　　　　　　美的集团流动负债结构　　　　　　　　　　单位:%

项目	短期借款	应付票据	应付账款	预收账款	应付职工薪酬	应缴税费	应付利息	应付股利	其他应付款	一年内到期的非流动负债	其他	合计
2013 年所占比重	15.66	11.13	30.90	8.8	3.48	1.81	—	—	2.63	2.86	22.73	100
2014 年所占比重	8.30	17.29	27.53	5.46	3.0	4.48	—	—	1.67	0.84	31.43	100

（1）2013 年美的集团的应付账款比重为 30.90%，占用别人的资金可以节约资金成本，但是过多的金额，过长时间地占用别人资金会有损企业形象，对公司的企业形象不利，因此美的集团应及时组织好资金，保证按期支付贷款。

（2）在短期借款比重方面，美的集团为 15.66%，说明美的集团的自有资金一般，也反映出美的集团利用外部借款的水平较高，财务杠杆效用高。美的集团短期负债虽高，但是美的集团把比重控制在合理区间，将有利于其利用外部资金，发挥财务杠杆作用。

（3）2014 年美的集团的应付账款比重由 2013 年的 30.90% 下降至 27.53%，说明美的集团加强了对应付账款的管理。当时应付账款比重仍处于较高水平，美的的财务风险偏大。

表 6 – 9　　　　　　　　　　　美的集团非流动负债结构　　　　　　　　　　　单位:%

项　目	长期借款	递延所得税负债	其他非流动负债	其他	合计
2013 年所占非流动负债比重	58.41	10.16	11.87	19.56	100
2014 年所占非流动负债比重	1.35	1.83	—	96. 82	100
2015 年一季度所占非流动负债比重	1.03	1.96	—	97.01	100

根据表中非流动负债各个项目来看，2013 年美的集团递延所得税负债较高，但在 2014 年以后进行了调整，美的集团的递延所得税负债下降了很多。在这里解释一下美的 2014 年以及 2015 年第一季度美的集团非流动负债项目其他项超高的原因，这是因为美的专项应付款和应付债券所占的比重很大，这说明美的集团的筹资战略比别的企业有些差别，美的主要是通过发行债券和国家的支持，国家在美的集团的资金上给予了很大的帮助，其中 2014 年美的集团专项应付款占非流动负债的 60.1%，2015 年第一季度美的集团专项应付款占非流动负债的 59.94%。

2. 利润表分析

表 6 – 10　　　　　　　　　　　美的营业收入／营业成本　　　　　　　　　　　单位：千元

项　目	2014 年		2013 年	
	收入	成本	收入	成本
主营业务收入	131 062 048.50	97 295 261.22	112 396 577.36	85 819 000.64
其他业务收入	11 248 918.52	8 780 619.96	8 868 602.66	7 204 104.67
合　计	142 310 967.02	106 075 881.18	121 265 180.02	93 023 105.31

美的 2014 年主营业务收入占总收入约为 92.1%，较之 2013 年的 92.67% 下降 0.57 个百分点，其他业务收入较之 2013 年上升 7.23 个百分比。2014 年的成本较 2013 年上升约 14 个百分比。

表 6 – 11 　　　　　　　　　美的主营业务构成情况 　　　　　　　　　单位：千元

2014 年	营业收入	营业成本	毛利率（%）	营业收入比上年同期增减（%）	营业成本比上年同期增减（%）	毛利率比上年同期增减（%）
分行业						
制造业	129 095 703.90	95 577 734.39	25.96	16.68	13.34	2.13
物流运输	1 966 344.60	1 717 526.83	12.65	11.76	10.42	1.06
分产品						
大家电	92 402 439.88	67 622 503.71	26.82	17.62	13.78	2.66
空调及零部件	72 704 842.97	53 110 596.68	26.95	16.93	13.14	2.45
冰箱及零部件	9 723 780.64	7 382 156.97	24.08	19.59	12.16	5.03
洗衣机及零部件	9 973 816.27	7 129 750.06	28.52	23.85	20.63	1.91
小家电	32 709 715.23	24 618 302.79	24.74	17.48	16.63	0.54
电机	7 219 614.08	6 219 753.97	13.85	4.85	5.31	-0.37
物流	3 564 558.63	3 222 811.60	9.59	35.47	38.58	-2.03
分地区						
国内	81 277 239.11	58 611 453.01	27.89	20.74	19.52	0.74
国外	49 784 809.39	38 683 808.21	22.30	10.34	5.18	3.88

如表 6 – 11 中所示，2014 年主营业务收入中，在分行业中制造业占的销售毛利较大，在分产品中，洗衣机和零部件、空调及零部件的销售毛利最大分别为 28.50%、26.95%。在分地区中，国内销售毛利较大，超出国外销售量约 5.59%。

在分产品中，物流的营业收入增长最快，为 35.47%，其次为洗衣机及零部件，达到增长率为 20.63%，销售毛利率的增长最快的为冰箱及零部件，达到 5.03%。

表 6 – 12 　　　　　　　　　2014 年美的费用情况 　　　　　　　　　单位：千元

费用项目	本年金额	上年金额	增加额	变动比例
销售费用	14 733 917.42	12 432 343.86	2 301 573.56	18.51%
管理费用	7 498 255.09	6 733 456.28	764 798.81	11.36%
财务费用	251 326.94	564 220.53	-321 893.59	-55.46%
所得税费用	2 344 355.93	1 714 275.57	630 080.36	36.75%

美的 2014 年的销售费用所占营业收入比率比 2013 年升高约 0.12%，说明美的在销售规模扩大和加大销售力度上比不上格力，同时美的 2014 年管理费用占营业收入的比率比 2013 年下降约 0.27%，下将幅度比格力的要小，说明美的在管理水平的只是小幅度提高。

表6-13 美的营业外收入 单位：千元

项　　　目	2014 年	2013 年	计入当期非经常性损益的金额
非流动资产处置利得合计	53 602. 26	31 101. 02	53 602. 26
其中：固定资产处置利得	50 441. 53	31 101. 02	50 441. 53
无形资产处置利得	3 160. 73	—	3 160. 73
索赔收入	23 303. 72	33 782. 21	23 303. 72
补偿收入	45 504. 45	55 072. 33	45 504. 45
政府补助	819 041. 59	719 585. 93	790 500. 54
债务重组收益	7 708. 29	2 807. 24	7 708. 29
其他收入	107 908. 90	162 875. 55	107 908. 90
合　　计	1 057 069. 21	1 005 224. 28	1 028 528. 16

2014 年营业外总收入比 2013 年上升 5. 16%。美的 2013 年、2014 年营业务外收入中政府补助比重占最大，无形资产处置利得比重占的比重较小。补偿收入比 2013 年下降约 17 个百分点。非流动资产处置利得合计和政府补助分别上升 72 个、13. 8 个百分点。

（三）财务指标分析

本部分主要运用了比率分析法对各项财务指标进行了详细分析说明。

1. 偿债能力指标分析

（1）短期偿债能力指标分析（见表 6-14 至表 6-16，图 6-8 至图 6-10）。

表6-14 流动比率

时　间	2013 年 6 月 30 日	2013 年 9 月 30 日	2013 年 12 月 31 日	2014 年 3 月 31 日	2014 年 6 月 30 日	2014 年 9 月 30 日	2014 年 12 月 31 日
美的集团	1. 0974	1. 1198	1. 1532	1. 1631	1. 1518	1. 1820	1. 1816

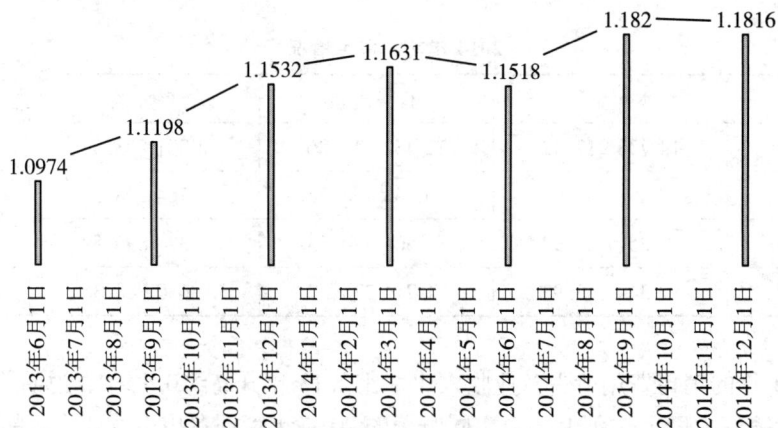

图 6-8 流动比率

流动比率，反映企业的短期偿债能力，这个比率越高说明企业偿还流动负债的能力越强，流动负债的保障越大。美的集团的流动比率从 2013 年 6 月开始基本呈上升趋势，处于 1.1～1.2，根据西方的制造业的规定流动比率应该在 1.5 左右，显然美的集团的流动比率要略低一些，说明美的集团的偿债能力一般，不是太强，但是从侧面也说明了企业滞留在流动资产上的资金并不是太多，这有利于提升企业的盈利能力，企业盈利能力可能比较不错。

表 6－15 速动比率

时 间	2013 年 6 月 30 日	2013 年 9 月 30 日	2013 年 12 月 31 日	2014 年 3 月 31 日	2014 年 6 月 30 日	2014 年 9 月 30 日	2014 年 12 月 31 日
美的集团	0.9423	0.9528	0.8849	0.9908	1.0161	1.0261	0.9763

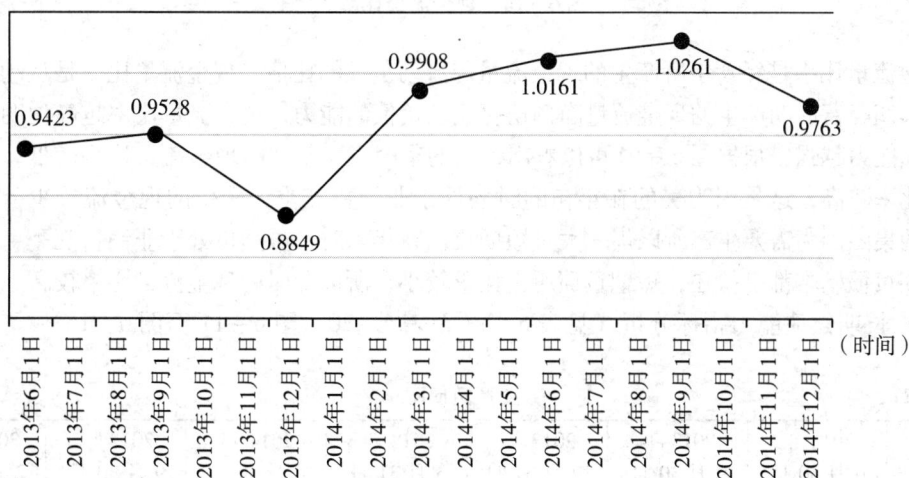

图 6－9 速动比率

速动比率，反映企业在扣除存货后的短期偿债能力，速动比率越高，说明企业的短期偿债能力越强，西方经验认为速动比率为 1 比较合适，根据图 6－9 可以看出，美的集团速动比率 2013 年 6 月到 12 月呈下降趋势，2014 年开始上升，下降的原因是因为美的集团为家电制造业企业，销售受季节性影响，夏季销售量大，而冬季销售量较差，但是美的 2013 年对存货的管理较差，导致存货上占用了大量的资金，所以使得速动比率呈下降趋势，偿债能力较弱。2014 年，美的集团改变了存货管理体系，采用先进的存货管理模式和先进 O2O 销售模式，使得存货所占比重下降，速动比率开始呈上升趋势，美的集团的短期偿债能力增强。

表 6－16 现金流量比率

时 间	2013 年 6 月 30 日	2013 年 9 月 30 日	2013 年 12 月 31 日	2014 年 3 月 31 日	2014 年 6 月 30 日	2014 年 9 月 30 日	2014 年 12 月 31 日
美的集团现金流量比率	6.3002	9.2872	17.7487	4.6064	17.7638	19.6895	33.8905

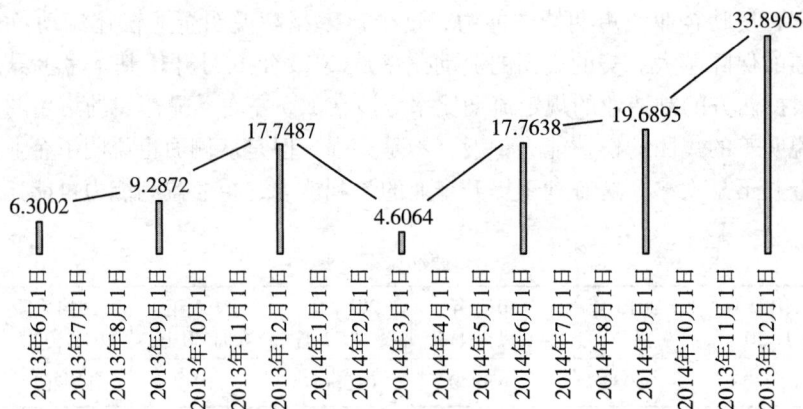

图6－10　现金流量比率

　　现金流量比率是经营中所产生的现金流量与流动负债的比值，现金流量比率是从动态的角度反映本期经营活动产生的现金流量净额偿付流动负债的能力，现金流量比率越高说明企业的短期偿债能力越强，根据图6－10可以看出，美的集团每年年初的现金流量比率较低，年末现金流量比率较高，这是因为美的在年初的时候处于非销售旺季，产生的现金流较少，而且此时，美的集团因为需要生产所以借入大量短期负债，年末时，虽然也处于非销售旺季，但是此时的短期负债基本都已偿还，短期负债所占比重较小，所以此时的现金流量比率较高。

　　（2）长期偿债能力指标分析（见表6－17至表6－20，图6－11至图6－15）。

表6－17　　　　　　　　　　　　资产负债率

时　间	2013年6月30日	2013年9月30日	2013年12月31日	2014年3月31日	2014年6月30日	2014年9月30日	2014年12月31日
美的集团	61.83%	61.07%	59.69%	63.34%	64.3%	61.86%	61.98%

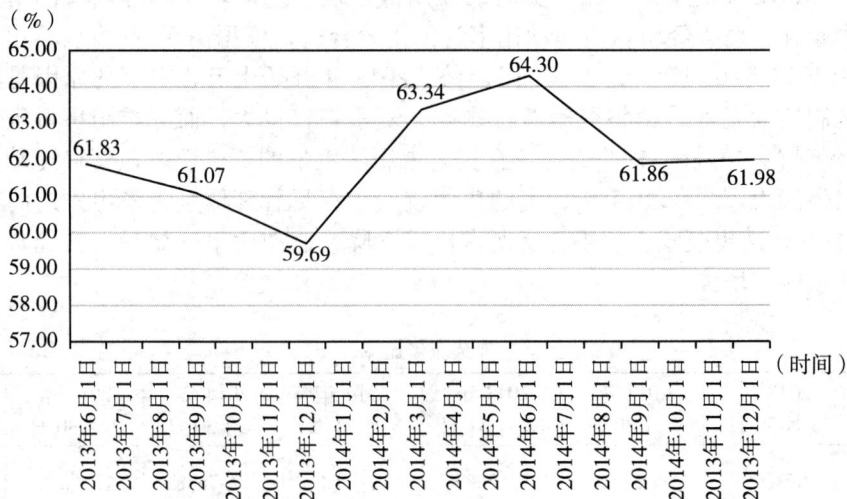

图6－11　资产负债率

资产负债率是一个反映企业长期偿债能力的指标，该比率是由负债总额比资产总额得到，资产负债率越高，说明企业的偿债能力越差，财务风险越大，反之，说明企业偿债能力越强。一般认为资产负债率在30%~70%是正常的，根据图6-11可知，美的集团资产负债率虽在正常范围内，但是仍然偏高，这应该与企业的管理层的决策有直接关系，说明美的集团的管理层很乐观，认为企业未来的经营活动能力充满信心，管理层敢于冒险。同时也反映出美的集团的资产负债率呈季节性变化，每年的前两个季度属于上升趋势，后两个季度属于下降趋势，这与企业的生产变化有直接关系，在年初，企业需要资金量大，企业负债较大，年末，企业不再需要大规模的生产产品，对资金的需求量也小，同时，企业归还了一部分负债，所以企业的资产负债率在后两个季度呈下降趋势。

表6-18   股东权益比率

时 间	2013年 6月30日	2013年 9月30日	2013年 12月31日	2014年 3月31日	2014年 6月30日	2014年 9月30日	2014年 12月31日
美的集团	38.18%	38.93%	40.31%	36.66%	35.7%	38.14%	38.02%

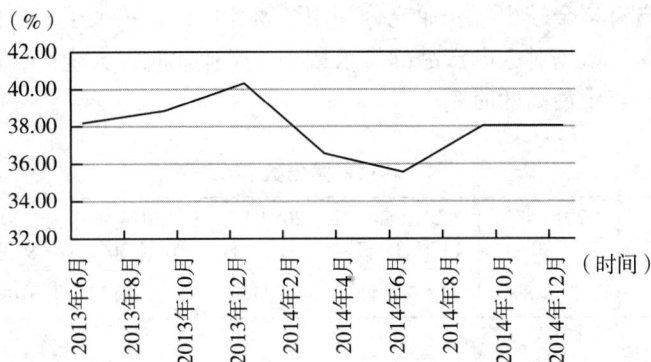

图6-12   股东权益比率

股东权益比率是股东权益总额与资产总额的比率，该比率反映的是资产中有多大的比率是由所有者投入的，股东权益比率与负债比率的和为1，股东权益比率越大，负债比率越小，企业的财务风险越小，偿还长期债务的能力就越强。根据图6-12可以看出，企业年初时所有者投入占资产比重较小，大量负债借入，负债所占比重较大，企业年末时，投资者所占比重上升，负债所占比重减少，所以每年的年初到年末，股东权益比率呈上升态势。

表6-19   产权比率

时 间	2013年 6月30日	2013年 9月30日	2013年 12月31日	2014年 3月31日	2014年 6月30日	2014年 9月30日	2014年 12月31日
美集集团	161.94%	156.87%	148.07%	172.8%	180.11%	162.19%	163.04%

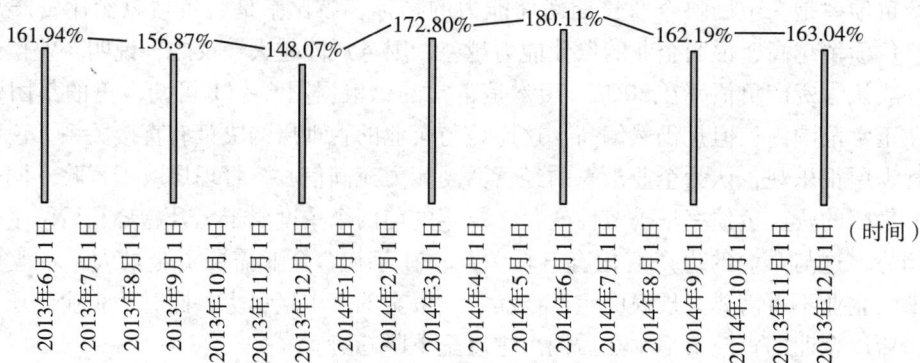

图6-13 产权比率

产权比率，是负债总额与股东权益总额之比，它反映了债权人所提供的资金与股东所提供资金的对比关系，因此可以揭示企业财务风险以及股东权益对债务的保障程度，该比率越低，说明企业长期债务状况越好，财务风险越小。根据图6-13可以看出，美的集团全年的产权比率在1.5~2之间，这说明美的产权比率很高，长期偿债能力不太好，同时也说明了企业所有者投入的自有资金较少，企业充分利用了财务杠杆，扩大了企业的盈利能力，在每年6月时，处于夏季，市场对家电产品的需求量大，企业此时加大生产，需要大量资金，此时的产权比率处于一年中最高的时刻。

表6-20　　　　　　　　　　　　　利息保障倍数

时　　间	2013年6月30日	2013年9月30日	2013年12月31日	2014年3月31日	2014年6月30日	2014年9月30日	2014年12月31日
美的集团	10.2086	13.9489	18.7444	77.2760	29.3179	1014.0823	56.6673

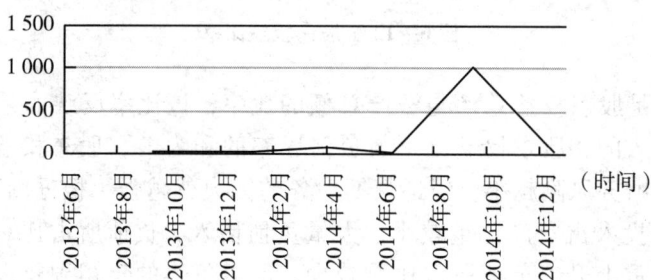

图6-14 利息保障倍数

利息保障倍数是税前利润加利息费用与利息费用的比值，利息保障倍数反映企业的经营所得支付债务利息的能力，一般来说，企业的利息保障倍数要大于1，否则就无法保障偿付债务及利息。根据图6-14可知，美的集团利息保障倍数均大于1，而且超出了几十倍，尤其是在2014年9月，利息保障倍数特别高，这表明企业虽然借入大量款项，可是企业的经营能力很强，有能力偿还借款并支付利息。

2. 盈利能力指标分析（见表6-21至表6-25，图6-16至图6-19）

表6-21   资产报酬率   单位:%

时间	2013年6月30日	2013年9月30日	2013年12月31日	2014年3月31日	2014年6月30日	2014年9月30日	2014年12月31日
美的集团	2.9037	4.3361	5.7585	2.4097	6.1479	8.4157	9.6689

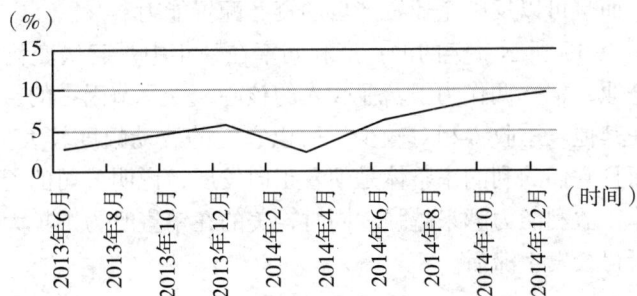

图6-15 资产报酬率

资产报酬率是在一定时期内企业的利润额与资产平均总额的比率，资产报酬率是衡量企业利用资产来获取报酬的能力。2014年与2013年相比，企业的盈利能力有很大提升，对资产的利用水平也有所提升。尤其是2014年12月末，比2013年同比增长了80%多，说明企业在生产环节，销售环节，以及成本控制环节做了很大的调整，美的集团的盈利能力在不断增强。

表6-22   销售毛利率   单位:%

时间	2013年6月30日	2013年9月30日	2013年12月31日	2014年3月31日	2014年6月30日	2014年9月30日	2014年12月31日
美的集团	22.93	23.28	23.28	25.19	25.85	25.3	25.41

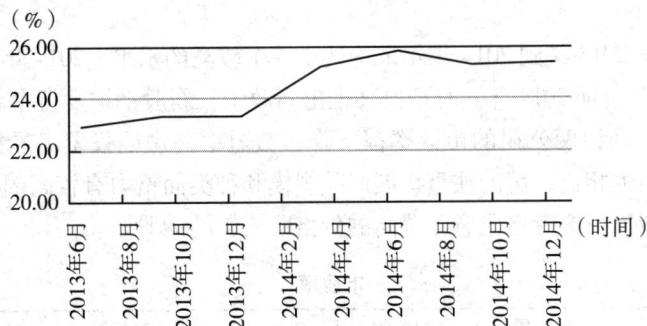

图6-16 销售毛利率

销售毛利率反映了企业的营业成本与营业收入的比例关系，销售毛利率越大，说明在营业收入净额中营业成本所占的比中越小，企业通过销售获取利润的能力越强。根据图 6 – 16 可以看出美的集团的销售毛利率基本呈上升趋势，这说明美的集团对企业营业成本有所改善，加强了对企业营业成本的控制，通过加强成本管理，扩大销售规模，增加营业收入，从而提升了企业的盈利能力。在 2014 年 6 月末销售毛利率达到最高点，此时处于夏季，是家电行业的销售旺季，所以营业收入很高，此时销售毛利率最大。

总资产利润率反映企业资产盈利能力。是指企业在一定时间内是实现的利润与同期资产平均占用额的比例。而且可以反映企业资产者的资产配置能力。

如表 6 – 23、图 6 – 17 所示：美的的资产利润率在一年中是起伏变化的，因为美的集团作为一个家电生产企业，把空调作为了营业收入的核心，受季节因素的影响大。在夏季公司的销售收入很高，在其他三季收入相对较少，所以它们的波动幅度较大。尤其是在 2014 年利润率达到最高。而且它们的利润率整体是朝着正向发展，说明公司的资产配置能力也有很大的提高。无可厚非，盈利能力越来越强。同时，美的在销售时为了扩大销售规模，通常采用赊销，所以销售所得会发生滞后。

表 6 – 23   资产利润率   单位：%

时　间	2013 年 6 月 30 日	2013 年 9 月 30 日	2013 年 12 月 31 日	2014 年 3 月 31 日	2014 年 6 月 30 日	2014 年 9 月 30 日	2014 年 12 月 31 日
美的集团	6.28	8.82	10.84	3.28	8.14	11.16	12.88

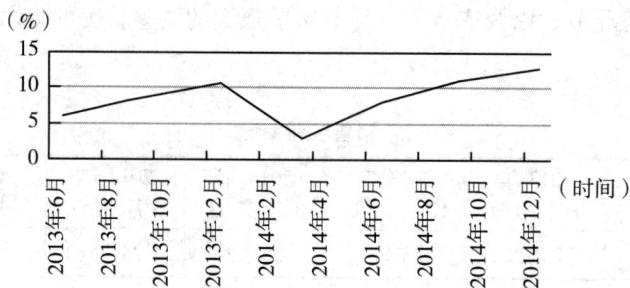

图 6 – 17   资产利润率

美的的市盈率从 2013 年到 2014 年年末均处于一个较高的水平，2014 年美的集团的市盈率较 2013 年均有所下降。而 2014 年 4 月证监会推出新政策，新股平均发行市盈率低至 20 倍创下 2006 年以来的新低，所以两公司的市盈率都下降。市盈率高说明投资者看好对该公司的发展前景和成长性，与格力相比，美的注重扩展产品规模和种类而格力有较高的技术水平，格力的成长性小于美的，所以投资者更愿意花费高的价格购买美的的股票。

表 6 – 24   市盈率

时　　间	2013 年 6 月 30 日	2013 年 9 月 30 日	2013 年 12 月 31 日	2014 年 3 月 31 日	2014 年 6 月 30 日	2014 年 9 月 30 日	2014 年 12 月 31 日
美的集团	0	9.7607	11.5473	9.3527	5.9446	7.3125	11.0201

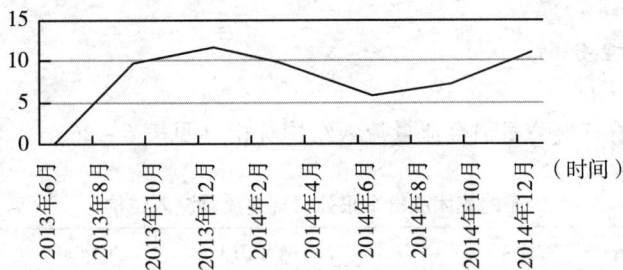

图 6 - 18　市盈率

股东权益报酬率是评价企业盈利能力的一个重要的财务指标，它反映了企业股东获取投资报仇的高低。该比率越高，说明企业的盈利能力越强。如表 6 - 25、图 6 - 19 所示，美的 2014 年较 2013 年股东权益报酬率呈下降趋势，而格力公司的报酬指标呈上升趋势。据报表所知，2014 年格力的销售净利率为 36% 左右，美的 25% 左右，2013 年美的销售净利率是 23%，格力是 32%，所以格力远远大于美的的销售净利率；从资产负债比率来看，格力 2013 年、2014 年的比率较美的来说，都是比较高的，从总体趋势看，格力采取的是比较激进、冒险的财务战略，所以相对来说，格力的销售收入较多，净利润较高，股东权益报酬率较高，公司的盈利能力强。但是显然格力的获取利润的风险也相对较大。

表 6 - 25　　　　　　　　　股东权益报酬率　　　　　　　　　单位:%

时　　间	2013 年 6 月 30 日	2013 年 9 月 30 日	2013 年 12 月 31 日	2014 年 3 月 31 日	2014 年 6 月 30 日	2014 年 9 月 30 日	2014 年 12 月 31 日
美的集团	264.68	299.15	395.89	150.56	223.99	303.38	355.88
格力电器	133.49	251.96	361.41	74.96	190.11	326.73	470.61

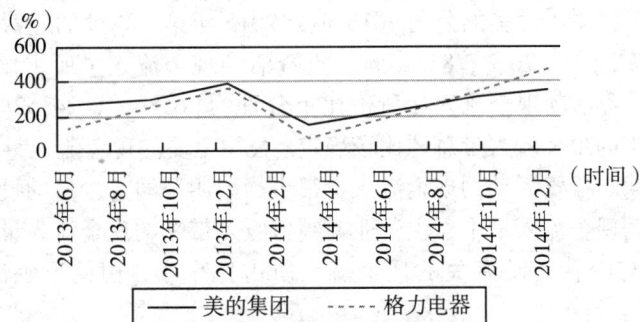

图 6 - 19　股东权益报酬率

（四）现金流量分析

1. 美的集团股份有限公司现金流量流入结构分析（见表6－26）

表6－26   美的集团股份有限公司现金流量流入结构   单位:%

	2013 年	2014 年	2015 年第一季度
一、经营活动现金流入量	71.71	73.76	81.45
其中：销售商品现金流入量	91.50	94.01	91.2
收到的税费返还	4.49	3.26	4.0
收到其他与经营活动有关的现金	3.56	2.22	4.3
二、投资活动现金流入量	1.43	1.72	1.46
其中：收回投资收到的现金	0.06	—	0.47
取得投资收益收到的现金	60.19	51.37	97.78
处置固定资产，无形资产和其他长期资产收到的现金	25.18	48.63	1.74
收到其他与投资活动有关的现金	0.19	—	—
三、筹资活动现金流入量	26.86	24.52	17.08
其中：吸收投资收到的现金	0.05	0.02	—
取得借款收到的现金	99.9	99.8	100
发行债券收到的现金	—	—	—
收到其他与筹资活动有关的观念			
现金流入量合计	100	100	100

从表6－26中可以看出，美的公司2013年至2015年第一季度的经营活动现金流入量所占比重分别为71.17%，73.76%，81.45%；投资活动现金流入量所占比重分别为1.43%，1.72%，1.46%；筹资活动现金流入量所占比重分别为26.86%，24.52%，17.08%。可以看出美的公司这三年的现金流入量总体比较稳定。公司主要的现金流入量来自经营活动，所以公司是正常经营期。投资活动的现金流入量很少，说明公司有少量的投资收入。

在公司经营活动现金流入量中，主营业务销售收入带来的现金流入量占比率比较大，收到税费返还和其他与经营活动有关的现金流入所占比率小，由此反映出该公司经营属于正常。

在公司的投资活动现金流量中，收回投资收到的现金占比率很小，不超过1%；取得投资收益所占比率较大，三年均在50%以上，说明公司投资带来的现金流入中获得投资收益带来的现金流入量比重大。

在筹资活动现金流入量中，取得借款收到的现金流入量占99%以上，为主要来源，吸收投资收到的现金流量占比率比较小，为次要来源。

2. 美的集团股份有限公司现金流量流出结构分析（见表6－27）

表6－27 美的集团股份有限公司现金流量流出结构 单位:%

项　目	2013 年	2014 年	2015 年第一季度
一、经营活动现金流出量	65.53	53.43	80.38
其中：购买商品，接受劳务支出的现金	55.72	58.66	63.02
支付给职工及为职工支付的现金	11.02	11.93	13.59
支付的各项税费	8.49	9.68	7.38
支付其他与经营活动有关的现金	17.63	17.85	10.21
二、投资活动现金流出量	1.89	19.24	5.28
其中：构建固定资产，无形资产和其他长期资产支付的现金	98.41	8.51	31.19
投资支付的现金	1.59	91.49	68.81
支付其他与投资活动有关的现金	—	—	—
三、筹资活动现金流出量	32.58	2.48	14.34
其中：债务支付的现金	78.69	88.70	97.28
分配股利，利润或偿付利息支付的现金	6.25	9.06	2.72
支付其他与筹资活动有关的现金	2.90	—	—
现金流出量合计	100	100	100

美的公司经营活动现金流出量占一半以上，三年的比率分别为65.33%，53.43%，80.38%。投资活动和筹资活动占比率较少，说明美的公司的现金支出主要用于经营活动，再生产领域之外可运用的现金较少。

在经营活动中，用于购买商品，接受劳务支出的现金分别为55.72%，58.66%，63.02%；由此可以看出美的公司2013年至2015年第一季度用于经营活动的支出整体比较稳定。

在投资活动中，构建固定资产，无形资产和其他长期资产支付的现金所占比率分别为98.41%，8.51%，31.19%，波动比较大。

在筹资活动中，债务支付现金分别占78.69%，88.70%，97.28%，三年呈逐年增长趋势，说明筹资活动现金支付大部分用于债务支付。

总而言之，美的公司的主要现金流出量是用于经营活动（购买商品，接受劳务），投资活动和筹资活动的现金流出量都较少，所以美的公司2013年至2015年第一季度属于正常经营。

3. 美的集团股份有限公司现金流量流入流出比分析（见表6－28）

表6－28　　　　　　美的集团股份有限公司现金流量流入流出比

项　　　目	2013年流入流出比	2014年流入流出比	2015年流入流出比
经营活动	1.14	1.28	1.10
投资活动	0.78	0.08	0.30
筹资活动	0.86	0.83	1.29

从表6－28可以看出，美的公司三年经营活动现金流入流出比分别1.14，1.28，1.10，此比例数值越大越好，在同等数额现金流出的情况下，公司都希望更多的经营现金流入，只有经营现金才是企业真正可以自由支配的现金，美的公司三年的经营活动现金流入流出比总体比较稳定，说明美的公司可自由支配的现金比较充足。

投资活动现金流入流出比分别为0.78，0.08，0.30，2014年投资活动流入流出比最小，处于不断发展的公司此比例数值较小，说明2014年美的公司发展状况比较好。

筹资活动三年的流入流出比分别为0.86，0.83，1.29，呈增长趋势。

四、前景分析

（一）主营营业收入增长预测（见图6－20）

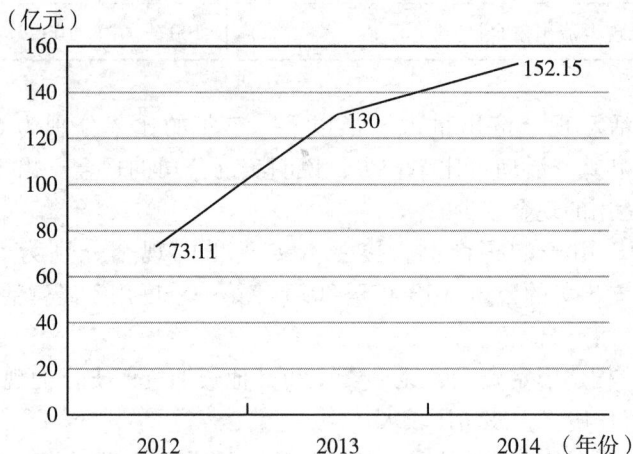

图6－20　主营业务收入

从图6－20中可以看出美的集团2012～2014年与2011年相比主营业务收入呈逐年增长趋势，由于2011年美的集团适应市场环境及竞争分析，开展经营转型和不断开拓海外市场，紧紧围绕"产品领先、效率驱动、全球经营"三大战略，推进自身可持续发展。从这些动作中我们相信，美的集团在未来营业收入会稳定增长。

（二）长期偿债能力预测

长期偿债能力是企业用其他资产偿还长期债务的能力，关系到企业能否健康生存和发展的关键。资产负债率越高，说明企业偿债能力越差，财务风险大；反之，说明企业偿债能力越强。美的集团资产负债率见表6－17、图6－11。

由表6－17、图6－11可知，美的集团2013～2014年资产负债率在60%左右，一般认为资产负债率在30%～70%是正常的；虽然美的集团资产负债率在正常范围内，但仍然偏高，所以，未来几年内美的集团应该适当减少举债，以降低资产负债率，降低企业风险。

（三）发展能力预测（见图6－21）

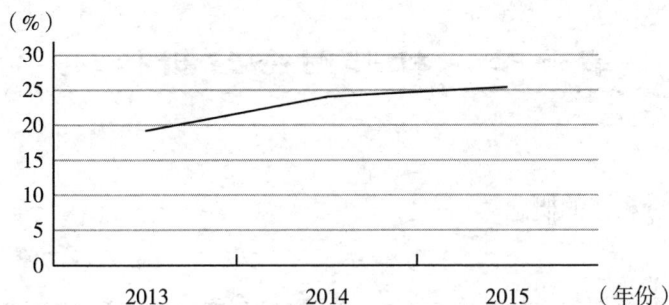

图6－21 资产增长率

从图6－21可以看出美的集团的资产增长率呈增长趋势，资产增长率越高，说明企业的资产规模增长的速度越快，说明资产规模增长的速度越快，企业竞争力会增强。从图6－21总体看来，美的集团一直保持着良好的发展势头，其前景是乐观的。

（四）发展对策

在战略上，坚持技术创新，不断开发适应市场的新产品，新功能，新技术。优化产品结构，提高高端产品占比，改善资产和运营效率，才能与竞争对手竞争。

针对家电行业市场竞争加剧，美的集团要加强竞争意识，吸收国内外先进生产技术，在策略上保证产品质量，开拓市场，注重潜在市场和海外市场，增加销售收入。

后向一体化战略：进入原材料和核心零部件的供应产业，充分发挥企业在生产方面的核心竞争力。增强企业的主动权，规避外部合作风险。

杜邦财务分析

第一节　杜邦财务分析概述

一、杜邦财务分析法的概念

传统的评价企业获利能力的比率主要有：资产报酬率、边际利润率（或净利润率）、所有者权益报酬率等；对股份制企业还有每股利润、市盈率、股利发放率、股利报酬率等。这些单个指标分别用来衡量影响和决定企业获利能力的不同因素，包括销售业绩，资产管理水平，成本控制水平等。这些指标从某一特定的角度对企业的财务状况以及经营成果进行分析，它们都不足以全面地评价企业的总体财务状况以及经营成果。为了弥补这一不足，就必须有一种方法，它能够进行相互关联的分析，将有关的指标和报表结合起来，采用适当的标准进行综合性的分析评价，既全面体现企业整体财务状况，又指出指标与指标之间和指标与报表之间的内在联系，杜邦分析法就是其中的一种。

杜邦财务分析体系，亦称杜邦财务分析法，是指根据各主要财务比率指标之间的内在联系，建立财务分析指标体系，综合分析企业财务状况的方法。杜邦财务分析体系（The Du Pont System）是一种比较实用的财务比率分析体系。这种分析方法首先由美国杜邦公司的经理创造出来，故称之为杜邦财务分析体系。这种财务分析方法从评价企业绩效最具综合性和代表性的指标——权益净利率出发，层层分解至企业最基本生产要素的使用，成本与费用的构成和企业风险，从而满足通过财务分析进行绩效评价的需要，在经营目标发生异动时经营者能及时查明原因并加以修正，同时为投资者、债权人及政府评价企业提供依据。杜邦分析法利用几种主要的财务比率之间的关系来综合地分析企业的财务状况，它是一种用来评价公司盈利能力和股东权益回报水平，从财务角度评价企业绩效的一种经典方法。其基本思想是将企业权益净利率逐级分解为多项财务比率乘积，这样有助于深入分析比较企业经营业绩。

二、杜邦财务分析法分解

杜邦分析法利用各个主要财务比率之间的内在联系,建立财务比率分析的综合模型,来综合地分析和评价企业财务状况及经营业绩的方法。采用杜邦分析图将有关分析指标按内在联系加以排列,从而直观地反映出企业的财务状况和经营成果的总体面貌。杜邦分析法将权益净利率分解为三部分进行分析,它们分别是:利润率,总资产周转率和财务杠杆。

杜邦分析法说明净资产收益率受三类因素影响:

第一,利润率,用销售利润率衡量,表明企业的盈利能力;

第二,总资产周转率,用资产周转率衡量,表明企业的营运能力;

第三,财务杠杆,用权益乘数衡量,表明企业的偿债能力。

权益净利率 = 销售利润率(利润总额/销售收入)× 资产周转率(销售收入/总资产)× 权益乘数(总资产/净资产,即权益)

(一)杜邦分析法实际上从两个角度来分析财务,一是进行了内部管理因素分析,二是进行了资本结构和风险分析

1. 权益净利率 = 资产净利率 × 权益乘数

权益净利率是反映盈利能力的核心指标,因为企业是股东的企业,该指标自然也是股东最关注,是反映股东满意与否的关键指标。该指标越高越好,通常可用社会平均利润率、行业平均利润率或资本成本率等。

2. 权益乘数 = 1 ÷ (1 − 资产负债率)

权益乘数指标表示企业的股东权益支撑多大规模的资产,该指标越大,说明企业对负债经营利用得越充分,财务风险也就越大。

3. 资产净利率 = 销售净利率 × 总资产周转率

资产净利率指标可以反映企业的管理水平,并且该指标越高越好;评价总资产报酬率时,需要与企业前期的比率、同行业其他企业的这一比率等进行比较,并进一步找出影响该指标的不利因素,以利于企业加强经营管理。

4. 销售净利率 = 净利润 ÷ 销售收入

销售净利率与公司净利润成正比,与销售收入成反比。公司在提高销售收入的同时,必须更多地增加净利润,才能提高销售净利率。销售净利润率反映公司销售收入的盈利水平。销售净利润率比较高或提高,说明公司的获利能力较高或提高;销售净利润率比较低或降低,说明公司的成本费用支出较高或上升,应进一步分析原因是营业成本上升还是公司降价销售,是营业费用过多还是投资收益减少,以便更好地对公司经营状况进行判断。

5. 总资产周转率 = 销售收入 ÷ 总资产

企业资金循环包括短期资金循环和长期资金循环,长期资金循环必须依赖短期资金循环,因此,流动资产周转速度的快慢是决定企业总资产周转速度的关键性因素,下面的分解

式可以反映出这种关系，也为进行总资产周转率分析、提高总资产周转速度指明了方向。

$$总资产周转率 = \frac{营业收入}{流动资产平均余额} \times \frac{流动资产平均余额}{总资产平均余额}$$

$$= 流动资产周转率 \times 流动资产占总资产的比重$$

上面分解式表明，总资产周转速度的快慢取决于两大因素：一是流动资产周转率。流动资产的周转速度要高于其他类资产的周转速度，加速流动资产周转，就会使总资产周转速度加快；反之，则会使总资产周转速度减慢。二是流动资产占总资产的比重。由于流动资产周转速度快于其他类资产周转速度，所以，企业流动资产所占比例越大，总资产周转速度越快；反之，则越慢。

6. 资产负债率 = 负债总额 ÷ 总资产

资产负债率反映企业偿还债务的综合能力，这个比率越高，企业偿还债务的能力越差；反之，偿还债务的能力越强。如果该比率超过100%，则表明企业以资不抵债，视为达到破产的警戒线。

（二）杜邦分析图提供了下列主要的财务指标关系的信息

第一，权益净利率是一个综合性最强的财务比率，是杜邦分析系统的核心。它反映所有者投入资本的获利能力，同时反映企业筹资、投资、资产运营等活动的效率，它的高低取决于总资产利润率和权益总资产率的水平。

第二，权益乘数主要受资产负债率影响。负债比率越大，权益乘数越高，说明企业有较高的负债程度，给企业带来较多地杠杆利益，同时也给企业带来了较多的风险。资产净利率是一个综合性的指标，同时受到销售净利率和资产周转率的影响。

第三，资产净利率也是一个重要的财务比率，综合性也较强。它是销售净利率和总资产周转率的乘积，因此，要进一步从销售成果和资产营运两方面来分析。

销售净利率反映了企业利润总额与销售收入的关系，从这个意义上看提高销售净利率是提高企业盈利能力的关键所在。要想提高销售净利率：一是要扩大销售收入；二是降低成本费用。而降低各项成本费用开支是企业财务管理的一项重要内容。通过各项成本费用开支的列示，有利于企业进行成本费用的结构分析，加强成本控制，以便为寻求降低成本费用的途径提供依据。

企业资产的营运能力，既关系到企业的获利能力，又关系到企业的偿债能力。一般而言，流动资产直接体现企业的偿债能力和变现能力；非流动资产体现企业的经营规模和发展潜力。两者之间应有一个合理的结构比率，如果企业持有的现金超过业务需要，就可能影响企业的获利能力；如果企业占用过多的存货和应收账款，则既要影响获利能力，又要影响偿债能力。为此，就要进一步分析各项资产的占用数额和周转速度。对流动资产应重点分析存货是否有积压现象、货币资金是否闲置、应收账款中分析客户的付款能力和有无坏账的可能；对非流动资产应重点分析企业固定资产是否得到充分的利用。

三、杜邦分析法的财务指标关系

杜邦模型最显著的特点是将若干个用以评价企业经营效率和财务状况的比率按其内在联系有机地结合起来,形成一个完整的指标体系,并最终通过权益收益率来综合反映。

采用这一方法,可以使财务比率分析的层次更加清晰、条例更加突出,为报表分析者全面仔细地了解企业的经营和盈利状况提供方便。杜邦分析法有助于企业管理层更加清晰地看到权益资本收益率的决定因素,以及销售净利率与总资产周转率、债务比率之间的相互关联关系,给管理层提供了一张清晰地考察企业资产管理效率和是否最大化股东投资回报的路线图。

杜邦分析法中的几种主要的财务指标关系为:

权益净利率 = 资产净利率 × 权益乘数

而:资产净利率 = 销售净利率 × 资产周转率

即:权益净利率 = 销售净利率 × 资产周转率 × 权益乘数

其中:权益乘数 = 1/(1 - 资产负债率),销售净利率 = 利润/销售收入,资产周转率 = 销售收入/资产总额

四、杜邦分析法的步骤

杜邦分析法包括如下三个步骤:

第一,从权益净利率开始,根据会计资料(主要是资产负债表和利润表)逐步分解计算各指标;

第二,将计算出的指标填入杜邦分析图;

第三,逐步进行前后期对比分析,也可以进一步进行企业间的横向对比分析。

五、杜邦分析法的局限性

从企业绩效评价的角度来看,杜邦分析法只包括财务方面的信息,不能全面反映企业的实力,有很大的局限性,在实际运用中需要加以注意,必须结合企业的其他信息加以分析。主要表现在:

第一,对短期财务结果过分重视,有可能助长公司管理层的短期行为,忽略企业长期的价值创造。

第二,财务指标反映的是企业过去的经营业绩,衡量工业时代的企业能够满足要求。但在目前的信息时代,顾客、供应商、雇员、技术创新等因素对企业经营业绩的影响越来越大,而杜邦分析法在这些方面是无能为力的。

第三，在目前的市场环境中，企业的无形知识资产对提高企业长期竞争力至关重要，杜邦分析法却不能解决无形资产的估值问题。

六、杜邦分析法广泛应用的原因

（一）符合公司的理财目标

关于公司的理财目标欧美国家的主流观点是股东财富最大化，日本等亚洲国家的主流观点是公司各个利益群体的利益有效兼顾。在我国公司的理财目标经历了几个发展时期每一个时期都有它的主流观点。计划经济时期产值最大化是公司的理财目标，改革开放初期利润最大化是公司的理财目标，由计划经济向市场经济转轨时期有人坚持认为利润最大化仍然是公司的理财目标，有人则提出所有者权益最大化是公司的理财目标，但也有人提出公司价值最大化才是公司的理财目标。至今还没有形成主流观点，笔者认为我国公司的理财目标应该是投资人、债权人、经营者、政府和社会公众这五个利益群体的利益互相兼顾。在法律和道德的框架内使各方利益共同达到最大化，任何一方的利益遭到损害都不利于公司的可持续发展，也不利于最终实现股东财富的最大化，只有各方利益都能够得到有效兼顾公司才能够持续稳定协调地发展，最终才能实现包括股东财富在内的各方利益最大化。这是一种很严密的逻辑关系，它反映了各方利益与公司发展之间相互促进相互制约相辅相成的内在联系。

从股东财富最大化这个理财目标我们不难看出，杜邦公司把权益净利率作为杜邦分析法核心指标的原因所在。在美国股东财富最大化是公司的理财目标，而权益净利率又是反映股东财富增值水平最为敏感的内部财务指标，所以杜邦公司在设计和运用这种分析方法时就把权益净利率作为分析的核心指标。

（二）有利于改善委托代理关系

广义的委托代理关系是指财产拥有人包括投资人和债权人等将自己合法拥有的财产委托给经营者，依法经营而形成的，包含双方权责利关系在内的一种法律关系。狭义的委托代理关系仅指投资人与经营者之间的权责利关系。本部分将从狭义的委托代理关系来解释经营者为什么也青睐杜邦分析法，首先由于存在委托代理关系无论是在法律上还是在道义上经营者都应该优先考虑股东的利益这一点与股东的立场是一致的，其次由于存在委托代理关系委托人投资人股东和代理人经营者之间就必然会发生一定程度的委托代理冲突，为了尽量缓解这种委托代理冲突，委托人和代理人之间就会建立起一种有效的激励与约束的机制将经营者的收入与股东利益挂起钩来，在股东利益最大化的同时也能实现经营者的利益最大化。在这种机制的影响下经营者必然会主动地去关心权益净利率及其相关的财务指标。

股东投资者使用杜邦分析法其侧重点主要在于权益净利率多少，权益净利率升降，影响权益收益率升降的原因，相关财务指标的变动对权益收益率将会造成什么影响，应该怎么样去激励和约束经营者的经营行为才能确保权益收益率达到要求，如果确信无论怎样激励和约束都无法使经营者的经营结果达到所要求的权益收益率将如何控制等内容，而经营者使用杜邦分析法其侧重点主要在于经营结果是否达到了投资者对权益收益率的要求，如果经营结果达到了投资者对权益收益率的要求经营者的薪金将会达到多少，职位是否会稳中有升，如果经营结果达不到投资者对权益收益率的要求薪金将会降为多少，职位是否会被调整，应该重点关注哪些财务指标，采取哪些有力措施才能使经营结果达到投资者对权益净利率的要求，才能使经营者薪金和职位都能够做到稳中有升。

七、运用杜邦分析法的建议

运用杜邦分析法的三条建议如下：

第一，深刻理解杜邦分析法与公司理财目标、公司代理关系以及公司金字塔风险之间的内在联系，充分认识杜邦分析法对实现公司理财目标，缓解公司代理冲突，化解公司金字塔风险所具有的重要作用，只有深刻理解这种内在联系，并充分认识这种重要作用的公司，才有可能会想方设法去用足用好杜邦分析法。

第二，完善财务与会计的各项基础工作，建立健全财务与会计的各种规章制度，保证财务与会计信息的真实性完整性可靠性及时性提高。加强杜邦分析法与公司长期战略目标以及近期目标责任之间的沟通和联系，把杜邦分析法的功能从事后财务分析延伸到事前战略规划和事前目标责任管理，最大限度地运用好杜邦分析法。

第三，注意杜邦分析系统中各项财务指标的递进影响关系和动态发展趋势，根据这种递进影响关系来平衡影响某一财务指标变动的各个要素之间的关系，使之协调发展。同时，根据这种动态发展趋势来观测公司近期目标责任的落实情况和长期战略目标的实施情况，并适时对之进行合理的调整，使近期目标责任和长期战略目标之间形成一个和谐统一相互支持相互促进共同实现的经营管理目标体系。

第二节　杜邦分析法案例

[案例一]

一、杜邦财务分析案例——北汽福田汽车

北汽福田汽车股份有限公司（简称福田汽车）成立于 1996 年 8 月 28 日，是一家跨地区、跨行业、跨所有制的国有控股上市公司，总部位于北京市昌平区，现有资产达 72.66 亿元，员工 2.8 万余人，是一个以北京为管理中心，在京、津、鲁、冀、湘、鄂、辽、粤等 8 个省市区拥有 16 个整车和零部件事业部，研发分支机构分布在日本、德国、台湾等地的企

业集团，成为中国商用车规模最大、品种最齐全的汽车生产制造企业，其轻型卡车连续8年处于同行业第一的地位。

下面以一家上市公司北汽福田汽车（600166）为例，说明杜邦分析法的运用。

福田汽车的基本财务数据如表7-1：

表7-1　　　　　　　　　　福田汽车的基本财务数据　　　　　　　　单位：万元

年　份	净利润	销售收入	资产总额	负债总额	全部成本
2001	10 284.04	411 224.01	306 222.94	205 677.07	403 967.43
2002	10 284.04	757 613.81	330 580.21	215 659.54	736 747.24

资料来源：作者根据福田汽车相关财务报表资料整理而得。

该公司2001~2002年财务比率见表7-2：

表7-2　　　　　　　　　　　　福田汽车财务比率

年　度	2001	2002
权益净利率	0.097	0.112
权益乘数	3.049	2.874
资产负债率	0.672	0.652
资产净利率	0.032	0.039
销售净利率	0.025	0.017
总资产周转率	1.34	2.29

资料来源：同表7-1。

（一）对权益净利率的分析

权益净利率指标是衡量企业利用资产获取利润能力的指标。权益净利率充分考虑了筹资方式对企业获利能力的影响，因此它所反映的获利能力是企业经营能力、财务决策和筹资方式等多种因素综合作用的结果。

该公司的权益净利率在2001~2002年间出现了一定程度的好转，分别从2001年的0.097增加至2002年的0.112。企业的投资者在很大程度上依据这个指标来判断是否投资或是否转让股份，考察经营者业绩和决定股利分配政策。这些指标对公司的管理者也至关重要。

公司经理们为改善财务决策而进行财务分析，他们可以将权益净利率分解为权益乘数和资产净利率，以找到问题产生的原因。

福田汽车权益净利率的分解如下：

福田汽车权益净利率＝权益乘数×资产净利率

2001年：0.097＝3.049×0.032

2002年：0.112＝2.874×0.039

通过分解可以明显地看出，该公司权益净利率的变动在于资本结构（权益乘数）变动和资产利用效果（资产净利率）变动两方面共同作用的结果。而该公司的资产净利率太低，显示出很差的资产利用效果。

（二）分解分析过程：

权益净利率＝资产净利率×权益乘数

2001 年：0.097 = 0.032 × 3.049

2002 年：0.112 = 0.039 × 2.874

经过分解表明，权益净利率的改变是由于资本结构的改变（权益乘数下降），同时资产利用和成本控制出现变动（资产净利率也有改变）。那么，我们继续对资产净利率进行分解：

资产净利率＝销售净利率×总资产周转率

2001 年：0.032 = 0.025 × 1.34

2002 年：0.039 = 0.017 × 2.29

通过分解可以看出 2002 年的总资产周转率有所提高，说明资产的利用得到了比较好的控制，显示出比前一年较好的效果，表明该公司利用其总资产产生销售收入的效率在增加。总资产周转率提高的同时销售净利率的减少阻碍了资产净利率的增加，我们接着对销售净利率进行分解：

销售净利率＝净利润÷销售收入

2001 年：0.025 = 10 284.04 ÷ 411 224.01

2002 年：0.017 = 12 653.92 ÷ 757 613.81

该公司 2002 年大幅度提高了销售收入，但是净利润的提高幅度却很小，分析其原因是成本费用增多，从表 7 - 1 可知：全部成本从 2001 年 403 967.43 万元增加到 2002 年 736 747.24 万元，与销售收入的增加幅度大致相当。下面是对全部成本进行的分解：

全部成本＝制造成本＋销售费用＋管理费用＋财务费用

2001 年：403 967.43 = 373 534.53 + 10 203.05 + 18 667.77 + 1 562.08

2002 年：736 747.24 = 684 559.91 + 21 740.962 + 25 718.20 + 5 026.17

通过分解可以看出杜邦分析法有效地解释了指标变动的原因和趋势，为采取应对措施指明了方向。

在本例中，导致权益利润率小的主原因是全部成本过大。也正是因为全部成本的大幅度提高导致了净利润提高幅度不大，而销售收入大幅度增加，就引起了销售净利率的减少，显示出该公司销售盈利能力的降低。资产净利率的提高当归功于总资产周转率的提高，销售净利率的减少却起到了阻碍的作用。

福田汽车下降的权益乘数，说明他们的资本结构在 2001～2002 年发生了变动，2002 年的权益乘数较 2001 年有所减小。权益乘数越小，企业负债程度越低，偿还债务能力越强，财务风险程度越低。这个指标同时也反映了财务杠杆对利润水平的影响。财务杠杆具有正反两方面的作用。在收益较好的年度，它可以使股东获得的潜在报酬增加，但股东要承担因负债增加而引起的风险；在收益不好的年度，则可能使股东潜在的报酬下降。该公司的权益乘数一直处于 2～5 之间，也即负债率在 50%～80% 之间，属于激进战略型企业。管理者应该准确把握公司所处的环境，准确预测利润，合理控制负债带来的风险。

因此，对于福田汽车，当前最为重要的就是要努力减少各项成本，在控制成本上下力气。同时要保持自己高的总资产周转率。这样，可以使销售利润率得到提高，进而使资产净利率有大的提高。

二、结论

综上所述，杜邦分析法以权益净利率为主线，将企业在某一时期的销售成果以及资产营运状况全面联系在一起，层层分解，逐步深入，构成一个完整的分析体系。它能较好地帮助管理者发现企业财务和经营管理中存在的问题，能够为改善企业经营管理提供十分有价值的信息，因而得到普遍的认同并在实际工作中得到广泛的应用。

但是杜邦分析法毕竟是财务分析方法的一种，作为一种综合分析方法，并不排斥其他财务分析方法。相反与其他分析方法结合，不仅可以弥补自身的缺陷和不足，而且也弥补了其他方法的缺点，使得分析结果更完整、更科学。比如以杜邦分析为基础，结合专项分析，进行一些后续分析对有关问题做更深更细致分析了解；也可结合比较分析法和趋势分析法，将不同时期的杜邦分析结果进行对比趋势化，从而形成动态分析，找出财务变化的规律，为预测、决策提供依据；或者与一些企业财务风险分析方法结合，进行必要的风险分析，也为管理者提供依据，所以这种结合，实质也是杜邦分析自身发展的需要。分析者在应用时，应注意这一点。

[案例二]

一、杜邦财务分析案例——包钢稀土

包钢稀土前身是成立于1961年的"8861"稀土实验厂；1997年进行改制，由包钢（集团）公司、嘉鑫有限公司（香港）、包钢综合企业（集团）公司联合发起组建股份制公司，并于当年成功在上海证券交易所上市；2007年完成了包钢稀土产业的整合与重组，实现了包钢稀土产业的整体上市。

下面我们以上市公司包钢稀土（600111）为例，说明杜邦分析法的运用。

包钢稀土稀土的基本财务数据如表7-3：

表7-3 　　　　　　　　　　　　　包钢稀土基本财务数据 　　　　　　　　　　单位：万元

年度	净利润	净资产	营业收入	总资产	负债总额	成本费用
2008	22 903	221 439	322 456	577 490	356 051	299 550
2009	10 976	249 610	259 296	646 352	396 742	248 320

资料来源：作者根据包钢稀土财务报告相关资料整理而得。

包钢稀土2008～2009年财务比率如表7-4：

表 7-4 包钢稀土财务比率

年度	净资产收益率（%）	资产负债率（%）	权益乘数	总资产净利率（%）	营业利润率（%）	总资产周转率
2008	10.34	61.65	2.61	3.96	7.10	0.56
2009	4.40	61.38	2.59	1.70	4.23	0.40

资料来源：同表 7-3。

（一）对净资产收益率的分析

净资产收益率指标是衡量企业利用现有资产获取利润的能力。包钢稀土的净资产收益率在 2008~2009 年间出现了较大幅度的下降，分别从 2008 年的 10.34% 下降至 2009 年的 4.40%。

企业的投资者可以根据净资产收益率判断是否对该企业进行投资或是否继续持有该公司的股份，考察企业经营者的经营业绩，预测企业股利分配政策。净资产收益率指标对企业的管理者也至关重要，企业的管理者为改善财务状况和进行财务决策，需要运用该指标进行财务分析，将其逐级逐层进行分解，以找到问题产生的主要原因。

（二）分解分析过程

1. 净资产收益率 = 总资产净利率 × 权益乘数

2008 年：10.34% = 3.96% × 2.61

2009 年：4.40% = 1.70% × 2.59

经过分解表明：净资产收益率的改变，由 2008 年度的 10.34% 下降至 2009 年度的 4.40%，下降了 57.45%，其主要原因是资产利用效率低下、成本费用上升以及资本结构的变动（权益乘数下降）。

2. 总资产净利率 = 营业利润率 × 总资产周转率

2008 年：3.96% = 7.10% × 0.56

2009 年：1.70% = 4.23% × 0.40

通过分解可以看出：总资产净利率从 2008 年的 3.96% 下降至 2009 年的 1.70%，下降了 57.07%。2009 年总资产净利率下降是由于营业利润率和总资产周转率均有大幅下降造成的。其中：营业利润率下降了 40.42%，究其原因，或者是营业收入大幅下降，或者是成本费用大幅上升；总资产周转期从 2008 年的 643 天提高到 2009 年的 900 天，资产的周转速度大大放缓，资产利用效率大大降低。

3. 营业利润率 = 净利润 ÷ 营业收入

2008 年：7.10% = 22 903 ÷ 322 456

2009 年：4.23% = 10 976 ÷ 259 296

包钢稀土 2009 年度营业收入和净利润比 2008 年度都有不同程度的下降。其中：净利润下降了 52.08%，营业收入下降了 19.59%，但净利润下降幅度比营业收入的下降幅度要大，成本费用从 2008 年的 299 552 万元下降至 2009 年的 248 320 万元，下降幅度为 17.10%，与营业收入的下降幅度不同步，这说明 2009 年的成本费用从绝对值来说，虽然比 2008 年有了一定数额的下降，但从相对比例来说，2009 年的成本费用比 2008 年要有一定比例的上升。

4. 总资产周转率 = 营业收入 ÷ 总资产

2008 年：0.56 = 322 456 ÷ 577 490

2009 年：0.40 = 259 296 ÷ 646 352

通过分解可以看出，总资产周转率 2009 年度比 2008 年度周转速度要慢，主要原因是营业收入大幅下降和总资产的大幅上涨造成的，反映了该企业资产营运能力较差，资产利用效率低下。包钢稀土 2009 年度资产总额比 2008 年度高出 68 862 万元，其中流动资产部分高出 44 653（410 129 − 365 476）万元，非流动资产高出 24 209（236 223 − 212 014）万元，流动资产部分中存货高出 65 430 万元；非流动资产部分中固定资产高出 14 625 万元，在建工程高出 8 227 万元。由此可见，占用资产，特别是占用流动资产部分中的存货过多，企业生产的产品形成严重的库存积压，是导致包钢稀土净资产收益率大幅下降的主要原因。因此该企业在今后的生产经营中必须将重点放在提高资产运营效率上，积极扩大对外销售，提高市场占有率。当然形成这些问题的原因还有国家在稀土政策方面的因素。

稀土是在军事、冶金、石油化工、玻璃陶瓷、电子及航天工业等方面被广泛使用的关键性材料，其资源蕴含量对于任何国家而言都具有重要的战略意义。我国作为世界上已探明稀土资源储量最丰富的国家之一，由于缺乏在国际市场中的定价能力，导致稀土产品以极其低廉的价格被西方国家大量收购储存，对于我国的国家安全十分不利。而在国内，对稀土的无序开发和偷盗走私还造成了严重的资源浪费、环境污染等问题。据统计，中国稀土储量仅剩 2 700 万吨，在世界总储量中占比由过去的 70% 以上下降至目前的 30%。按现有生产速度，中国的中、重类稀土储备仅能维持 15 ~ 20 年，未来极可能需要进口。这说明，在稀土的勘探、开采方面，就如同煤炭的勘探、开采一样，是较为混乱的，管理是较为失败的。

第八章

沃尔评分卡分析

第一节　沃尔评分卡分析概述

沃尔评分卡又叫综合评分法，由于创造这种方法的先驱者之一是亚历山大沃尔，因此被称为沃尔评分卡。沃尔评分卡是指将选定的财务比率用线性关系结合起来，并分别给定各自的分数比重，然后通过与标准比率进行比较，确定各项指标的得分及总体指标的累计分数，从而对企业的信用水平作出评价的方法。

一、沃尔评分卡的发展

亚历山大沃尔在 20 世纪初出版的《信用晴雨表研究》和《财务报表比率分析》中提出了信用能力指数的概念，以此来评价企业的信用水平。他选择了 7 个财务比率，分别给定各个比率在 100 分的总分中所占的分数，即权重，然后确定各个比率的标准值，并用比率的实际值和标准值相除得到的相对值乘以权重，计算出各项比率的得分，最后将 7 个比率的得分加总得到总分，即企业的信用能力指数，这就是沃尔评分卡最开始的应用方法（见表 8 – 1）。

表 8 – 1　　　　　　　　　　　　　　　沃尔评分卡

财务比率	权重 （1）	标准值 （2）	实际值 （3）	相对值 （3）/（2）	评分 （1）×（4）
流动比率	25	2.00			
净资产/负债	25	1.50			
资产/固定资产	15	2.50			

财务比率	权重 (1)	标准值 (2)	实际值 (3)	相对值 (3)/(2)	评分 (1)×(4)
销售成本/存货	10	9.00			
销售额/应收账款	10	6.00			
销售额/固定资产	10	4.00			
销售额/净资产	5	3.00			
合计	100	—			

资料来源：作者根据相关资料整理而得。

原始的沃尔评分卡为综合评价企业的财务状况提供了一种非常重要的思路，但它在理论上存在一定的缺陷：

第一，未能说明为什么选择这7个比率，而不是更多或者更少，或者选择其他财务比率。

第二，未能证明各个财务比率所占权重以及其标准值的合理性。

第三，当某一指标严重异常时，会对综合指数产生不合逻辑的重大影响，这个缺陷是由相对数和权重相乘产生的。

尽管原始的沃尔评分卡存在着上述的缺陷，但它在实践中仍被广泛应用并得到不断的改进和发展。随着社会的发展变化，对于沃尔评分卡不同财务比率的选择也在不断的变化中，人们对于比率的权重和标准值进行修改，提高了比率和权重的科学性。现代的沃尔评分卡已有很大的变化，一般认为企业财务评价的内容首先是盈利能力，其次是偿债能力，再次是成长能力，它们可以按照5：3：2的比重来分配，盈利能力的指标主要是总资产报酬率、销售净利率和净资产收益率，可以按照2：2：1的权重。偿债能力有四个常用指标自有资产比率、流动比率、应收账款周转率、存货周转率。成长能力有销售增长率、净利增长率和总资产增长率，其基本思路是没有变化的。

二、沃尔评分卡的步骤

（一）选择财务比率

在企业中，分为许多的部门，不同的部门分析的角度必然不同，所选择的财务比率也不尽相同，但在选择财务比率时我们应注意以下几个原则：第一，所选择的比率要具有全面性、反映偿债能力、盈利能力、营运能力等的比率都应该包括在内，这样才能综合的反映企业的财务状况。第二，所选择的比率要具有代表性，即在每个方面的众多财务比率中要选择那些典型的、重要的比率。第三，所选择的比率最好具有变化方向的一致性，即当财务比率增大时表示财务状况的改善，当财务比率减小时表示财务状况的恶化。

（二）确定财务比率的权重

如何将 100 分的总分合理地分配给所选择的各个财务比率，确定分配的标准，是评分的重要环节，分配的标准是依据各个比率的重要程度，越重要的比率分配的权重越高。我们应当结合企业的经营状况、管理要求、发展趋势以及分析的目的等具体情况判断各个比率的重要程度。

（三）计算财务比率的标准值

标准值是我们判断财务比率高度的参照，这个标准值的确定可以根据企业的历史水平来确定，也可以根据同行业的平均水平等。最常见的还是以同行业的平均水平作为财务比率的标准。

（四）计算财务比率的实际值

根据企业的财务数据计算企业各个财务比率，得出财务比率的实际值。

（五）计算各个财务比率的得分

通过上述得到的标准值和实际值，我们可以对企业的财务状况有所判断，再结合各个比率的权重，计算出各个财务比率的得分。计算得分的方法有很多，最常见的是用比率的实际值除以标准值得到一个相对值，再用这个相对值乘以比率的权重得到该比率的得分。在给每个比率评分时，应规定其上限和下限，以减少个别比率异常对总分造成不合理的影响，上限可定为正常平均分值的 1.5 倍，下限可定为正常平均分值的 0.5 倍。此外，给分不是采用"乘"的关系，而是采用"加"、"减"的关系来处理，以克服沃尔评分卡的缺点。

（六）计算综合得分

将各个财务比率的世纪得分加总，即得到企业的综合得分。企业的综合得分如果接近 100 分，则说明企业的综合财务状况接近行业的平均水平，企业的综合得分如果明显超过 100 分，则说明企业的财务状况优于行业的平均水平，相反，如果企业的综合得分低于 100 分，则说明企业的综合财务状况较差，应当采取措施改进。

三、沃尔评分卡的优缺点

沃尔评分卡最主要的贡献就是将彼此孤立的盈利能力、偿债能力和营运能力等财务指标按照权重进行了组合，做出了较为系统的评价，它的优点可概括为简单扼要易于操作，各财务指标权重根据定性分析和过去的评价经验主观给出，并通过几项财务指标的线性组合，确定财务综合评价结果，这给实际评价工作带来了很大的方便，而且评价指标体系较为完整，基本能反映企业的财务状况，较好的反映了企业的盈利能力、偿债能力和发展能力。通过指标的实际值与标准值得对比分析，便于找到影响企业财务状况的主要因素，明确改善企业财务状况的方向。

沃尔评分卡的缺点主要有以下几个方面：

第一，指标选择方面具有一定的主观性和随意性，不同行业不同企业指标的选择都会有其独特的方面，所以无法确定一个固定的指标模型来作为评判体系。

第二，计算公式方面。沃尔评分卡的公式为（实际值/标准值）×权重。当实际值大于标准值时，用此公式计算的结果正确；当实际值小于标准值时，实际值越小，得分本应越高，套用公式却恰恰相反。另外，当某一单项指标实际值畸高时，会导致最后总得分大幅度增加，会掩盖不良指标，影响最后的总得分，从而给管理者造成假象。

第三，权重方面，沃尔评分卡无法为权重的大小提供依据，它无法证明权重大小的合理性，指标权重的大小的赋予具有很大的主观性。

第四，评分规则方面。比率的实际值越高，单项指标得分越高，企业的总得分就越好，但这并不全部符合实际情况，比如，流动比率并非越高越好，会对企业的盈利能力和发展能力造成较大的影响，削弱其偿债能力。

四、沃尔评分卡的应用

第一，由于财务指标有时并不能完全客观地反映企业的财务状况，因此，在实践应用中，对产企业财务绩效的评价，要适当地结合非财务指标的使用，以非财务指标作为财务指标的重要补充。

第二，由于各财务绩效评价方法的关注角度不同，因而评价结果也会有所差异。企业应根据自身的财务状况和评价指标，选择适当的财务绩效评价方法。采用方法时也应考虑到所在行业、经济环境等企业实际情况，对一些传统的分析方法可以进行一定的修正和改良，结合其他分析方法以便更好地对企业自身情况作出更为合理的评价。

沃尔评分卡在实践中有着广泛的应用。以我国为例，20世纪90年代以来，各部委颁布了一系列的综合评价体系。这些综合评价体系虽然财务比率不断创新，标准不断变化，结构不断调整，计分方法不断修正，考虑的因素也越来越周全，但始终没有脱离沃尔评分卡的基本思想。

（1）1992年，国家纪委、国务院生产办、国家统计局联合下发了工业经济评价考核指标体系，该体系包括6项指标，重点考核评价我国工业经济的运营效益。

（2）1993年颁布的"两则"、"两制"规定了8项评价指标，分别从偿债能力、营运能力和盈利能力三个方面来评价企业财务状况及经营成果。

（3）1995年，财政部发布了企业经济效益评价指标体系，该体系包括10项指标，从投资者、债权人和社会贡献三个方面评价企业。

（4）1997年，国家经贸委、国家计委、国家统计局将原来的工业经济评价考核指标6项调整为7项，重点从盈利能力、偿债能力、营运能力和发展能力等方面评价考核工业经济的调整运行状况。

（5）1999年6月1日财政部、原国家经贸委、人事部、原国家计委联合印发了《国有资本金绩效评价指标体系》及《国有资本金绩效评价操作细节》，对国有企业业绩评价进行了重新规范，这标志着企业评价制度在我国初步建立。这个评价体系分为工商企业和金融企业两类，工商企业又分为竞争性企业、非竞争性企业两类。细则重点评价企业资本效益状况、资产经营状况、偿债能力状况和发展能力状况等内容，通过8项基本指标、16项修正指标和8项评议指标3个层次对企业绩效进行深入分析，全面反映了企业的生产经营状况和经营者的业绩。其中工商类企业绩效的评价采用综合评分方法，由基本指标、修正指标和专家评议指标3个层次，共计32项指标构成，初步形成了财务指标和与非财务指标相结合的业绩评价指标体系，其指标体系见表8-2。

表8-2　　　　　　　　　　工商类竞争性企业绩效评价指标体系

内容	权重	基本指标	权重	修正指标	权重	评议指标	权重
财务绩效	42	净资产收益率	30	资本保值增值率	16	领导班子基本素质	20
		总资产收益率	12	销售利润率	14	产品市场占有率	18
				成本费用利润率	12	基础管理比较水平	20
资产运营状况	18	总资产周转率	9	存货周转率	4	在岗员工素质状况	12
		已获利息倍数	9	应收账款周转率	4	技术装备更新能力	10
				不良资产比率	6	行业区域影响力	5
				资本损失比率	4	行业精英发展策略	5
偿债能力状况	22	销售增长率	12	流动比率	6	长期发展能力预测	10
		资本积累率	10	速动比率	4		
				现金流动负债率	4		
				长期资产合适率	5		
				经营亏损挂账率	3		
发展能力状况	18	9	9	总资产增长率	7		
				固定资产更新率	5		
				三年利润平均增长率	3		
				三年资本平均增长率	3		
合计	100		100		100		

资料来源：作者根据财政部：《国有资本金绩效评价规则》、《国有资本金绩效评价操作细则》相关资料整理而得。

（6）2002 年 2 月 22 日，财政部等五部委联合印发了《企业绩效评价操作细则（修正）》。修订后的评价内容与修订前的大致相同。修订后指标体系对第二层次的修正指标进行了一定的增减，而且还对评议指标以及各指标权重进行了修正。提高了对企业偿债能力和发展创新能力的评价，使该评价体系更为客观公正，更具有操作性。但这套绩效评价体系以投资报酬率为核心，以工商类竞争性企业为评价对象设计的，不免具有一定局限性。

（7）2006 年 9 月 12 日，为规范开展中央企业综合绩效评价工作，有效发挥综合绩效评价工作的评判、引导和诊断作用，推动企业提高经营管理水平，根据《中央企业综合绩效评价管理暂行办法》，国务院国有资产监督管理委员会印发了《中央企业综合绩效评价实施细则》。细则规定的企业综合绩效评价指标由 22 个财务绩效定量评价指标和 8 个管理绩效定性评价指标组成。综合绩效评价指标体系见表 8-3。

表 8-3　　　　　　　　　　　　中央企业综合绩效评价指标体系

评价内容与权重		财务绩效（70%）				管理绩效（30%）	
		基本指标	权重	修正指标	权重	评议指标	权重
盈利能力状况	34	净资产收益率	20	营业利润率	10	战略管理	18
		总资产收益率	14	盈余现金保障倍数	9	发展创新	15
				成本费用利润率	8	经营决策	16
				资本收益率	7	风险控制	13
资产质量状况	22	总资产周转率	10	不良资产比率	9	基础管理	14
		应收账款周转率	12	流动资产周转率	7	人力资源	8
				资产现金回收率	6	行业影响	8
债务风险状况	22	资产负债率	12	速动比率	6	社会贡献	8
		已获利息倍数	10	现金流动负债比率	6		
				带息负债比率	5		
				或有负债比率	5		
经营增长状况	22	销售增长率	12	销售利润增长率	10		
		资本保值增值率	10	总资产增长率	7		
				技术投入比率	5		

资料来源：作者根据国有资产管理委员会《中央企业综合绩效评价实施细则》相关资产整理而得。

（1）评价标准。实际评价过程中，财务绩效定量评价指标和管理绩效定性评价指标的权重均按照百分制设定，分别计算分项指标的分值，然后按 70：30 折算。财务绩效定量评价标准划分为优秀、良好、平均、较低、较差五个档次，管理绩效定性评价标准分为优、良、中、低、差五个档次。与五档评价标准对应的标准系数分别为 1.0、0.8、0.6、0.4、0.2，差以下为 0。标准系数是评价标准的水平参数，反映了评价指标对应评价标准所达到的水平档次。

企业财务绩效定量评价标准值的选用，一般根据企业的主营业务领域对照企业综合绩效评价行业的基本分类，自下而上逐层遴选评价企业使用的行业标准值。管理绩效定性评价标准具有行业普遍性和一般性，在进行评价时，应当根据不同行业的经营特点，灵活把握个别指标的标准尺度。对于定性评价标准没有列示，但对被评价企业经营绩效产生重要影响的因素，在评价是也应予以考虑。

（2）评价计分。综合绩效评价计分方法采用功效系数法和综合分析判断法，其中：功效系数法用于财务绩效定量评价指标的计分，综合分析判断法英语管理绩效定性评价指标的计分。财务绩效定量评价基本指标计分是根据功效系数法计分原理，将评价指标实际值对照行业评价标准值，按照规定的计分公式计算各项基本指标得分。计算公式为：

基本指标总得分 = 单项基本指标得分的总和

单项基本指标得分 = 本档基础分 + 调整分

本档基础分 = 指标权数 × 本档标准系数

调整分 = 功效系数 × （上档基础分 − 本档基础分）

上档基础分 = 指标权数 × 上档标准系数

功效系数 = （实际值 − 本档标准值）/（上档标准值 − 本档标准值）

本档标准值是指上下两档标准值居于较低等级一档。

财务绩效定量评价修正指标的计分是在基本指标计分结果的基础上，运用功效系数法原理，分别计算盈利能力、资产质量、债务风险和经营增长四个部分的综合修正系数，再据此计算出修正后的分数。计算公式为：

修正后总得分 = 各部分修正后得分总和

各部分修正后得分 = 各部分基本指标分数 × 该部分综合修正系数

某部分综合修正系数 = 该部分各修正指标加权修正系数总和

某指标加权修正系数 = （修正指标权数/该部分权数）× 该指标单项修正系数

某指标单项修正系数 = 1.0 + （本档标准洗漱 + 功效系数 × 0.2 − 该部分基本指标分析系数），单项修正系数控制修正幅度为 0.7 ~ 0.3。

某部分基本指标分析系数 = 该部分基本指标得分/该部分权数

管理绩效定性评价指标的计分一般通过专家评议打分形式完成，聘请的专家应不少于 7 名，评议专家应当在充分了解企业管理绩效状况的基础上，对照评价参考标准，采取综合分析判断法，对企业管理绩效指标作出分析评议，评判各项指标所处的水平档次，并直接给出评价分数。计分方式为：

管理绩效定性评价指标分数 = 单项指标分数总和

单项指标分数 = 每位专家给定的单项指标分数总和/专家人数

在得出的财务绩效定量评价分数和管理绩效定性评价分数后，应当按照规定的权重，耦合形成总和绩效评价分数。计算公式为：

绩效该进度 = 本期绩效评价分数/基期绩效评价分数

绩效改进度大于 1，说明经营绩效上升；绩效该进度小于 1，说明经营绩效下滑。之后，可作为客观因素调整评价基础数据。

（3）评级结果与评价报告。企业综合绩效评价结果以评价得分、评价类型和评价级别表示。评价类型是根据评价分数对企业综合绩效所划分的水平档次，用文字和字母表示，分为优、良、中、低、差五种类型。评价级别是对每种类型再划分级次，以体现同一评价类型的不同差异，采用在字母后标注"＋、－"号的方式表示。企业综合绩效评价结果以85分、70分、50分、40分作为类型判定的分数线。评价得分达到85分以上（含85分）的评价类型为优（A），在此基础上划分为三个级别，分别为：A＋＋＞95分；A＋＞90分；90分＞A＞85分；评价得分达到70分以上（含70分）不足85分的评价类型为良（B），在此基础上划分为三个级别，分别是：85分＞B＋＞80分；80分＞B＞75分；75分＞B－＞70分；在评价得分达到50分以上（含50分）不足70分的评价类型为中（C），在此基础上划分为两个级别，分别是：70＞C≥60分；60分＞C－≥50分；评价得分在40分以上（含40分）不足50分的评价类型为低（D）；评价得分在40分以下的评价类型为差（E）。

企业综合绩效评价报告是根据评价结果编制，反映被评价企业综合绩效状况的文本文件，由报告正文和附件构成。企业综合绩效评价报告正文应当包括：评价目的、评价依据与评价方法、评价过程、评价结果及评价结论、重要事项说明等内容。企业综合绩效评价报告的正文应当文字简洁、重点突出、层次清晰、易于理解。

企业综合绩效评价报告附件应担包括：企业经营绩效分析报告、评价结果计分表、问卷调查结果分析、专家咨询报告、评价基础数据及调整情况，其中，企业经营绩效分析报告是根据综合绩效评价结果对企业经营绩效状况进行深入分析的文件，应当包括评价对象概述、评价结果与主要绩效、存在的问题与不足、有关管理建议等。

第二节　沃尔评分卡分析案例[①]

[案例一]

大秦铁路股份有限公司是由原北京铁路局作为主发起人，与大唐国际发电股份有限公司、中国华能集团公司、大同煤矿集团有限责任公司、中国中煤能源集团公司、秦皇岛港务集团有限公司、同方投资有限公司共同出资，对原大同铁路分局资产重组、运输主业整体改组创建，公司于2004年10月26日创立，10月28日在国家工商总局注册，是中国第一家以路网核心主干线为公司主体的股份公司。2005年3月18日，铁道部实行铁路局直管站段改革，公司的控股股东由北京铁路局变更为太原铁路局。公司法定代表人现为杨绍清先生。

公司管辖京包、北同蒲、大秦三条铁路干线，口泉、云冈、宁岢、平朔四条支线。衔接神朔、大准、宁静、蓟港四条地方铁路，区跨山西、河北、北京、天津两省两市。线路总营业里程1 157.3公里，总延展长度3 185.87公里。公司下设车务、机务、车辆、供电、电务、工务等基层单位。截至2006年3月末，公司职工总数40 728人。

公司经济吸引区内煤炭储量近6 000亿吨，约占全国煤炭总储量的60%。公司管内大秦

---

① 本节中表格数据为作者根据大秦铁路、万科A财务报表相关数据整理而得。

铁路是中国第一条单元电气化重载运煤专线，是山西、陕西、内蒙古西部煤炭外运的主通道，承担着全国四大电网、十大钢铁公司和6000多家工矿企业的生产用煤和出口煤炭运输任务，煤运量占全国铁路总煤炭运量的近1/7，用户群辐射到15个国家和地区，26个省、市、自治区。自1988年开通运营以来，相继开行了5000吨、1万吨及2万吨重载列车，2002年煤炭运量首次突破亿吨大关，2003年实现1.2亿吨，2004年实现1.5亿吨，2005年实现2亿吨，2006年预计将突破2.5亿吨。

公司拥有国内先进的技术设备和精干高效的员工队伍。大秦铁路扩能改造工程是中国铁路跨越式发展的标志性、示范性、样板性工程。

我们选取了大秦铁路作为研究对象，选择了大秦铁路、广深铁路和铁龙物流三家铁路行业上市公司作为分析对象，得出行业平均标准值。根据上文提到的权重划分以及指标的选择，得出沃尔评分卡的相关得分，见表8-4。

表8-4　　　　　　　　　　　大秦铁路财务状况得分

财务比率	权重 （1）	标准值 （2）	实际值 （3）	相对值 （3）/（2）	评分 （1）×（4）
净资产收益率	20	8.9	16.9	1.9	38
总资产报酬率	20	40.6	54.5	1.3	26
销售净利率	10	12.2	26.3	2.2	22
流动比率	10	1.9	0.9	0.5	5
自有资产比率	8	0.8	0.8	1	8
存货周转率	8	17.7	19.4	1.1	8.8
应收账款周转率	4	27.2	24.5	0.9	3.6
销售增长率	8	12.2	5.1	0.4	3.2
净利增长率	8	-18.4	11.8	-0.6	-4.8
总资产增长率	4	6.2	2.3	0.4	1.6
总　计					111.4

从该表得出大秦铁路2014年财务状况总得分为111.4，表明大秦在本年度的财务状况整体良好。但其成长能力较弱，企业应注重成长能力的提升，扩大市场占有率，做到企业制度的创新，在现有生产规模不变的情况下，通过充分利用现有资源，节约投资成本，提高投资效率，增加规模经济的需要，扩大经营。加强企业信息文化的建设，实现铁路运营的信息化建设，方便快捷，提高运营效率以及服务效率。

[案例二：万科A]

一、房地产企业的财务特点

房地产业是一个资金密集型行业，由于其投资大、回收慢、高风险、高回报的特点，房地产企业的财务运作模式具有一定的特殊性。

（一）财务风险的特点

第一，房地产企业面临现金流风险。由于房地产开发所需资金巨大，且所跨时间较长，现金流断流是房地产企业必须要面对的首要问题，保持现金流的稳定，是房地产企业财务运作的重要内容。

第二，房地产企业还存在销售风险。由于房地产的存货是以不动产的形式存在的，其变现能力较差。同时，房地产业易受到宏观经济的影响，当经济不景气时，易造成产品积压，从而出现变现困难。

（二）资金管理的特点

第一，房地产企业在资本结构上表现为债务资本占了较大比重，由于房地产项目投资巨大，房地产企业往往采取债务融资方式，对投资项目进行大规模注资，其融资渠道主要是银行信贷，因而易受到货币政策的影响。

第二，在开发产品竣工前，房地产企业一般会采用预售的方式取得销售价款，并将其投入到后期的开发建设中，使得房地产企业期末预收账款余额巨大，而货币资金则相对较少。

二、构建房地产企业财务绩效评价指标体系

财务绩效评价，是指在财务范畴内，应用财务指标体系对企业的经营绩效做出评价，具体包括，盈利能力、营运能力、偿债能力和成长能力四个方面的评价。对于房地产企业财务绩效评价指标体系的构建，本文基于房地产企业的财务特点，选取财务绩效评价指标，并运用层次分析法对指标赋予权重。

（一）评价指标的选取

选取财务绩效评价指标，应根据指标体系构建的一般原则。笔者从盈利能力、营运能力、偿债能力、成长能力四个方面，选取房地产企业财务绩效评价指标，并结合房地产企业的财务特点，在所选取的指标中强调了现金流量、存货变现、资本结构等因素。

第一，盈利能力指标。确定了净资产收益率、总资产报酬率和盈余现金保障倍数指标。

第二，营运能力指标。确定了总资产周转率、应收账款周转率、存货周转率和资产现金回收率指标。

第三，偿债能力指标。确定了资产负债率、速动比率和现金流动负债比率指标。

第四，成长能力指标。确定了营业利润增长率、资本保值增长率和总资产增长率指标。

（二）指标权重的确定

房地产企业财务绩效评价指标权重的确定，应建立在对房地产企业财务特点充分理解的基础上，需要一定的职业判断，因此运用层次分析法确定评价指标的权重。

第一，向有关专家发放权重调查问卷，进而得到判断矩阵。

第二，运用 AHP 专业软件 Expert Choice 11.0，对回收的权重调查问卷逐份进行处理。该软件可自动进行运算和一致性检验，如果运算结果不能通过一致性检验，则需对判断矩阵进行调整，直到出现满意的结果为止。

第三，汇总上述步骤得出的权重结果，进行加权平均和归一化处理，确定最终指标权重。

（三）评价指标体系的确立

根据以上对评价指标的选择及指标权重的确定，最终完成了房地产企业财务绩效评价指

标体系的构建，见表 8 - 5：

表 8 - 5　　　　　　　　　　　　房地产企业财务绩效评价指标体系

财务绩效	一级指标		二级指标	
	指标名称	权重	指标名称	权重
	盈利能力	0.42	净资产收益率	0.26
			总资产报酬率	0.11
			盈余现金保障倍数指标	0.05
	营运能力	0.22	总资产周转率	0.11
			应收账款周转率	0.03
			存货周转率	0.05
			资产现金回收率	0.03
	偿债能力	0.24	资产负债率	0.12
			速动比率	0.07
			现金流量负债比率	0.05
	成长能力	0.12	销售增长率	0.05
			资本保值增长率	0.04
			总资产增长率	0.03

资料来源：作者根据《北方经济综合版》。2010 年第 24 期，第 53 ~ 54 页相关内容整理。

　　虽然沃尔评分卡在实践中被广泛应用，但是仍存在着一定的局限：一是沃尔评分卡对财务指标及其权重的确定具有较强的主观性；二是其评分计算方法未考虑个别严重异常的指标会对财务绩效综合得分的影响。鉴于此，在研究中，有必要对沃尔评分卡进行一定的调整。

　　第一，评价指标和权重的调整。以上文建立的房地产企业财务绩效评价指标体系作为调整后的评价指标和权重，从而更符合房地产企业的财务特点。

　　第二，计算方法和技术的调整。针对因某一指标严重异常而造成总评分不合逻辑这一缺陷，改进的办法是，给各指标的得分分别设定上限值（标准评分值的 1.5 倍）和下限值（标准评分值的 0.5 倍）；同时，采用评分标准值与调整分之和作为综合得分。若综合得分介于上限得分和下限得分之间，则取综合得分为最终得分。否则，则取上限得分或下限得分作为最终得分。具体计算过程为：综合得分 = 标准评分值 + 调整分，调整分 = （实际比率 - 标准比率） = 每分比率，每分比率 = （行业最优比率 - 标准比率） = （最高评分 - 标准评分值）。

　　（四）评价模型的建立

　　经过上述调整，可使沃尔评分卡得到较大程度的改进，使得评价结果更客观合理。因此，本文以改进后的沃尔评分卡作为房地产企业财务绩效评价的评价模型。运用该评价模型可逐一算出各二级指标的最终得分，进而可求出相对应的一级指标得分，最终算出综合财务绩效得分。

沃尔评分卡使得综合财务绩效标准总得分为100分，上限得分为150分，下限得分为50分。若得分在100~150分，则表示该企业财务绩效高于行业平均水平，且得分越接近150分，表明该企业的财务绩效越好；若得分在50~100分，则表示该企业财务绩效低于行业平均水平，且得分越接近50分，表明该企业的财务绩效越差。

根据构建的房地产企业财务绩效评价指标体系和评价模型，以万科地产作为研究对象，对其2012年度的财务绩效进行综合评价。数据主要来源于沪、深两市证券交易所网站及万科地产网站上公布的2012年12月31日的财务报表。

三、实证分析

运用改进后的沃尔评分卡，对万科地产的财务绩效进行综合评价计算过程，见表8-6：

表8-6　　　　　　　　　万科地产的财务绩效进行综合评价

一级指标	财务比率	权重	标准值	实际值	相对值	评分	调整分	综合得分	上限	下限	评分
盈利能力	净资产收益率（%）	26	6.7	19.66	2.93	49.81	17.19	43.19	39	13	39
	总资产报酬率（%）	11	3.6	4.29	1.19	21.42	0.37	11.37	16.5	5.5	11.37
	盈余现金保障倍数指标	5	1.2	0.24	0.2	3	-0.33	4.67	7.5	2.5	4.67
营运能力	总资产周转率（次）	11	0.3	0.31	1.03	6.18	0.06	11.06	16.5	5.5	11.06
	存货周转率（次）	5	0.8	0.28	0.35	2.10	-0.26	4.74	7.5	2.5	4.74
	应收账款周转率（次）	3	7.9	60.63	7.67	15.35	3.77	6.77	4.5	1.5	4.5
	资产现金回收率（%）	3	0.8	1.1	1.375	9.625	0.03	3.03	4.5	1.5	3.03
偿债能力	资产负债率（%）	12	75.4	78.32	1.04	5.19	-0.56	11.44	18	6	11.44
	速动比率	7	73.2	41	0.56	2.8	-1.95	5.05	10.5	3.5	5.05
	现金流量负债比率（%）	5	1.1	1.43	1.3	2.60	0.05	5.05	7.5	2.5	5.05
成长能力	营业利润增长率（%）	5	11.7	33.3	2.85	14.25	3.07	8.07	7.5	2.5	7.5
	资本保值增长率（%）	4	105.8	123.09	1.16	11.6	3.29	7.29	6	2	6.0
	总资产增长率（%）	3	11.9	27.88	2.34	11.7	1.74	4.74	4.5	1.5	4.5
总分											117.91

　　根据以上计算，可对各二级指标进行加总求出相应的一级指标得分，继而得出综合财务绩效得分。

　　从该评价结果可看出，万科地产总体财务绩效良好，总体得分117.91，高于标准得分。而且其中盈利能力、营运能力和成长能力得分均高于标准得分，表明万科地产的三大能力均领先于行业水平，保持着良好的竞争优势；偿债能力方面则略低于标准得分，表明万科地产有可能面临着一定的偿债压力，应给予关注。对企业绩效的评价是一项复杂的系统工程。本章研究着眼于财务的视角，根据沃尔评分卡，构建了一个较为完整的房地产企业财务绩效评价指标体系，并以万科地产为对象，对构建的评价模型进行了实证分析。

　　在沃尔评分卡的各个步骤中，最为关键和重要的是第二步和第三步，即权重和标准值的确定。要给各个比率合理的权重，并且为每个财务比率确定恰当的标准值，需要综合考虑多方面的因素，并且在长期的分析实践中不断修正。需要说明的是图表显示的是沃尔评分卡运用的基本步骤，未必恰当的反映了公司的综合财务状况。因为对于比率的选择、比率的权重以及标准值的确定都具有主观性，我们需要更加客观的数据来准确分析企业财务状况。

第九章

经济增加值分析

第一节　经济增加值分析概述

一、经济增加值概述

（一）经济增加值基本概念

传统的以会计利润为核心的业绩评价指标，在计算时只考虑了债务资本成本（利息费用），而忽视了股权资本成本。这种计算实际隐含着"股东的资本是可以无偿使用的"这样一个假设，这显然是错误的。事实上，使用任何资本都是有代价的，EVA 的核心思想便是：只有当投资项目取得的税后净经营利润（Net Operating Profit After Tax，NOPAT）补偿了全部投入资本（Capital Employed，CE）的成本以后，余下的收益才能使股东的财富增加，这个余额即是经济增加值。投入资本的成本等于其总额乘以企业加权平均资本成本（Weighted Average Cost of Capital，WACC）。

（二）经济增加值与剩余收益比较

剩余收益是指投资中心获得的利润，扣减其投资额（或净资产占用额）按规定（或预期）的最低收益率计算的投资收益后的余额。是一个部门的营业利润超过其预期最低收益的部分。即剩余收益 = 部门边际贡献 − 部门资产应计报酬 = 部门边际贡献 − 部门资产 × 资本成本。剩余收益指标能够反映投入产出的关系，能避免本位主义，使个别投资中心的利益与整个企业的利益统一起来。

1. 经济增加值与剩余收益联系

剩余收益业绩评价旨在设定部门投资的最低报酬率，防止部门利益伤害整体利益；而经济增加值旨在使经理人员赚取超过资本成本的报酬，促进股东财富最大化。

2. 经济增加值与剩余收益区别

经济增加值与剩余收益主要有以下两方面的区别：

第一，部门剩余收益通常使用税前部门营业利润和税前报酬率计算，而部门经济增加值使用部门税后经营利润和加权平均税后资本成本计算。

第二，由于经济增加值与公司的实际资本成本相联系，因此是基于资本市场的计算方法，资本市场上权益成本和债务成本变动时，公司要随之调整加权平均资本成本。计算剩余收益使用的部门要求的报酬率，主要考虑管理要求以及部门个别风险的高低。

（三）经济增加值分析基本理念

EVA 就是企业税后净经营利润扣除经营资本成本（债务成本和股本成本）后的余额，它克服了传统的业绩衡量指标由于没有扣除股本资本的成本和以部分失真的会计报表信息为计算基础而无法准确反映公司为股东创造的价值的缺陷，比较准确地反映了公司使用实际投入资金为股东创造超额回报的能力。

为真实地反映公司的经济价值，在计算 EVA 时须对传统的会计项目进行调整。例如，根据 GAAP（国际会计准则），研究开发费用必须在当前会计年度中作为费用从利润中全部扣除。而在采用 EVA 方法时，则是通过将研究开发费用资本化，当做一项资本投入在未来的几年内进行摊销一般是 5 年，同时考虑资本化后的相应的资本成本。因为一个注重研究开发的企业往往更具有成长性，特别是对于高技术企业来说。为此，思腾思特公司列出了 160 多项可能需要调整的会计项目，包括存货成本、货币贬值、坏账准备金、重组费用以及商誉摊销等。但在考察具体企业时，一般一个企业同时涉及的调整科目不超过 15 项。

由于 EVA 克服了传统企业估值方法的一些缺陷，为评估企业的价值提供了一个全新的视角，因而该理论一经提出便迅速为市场所接受，并在实践中取得了巨大的成功。目前，该理论已广泛应用于全球 300 多家企业，其中包括可口可乐这样的跨国公司。

EVA 理论可以应用于公司治理的方方面面，概括地讲包括四个方面：评价体系、管理体系、激励制度和理念体系。例如，EVA 是一种较好的激励制度，可使管理者在为股东着想的同时也像股东一样得到回报，从而将企业经营者的利益与所有者的利益统一起来，把"内部人"变成股东的"自己人"，使股东和管理者用一样语言、一样的标准来衡量管理者的业绩和制定他们的激励机制，从而较好地解决了"内部人"控制问题。

（四）经济增加值评价系统的优越性

与传统的业绩评价系统相比，经济增加值评价系统具有以下方面的优越性：

1. 客观反映企业经营业绩

经济增加值考虑了全部资本的成本，计算的是经济利润，而会计利润只考虑债务资本成本，将权益资本成本排除在外，无疑虚增了利润。经济增加值衡量企业获取的利润是高于还是低于投资者所要求的最低报酬率，只有高于投资者所要求的最低报酬率，即经济增加值大于零，该利润才是企业真正的利润，如果企业的投资报酬率低于企业的所有资本成本，说明企业实质上发生了亏损，企业财富受到了侵蚀。经济增加值比会计收益指标更能真实反映企业的经营业绩，促进企业树立正确的成本观念，遏制企业不计成本盲目增资扩股，不断圈钱的欲望，有利于规范企业投资行为，谨慎投资，实现企业资产的保值增值，以经济增加值作为企业追求的最终目标，有助于更好地转变经济增长方式，可以较准确地反映企业在一定时期内所创造的价值，实现企业价值最大化。

2. 更好地协调各部门的行动

大多数企业在不同的业务部门使用不同类型的业绩评价指标，例如边际贡献、责任成本、投资报酬率、剩余收益等，由于缺乏统一标准，往往导致不同部门各自为政，只追求实现本部门利益，对其他部门甚至企业整体利益造成负面影响。以经济增加值为指标对企业所有部门进行业绩评价，为各部门提供了统一业绩评价标准，避免内部决策和执行的冲突，加强各部门的沟通，提高企业的团队意识，企业各部门从日常业务活动到企业战略决策，都围绕着经济增加值展开，各部门可通过提高部门现有资产的回报率；或是增加超过资金成本的新资本投入；或是收回低于资金投入成本的投资等途径增加本部门的经济增加值，进而增加企业整体的经济增加值。经济增加值作为一个综合性指标，囊括了对发展创新、风险等因素的考虑。同时也涵盖了关于基础管理，人力资源管理等制度性的要求，企业员工的收益只有在经济增加值不断提高的条件下才能提升，这就把员工利益与企业价值最大化目标有机结合起来，在一定程度上消除了利益冲突，使企业内部上下朝着同一个目标共同奋进。

3. 促进技术创新

在现有的会计核算模式下，研发费用、无形资产摊销作为期间费用抵减当期利润，无疑影响经营者的当期业绩，所以经营者不希望把钱投到研究和销售推广上，因为他们害怕会计利润降低，这种情况在高科技公司时尤为明显，因为这类公司的市场价值大大高于净资产，经营者并没有出现经营失误，利润的降低只是由于会计处理方式造成，其结果迫使经营者在项目投资时首先考虑其对会计利润的影响，而不是考虑以此带来的高于资本成本的收益。经济增加值把对研发费用、无形资产投资作为资产负债表中一种需要培育的新型资产，这些资产会在将来的经济增加值中相应摊销，从而鼓励经营者进行有利于企业发展的投资活动，促使企业经营者自始至终注重长远效益，通过技术创新保证企业持续、稳定、健康发展。

（五）经济增加值评价系统存在的问题

经济增加值存在的问题是：

1. 计算十分复杂

计算经济增加值时需要对会计科目进行调整，旨在纠正公认会计准则所带来的歪曲性影响，调整项目高达200多项，从理论角度考虑，调整的项目越多，计算结果越精确，但却极大地增加了计算的难度，难度的提高加深了理解的困难，尽管结合企业的实际情况，通常需要调整项目只是十几项，但如何确定调整项目以及如何进行调整，却未形成统一的共识，极大地影响了经济增加值运用的广度与深度。另外，股权资本成本确定也是一项棘手的工作，根源在于资本资产定价模型中的贝塔系数不能准确计量，我国证券市场市场信息非常不对称，企业管理当局对信息进行了垄断性控制，投资人不够成熟，投机气氛浓厚，股票价格的高低在很大程度上是庄家操纵的结果，并不是企业经营业绩的真实反映，目前资本资产定价模型正确性正受到越来越多的质疑，况且该模型的适用范围只限于上市公司。

2. 仍然财务指标唱主角

经济增加值仍然是从财务角度来评价企业的经营活动。尽管其引入资金成本，对企业业绩、投资机会和经营战略的价值前景作了准确的反馈。但这仅仅从财务角度单方面考察，是反映价值创造的滞后性经济指标，未能对企业价值创造过程中的商誉、无形资产、人力资本等非财务因素予以充分的确认、计量和报告，缺乏"前瞻性"的、有助于培植企业长期核心竞争能力的非财务指标。

3. 经济增加值无法消除粉饰行为

虽然经济增加值与会计利润不同，在计算时进行了一系列调整，但经济增加值终究是以会计利润为基础调整的结果。计算的"净利润"和会计调整项目几乎全部来自财务报表和会计账簿，这其中的许多数据无法从公司的公开财务报表中获得。例如，研发费用及培训费用体现在管理费用及营业费用中，很难得到具体的数据。对于可以利用的数据，也因为具有很强的管理人员的自然控制性，数据的真实性难以确定。特别在我国，一方面上市公司治理结构不合理，人为控制因素较大；另一方面现行会计制度与会计准则尚不完善，导致会计数据部分失真。目前，我国上市公司会计信息存在虚假披露情况，这些因素都严重影响税后营业利润与投入资本的调整，为了提高企业经济增加值，管理者可以通过安排收入和费用的确认时间来操纵利润，达到增加短期经营业绩的目的。从这一意义上说，经济增加值并不能杜绝所有粉饰报表业绩的行为。

二、EVA分析方法

（一）EVA估值方法的具体计算公式如下（见表9-1）

EVA＝税后营业利润－资本成本＝资本×（税后净利润率NOPAT－加权资本成本WACC）

税后营业利润＝税后净利润＋利息费用＋少数股东权益＋本年商誉摊销＋递延税项贷方余额的增加＋其他准备金余额的增加＋资本化的研发费用－资本化研发费用的当年摊销

资本成本＝资本总额×加权平均资本成本（WACC）

资本总额＝股东权益＋少数股东权益＋递延税项贷方余额＋累计商誉摊销＋各项准备金＋资本化的研发费用＋公司负债总额

表9-1   EVA 计算过程

净销售收入
−经营费用
=息税前利润（EBIT）
−税金
=税后息前利润（NOPAT）
−资本费用（资本投入×资本成本）
=经济增加值（EVA）

资料来源：作者自己整理而得。

结合我国的实际情况看，在使用 EVA 公式时应注意以下几个问题：

第一，式中的税后利润是营业利润减去所得税额后的余额；而我国现行制度中的税后利润则是指利润总额减去应交所得税后的余额。

第二，上式中的营业利润是指息税前利润，即营业利润中包括利息费用在内，而我国现行制度中的营业利润却不包括利息费用在内，利润总额中也不含利息。

第三，上式中的总资本是西方经济学中的资本含义，相当于我们通常所说的总资产，而不是会计平衡公式（资产＝负债＋资本）中的资本含义。

第四，上式中的平均资本费用率是以资本（或股本）费用率和负债费用率为基数以资本构成率和负债构成率为权数的一个加权平均数，正确确定资本（或股本）费用率及负债费用率是计算平均资本费用率的关键。

另外，根据我国会计利润中已经不含利息费用的特点，计算附加经济价值也可直接用下式进行：

附加经济价值＝利润总额−应交所得税−资本总额×平均资本成本率

（二）计算 **EVA** 的调整原则及项目

《财富》杂志每年都会以公司的营业收入为标准，排出全球企业"财富500强"的名次，Stern-Stewart 每年也会刊登1 000家上市公司的 EVA。以 EVA 为标准的排序结果往往与以营业收入为标准的排序结果大相径庭，这让 EVA 引起了投资者、管理层的广泛关注。

如表9-2所示，在"财富500强"中排名靠前的公司，其 EVA 并不一定高于排名靠后的公司。例如，2006年沃尔玛的营业收入排名第二，但是其 EVA 却低于排名第11的通用电气和排名第140的微软。而且，一些在"财富500强"榜上有名的企业，其 EVA 甚至为负值，如排名第144的英特尔。根据 EVA 的原理，判断企业价值增值的标准是，其经营活动取得的收益是否超过了所用资本的成本。若资本收益大于资本成本，EVA 为正，表明企业投入资本所创造的价值，扣除了所有费用和成本项目后仍有剩余，企业价值增加；反之，资本收益小于资本成本，EVA 为负，企业价值减少。英特尔的资本成本大于资本收益，表明该公司并没能为股东创造出新的财富。

表9－2	2006年度部分公司营业收入与经济增加值			单位：百万美元	
公司名称	销售额	销售额排名	资本成本（%）	资本收益（%）	EVA
埃克森美孚	339 938	1	7	19	28 961
沃尔玛	315 650	2	6	11	5 026
通用电气	157 150	11	7	14	8 284
微软	39 790	140	11	46	9 187
英特尔	38 831	144	14	13	－ 162
可口可乐	23 100	267	6	24	3 384

资料来源：2007 top 20 Ranking Summary 及"财富500强"排名。

EVA思想是在剩余收益的基础上发展而来的，从公式可知，计算EVA需要三个方面的信息：一是公司的加权平均资本成本；二是公司经营活动所产生的税后净经营利润；三是公司生产经营所占用的资本数量。那么，应如何进行调整呢？

在传统权责会计方法下，出于稳健性原则，资产负债表中资产总额反映的是企业所拥有（占有）的在当期或未来期间产生收益的资产价值；而EVA中的投入资本强调的则是，企业为在当期或未来期间产生收益而实际投入资本的数值。显然，会计准则下的资产总额与EVA概念下的投入资本存在着明显的差异。例如，权责会计对于未能显现未来结果的费用支出项目，如研发费用、员工培训费、营销广告费等，一般是直接计入当期损益，但在EVA的概念下这些费用的支出是对企业取得收益、创造现金流量有实质性贡献的，应该作为一项投入资本。再例如，权责会计将当期尚未投入运营的在建工程视为资产，而将为当期创造现金流量的经营租赁资产视为费用，而在EVA的概念下却正好相反。由此可见，权责会计无法真正度量企业的投入资本，而且管理层很容易通过调整当期费用等项目进行利润操纵，使得会计计量的利润不能够客观、真实地反映企业的经营成果。

由此，基于企业财务报表的调整可归纳为两类：第一，将按权责会计计量的资产总额调整为企业为EVA中的投入资本；第二，将衡量经营利润的会计计量结果调整为EVA中的税后净经营利润。根据权责会计与EVA思想的差异，设计调整项目时应重点从以下三个角度进行考虑：

第一，减少传统会计准则体现稳健性原则的处理。

第二，避免管理层对盈利的操纵。

第三，纠正以往的会计差错。

为计算出精确的EVA，Stern-Stewart公司从这些角度出发，提出了多达164项的调整项目。需要调整的项目如此之多，无疑大大降低了EVA的可操作性。根据一些EVA推动者的观点，在大多数情况下，企业只需要进行5~10项重要的调整就可以满足实际应用的要求。综合考虑计算EVA时对准确性的要求及实际运用中的可行性，从实务的角度提出一般性的调整原则如下：

第一，重要性，即拟调整的项目是否对计算EVA结果的准确性有重要的影响。

第二，客观性，即必须调整那些管理层能够利用其影响EVA计算结果的项目。

第三，可理解性，即实际操作人员能否很好地理解该项目调整。

第四，可获得性，即调整项目所需要数据信息能否相对容易地获得。

依据这些调整原则，结合我国上市公司情况进一步确定具体调整项目。

（三）计算投入资本时应调整的项目

投入资本是企业经营所实际占用的资本额，通常是指权益资本加上承担利息的债务资本，再调整一些应予以资本化的项目。达莫达兰（Aswath Damodaran，1999）曾对投入资本的调整项目进行了归纳：

第一，资本化那些旨在未来创造收益而在当期显现为费用的项目；

第二，资本化那些表面上看是经营费用而实际上属于融资费用的项目；

第三，抵消那些可能会引起资本的账面价值减少而对投入资本无实际影响的项目；

第四，调整那些本应引起资本账面价值变化但却因会计处理的要求而没有变化的项目。

计算投入资本的公式如下：

$$
\begin{aligned}
投入资本 = \ &股权资本投入额 \\
&+ 有息债权资本投入额 \\
&+ (1) \ 会计上视为费用但在经济上视为投资的项目 \\
&+ (2) \ 资产负债表外的投入实际生产经营的资产 \\
&+ (3) \ 递延税款贷方余额（或 - 递延税款借方余额） \\
&+ (4) \ 提取的各项准备金 \\
&+ (5) \ 摊销的荣誉 \\
&- (6) \ 当期未投入实际生产经营的资产
\end{aligned}
$$

（1）会计上视为费用但在经济意义上视为投资的资产，如大额研究开发费用、广告及其他营销费用等。这些费用的投入关系着公司当前及未来的盈利能力，按权责会计全部将其计入当期损益显然不合理。而且这些费用对当期利润的冲减容易打击管理层对这类费用投入的积极性，不利于公司长远发展。在 EVA 的概念下，应对此类费用资本化，并按一定收益期限摊销，以保证对此类费用的投入有合理的回报。

（2）资产负债表外的投入实际生产经营的资产，如经营租赁资产。经营租赁也是一种融资行为，在租赁使用期内，经营性租赁资产和企业其他经营资产一样为企业创造利润，也同样占用资金成本。在 EVA 的概念下，应按融资租赁的处理方式对经营性租赁进行调整，确定租赁资产和租赁长期负债的金额及每期还款中经营成本费用和利息支出的数额，分别计入经营成本和资本成本。

（3）递延税款贷项，即公司计入负债项下的一部分没有真正支付的税款。这种会计处理的结果有可能导致递延税款贷项的长期动态余额，这部分递延税款实际上和其他股权资本一样，可加入现金流量循环。在 EVA 的概念下，进行投入资本调整时，应加上递延税款贷项（若为借方余额则减去）。

（4）提取的各项准备金。基于会计的谨慎性原则，需要对固定资产、长期股权投资、无形资产等科目计提减值准备，将并未发生、未来可能发生的一部分费用提前计入损益。这样操作，不仅不能真实地反映公司的经营状况，而且管理层常常利用准备金进行会计利润操纵。在 EVA 的概念下，应将计提的各项减值准备加回计入投入资本。

（5）摊销的商誉。商誉是指公司在购买其他企业时，支付的价款高于被收购企业可辨认资产减去负债后的公允价值，是类似于股权性质的资本，而不是耗费性资产，并不一定随着时间推移而贬值。因此，将商誉逐年摊销并不符合商誉的特性。在 EVA 的概念下，商誉不应该被冲销，而应作为一项创造价值的资本长期存在。因此，应将已经摊销的商誉加回到投入资本。

（6）当期未投入实际生产经营的资产。这些资产主要包括：①没有用于企业正常生产经营的资产，如短期证券投资，它只作为剩余资金的一种形式；②不占用企业本身经营资本的资产，如应收补贴款、受托代销商品；③没有能力参与公司经营的资产，如待处理财产损溢、固定资产清理、其他长期资产；④未来用于生产经营的资产，如工程物资、在建工程项目，这类资产在尚未竣工交付使用时，并未给企业实际创造经营利润，如果将其计入投入资本并计算其资金成本，必然会造成这类资产建造期间的 EVA 偏低。在 EVA 的概念下，应将短期证券投资、在建工程等从资本总额中剔除，不计算相关的资本成本。

（四）计算 NOPAT 时应调整的项目

税后净经营利润是指不考虑资本结构的情况下企业经营所获得的税后利润，即营业收入减去除利息支出部分之外的全部经营成本和费用（包括所得税）后的净值。对 NOPAT 的调整可以在利润表的基础上，以净利润为起点进行。调整的项目主要包括：

（1）EVA 概念中的营业所得税应是税前净经营利润（NOPBT）或息税前利润（EBIT）乘以公司所得税税率，这与利润表中的所得税费用存在差异，因此应调整各项税前收支对所得税的影响。

（2）债务利息支出属于资本成本的一部分，统一在资本成本中核算，因此应加上债务利息（为简单起见，可用财务费用代替），使 NOPAT 真正体现营业成本，从而清楚地衡量管理层的业绩。

（3）在 EVA 的概念下，投入资本所创造的价值是指正常业务经营所得的收益，因此应调减利润表中不属于企业正常经营所得的收益，如短期证券投资所获投资收益、营业外收支净额、补贴收入等。

（4）调整投入资本后，原权责会计下的许多期间费用项目在 EVA 的概念下计入了投入资本，利润表中的一些科目被资本化，因此应调增已资本化的费用项目，如研发费用、营销广告费用等，并在一定的年限内进行摊销。

（5）在调整投入资本时指出，将各项会计准备提前计入损益，不能真实地反映公司的营业状况，因此在计算 NOPAT 时，应把每年计提的会计准备冲回。

（6）对递延税款进行调整。对递延税款的调整主要涉及的是非流动性部分。从投入资本的角度，非流动性部分重新加入资本，因在原权责会计下，所递延的税款并非构成对外部现金流量的实际支付，这在事实上形成了对企业可利用资本的调整，所以在此对其非流动性部分的调整实际上是一种以现金流量为基础的收益调整。

据此，可将计算 NOPAT 的公式表述为：

$$
\begin{aligned}
\text{税后净经营利润（NOPAT）} =\ & \text{净利润} \\
& + \text{债务利息、所得税的调整} \\
& - \text{非正常经营损益} \\
& + \text{调整为投入资本的原各项费用} \\
& + \text{每年计提的各项会计准备} \\
& + \text{递延税款贷放增加额（或 } - \text{借方增加额）}
\end{aligned}
$$

三、建立以经济增加值为核心的企业价值管理体系

思腾思特公司认为，以经济增加值为核心的企业价值管理体系包含四个方面：评价指标和业绩考核、管理体系、激励制度以及理念意识和价值观。

对于评价指标和业绩考核的理解：

业绩考核的核心指标就是经济增加值。对经济增加值的考核要注意：

第一，以企业的长期和持续价值创造为业绩考核导向。

第二，考核时要根据企业的规模、发展阶段、经营实际、行业特点选择合适的参照企业，从而确定目标值。

第三，结合传统财务指标进行考核，适当考虑和选择一些关键的非财务指标。

对于管理体系的理解：

经济增加值作为企业的总体目标，必须有相应的管理体系去落实。这个管理体系必须以经济增加值作为核心价值观和经营思想，包含所有指导营运流程，制定战略的政策方针、方法过程。

管理者在经营企业的过程中，必须对自己企业的现状和未来发展趋势保持清醒的认识和把握。这就要求管理者瞻前启后，做好战略回顾和计划预算。战略回顾和计划预算是管理体系的关键组成部分，详述如下：

（一）战略回顾

战略回顾包括价值诊断、战略规划管理、资源配置管理和业务单元组合策略、投资决策管理、设计价值提升策略、财务风险管理六个方面。

1. 价值诊断

利用经济增加值指标对企业的整体业绩状况和各业务单元的价值创造情况进行分析，把握企业的现状。价值诊断包括两部分：本企业价值创造分析和行业标杆企业价值创造分析。通过价值诊断，可以使我们了解到：哪些业务单元占用了公司的大量资本，资本占用和价值创造是否匹配；哪些业务单元正在创造和毁灭价值。这些信息是我们进一步分析和制定战略的依据。

2. 基于经济价值的战略规划管理

为了克服公司战略计划和经营计划相脱节，经营计划又和预算相脱节这个大多数公司常遇到的问题。必须通过有效的管理工具把战略、计划、预算有机的联系起来。许多公司推行的平衡计分卡就是一个好工具。战略规划管理要注意一下几点：

（1）实现企业的长期价值和持续发展为战略规划设计、选择的基础。

（2）股东价值最大化是战略规划、选则的原则。

（3）要实现既定的战略目标，管理重点须放在年度目标分解、资源配置、阶段执行计划等匹配工作上。

3. 资源配置管理和业务单元组合策略

通过对不同业务单元的价值分析，制定出倾斜性的资源配置计划，将资源集中配置在能创造更多价值的业务单元中去。业务单元组合管理要以价值创造为主要判定原则，通过市场增长潜力—经济增加值回报率矩阵对现有业务单元进行价值分析，从而做出出售（或清算）、扩张、调整决策。

4. 投资决策管理

我们在进行投资决策时，一般比较重视投资项目的可行性评估，但是在方法论上却存在缺陷：其一，评估普遍采用的是静态的定点现金流 NPV 分析，缺乏对项目风险的量化分析；其二，缺乏对资本的机会成本分析，这使我们在评估一开始就陷入"做与不做"的狭窄思维模式中去，忽视其他可能选择。经济增加值分析方法由于充分考虑了资本的机会成本分析，能够在一定程度上解决上述的缺陷。同时，经济增加值方法有助于投资者对管理者实现有效的资本节制，避免盲目扩张。

5. 设计价值提升策略

这主要是针对现有资产和未来可能投资设计不同的价值提升策略。现有资产的管理重点在于使用效率和业绩的提升上，通过降低存货，提高资产周转率；优化流程，增强协同等手段实现。对于不符合企业战略规划及长远资本回报率低于资本成本率的业务单元，采取缩减生产规模、业务外包或退出等手段处置。对于尚未介入的投资回报率高于资本成本率的项目，要加大投资力度，提高企业整体创造价值的能力。

6. 财务风险管理

经济增加值管理方法提醒管理者，任何资本的使用都是有成本的，避免管理者为了片面追求股本收益率而采取高财务杠杆的经营手段，促使经营者在负债和利润追求上找到平衡点，从而在一定程度上减小了企业财务风险。

（二）完善计划预算

基于价值的计划预算应该从战略规划和年度战略目标出发，包括预算分析、预算执行预警，预算实施评估与修改三部分。我们分别从财务和运营方面讨论：

1. 财务方面

直接影响企业经济增加值的关键指标有资本回报率、税后净营业利润、资本周转率，对这些关键指标进行分析，找出薄弱的环节。

2. 运营方面

根据关键指标，从企业运营的角度找到所有的价值驱动要素。如将税后净营业利润分解为主营业务收入、销售毛利、管理费用等要素，通过分析掌握企业价值变动的主要原因，也就是价值驱动要素。改善这些价值驱动要素，企业的经济增加值就会提高。

第二节　四川长虹经济增加值（EVA）案例分析①

一、案例背景

四川长虹电器股份有限公司（以下简称：四川长虹）成立于 1988 年 6 月 7 日，是由国营长虹机器厂独家发起并控股成立的股份制试点企业。1994 年 3 月 11 日，四川长虹在上海交易所 A 股上市，其股价于 1997 年 5 月曾一度高达 66.18 元/股，是当时沪市 A 股的龙头企业。然而，1999 年四川长虹的业绩猛然下跌，净利润从 1998 年的 17.43 亿元，降为 5.25 亿元，销售净利率从 17.27% 降为 5.2%；并且此后年度持续走低，净资产收益率甚至低于国债收益率，如图 9 - 1 所示。

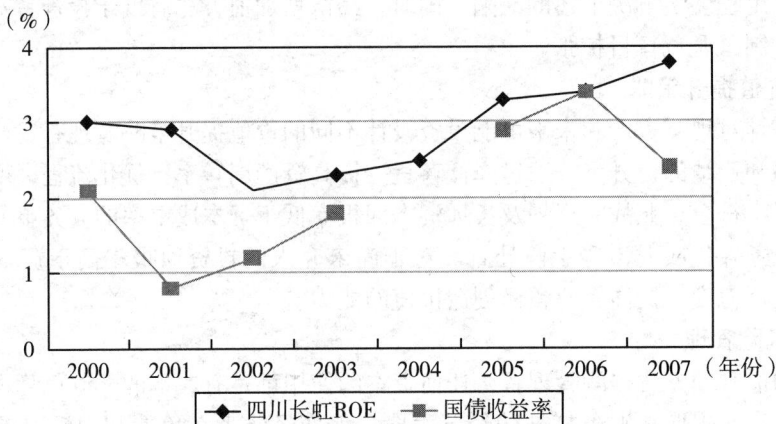

图 9 - 1　净资产收益率（ROE）趋势图

注：2004 年，四川长虹的 ROE = -38.8%。

资料来源：根据四川长虹（600839）2000 ~ 2007 年年报及中国人民银行网站资料整理。

四川长虹的净资产收益率持续低于 3 年期国债利率，这意味着它的股东承担着比国债高的风险，却没有得到相应的回报。尽管四川长虹除 2004 年外的其他所有年度均赚取了正的会计利润，但"净利润"只是企业的收入扣除生产成本、费用及债务资本成本（利

---

① 本节中表格数据均由作者根据四川长虹（600839）2000 ~ 2007 年年报及 CSNAR 数据库数据整理。

息费用）等项目后的业绩指标，并没有考虑到企业使用股东投入资本的成本。资本的报酬率应该高于资本的成本率，这时股东投入资本所获得的收益才能弥补这些资本相应的机会成本，股东的价值才会真正实现增值。经济增加值正是这样一个衡量股东价值增值的业绩评价指标。

二、四川长虹经济增加值的计算

依据经济增加值的计算原理以及对相关项目的调整，四川长虹 EVA 的计算主要包括以下四个基本步骤：

（1）从资产负债表负债和权益开始，根据调整项目计算企业为创造价值而投入的资本。

（2）从利润表净利润开始，根据调整项目计算企业投入资本获得的税后净经营利润。

（3）计算企业加权平均资本成本。

（4）计算经济增加值。

（一）计算投入资本

根据投入资本的计算公式，结合四川长虹历年年报，具体调整项目及计算方法如下：

（1）有息债权资本投入额，等于资产负债表中短期借款、一年内到期的长期借款、长期借款及应付债券的合计。

（2）应予以资本化的费用项目，包括年报中披露的研发费用和市场拓展费用。

（3）资产负债表外的投入实际生产经营的资产。2000 ~ 2006 年，四川长虹均没有经营租赁租入的资产，2007 年发生租赁费 3 475 000 元。

（4）递延税款贷方余额，等于资产负债表中披露的递延税款贷项。

（5）提取的各项准备金，等于年报中资产减值准备明细表中各项数据。

（6）对"摊销的商誉"这一项，四川长虹 2007 年前均不存在商誉，2007 年确认了 95 400 000 元商誉，但经过减值测试未计提减值准备，因此调整时不考虑该项。

（7）当期未投入实际生产经营的资产，综合年报中的信息，包括短期投资、应收补贴款及在建工程三项。

计算过程见表 9 – 3。

表 9 – 3　　　　　　　　　　　　计算投入资本　　　　　　　　　　单位：百万元

年度	2000	2001	2002	2003	2004	2005	2006	2007
股权资本	13 070.42	12 993.53	12 859.87	13 057.77	11 329.04	9 657.85	9 432.73	9 124.60
有息债权资本　短期借款	261.49	185.00	853.28	2 163.79	2 688.24	1 987.69	1 858.79	2 354.46
长期借款	6.00	3.00		35.00	70.00	35.00		85.00
一年内到期长期借款	20.00	5.00				35.00	35.00	
应付债款								
资本化费用　研发费用						87.63	88.65	91.81
市场拓展费用		73.56	80.77	92.35	52.37	127.30	547.75	24.92
经营租赁								3.48
递延税款贷方余额	10.41	9.18	7.27	5.48	4.49	3.51	2.52	3.70
各项准备金　坏账准备	1.90	5.93	11.56	58.73	58.70	20.34	31.84	108.17
短期投资跌价准备		11.02	11.02	17.96	55.60	104.33	78.05	11.38
存货跌价准备	210.71	261.89	275.11	296.64	315.85	300.60	283.02	265.77
长期投资减值准备	7.82	7.87	7.87	3.91				6.44
固定资产减值准备		206.97	413.56	413.20	406.58	390.18	275.18	135.87
未投入实际生产　在建工程	474.18	399.92	325.54	320.69	297.40	167.01	61.57	16.90
短期投资	567.60	1 104.57	1 105.16	1 048.09	666.40	291.69	174.76	119.39
应收补贴款项			9.35	200.58	219.61	69.90	69.90	28.39
投入资本	12 546.97	12 258.45	13 080.26	14 575.46	13 797.16	12 220.83	12 354.30	12 050.89

资料来源：根据四川长虹（600839）2000～2007 年年报数据整理。

（二）计算税后净经营利润

根据税后净经营利润的计算公式，结合四川长虹历年年报，具体调整项目及计算方法如下：

（1）首先将净利润调整为息税前利润，计算 EVA 概念下的营业所得税，以调整债务利息和所得税对 NOPAT 的影响。

（2）对非正常经营损益，本文使用的数据直接取自年报中"扣除非经常性损益项目和金额"表，该表主要包括短期投资收益、各种形式的政府补贴等内容，与非正常经营损益调整项基本一致。

（3）调整为投入资本的各项费用，根据投入资本中资本化费用项目的调整，该项包括历年研发费用支出和市场拓展费用及 2007 年发生的租赁费；按照我国专利法的规定，发明专利的保护期限为 20 年，实用新型与外观设计的保护期限为 10 年，因此，本文设定研发费用按 15 年摊销；由于家电行业产品更新较快，设定市场拓展费按 5 年摊销。

（4）每年提取的各项准备金，等于年报中资产减值准备明细表中各项数据的期末数减去期初数。

（5）递延税款贷方增加额，等于资产负债表中披露的递延税款贷项的期末数减去期初数。

计算过程见表 9 - 4。

表 9 - 4　　　　　　　　　　　　　计算税后净经营利润　　　　　　　　　　　单位：百万元

年度	2000	2001	2002	2003	2004	2005	2006	2007
净利润	285.92	83.27	158.68	218.70	-3 684.67	275.54	299.97	224.34
所得税	68.07	21.68	30.79	59.48	13.34			39.59
利息费用	15.15	26.30	26.25	42.82	97.49	106.31	130.05	122.52
EBIT	369.13	131.25	215.73	321.00	-3 573.84	381.85	430.03	386.45
所得税税率	0.15	0.15	0.15	0.15	0.15	0.15	0.15	0.15
息前税后利润	313.76	111.56	183.37	272.86	-3 037.76	324.58	365.52	328.48
非正常经营损益	79.79	146.60	73.84	121.52	51.53	140.82	256.56	80.53
广告费用		73.56	80.77	92.35	154.03	467.91	574.75	28.39
研发费用						87.63	88.65	91.81
资本化费用摊销		14.71	30.87	49.33	80.14	179.57	285.72	281.36
各项准备金余额增加额	82.07	464.40	-13.49	156.12	-64.12	22.15	-316.86	35.92
递延税款贷方余额增加	-1.22	-1.22	-2.60	-1.00	-1.00	-0.99	-0.99	3.33
NOPAT	314.82	486.98	143.35	349.48	-3 080.50	580.90	168.81	126.05

资料来源：根据四川长虹（600839）2000～2007 年年报数据整理。

（三）计算加权平均资本成本

加权平均资本成本是考虑企业用各种融资方式取得的单项资本成本（债务资本成本、权益资本成本），以各单项资本占总资本的比例为权重，计算出的反映企业综合资本成本的指标。此处仅列出计算方法及过程，计算过程见表9－5。

$$K_{WACC} = \frac{D}{V} \times K_D \times (1 - T) + \frac{P}{V} \times K_P + \frac{E}{V} \times K_E$$

其中，K_D、K_P、K_E分别代表（有息）债务资本成本、优先股资本成本、普通股权益资本成本；D、P、E分别代表债务资本、优先股、普通股权益资本；V代表企业资本总额。

由资本资产定价模型（CAPM）可计算得出普通股权益资本成本：

$$K_e = K_f + \beta \times (K_m - K_f)$$

其中，K_f代表无风险利率，K_m代表市场证券组合的期望收益率，β代表股票的系统风险。

表9－5　　　　　　　　　　　　　　计算加权平均资本成本

项目	2000年	2001年	2002年	2003年	2004年	2005年	2006年	2007年
短期借款（百万元）	285.00	85.00	1 621.55	2 706.02	2 670.50	1 304.93	2 412.66	2 296.25
长期负债（百万元）	16.00	—	—	70.00	70.00	70.00	—	170.00
股东投入资本（百万元）	13 215.56	12 771.50	12 948.24	13 167.28	9 490.79	9 824.91	9 040.54	9 208.65
全部资本（百万元）	13 516.66	12 856.50	14 569.80	15 943.30	12 231.25	11 199.84	11 453.20	11 674.90
短期负债比重（%）	2.11	0.66	11.13	16.97	21.83	11.65	21.07	19.67
长期负债比重（%）	0.12	0.00	0.00	0.44	0.57	0.63	0.00	1.46
权益比重（%）	97.77	99.34	88.87	82.59	77.59	87.72	78.93	78.88
短期债务资本成本（%）	5.85	5.85	5.31	5.31	5.58	5.58	6.00	6.48
长期债务资本成本（%）	6.03	6.03	5.49	5.49	5.49	5.49	6.17	6.84
无风险报酬率（%）	2.25	2.25	1.98	1.98	2.25	2.25	2.52	3.47
风险溢价（%）	4.40	4.40	4.40	4.40	4.40	4.40	4.40	4.40
β系数	0.83	1.07	0.96	1.18	0.99	0.94	0.92	1.18
权益资本成本（%）	5.92	6.96	6.19	7.15	6.59	6.38	6.59	8.66
WACC（%）	5.90	6.95	6.00	6.69	6.18	6.18	6.27	8.00

资料来源：根据四川长虹（600839）2000～2007年年报及CSMAR数据库数据整理。

（四）计算经济增加值

根据经济增加值的计算公式，四川长虹 2000～2007 年的 EVA 计算过程见表 9-6。

表 9-6		计算经济增加值					单位：百万元	
项 目	2000 年	2001 年	2002 年	2003 年	2004 年	2005 年	2006 年	2007 年
NOPAT	314.82	486.98	143.35	349.48	-3 080.50	580.90	168.81	126.05
CE	12 546.97	12 258.45	13 080.26	14 575.46	13 797.16	12 220.83	12 354.30	12 050.89
WACC（%）	5.90	6.95	6.00	6.69	6.18	6.18	6.27	8.00
EVA	-425.15	-364.66	-641.34	-626.20	-3 933.09	-174.06	-606.38	-837.50

资料来源：根据四川长虹（600839）2000～2007 年年报及 CSNAR 数据库数据整理。

其中，EVA = NOPAT - CE × WACC

从计算结果可以看出，用 EVA 衡量的企业为股东创造的财富与会计利润存在着明显的差异：如图 9-2 所示，在财务报表中，除 2004 年外，四川长虹各年的净利润都是正值；但公司从 2000 年以来的 EVA 却远远小于零。由此说明 2000 年开始，四川长虹没有获得价值增值，股东财富遭受了损失。

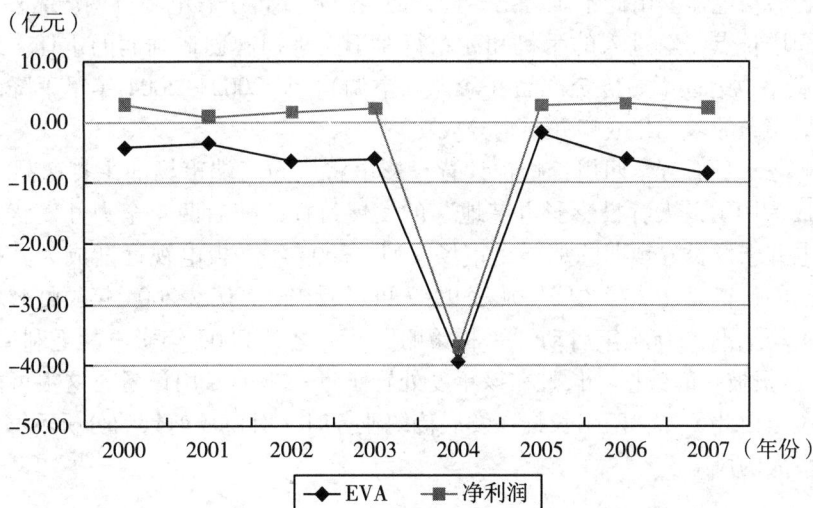

图 9-2 四川长虹 EVA 与净利润对比

是什么因素影响了四川长虹的价值创造呢？根据 EVA 的思想，企业价值受损是由于投入资本所产生的经营收益补偿不了使用这些资本的成本，即四川长虹的盈利能力不能满足所有投资者对投资回报率的预期。因此，本文将从长虹创造价值的能力及投入资本、资本成本两方面进行分析。

三、四川长虹价值创造能力分析

企业的价值创造一方面和产品自身的盈利能力相关，另一方面也取决于管理层的资产营运能力。

从主营产品来看，2000~2007年四川长虹的主营业务构成发生了显著的变化。2004年以前，公司生产销售的主要产品是彩电和空调，其他产品的营业收入占总营业收入的比例维持在相对较低的水平。2004~2006年四川长虹实施了多元化战略"三部曲"：①2004年新设子公司长虹朝华，实现IT产品主营业务收入2.9亿元；②2005年四川长虹手机业务实现收入0.9亿元，并收购美菱电器，进入冰箱行业；③2006年冰箱业务实现收入17.1亿元。截至2007年，四川长虹的主营产品已包括彩电、空调、冰箱、移动通信和IT产品等，传统的彩电和空调占主营业务收入的比例越来越小。四川长虹的产品多元化发展是否为其带来了业绩上的改善呢？

将四川长虹各产品的毛利率与同行业可比企业相比，可以发现：首先，四川长虹的传统产品彩电和空调大体上保持了行业平均水平，而且彩电毛利率略优于海信电器，空调毛利率与格力电器相仿；其次，2005年新开发的手机产品毛利率则差强人意，比深康佳A和TCL集团稍低；第三，冰箱产品的毛利率远不及行业中的优秀企业青岛海尔，而且也明显低于产品结构相似的海信电器。由此不难得出结论，四川长虹除传统彩电和空调产品外，未能形成其他新的利润增长点，新进入的手机和冰箱行业不能承担起创造利润的重任。此外，长虹IT产业的毛利率也远远不如传统产品（彩电和空调），且2002~2004年呈下降的趋势。因此，四川长虹实施的多元化战略并不十分成功。

就彩电业务本身而言，四川长虹预计背投彩电将成为高端市场的主打产品，且于2002年确立了"成为中国最大背投影彩电基地"的发展目标，随后两年全力开发背投彩电。但是，背投彩电并未像长虹预期的那样受市场欢迎，2004年平板电视逐渐成为高端市场的主流，背投产品的价格只能一降再降。从表9-7可以看出，2002~2004年长虹彩电的毛利率低于了行业平均水平，2004年启动"平板策略"后，才使2005年彩电的毛利率大幅回升。根据2006年年报披露的数据，长虹在该年度处置了近一半的专用设备，这很可能与改造背投生产线相关。由此可知，四川长虹在发展传统业务时，对市场前景的分析不够，给公司的经营带来了较大的风险。

表9-7　　　　　　　　　　　四川长虹、行业平均彩电毛利率　　　　　　　　　　单位：%

年　度	2000	2001	2002	2003	2004	2005	2006	2007
四川长虹	12	10.03	15.52	14.56	14.61	18.44	20.97	19.6
行业平均	5.04	6.46	16.69	16.19	16.14	17.96	17.76	18.86

资料来源：根据四川长虹（600839）2000~2007年年报数据整理。

从管理层的资产营运能力分析，如表9-8所示，四川长虹应收账款周转率一直处于较低水平。这意味着，公司虽然每年都实现了百亿元左右的营业收入，但其中大部分均是以应收账款的形式存在的，并不能为企业创造实际可利用的现金流量，如 2002 年长虹实现收入 125.7 亿元，净利润 1.59 亿元，但其经营性现金流量为 -29.9 亿元。2000～2004 年，长虹急于打开海外市场，打造国际型大企业，在出口销售时大量采取信用证结算政策，加大了信用销售力度，使得应收账款周转率进一步下降，到 2004 年仅为 2.68，为海信电器的 1/10。

表 9-8　　　　　　　　　　　　　　　应收账款周转率比较

年　度	2000	2001	2002	2003	2004	2005	2006	2007
四川长虹	4.21	3.76	3.39	2.71	2.68	4.86	6.19	10.51
深康佳 A	13.45	12.86	7.74	8.19	7.73	7.55	7.63	6.24
海信电器	13.51	16.45	23.08	18.87	22.46	24.89	26.55	24.02
TCL 集团			33.14	17.6	5.5	8.35	10.31	10.5

资料来源：根据 4 家上市公司 2000～2007 年年报数据整理。

不仅如此，四川长虹的应收账款结构（见图 9-3）也不合理。在拓展海外市场时，长虹销往北美市场的产品几乎都是由 APEX 公司代理的。从 2001 年开始，长虹源源不断地将其彩电发往 APEX，而 APEX 却总是以未收到产品或产品存在质量问题等为借口，拖欠或拒付货款，导致长虹的应收账款激增，到 2003 年为 61.05 亿元。但是，长虹并没有对应收账款的管理引起重视，凭历史经验和主观判断确定了计提坏账准备的会计政策，尽量少提准备金（见表 9-9）。而且，2002～2004 年长虹对 APEX 公司的应收账款占总应收账款的 70% 以上。应收账款如此集中，无疑加大了营运风险。

表 9-9　　　　　　　　　　　　　应收账款与坏账准备　　　　　　　　　　　单位：亿元

项　目	2000 年	2001 年	2002 年	2003 年
应收账款	204.8	301.81	440.66	610.54
坏账准备	0.09	0.21	3.33	9.84

2004 年，APEX 公司由于经营不善、涉及专利费、美国对中国彩电反倾销等因素，无法全额支付所欠款项，导致长虹不得不计提大量坏账准备。不仅如此，由于与 APEX 的销售合作中止，造成了原购买的专用件存货积压、对 APEX 公司的商返机（专用机）利用价值下降等资产减值问题。正是这些坏账，导致 2004 年度长虹的管理费用猛增，多年的盈利累积瞬间崩塌。

计算 NOPAT 时，应资本化的费用（研发费用、广告费用等）是重要的调整项目。其主要原因是，公司对研发费用、广告费用等的投入，可以增强公司产品的竞争优势，提高公司产品的知名度，对企业创造价值有实质性的贡献。但是一直到 2005 年前，四川长虹的年报中都没有关于研发投入的详细披露。实际上，2001～2004 年，四川长虹的无形资产仅由土地使用权和软件使用权两项构成，且软件使用权的取得方式均为外购；而格力电器、青岛海尔等企业早在 2001 年便拥有了工业产权及专有技术。TCL 集团的管理层也意识到产品研发

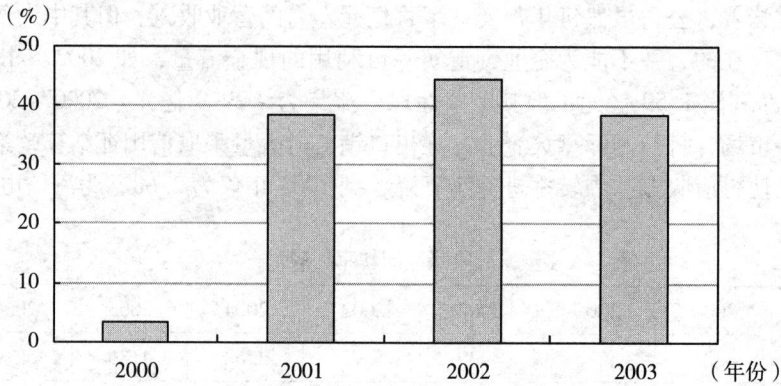

图 9 - 3　四川长虹应收账款结构分析

资料来源：根据四川长虹（600839）2001～2004 年年报数据整理。

的重要性，提出"在通信产业的研发投入要达到（营业收入的）5%，家电达到 3%"，而长虹尽管从 2005 年开始加大了研发投入力度，但根据年报中的数据计算，研发费用占营业收入的比例却不到 0.1%。

四川长虹对产品研发不够重视，其深层次的原因在于企业的薪酬制度缺乏激励管理层进行技术创新的动力。管理层的报酬似乎和企业业绩并不相关。如图 9 - 4 所示，2001～2005 年间，管理层报酬变化不大；2004 年长虹虽然巨额亏损，但管理层的报酬反而有所提高；2006 年开始，管理层报酬呈上升趋势，但企业的净利润却不见增长。

根据年报披露的信息，四川长虹在 2004 年才建立起董事、监事和高级管理人员的绩效评价标准与激励约束机制，按照 KPI 指标对个人业绩和绩效进行考评。在缺乏业绩评价与薪酬激励的情况下，管理层关心的是短期利润，而不会关注不能带来当期效益的核心技术研发投入。专有技术的缺乏无疑减弱了长虹产品的市场竞争优势，是造成其产品盈利能力较差的一个重要原因。家电行业竞争激烈，通过技术开发保持产品的竞争优势，是获得持续稳定价值创造能力的关键因素。

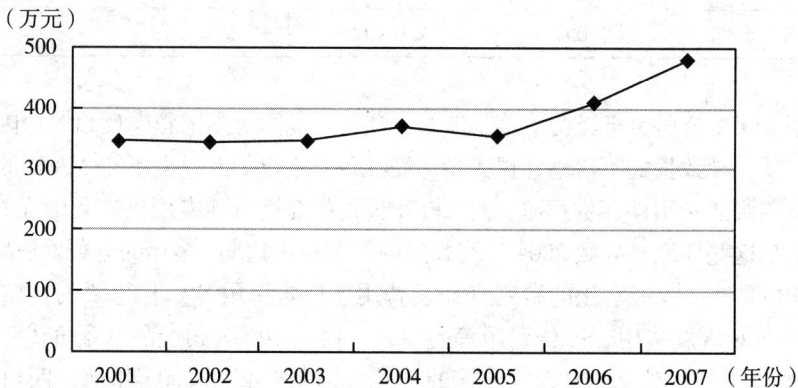

图 9 - 4　管理层报酬变化趋势

资料来源：根据四川长虹（600839）2000～2007 年年报数据整理。

用 EVA 指标对企业进行业绩评价，价值创造能力只是一方面，另一个需要重点分析的方面是企业使用的投入资本及其成本。只有当企业利用资本获得的收益（税后净经营利润）补偿了全部投入资本的成本后，剩下的收益才能使股东的财富增加。那么，四川长虹在资本投入方面对 EVA 产生了什么样的影响呢？

四、投入资本及资本成本分析

通过计算投入资本（CE）可知，四川长虹最主要投入资本是股东权益。1995 年、1997 年和 1999 年，长虹三次通过配股的方式融资，共募集资金 44 亿元，2000 年年末股东权益已达 132.16 亿元。但是，投入资本的急速增加并没有带来相应的收益。如图 9-5 所示，1995~1999 年四川长虹的主营业务收入增长率一直呈下降的趋势，而且 1998 年、1999 年两年甚至是负增长；股东权益的增长速度明显高于主营业务收入的增长。

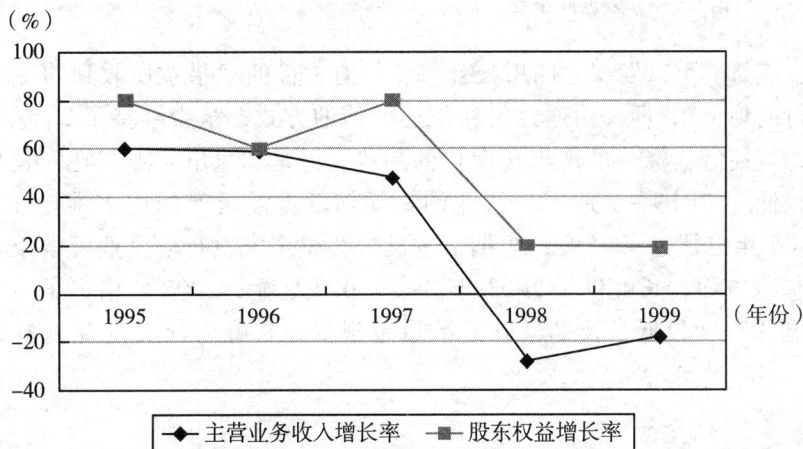

图 9-5 权益资本投入与产出分析

资料来源：根据 CSMAR 数据库整理。

由于 2004 年的严重亏损，多年累积的利润被冲减掉，导致四川长虹权益资本缩水了 37.26 亿元，2004 年年末为 94.9 亿元。但此时，四川长虹的净资产收益率已持续多年低于 6%，达不到《上市公司证券发行管理办法》中有关配股增发的要求，不能通过外部股权再融资的方式筹集资金。因此，长虹几乎无法再追加投入任何权益资本，资本投入受到限制无疑会影响企业的发展潜力。

从债务资本投入分析，家电行业历年平均的资产负债率均在 50% 以上，而四川长虹却不到 40%。如图 9-6 所示，四川长虹的资产负债率远远低于行业的平均水平。负债能为投资者带来杠杆收益，而且不会稀释股权，适当地利用债务可提高企业的盈利水平，增加债务资本似乎能促进长虹的发展。

事实上，四川长虹也意识到了这一点。从 2001 年开始，四川长虹借入的短期贷款数量便呈上升趋势。2003~2007 年（除 2005 年外），长虹的短期借款余额均在 20 亿元以

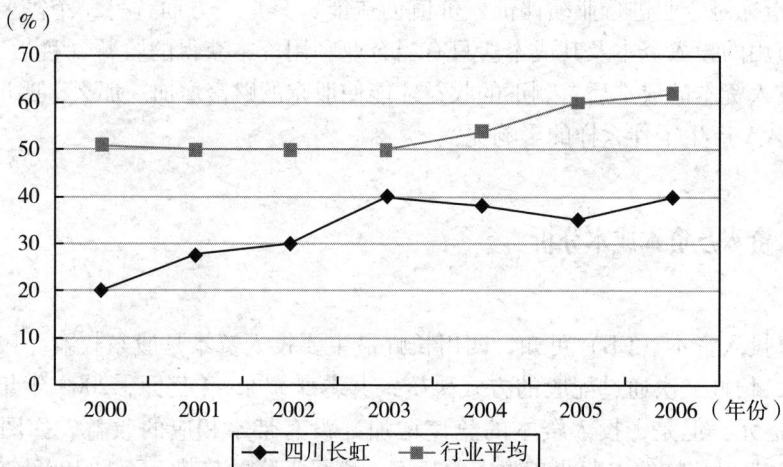

图 9-6 资产负债率

资料来源：根据 CSMAR 数据库整理。

上。通过现金流量表可以发现，四川长虹每年均有大额的"借款所收到的现金"和"偿还债务所支付的现金"，即公司通过借新债还旧债的方式，至少维持了 20 亿元的短期借款基本存量，短期借款资金呈现出长期化的趋势。但是和家电行业相比，长虹的短期借款水平仍然较低。如图 9-7 所示，行业的短期借款占总资产的比例维持在 10% 以上，且 2002～2004 年更超过了 15%，短期借款已成为整个家电行业企业资本投入的重要来源。在长期借款方面，长虹仅于 2003 年借入了 0.7 亿元，2007 年借入了 1.7 亿元。对短期借款的利用程度较低，长期借款的数量也很少，长虹为什么没有更多地利用债务资本呢？

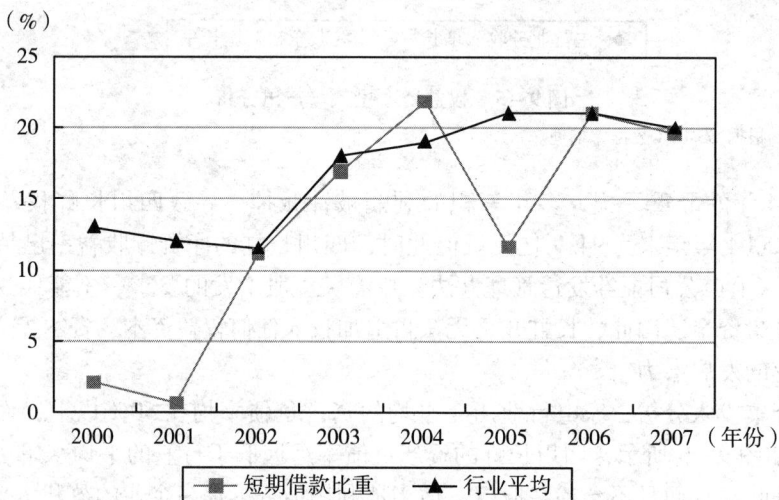

图 9-7 短期借款占资产总额的比例

资料来源：根据 CSMAR 数据库整理。

表 9 - 10 是四川长虹和可比企业财务杠杆系数、权益乘数的对比。权益乘数反映了企业利用财务杠杆的程度，财务杠杆系数的大小则反映出企业财务风险状况。

根据表 9 - 10 中的数据可知，四川长虹虽然对财务杠杆的利用程度较低，但其财务风险却与其他企业相差无几。特别是 2005 ~ 2007 年，提高权益乘数后进一步增加了财务杠杆系数。当前家电行业竞争已经很激烈，加上自身产品的收入成长性不强，之前又存在应收账款管理的严重失误，四川长虹已面临着较大的经营风险。因此，长虹没有过多地利用财务杠杆，实属是减小企业总风险不得已的选择。

对于四川长虹来说，负债率过低其实是非常不经济的。权益资本的成本较债务资本成本高，降低债务比例会增加企业的加权平均资本成本，从而导致企业使用资本付出更多的成本。这也是四川长虹 EVA 为负值的一个重要原因。

表 9 - 10 　　　　　　　　　　财务杠杆、财务风险比较

	年度	2000	2001	2002	2003	2004	2005	2006	2007
财务杠杆系数	四川长虹	1.04	1.25	1.14	1.15		1.39	1.43	1.46
	深康佳 A	1.15		1.38	1.16	1.01	1.08	1.03	1.1
	海信电器	1.44	1.01	1.08	1.03	1.01	1.07	1.03
	TCL 集团			1.15	1.14	1.3			1.86
权益乘数	四川长虹	1.25	1.36	1.43	1.65	1.6	1.55	1.64	1.92
	深康佳 A	2.4	2.11	2.04	2.68	2.49	2.42	2.62	2.35
	海信电器	1.64	1.64	1.57	1.53	1.66	2.02	1.81	2.08
	TCL 集团			7.64	7.04	5.63	6.12	7.38	3.66

资料来源：根据 4 家上市公司 2000 ~ 2007 年年报数据整理。部分年度由于 EBIT 小于零，或当年度利息费用大于 EBIT，故未计算财务杠杆系数。

五、四川长虹 EVA 分析对管理层的启示

EVA 更加真实有效地度量了企业的价值增值水平，经过对四川长虹价值创造及投入资本的分析，可以发现长虹在价值增值能力上存在的一些问题。

第一，缺乏"使用资金必须付出成本"的意识。在经营状况较好的 1995 ~ 1998 年，没有对其资本投入的结构进行长远的分析和规划，而是一味地在资本市场上增发融资。一方面，营业收入的成长性并没有随权益资本的投入而得到改善；另一方面，过多地使用权益资本提高了企业加权平均资本成本，使企业价值增值背上了沉重的包袱。

第二，市场前景分析不清，发展战略规划失误。1997 年长虹迎来发展的辉煌时期，而此后净利润急速下滑：1999 年下跌 69.87%，2000 年下跌 45.57%。面临发展的瓶颈，长虹将大部分资本投入开发背投电视，并力图成为中国最大的背投影彩电基地。而实际上，背投产品在市场上反响平平，很快就被新产品平板电视所替代，背投电视成为长虹日后发展的包

袱。2004~2006年，长虹试图通过开发新产品，寻找新的利润增长点，但结果却并不尽如人意。IT、手机和冰箱的毛利率都不及传统的彩电、空调业务，未能有力地提升企业持续稳定的盈利能力。

第三，一味追求"国际化"，忽视了经营风险。长虹为扭转下滑的业绩，采取的另一个措施是开发国际市场。急于开拓的思想使长虹严重忽视了对应收账款的管理。销售产品大量采取信用结算的方式，往往是产品已经发出，却迟迟不能收回货款。而且，长虹在北美市场的销售代理几乎由APEX垄断，其欠长虹的货款占到了长虹应收账款总额的70%以上。最终，APEX公司经营不善，长虹于2004年对APEX的应收账款计提了25.97亿元坏账准备的巨款，冲减了长虹多年的盈利累积，给企业以后的发展带来严重的影响。

第四，管理层绩效考核体系导致其对产品研发不够重视。根据公司年报，2005年以前几乎找不到关于研发费用的披露；2005~2007年，研发费用投入占主营业务收入的比例也不到0.1%。家电产品升级换代速度较快，只有加强研发，形成自身的核心技术优势，才能保证利润持续稳定的增长。但显然，四川长虹作为行业主导性的企业，尚缺乏引领行业发展方向的家电产品。

四川长虹除2004年外净利润均为正，而EVA却一直为负值的现象告诫管理层，企业应从传统的利润管理向价值管理转换。价值管理（Value-based Management，VBM）是指企业各级管理层的管理理念、管理方法、管理行为和管理决策，都致力于股东价值增值、股东价值最大化的管理机制。正如EVA的推广者Stern-Stewart公司所说，EVA已经由一个单纯的财务指标发展成为一个严密完整的管理体系，是一种以价值增值为导向的管理模式（见图9-8）。基于EVA进行价值管理，就是要以EVA指标为核心，整合企业战略和目标、业绩评价体系、激励体系、组织结构、投资管理与预算控制、融资结构安排等企业管理的各个方面，对企业创造价值的过程进行管理。

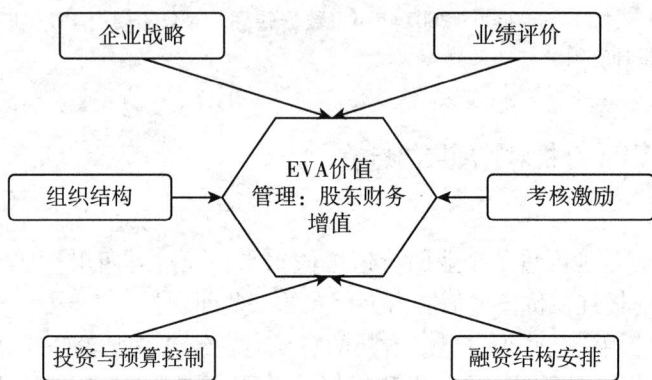

图9-8　EVA管理模式

根据本节对四川长虹EVA的分析，我国企业进行EVA管理实践，应重点关注以下几个方面：

1. 培养"价值增值"的管理理念

EVA指标的核心思想是只有当企业投入资本的回报超过了它的成本时才能创造出新的

价值。因此企业的管理层需要明白，价值创造并不仅是获得利润，而是能够为资本提供人的资本带来价值增值。企业在赚取利润的同时还要看投入了多少资本，靠这些投入资本获得的实际回报率必须高于资本的必要报酬率。四川长虹就因缺乏这样的意识，经营状况较好时，盲目增发筹集资本，不仅没有获得相应产出，而且还提高了企业使用资本的成本。只有当管理层树立了"价值增值"的理念，才能在资本市场上不断取得生存和发展的资源，真正做强做大企业。

2. 建立以"为股东创造价值"为导向的业绩评价体系及激励体系

我国企业的经营业绩评价标准，大都是以会计准则和会计制度计算的净利润指标为主，如资产收益率、权益报酬率等。这些指标不仅难以真实反映企业的经营绩效，而且指标的增长并不一定代表企业价值的增长。EVA 指标通过对会计报表的调整，消除了会计稳健性原则的影响，减少了管理层进行盈余管理的机会，防止了经理人的短期经营行为，并且聚焦于企业的"价值增值"上。在企业业绩评价指标中引入 EVA，更能有效地度量企业的经营是增加了还是减少了股东的财富。

四川长虹管理层的报酬和业绩相关度不高，缺乏激励其进行创新的薪酬制度，导致管理层并不关注核心技术研发，影响了长虹成为引领行业标准的世界级企业。将 EVA 引入绩效考核体系，能够让管理层清楚地意识到，只有为股东创造更多的财富才能增进自己的利益。创造价值的途径又在很大程度上依赖于技术进步，从而能引起管理层对研发的重视。

3. 增强企业战略管理能力

四川长虹"背投彩电开发"之败、"产品多元化发展"之误表明，管理层对企业未来发展方向缺乏详细的分析，制定的发展战略不够合理；"国际市场拓展"之错则反映出管理层的战略执行能力较弱，没有很好地控制经营风险。因此，管理层在战略制定前应对企业面临的内外部环境有充分的了解，在战略执行的过程中应不断保持对战略的评价与控制，以便及时发现差异，适时采取措施予以调整。从 EVA 管理的角度看，即是要从企业战略目标出发，通过合理设计，将企业的战略贯彻到财务指标的考核中，实现企业价值增值。

六、案例总结与值得进一步思考的问题

从报表显示的利润数字上看，四川长虹每年都在盈利，但用经济增加值评价企业业绩，长虹并没能为股东创造出新的价值。通过上述对四川长虹 EVA 的计算和分析，可以得出如下概括性的结论：

第一，长虹利用资本创造价值的能力较弱。主营产品毛利率除传统的彩电、空调基本维持了行业水平外，新开发的 IT、手机和冰箱等都比不上行业中较优秀的企业；盲目开发背投彩电、急于拓展国际市场等经营策略给企业带来巨大的风险，降低了企业的资产管理效率。

第二，对资本投入缺乏规划，资金使用成本过高。在经营业绩较好的时期，长虹频繁地在资本市场上融资，忽视了对财务杠杆的运用，增加了企业的加权平均资本成本，给日后经营种下苦果；而经营状况恶化时，增发条件的限制使长虹无法再通过股权融资追加资本投入，财务风险的限制使其无力借入更多的债务，未来发展陷入困境。

　　第三，企业应从传统的利润管理转变为价值管理，管理层可基于 EVA 构建价值管理体系。价值管理是指对企业创造价值的过程进行管理，其目标是实现股东财富最大化或股东价值增值，EVA 正是一种价值管理的度量指标。将 EVA 引入企业的业绩评价体系和激励体系，贯穿战略、投资决策、预算控制、融资安排等管理的各个方面，能改善企业经营业绩。

第十章

平衡计分卡分析[①]

第一节　平衡计分卡分析方法概述

一、平衡计分卡分析方法概念

平衡计分卡是从财务、客户、内部运营、学习与成长四个角度，将组织的战略落实为可操作的衡量指标和目标值的一种新型绩效管理体系。设计平衡计分卡的目的就是要建立"实现战略制导"的绩效管理系统，从而保证企业战略得到有效的执行。因此，人们通常称平衡计分卡是加强企业战略执行力的最有效的战略管理工具。

二、平衡计分卡分析方法主要内容

（一）平衡计分卡基本理论

平衡计分卡方法打破了传统的只注重财务指标的业绩管理方法。平衡计分卡认为，传统的财务会计模式只能衡量过去发生的事情（落后的结果因素），但无法评估组织前瞻性的投资（领先的驱动因素）。在工业时代，注重财务指标的管理方法还是有效的。但在信息社会里，传统的业绩管理方法并不全面，组织必须通过在客户、供应商、员工、组织流程、技术和革新等方面的投资，获得持续发展的动力。正是基于这样的认识，平衡计分卡方法认为，组织应从四个角度审视自身业绩：学习与成长、业务流程、顾客、财务。

---

① 本章涉及的图表均为作者根据相关资料整理而得。

其中，平衡计分卡所包含的五项平衡：

1. 财务指标和非财务指标的平衡

目前企业考核的一般是财务指标，而对非财务指标（客户、内部流程、学习与成长）的考核很少，即使有对非财务指标的考核，也只是定性的说明，缺乏量化的考核，缺乏系统性和全面性。

2. 企业的长期目标和短期目标的平衡

平衡计分卡是一套战略执行的管理系统，如果以系统的观点来看平衡计分卡的实施过程，则战略是输入，财务是输出。

3. 结果性指标与动因性指标之间的平衡

平衡计分卡以有效完成战略为动因，以可衡量的指标为目标管理的结果，寻求结果性指标与动因性指标之间的平衡。

4. 企业组织内部群体与外部群体的平衡

平衡计分卡中，股东与客户为外部群体，员工和内部业务流程是内部群体，平衡计分卡可以发挥在有效执行战略的过程中平衡这些群体间利益的重要性。

5. 领先指标与滞后指标之间的平衡

财务、客户、内部流程、学习与成长这四个方面包含了领先指标和滞后指标。财务指标就是一个滞后指标，它只能反映公司上一年度发生的情况，不能告诉企业如何改善业绩和可持续发展。而对于后三项领先指标的关注，使企业达到了领先指标和滞后指标之间的平衡。

（二）平衡计分卡的目标

平衡计分卡中的目标和评估指标来源于组织战略，它把组织的使命和战略转化为有形的目标和衡量指标。BSC 中客户方面，管理者们确认了组织将要参与竞争的客户和市场部分，并将目标转换成一组指标。如市场份额、客户留住率、客户获得率、顾客满意度、顾客获利水平等。BSC 中的内部经营过程方面，为吸引和留住目标市场上的客户，满足股东对财务回报的要求，管理者需关注对客户满意度和实现组织财务目标影响最大的那些内部过程，并为此设立衡量指标。在这一方面，BSC 重视的不是单纯的现有经营过程的改善，而是以确认客户和股东的要求为起点、满足客户和股东要求为终点的全新的内部经营过程。BSC 中的学习和成长方面确认了组织为了实现长期的业绩而必须进行的对未来的投资，包括对雇员的能力、组织的信息系统等方面的衡量。组织在上述各方面的成功必须转化为财务上的最终成功。产品质量、完成订单时间、生产率、新产品开发和客户满意度方面的改进只有转化为销售额的增加、经营费用的减少和资产周转率的提高，才能为组织带来利益。因此，BSC 的财务方面列示了组织的财务目标，并衡量战略的实施和执行是否为最终的经营成果的改善做出贡献。BSC 中的目标和衡量指标是相互联系的，这种联系不仅包括因果关系，而且包括结果的衡量和引起结果的过程的衡量相结合，最终反映组织战略。

（三）平衡计分卡的主要内容

平衡记分卡的设计包括四个方面：财务角度、顾客角度、内部经营流程、学习和成长。

这几个角度分别代表企业三个主要的利益相关者：股东、顾客、员工每个角度的重要性取决于角度的本身和指标的选择是否与公司战略相一致。其中每一个方面，都有其核心内容（见图10－1）：

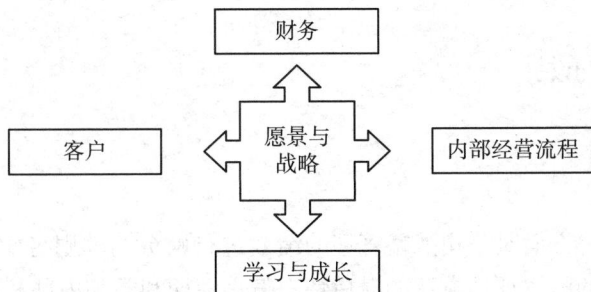

图10－1　平衡计分卡核心内容

1. 财务层面

财务业绩指标可以显示企业的战略及其实施和执行是否对改善企业盈利做出贡献。财务目标通常与获利能力有关，其衡量指标有营业收入、资本报酬率、经济增加值等，也可能是销售额的迅速提高或创造现金流量。

2. 客户层面

在平衡记分卡的客户层面，管理者确立了其业务单位将竞争的客户和市场，以及业务单位在这些目标客户和市场中的衡量指标。客户层面指标通常包括客户满意度、客户保持率、客户获得率、客户盈利率，以及在目标市场中所占的份额。客户层面使业务单位的管理者能够阐明客户和市场战略，从而创造出出色的财务回报。

3. 内部经营流程层面

在这一层面上，管理者要确认组织擅长的关键的内部流程，这些流程帮助业务单位提供价值主张，以吸引和留住目标细分市场的客户，并满足股东对卓越财务回报的期望。

4. 学习与成长层面

它确立了企业要创造长期的成长和改善就必须建立的基础框架，确立了目前和未来成功的关键因素。平衡记分卡的前三个层面一般会揭示企业的实际能力与实现突破性业绩所必需的能力之间的差距，为了弥补这个差距，企业必须投资于员工技术的再造、组织程序和日常工作的理顺，这些都是平衡记分卡学习与成长层面追求的目标。如员工满意度、员工保持率、员工培训和技能等，以及这些指标的驱动因素。

最好的平衡记分卡不仅仅是重要指标或重要成功因素的集合。一份结构严谨的平衡记分卡应当包含一系列相互联系的目标和指标，这些指标不仅前后一致，而且互相强化。例如，投资回报率是平衡记分卡的财务指标，这一指标的驱动因素可能是客户的重复采购和销售量的增加，而这二者是客户的满意度带来的结果。因此，客户满意度被纳入记分卡的客户层面。通过对客户偏好的分析显示，客户比较重视按时交货率这个指标，因此，按时交付程度的提高会带来更高的客户满意度，进而引起财务业绩的提高。于是，客户满意度和按时交货率都被纳入平衡记分卡的客户层面。而较佳的按时交货率又通过缩短经营周期并提高内部过程质量来实现，因此这两个因素就成为平衡记分卡的内部经营流程指标。进而，企业要改善内部流程质量并缩短周期的实现又需要培训员工并提高他们的技术，员工技术成为学习与成长层面的目标。这就是一个完整的因果关系链，贯穿平衡记分卡的四个层面。

三、平衡计分卡的设计

（一）流程简述

BSC 是一套从四个方面对公司战略管理的绩效进行财务与非财务综合评价的评分卡片，不仅能有效克服传统的财务评估方法的滞后性、偏重短期利益和内部利益以及忽视无形资产收益等诸多缺陷，而且是一个科学的集公司战略管理控制与战略管理的绩效评估于一体的管理系统，其基本原理和流程简述如下：

第一，以组织的共同愿景与战略为内核，运用综合与平衡的哲学思想，依据组织结构，将公司的愿景与战略转化为下属各责任部门（如各事业部）在财务（Financial）、顾客（Customer）、内部流程（Internal Processes）、创新与学习（Innovation&Learning）等四个方面的系列具体目标（即成功的因素），并设置相应的四张计分卡。

第二，依据各责任部门分别在财务、顾客、内部流程、创新与学习四种计量可具体操作的目标，设置一一对应的绩效评价指标体系，这些指标不仅与公司战略目标高度相关，而且是以先行（Leading）与滞后（Lagging）两种形式，同时兼顾和平衡公司长期和短期目标、内部与外部利益，综合反映战略管理绩效的财务与非财务信息。

第三，由各主管部门与责任部门共同商定各项指标的具体评分规则。一般是将各项指标的预算值与实际值进行比较，对应不同范围的差异率，设定不同的评分值。以综合评分的形式，定期（通常是一个季度）考核各责任部门在财务、顾客、内部流程、创新与学习四个方面目标执行情况，及时反馈，适时调整战略偏差，或修正原定目标和评价指标，确保公司战略得以顺利与正确地实行。

BSC 管理循环过程的框架，见图 10 - 2：

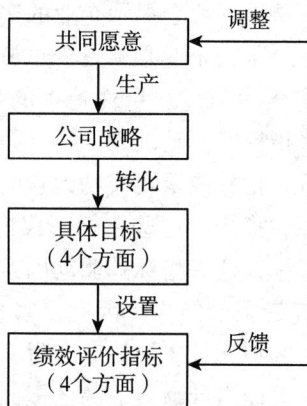

图 10 - 2　BSC 管理循环过程的框架

（二）实施原则

一个结构严谨的平衡计分卡，应包含一连串连接的目标和量度，这些量度和目标不仅前后连贯，同时互相强化。就如同飞行仿真器，包含一套复杂的变量和因果关系，其包括领先、落后和回馈循环，并能描绘出战略的运行轨道和飞行计划。

建立一个战略为评估标准的平衡计分卡须遵守三个原则：

（1）因果关系；

（2）成果量度与绩效驱动因素；

（3）与财务联结。

此三原则将平衡计分卡与企业战略连接，其因果关系链代表目前的流程和决策，会对未来的核心成果造成哪些正面的影响。这些量度的目的是向组织表示新的工作流程规范，并确立战略优先任务、战略成果及绩效驱动因素的逻辑过程，以进行企业流程的改造。

（三）实施步骤

（1）定义远景；

（2）设定长期目标（时间范围为 3 年）；

（3）描述当前的形势；

（4）描述将要采取的战略计划；

（5）为不同的体系和测量程序定义参数。

在构造公司的平衡记分卡时，高层管理人员强调保持各方面平衡的重要性。为了达到该目的，可口可乐瑞典饮料公司使用的是一种循序渐进的过程，采取三个步骤：

第一步，阐明与战略计划相关的财务措施，然后以这些措施为基础，设定财务目标并且确定为实现这些目标而应当采取的适当行动。

第二步，在客户和消费者方面重复该过程，在此阶段，注重的问题是"如果我们打算完成我们的财务目标，我们的客户必须怎样看待我们?"

第三步，公司明确向客户和消费者转移价值所必需的内部过程，然后公司管理层问自己的问题是：自己是否具备足够的创新精神？自己是否愿意为了公司以一种合适的方式发展和变革？经过上述过程，公司为了确保各个方面达到平衡，并且所有的参数和行动都能向同一个方向变化，公司决定在各方达到完全平衡之前有必要把不同的步骤再重复几次。

将平衡记分卡的概念分解到每个员工的层面上很关键。在可口可乐瑞典饮料公司，重要的一点是，只依靠那些个人能够影响到的计量因素来评估个人业绩。这样做的目的是，通过测量与他的具体职责相关联的一系列确定目标来考察他的业绩，根据员工在几个指标上的得分而建立奖金制度，从而保障公司控制或者聚焦于各种战略计划上。

四、平衡计分卡的平衡关系

基于战略管理的业绩评价指标体系应体现多方面的平衡性，本部分将着重探讨这些平衡关系。

（一）结果指标与动因指标的平衡

典型的平衡计分卡有四个方面，每个方面有 4 ~ 7 个单独的指标。常见平衡计分卡指标如表 10 - 1 所示。因此，一个平衡计分卡大约有 25 个指标。但是，企业有可能专注 25 个单独的事情吗？如果一个业绩评价指标体系中包含太多的指标，而这些指标又被用于反映不同的决策指标，这种复杂的反映多目标的指标体系能行得通吗？显然，答案是行不通的。

表 10 - 1 　　　　　　　　　　常见平衡计分卡指标

财务指标	营业利润、收入增长、毛利率、经济增加值、投资回报率等
顾客角度	市场份额、顾客满意度、顾客保持率、满足顾客请求的时间、顾客抱怨数等
内部业务角度	新产品开发时间、新产品质量、专利数、缺陷率、及时交付率、修理缺陷产品的时间等
学习和创新角度	员工受教育水平、员工满意度、员工流动率、先进技术更新率等

一个由多个指标组成的指标体系应被视为一个做单一决策的工具，即企业要有一个具有因果关系的指标体系来阐述和传达它的战略。在平衡计分卡中，财务方面的指标是企业追求的结果，其他三个方面的指标是取得这种结果的动因。比如，投资报酬率是财务方面的计量指标，客户方面的客户忠诚度对投资报酬率有极大的影响。但如何保持客户呢？分析表明，按时交货对客户有很大的作用。因此，改善按时交货可以产生较高的客户忠诚，同时也将产生较好的财务结果。因此，客户忠诚和按时交货才平衡计分卡的客户方面被结合起来。为了实现按时交货，公司可能会要求在经营过程中缩短周转时间并提高产品质量，于是这两项内容被纳入内部经营过程方面。那么，企业如何改善质量并缩短内部经营的周转时间呢？答案是培训员工提高他们的技术，这就成为学习和成长方面的一项内容。通过上述分析，平衡计分卡的四个方面就形成了一个清晰的关系链。

（二）常规指标和战略指标的平衡

能够用于业绩评价的指标各种各样，但哪些指标能够纳入到基于战略管理的业绩评价系统中呢？根据企业的战略管理的需要，评价指标可分为常规指标和战略指标两类。常规指标是用来监督经营是否保持在控制范围内，并且当例外事件发生时，能否及时对之进行反应的指标，是一个诊断指标。常规指标如果达不到正常标准，将会妨碍企业达到目标，甚至修改目标，因此对这类指标进行监督和诊断。战略指标是为使竞争能力增强和未来成功而制定的指标，它是对企业所处环境和自身条件综合分析的基础之上，选择管理者和员工等利益相关者直接关注的因素而制定的指标。这些指标的良好表现将直接导致企业竞争能力的提高和战略的成功。

对于不同企业和同一企业的不同时期，常规指标和战略指标是不同的，并且两者是可以相互转化的。格力电器公司作为中国电器行业的一个领头兵，在中国市场乃至国际市场的电器行业均占有一定的市场份额，但在公司最开始建立的时候，主要以产品的销售和推广为主，企业想方设法提升市场知名度，扩大销路。由于当时空调产品供不应求，市场机会多、空间大，格力空调的销售也日渐红火。随后战略目标开始转向以抓质量为中心的阶段，先后实施了"精品战略"，提出了"出精品、创名牌、上规模、创世界一流水平"的目标，专门成立了空调行业独一无二的筛选分厂，出台了"总经理十二条禁令"等措施，奠定了格力空调以品质著称的基础。格力电器转入以成本管理为中心的阶段，专门成立了成本管理办公室，在设计、制造、销售等环节灌输成本意识。格力电器以创新和专业化经营战略的模式为人们所熟知，逐渐成长为国际性企业。企业成立之初更关注的有关产品的指标，壮大之后，企业就会根据市场调整战略抓住机遇，设置战略性指标。

从战略管理要求来看，战略管理强调根据不同的发展战略确定不同的关键业绩指标及其延伸指标。因而，评价指标是否具有战略性主要体现在，该指标是否能够对该企业成功的关键因素惊醒计量以及指标体系的结构、评价标准和权重等方面的情况。

（三）利益相关者之间的平衡

美国著名的《商业道德》杂志评选最佳企业公民基于各企业 7 种受益人群体的企业服务的定性评估，他们分别是：股票持有者、雇员、顾客、社会团体、环境、海外投资者和女生与少数民族。一个好的企业应该根据多重受益人群体来决定自己的企业行为。

市场经济条件下，各利益主体间的关系是"合作伙伴"关系，强调的是"双赢"。无论制定何种财务政策，都必须合理兼顾企业所有者利益与其他主体的利益，只有这样，才能正确处理好各种经济关系，使财务分配政策保持动态平衡。当然每个利益相关者之所以愿意为企业做出贡献反映了他们期望在与企业的合作中获得回报。

如果利益相关者感到他从企业得到的回报不足以弥补其对企业的贡献，他将收回他对企业的贡献。比如股东不满，他将转移或撤出他的投资，如果客户不满，将不再购买企业的产品，如果公众不满，将诉诸法律抵制企业的产品，如果员工不满，将消极怠工，如果供应商不满，将会停止服务不按时供货。因此，为了有效保持和利益相关者的关系，企业必须清楚地知道他期望从每个利益相关者那里获得什么以实现其目标，以及每个利益相关者期望的回报是什么（见表 10 - 2）。

表 10 - 2   可以简单描述利益相关者的贡献及要求

利益相关者	投　入	获　取
股东	资本	与风险相适应的投资回报
客户	采购忠诚度	服务、质量和价值
公众	允许企业运作或者不积极反对企业的经营活动	遵守法律，良好的公司形象，恰当的履行社会责任
员工	努力工作、技能、愿望、承担义务	有竞争力的工资和福利，良好的工作环境，收入稳定，待遇公平
供应商	努力工作、技能、愿望、承担义务	与其投入的时间和技能相适应的利益，合乎道德的对待

五、平衡计分卡的特点

平衡计分卡反映了财务与非财务衡量方法之间的平衡，长期目标与短期目标之间的平衡，外部和内部的平衡，结果和过程平衡，管理业绩和经营业绩的平衡等多个方面。所以能反映组织综合经营状况，使业绩评价趋于平衡和完善，利于组织长期发展。

平衡计分卡方法因为突破了财务作为唯一指标的衡量工具，做到了多个方面的平衡。平衡计分卡与传统评价体系比较，具有如下特点：

（一）平衡计分卡为企业战略管理提供强有力的支持

随着全球经济一体化进程的不断发展，市场竞争的不断加剧，战略管理对企业持续发展而言更为重要。平衡计分卡的评价内容与相关指标和企业战略目标紧密相连，企业战略的实施可以通过对平衡计分卡的全面管理来完成。

（二）平衡计分卡可以提高企业整体管理效率

平衡计分卡所涉及的四项内容，都是企业未来发展成功的关键要素，通过平衡计分卡所提供的管理报告，将看似不相关的要素有机地结合在一起，可以大大节约企业管理者的时间，提高企业管理的整体效率，为企业未来成功发展奠定坚实的基础。

（三）注重团队合作，防止企业管理机能失调

团队精神是一个企业文化的集中表现，平衡计分卡通过对企业各要素的组合，让管理者能同时考虑企业各职能部门在企业整体中的不同作用与功能，使他们认识到某一领域的工作改进可能是以其他领域的退步为代价换来的，促使企业管理部门考虑决策时要从企业出发，

慎重选择可行方案。

（四）平衡计分卡可提高企业激励作用，扩大员工的参与意识

传统的业绩评价体系强调管理者希望（或要求）下属采取什么行动，然后通过评价来证实下属是否采取了行动以及行动的结果如何，整个控制系统强调的是对行为结果的控制与考核。而平衡计分卡则强调目标管理，鼓励下属创造性地（而非被动）完成目标，这一管理系统强调的是激励动力。因为在具体管理问题上，企业高层管理者并不一定会比中下层管理人员更了解情况、所作出的决策也不一定比下属更明智。所以由企业高层管理人员规定下属的行为方式是不恰当的。另一方面，目前企业业绩评价体系大多是由财务专业人士设计并监督实施的，但是，由于专业领域的差别，财务专业人士并不清楚企业经营管理、技术创新等方面的关键性问题，因而无法对企业整体经营的业绩进行科学合理的计量与评价。

（五）平衡计分卡可以使企业信息负担降到最少

在当今信息时代，企业很少会因为信息过少而苦恼，随着全员管理的引进，当企业员工或顾问向企业提出建议时，新的信息指标总是不断增加。这样，会导致企业高层决策者处理信息的负担大大加重。而平衡计分卡可以使企业管理者仅仅关注少数而又非常关键的相关指标，在保证满足企业管理需要的同时，尽量减少信息负担成本。

六、平衡计分卡的优缺点

（一）平衡计分卡的优点

平衡计分卡不仅是一种管理手段，也体现了一种管理思想：只有量化的指标才是可以考核的；必须将要考核的指标进行量化。组织愿景的达成要考核多方面的指标，不仅是财务要素，还应包括客户、业务流程、学习与成长。

实施平衡计分卡的管理方法主要有以下优点：

（1）克服财务评估方法的短期行为；
（2）使整个组织行动一致，服务于战略目标；
（3）能有效地将组织的战略转化为组织各层的绩效指标和行动；
（4）有助于各级员工对组织目标和战略的沟通和理解；
（5）利于组织和员工的学习成长和核心能力的培养；
（6）实现组织长远发展；
（7）通过实施 BSC，提高组织整体管理水平。

（二）平衡计分卡的缺点

平衡计分卡并不能在以下两个重要方面发挥推动企业进步的作用：它不适用于战略制定。卡普兰和诺顿特别指出，运用这一方法的前提是，企业应当已经确立了一致认同的战略。它并非是流程改进的方法。类似于体育运动计分卡，平衡计分卡并不告诉你如何去做，它只是以定量的方式告诉你做得怎样。

平衡计分卡在业绩考核层面运用时，我们需要获得以下突破：平衡计分卡是对传统绩效评价方法的一种突破，但是不可避免地也存在自身的一些缺点。

1. 实施难度大

平衡计分卡的实施要求企业有明确的组织战略；高层管理者具备分解和沟通战略的能力和意愿；中高层管理者具有指标创新的能力和意愿。因此管理基础差的企业不可以直接引入平衡计分卡，必须先提高自己的管理水平，才能循序渐进地引进平衡计分卡。

2. 指标体系的建立较困难

平衡计分卡对传统业绩评价体系的突破就在于它引进了非财务指标，克服了单一依靠财务指标评价的局限性。然而，这又带来了另外的问题，即如何建立非财务指标体系、如何确立非财务指标的标准以及如何评价非财务指标。我们知道财务指标的创立是比较容易的，而其他三个方面的指标则比较难以收集，需要企业长期探索和总结。而且不同的企业面临着不同的竞争环境，需要不同的战略，进而设定不同的目标。因此在运用平衡计分卡时，要求企业的管理层根据企业的战略、运营的主要业务和外部环境加以仔细斟酌。

3. 指标数量过多

指标数量过多，指标间的因果关系很难做到真实、明确。平衡计分卡涉及财务、顾客、内部业务流程、学习与成长四套业绩评价指标，按照 Kap-klan 的说法，合适的指标数目是 20～25 个。其中，财务角度 5 个，客户角度 5 个，内部流程角度 8～10 个，学习与成长角度 5 个。如果指标之间不是呈完全正相关的关系，我们在评价最终结果的时候，应该选择哪个指标作为评价的依据；如果舍掉部分指标的话，是不是会导致业绩评价的不完整性。这些都是在应用平衡计分卡时要考虑的问题。

平衡计分卡对战略的贯彻基于各个指标间明确、真实的因果关系，但贯穿平衡计分卡的因果关系链很难做到真实、可靠，就连它的创立者都认为"要想积累足够的数据去证明平衡计分卡各指标之间存在显著的相关关系和因果关系，可能需要很长的时间，可能要几个月或者几年。在短期内经理对战略影响的评价，不得不依靠主观的定性判断"。而且，如果竞争环境发生了激烈的变化，原来的战略及与之适应的评价指标可能会丧失有效性，从而需要重新修订。

4. 权重分配困难

各指标权重的分配比较困难要对企业业绩进行评价，就必然要综合考虑上述四个层面的因素，这就涉及一个权重分配问题。使问题复杂的是，不但要在不同层面之间分配权重，而且要在同一层面的不同指标之间分配权重。不同的层面及同一层面的不同指标分配的权重不同，将可能会导致不同的评价结果。而且平衡计分卡也没有说明针对不同的发展阶段与战略需要确定指标权重的方法，故而权重的制定并没有一个客观标准，这就不可避免地使得权重的分配有浓厚的主观色彩。

5. 部分指标的量化工作难以落实

尤其是对于部分很抽象的非财务指标的量化工作非常困难，如客户指标中的客户满意程度和客户保持程度如何量化，再如员工的学习与发展指标及员工对工作的满意度如何量化等。这也使得在评价企业业绩的时候，无可避免得带有主观的因素。

6. 实施成本大

平衡计分卡要求企业从财务、客户、内部流程、学习与成长四个方面考虑战略目标的实施，并为每个方面制定详细而明确的目标和指标。在对战略的深刻理解外，需要消耗大量精力和时间把它分解到部门，并找出恰当的指标。而落实到最后，指标可能会多达15～20个，在考核与数据收集时，也是一个不轻的负担。并且平衡计分卡的执行也是一个耗费资源的过程。一份典型的平衡计分卡需要3～6个月去执行，另外还需要几个月去调整结构，使其规范化。从而总的开发时间经常需要一年或更长的时间。

七、平衡计分卡考核方法

目前，平衡计分卡是企业经营业绩评价方面最新、内容最全面的理论和方法，而它所评价的内容与我们的管理业绩评价恰恰有很多相似之处，因此，尝试运用平衡计分卡进行管理业绩评价，肯定会有助于企业提升管理水平。那么，我们如何通过平衡计分卡的运用看管理业绩呢？

（一）从财务指标看企业或组织的获利能力

财务数据是管理业绩评价不可或缺的重要组成部分。企业经营的目的是追求利润，企业管理者的管理业绩水平如何，通过财务数据就能得到一个比较直观的认识。通常情况下，企业的财务指标是和企业的获利能力紧密联系在一起的，它包括营业收入、销售增长速度或产生的现金流量、投资报酬率等，甚至可以是更新的一些指标，例如经济增加值（EVA）。至于财务子模块在整个管理业绩评价体系中的权重，一般随企业类型及发展阶段的不同而有所区别。譬如传统产业企业的权重就可以高一些，如设为30%～40%；对于高新技术产业企业而言，由于其前期大量的研发费用需要在以后相当长的一段时期内进行摊销，所以其权重应当低一些，如20%左右。再如，在企业的成长阶段，由于各方面的投入数额巨大，财务方面的业绩衡量指标的权重应该低一些，如20%左右，到了成熟阶段则可以适当提高其权重，达到30%～40%。

（二）从内部经营看企业或组织的综合提升力

传统的业绩评价体系对企业内部经营过程所确定的目标通常是控制和改善现有职能部门

的作用，主要依据财务指标评价这些部门的经营业绩，还包括评价产品品质、投资报酬率和生产周期等指标，但它仅仅是强调单个部门的业绩，而不是着眼于综合地改善企业的整体经营过程。而平衡计分卡则强调评价指标多样化，不仅包括财务指标，还包括非财务指标。它能够综合地反映企业内部的管理业绩水平，其指标可以包括企业推出新品的平均时耗、产品合格率、新客户收入占总收入的比例、生产销售主导时间、售后服务主导时间等。其设置的权重为20%左右。

（三）从客户子模块看企业或组织的竞争能力

竞争优势归根到底来源于企业为客户创造的超过其成本的价值。价值是客户愿意支付的价钱，而超额价值产生于以低于对手的价格提供同等效益或者所提供的独特效益弥补高价后的盈余。所以，满足客户的需要是企业成功发展的必要条件。在平衡计分卡的客户子模块中，企业管理者要确定企业所要争得的竞争性客户和市场份额，并计算在这个目标范围内的业绩情况。对于企业客户管理业绩水平的评价，其核心指标应包括客户满意程度、客户保持程度、新客户的获得、客户赢利能力，即在目标范围内的市场份额和会计份额。假如这些指标数据所反映出来的情况良好，则表示企业的客户管理是卓有成效的，企业也由此取得了一种重要的核心竞争力。在整个管理业绩评价体系中，可根据不同类型企业设置客户管理指标的不同权重，如在工农业企业中的权重可以低一些，20%左右，而在服务业企业中的权重就应该高一些，如30%~40%。

（四）从学习创新设计看企业或组织的持续后力

企业实现目标、取得成功的重要保证是客户管理和内部经营过程，而企业现有生产能力与业绩目标所要求的实际生产能力之间往往存在着巨大差距。为了缩小这些差距，保证上述两方面目标的实现，企业必须在平衡计分卡中确定学习与创新的目标和评价指标，这是企业实现长期目标的力量源泉。一个企业要创新，其管理者的推动作用不可轻视，而管理者要推动企业学习与创新的发展，他们自己首先必须学会学习与创新。同时，相关的其他主要指标还包括：为员工提供各种培训、提高信息技术、改善信息系统、营造良好的企业文化氛围等。在具体评价时，可以用其措施落实的数量和质量来衡量。这个子模块对于企业管理者个人而言是非常重要的，它直接体现了管理者个人学习与创新的意识和能力，而对于一个有明确发展战略的企业而言，它的权重应该不低于25%。

第二节　平衡计分卡案例分析

平衡计分可案例分析——以青藤药业为例
青藤药业于2008年开始实施平衡计分卡项目，运用战略地图描述战略、平衡计分卡衡量战略，将组织建立成一个战略中心型组织。在过去，青藤药业的财务绩效指标，例如利润率与销售收入等，均获得了不同程度的增长。然而，导致财务绩效增长的原因有很多，例如国家政策、产业环境等，而其中有多大程度是与实施平衡计分卡有关，平衡计分卡的实施究竟有没有促进青藤药业财务绩效的增长，平衡计分卡又是如何在青藤药业中发挥作用的？在实施平衡计分卡的过程中，青藤药业的组织结构成功地由公司职能制转向了矩阵制，青藤药业的营销渠道也开始进行变革。与早期青藤药业上 ERP 系统时经历的变革相对比，这些变革显得更为顺利，受到来自组织内外部的阻力要小的多。因此，产生了这样的疑问，平衡计分卡在此次变革中是否有所帮助，发挥了什么作用？财务绩效的增长与平衡计分卡的实施、组织变革是否又存在联系？并提出了一个有待验证的命题：平衡计分卡影响组织变革，组织变革影响财务绩效。采用案例研究的方法，通过对青藤药业实施平衡计分卡的原因、过程、成果以及青藤药业经历的组织变革进行描述、分析，探索平衡计分卡、组织变革、财务绩效三者之间的关系，对以上提出的命题进行探索研究，构建出平衡计分卡影响企业财务绩效机理理论模型。同时，将青藤药业成功实施平衡计分卡的经验加以概况总结，为其他企业在实施平衡计分卡提供借鉴。

一、公司背景

青藤药业有限公司于 1969 年建厂，是生产原料药和制剂药品的综合性国有大型医药骨干企业，是国家计生委和国家药监局指定的我国最大的计划生育用药科研与生产基地，拥有国内一流生产厂房和国际上处于先进水平的制药装备。如今，青藤药业有限公司已成为集生产、经营、科研开发为一体的综合性的大型制药骨干企业。公司注册资本 3.67 亿元人民币，总资产 7 亿元人民币。在"十五"和"十一五"发展期间，青藤药业年综合经济效益平均增长速度达到 30% 以上，销售收入、工业增加值分别增长 157%、191%，利润增长了近20 倍。

二、青藤药业经历的变革

青藤药业自 2000 年以来，大大小小经历过多次变革：
2003 年 5 月 20 日，青藤药业启动 ERP 项目，开始实行信息化管理。
2003 年 11 月，青藤药业聘请外部人力资源资深专家为公司构建全面绩效管理体系。
2004 年 5 月，为适应进一步深化企业股权改造，推进体制改革，促进企业持续稳定发展，公司实施董事长，总经理分设公司治理结构，并对新一届领导班子的工作职责进行了调整。2005 年公司经历过两次小规模组织结构调整。3 月 28 日，为整合生产资源，有效提高劳动生产率，更快响应市场需求，公司将原四五车间合并为四车间。8 月 25 日，公司原一三车间合并，成立新的三车间。
2008 年 1 月，青藤药业召开为期三天的战略地图/平衡计分卡研讨会。此后，公司开始实行平衡计分卡，将战略地图和平衡计分卡用于战略管理和业绩评价。

2009 年，为了帮助组织实现更好的管理，青藤药业进行了一次大规模的组织结构变革，组织结构由之前的公司职能制转变为矩阵制。管理人员职位与部门都进行了大规模的调整。2011 年，青藤药业下定决心要对营销渠道进行彻底变革。将代理商重新分级，并取消原不符合资质的代理商。营销渠道变革的同时，经营公司的组织结构、人员等会跟着变化。经营公司本有销售一部、销售二部和销售三部。现在青藤药业已将销售一部与销售三部合并，重新拆分为两个新的销售部门。而新成立部门的经理选聘实行竞聘上岗制度。通过竞聘上岗，最终两个新的销售部门共重新选出 8 名大区经理和 26 名省区经理。

三、青藤药业平衡计分卡项目

2008 年 1 月，青藤药业召开为期三天的战略地图/平衡计分卡研讨会，公司董事长、各位副总与平衡计分卡专家参与了此次会议，该会形成了公司战略地图以及公司级平衡计分卡指标体系，并完成副总对公司级指标的认领。

首先，各副总根据自己所辖业务的经验，围绕如何实现战略，进行了激烈的讨论，最终共同协商确定出平衡计分卡四个层面各自的战略主题和战略目标，得出了青藤药业的战略地图。在确定了战略主题之后，便开始制定公司级指标体系。指标体系的制定是通过部门研讨会的形式来进行的，由公司管理层根据战略主题提出相关指标，或描述那些对战略起作用的指标。公司在各个战略主题下共制定了 30 项公司级指标，建立起了青藤药业的公司级战略指标体系，见表 10 - 3。

在公司级的指标体系建立完成以后，需要将公司级的平衡计分卡指标体系转化为部门级的指标体系，及将各个指标分配到部门。在高管团队和部门制定好平衡计分卡指标之后，就要确定目标值。确定目标值时，实际上即为预算的制定过程。各个部门根据现状和未来发展趋势设定自己的目标值并写出行动计划，公司管理层根据实际情况做一些调整。经过反复的上下沟通，最终达成预算目标值的一致。为了保证战略的有效执行，自 2008 年起，青藤药业每季度、每年度都会召开运营分析及战略实施回顾会议。财务部门每个月会出一份运营分析报告交给总经理。董事会办公室每个季度出一份报告。会议上，首先介绍研讨会的背景资料（战略/BSC 工作回顾/价值树/公司战略地图）。其次是按照营销中心、研发中心、管理中心、生产中心分为四组在四个会议室分别研讨各中心的战略地图、目标、指标体系。再次是四个小组分别对研讨成果进行汇报，并相互点评。最后是各小组根据其他组的意见及点评对研讨成果进行修订完善、并进行汇报，发布公司最新的战略地图。青藤药业初步形成了战略研讨与经济运行分析两级管理会议体系。

表 10 – 3　　　　　　　　　　　青藤药业平衡计分卡公司级指标体系

层　面	战略主题	战略目标	指　标
财务	收入增长战略	提高现有产品贡献	现有产品销量增长率
		增加新的收入机会	国际市场销量
			新品销量
	生产力提升战略	改善成本结构	经营现金流量
		提高资产使用率	资产周转率
客户	可信赖的医药产品引领者	提升市场占有率	市场占有率
		建立领先品牌	品牌知名度
	共赢持久的经销商关系	与重点客户共赢	重点客户流失率
		提升客户价值	客户毛利率
		提高服务质量	完美订单履行率
内部业务流程	运营管理流程	加强订单实现管理	生产计划变更次数
			及时供货率
		提高投入产出比消除质量隐患	单位产品生产周期
			制造成本降低率消除质量隐患
			产品一次检验合格率
	客户管理流程	加大品牌宣传	主流媒体宣传力度
		创建高度忠诚的客户	重点客户拜访率
	创新流程	快速推出新产品	每年新品推出数量
		提高研发效率	研发计划执行率
		丰富产品线	立项新产品数量
			申请专利数量
	社会责任流程	提高产品质量业绩	各项质量认证通过率
		提高环境绩效	安全环保达标率
		维护社会关系	负面报道次数
学习与成长	提升信息资本准备度	增强信息收集有效性	外部信息获取满意度
		支持业务流程变革	信息系统与业务流程匹配度
	提升组织资本准备度	增强协调一致	内部客户满意度
		提升领导力	达到胜任能力的领导比率
	提升人力资本准备度	提高关键岗位准备度	关键岗位胜任率
			员工满意度

四、案例分析与发现

（一）平衡计分卡

青藤药业通过实施平衡计分卡发现的问题及所实现的成果有哪些？我们将青藤药业实施平衡计分卡发现的问题及所实现的成果归纳为 13 个子维度：维护品牌形象、吸引新老客户、改进营销渠道、提升运营效率、保证产品质量、维护社会关系、控制经营风险、提升人才储备、改善绩效考核、增强协调一致、加强部门合作、提升领导力、增强信息收集。进一步归纳后，发现青藤药业实施平衡计分卡是想通过维护品牌形象、吸引新老客户，从而优化企业的客户管理；通过改进营销渠道、提升运营效率、保证产品质量、维护社会关系、控制经营风险来改善企业内部流程；通过提升员工素质、改善绩效考核从而增强企业的人力资本；通过增强协调一致、加强部门合作、提升领导力来加强企业的组织资本；通过增强信息收集来提升信息资本准备度。由此，得到了青藤药业实施平衡计分卡的 5 个主维度：客户管理、内部流程、人力资本、组织资本、信息资本。表明青藤药业通过实施平衡计分卡发现的问题以及取得的成果主要是：第一，改善了企业的内部流程。2008 年青藤药业实施平衡计分卡初始，青藤药业便以此为契机，重新制定了部门工作职责，从而明确了各部门职责与工作重点、优化了企业内部流程，提升了青藤药业的运营效率。第二，强化了组织资本。尹翔董事长曾多次提到平衡计分卡这么一个工具把我们青藤药业上下都穿了起来。由此可见，平衡计分卡让青藤药业内部有了更好的沟通，对青藤药业的战略形成了共识。而在青藤药业平衡计分卡项目负责人之一的赵明远主任看来，使用平衡计分卡这么一个工具关键的一点是，它能够帮助管理层及时发现问题，梳理问题。管理层可能对企业内部存在的某一问题早有想法，但有时这只是一个混沌的概念，平衡计分卡可以帮助领导建立逻辑的思维，从而更好的解决问题。第三，提升了原有待提升的人力资本。在与青藤药业尹翔董事长进行深度访谈时，他告诉我们，在请咨询公司来为青藤药业设计变革时，咨询公司的工作人员曾表示惊讶，想不到青藤药业这样一个品牌背后竟是由这样的一些人支撑着。由此可见，为了青藤药业未来的发展人力资本提升是一个急为迫切的问题。

（二）组织变革

青藤药业发生的变革主要涉及三方面：组织结构变革、营销渠道变革、人员结构变革，把它们定义为组织变类别下的 3 个主维度。组织结构的变革主要指的是实施平衡计分卡后，青藤药业发生的一次大规模变革由职能制组织结构转变为矩阵制。组织结构的变革还涉及成立秦皇岛原料基地，2008 年成立打假监察科、2010 年在管理中心下新设投资管理部等。针对矩阵制变革，尹翔董事长曾说，矩阵制的变革是悄然而至的。青藤药业在变革之前，十几个部门之间的协调工作量很大，换成 4 大中心以后，就是 4 个中心之间的协调，协调的次数大大减少，花在协调上的精力与时间都会减少。青藤药业的某代理商曾表示，青藤药业此次营销渠道的变革，并非偶然，酝酿已久。此次营销变革不论是内部还是外部动静都很大。内部将销售部门重组，外部将经销商重新捋顺。2010年7月青藤药业开展了代理商与业务人员的渠道管理培训，为渠道变革做准备；2010年9月完成管理咨询公司的确定；2010年10月、11月，通过对市场一级商、二级商以及终端客户的摸底调研工作，确定了渠道变革方案；2010年12月，结合方案完成经营公司产品营销政策、组织机构调整及人员激励考核政策的制定等相关工作。组织结构与营销渠道发生变革的同时，必然也发生人员结构的调整。为了使有能力的人在青藤药业能够有用武之地，青藤药业实施竞聘上岗。在原来的销售一部与三部重新整合划分出的商务部与OTC部中，有两个部长，下面分成6个省区经理。而这六个省区经理就由三部的骨干和一部的老员工共70多人参加竞聘。

（三）财务绩效

青藤药业已实施平衡计分卡三年，与未实施平衡计分卡的前几年相比，平衡计分卡的财务绩效已得到充分体现。青藤药业平衡计分卡财务绩效可以分为2个维度：成长性与盈利性。成长性主要是指企业净利润、营业收入等的增长，可使用净利润增长率、营业收入增长率等指标来衡量。盈利性指的是企业经营盈利水平的高低，可通过毛利率、总资产收益率、净资产收益率等指标来衡量。这表明青藤药业实施平衡计分卡的财务绩效已经得到显著的体现，并且财务绩效主要反映在盈利性上。这反映出青藤药业实施平衡计分卡后，主要的增长方面在于利润，销售额的增长不如利润增长显著，而利润是由收入减成本所得，由此可见，平衡计分卡使得青藤药业的成本得到有效的控制。

（四）平衡计分卡与组织变革关系

青藤药业实施平衡计分卡与发生的组织变革有什么样的关系？按照研究发现的青藤药业平衡计分卡主维度5个：组织资本与组织结构变革关系、客户管理与营销渠道变革关系、内部流程与人员结构变革关系、内部流程与组织结构变革关系、人力资本与人员结构变革关系。

（五）组织变革对于财务绩效的影响

青藤药业组织变革对财务绩效有什么影响？按照研究发现青藤药业组织变革与财务绩效关系维度4个：组织结构变革对盈利性的影响、组织结构变革对成长性的影响、营销渠道变革对盈利性的影响、营销渠道变革对成长性的影响。组织结构变革对财务绩效的影响主要体现在盈利性方面。组织结构变革优化企业流程、明确部门职责，从而降低了青藤药业的管理成本，提升了青藤药业的盈利性；通过分厂的建立，提升了产能，为财务绩效的成长性奠定了基础。

（六）平衡计分卡与财务绩效的传导模型

综合以上对青藤药业平衡计分卡的分析与发现，青藤药业实施平衡计分卡的成果可分为客户管理、内部流程、人力资本、组织资本、信息资本5个维度，5个主维度下进一步细分为13个子维度；青藤药业组织变革可以分为3个主维度：组织结构变革、营销渠道变革、组织人员变革；实施平衡计分卡后的财务绩效表现为盈利性和成长性2个主维度。由于组织变革与财务绩效两个类别下的主维度数目较少，不再细分子维度，子维度数目与主维度相同。

青藤药业平衡计分卡与组织变革的关系表现为4个维度：组织资本与组织结构变革关系、客户管理与营销渠道变革关系、内部流程与人员结构变革关系、内部流程与组织结构变革关系。组织资本仅与组织结构变革存在相关性，客户管理仅与营销渠道变革存在相关性，内部流程既与人员结构变革相关也与组织结构变革相关。

青藤药业组织变革与财务绩效的关系表现为4个维度：组织结构变革对盈利性的影响、组织结构变革对成长性的影响、营销渠道变革对盈利性的影响、营销渠道变革对成长性的影响。组织结构变革与营销渠道变革二者都能对财务绩效的盈利性与成长性产生影响。

至此，验证了前边提出的传导机制："平衡计分卡影响组织变革，组织变革影响财务绩效。"进一步归纳上述青藤药业平衡计分卡案例研究的发现，可以得出：青藤药业通过实施平衡计分卡，主要优化了内部流程与客户管理、提升了组织资本与人力资本，为组织结构、组织人员、营销渠道的变革疏通了脉络，减小了变革阻力，促进了组织变革，最终通过组织变革，实现了青藤药业盈利性的提升，同时对于财务的成长性也有一定的作用。根据青藤药业平衡计分卡案例的研究，提出一个反映平衡计分卡影响企业财务绩效机理的平衡计分卡与财务绩效传导模型（Model of BSC and Financial Performance Conduction），简称BFC模型，如图10-3所示。

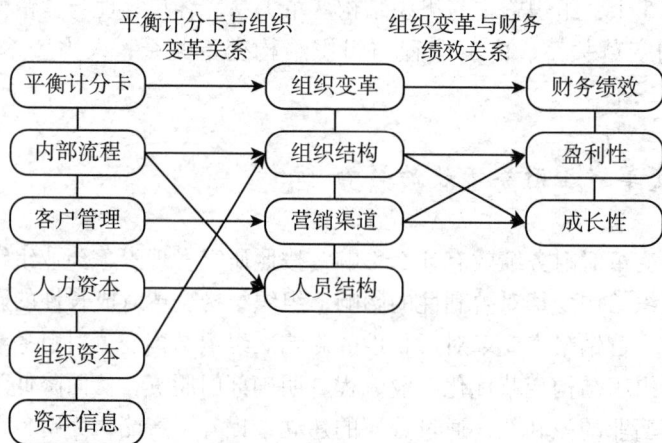

图10-3　平衡计分卡与财务绩效传导模型（BFC）

五、研究结论

（一）结论

通过对青藤药业案例进行分析，本文得出以下结论：

第一，青藤药业实施平衡计分卡强调的重点与获得的成果主要包括：优化内部流程、增强客户管理、提升企业的组织资本和人力资本以及信息资本。优化内部流程使得青藤药业提升了生产与研发效率，保障了产品质量、改进了营销策略，降低了经营风险，维护社会关系。在客户管理方面，青藤药业目标是实现共赢/持久的经销商关系，成为可信赖的医药产品引领者。组织资本的提升体现在公司统一了战略沟通语言，增强了组织内部协同。同时，平衡计分卡作为一种工具，帮助领导者理清管理思路，发现企业存在的问题，提升了领导力。人力资本的提升则保证了青藤药业关键岗位的胜任率与储备率，为青藤药业今后的发展奠定了基础。信息资本则是青藤药业一直持续关注的方面，在如今信息化的时代，只有能够及时获取信息才能保证企业先进。

第二，在观察研究期间，青藤药业期间发生的变革主要涉及的方面包括：组织结构变革，组织人员调整，营销渠道变革。组织结构的变革使得青藤药业简化了部门结构，由职能制转为了矩阵制，减少了部门间的沟通次数，降低了沟通的成本，加强部门间的合作。组织人员的调整，使得有能者能够善尽其才，保证了工作效率。营销渠道的变革则帮助青藤药业销售部门之间实现资源共享，降低了销售费用，规范了经销商制度，打击了渠道中的串货、市场中的假货现象。

第三，通过实施平衡计分卡优化了内部流程，增强了企业内的沟通，统一了企业的战略语言，减小了变革阻力，促进了组织变革。而如何就变革进行沟通和讨论，对于变革的成功来说非常重要。在变革的过程中，沟通的重要性表现在能够促进远景、增强反馈、提供社会支持并有助于在变革过程中对变革进行调整。沟通有助于研究开发团队的成功因素，使管理人员建立可信赖感，说服个人参与变革创新的过程。

第四，青藤药业发生的组织变革对财务绩效有影响，尤其是对财务绩效的盈利性有显著促进作用，对成长性的促进作用相对较弱。近些年来，青藤药业财务绩效的增长主要体现在盈利性方面，销售额并没有获得很大增长。销售额的缓慢增长与青藤药业所处的行业处于接近饱和状态相关。而青藤药业利润的快速增长，则主要是因为组织变革帮助企业优化了组织结构，明确了岗位职责，改善了营销渠道，提升了资源利用率，从而降低了生产研发、销售、管理成本。

第五，青藤药业实施平衡计分卡通过组织变革传导至财务绩效，验证了本文一开始提出的命题："平衡计分卡影响组织变革，组织变革影响财务绩效。"青藤药业平衡计分卡主要实现了内部流程优化、客户管理增强、组织资本和人力资本以及信息资本提升，发生的变革主要涉及了组织结构、人员结构与营销渠道，财务绩效主要体现在盈利性上。通过对青藤药业案例的研究，提出了一个反映平衡计分卡影响财务绩效机理的 BFC 模型。

青藤药业通过平衡计分卡建立了战略中心型组织。使用中青藤药业的管理水平不断提升，利润率稳步提升，在市场饱和的背景下销售额每年也都能获得一定程度的增长。以上成果足以说明青藤药业实施平衡计分卡十分成功。通过对青藤药业的案例研究，本文总结出以下几点青藤药业成功实施平衡计分卡的关键，以此为其他企业借鉴。

第一，在平衡计分卡的实施当中，企业高层领导的支持至关重要。企业的高层领导人对平衡计分卡设计和推广过程的重视、支持与参与是平衡计分卡获得成功的最关键所在。成功的平衡计分卡实施要有一个行政上的支持者，一般是公司的首席执行官、董事长等。在青藤药业，其董事长尹翔对平衡计分卡实施的通力支持正是他们项目得以顺利开展的关键。

第二，需成立跨功能团队推动平衡计分卡的实施。为了保证平衡计分卡的实施，青藤药业成立了一个有高层领导负责的领导团队，他们来自不同的部门，在专业上有着互补优势，团队顶着压力推进平衡计分卡的实施，热情工作，顺利地完成了平衡计分卡的导入。

第三，平衡计分卡工具与"行动学习"研讨方法相结合。在应用平衡计分卡工具建立战略中心型组织的过程中，青藤药业多次运用"行动学习"的研讨方法开展会议，来对公司战略、公司战略指标体系等进行研讨，每一个参与研讨的员工都成为战略及战略指标的制定者，增加了员工对公司战略的认同感，使公司战略的执行的积极性、主动性得到了加强。

（二）局限性

这次采用单一案例研究方法，尽管在选择案例时充分考虑了所选案例的代表性，以提高研究结论的普遍适用性，然而单案例研究存在其固有的局限性，每个企业都有其独特的个性，难以代表所有企业。作为进一步研究，可以在青藤药业案例研究的基础上，对处于不同行业的企业进行验证性研究，从而丰富完善平衡计分卡影响企业财务绩效机理理论模型。在具备广泛的数据来源后，对本书提出的观点和影响进行实证检验，以使本书提出的平衡计分卡影响企业财务绩效机理理论模型具有更广泛的适用性。

主要参考文献

［1］张先治、陈友邦：《财务分析》，东北财经大学出版社 2014 年版。

［2］贺志东：《名家手把手教你财务分析》，人民邮电出版社 2014 年版。

［3］埃里克·赫尔弗特著，刘霄仑、张建军译：《财务分析技术》，东北财经大学出版社 2010 年版。

［4］上海国家会计学院：《财务报表分析》，经济科学出版社 2012 年版。

［5］克里舍·G·佩普、保罗·M·希利、维克多·L·伯纳德著，孔宁宁、丁志杰译：《运用财务报表进行企业分析与估价》，中信出版社 2004 年版。

［6］K. R. 苏布拉马尼亚姆、约翰·J·怀尔德著，宋小明译：《财务报表分析》，中国人民大学出版社 2009 年版。

［7］查尔斯．H 吉布森著，胡玉明译：《财务报表分析》，东北财经大学出版社 2012 年版。

［8］钱爱民、张新民：《财务报表分析（第二版）案例分析与学习指导》，中国人民大学出版社 2011 年版。

［9］胡玉明：《财务报表分析》，东北财经大学出版社 2008 年版。

［10］黄世忠：《财务报表分析：理论·框架·方法与案例》，中国财经出版社 2007 年版。

后　记

  这本书的编写历时一年左右，由大批优秀的老师以及研究生共同撰写，并得到了河北大学的大力支持。每一位编者都尽心尽力，力图使本书可以更好地为读者服务，书中的理论内容是相关教师与编写人员经过多番讨论并借鉴国内外文献所确定的，实例部分则是编写人员经过大量数据分析得到的结果，在此对实例分析所涉及的企业表示感谢，并对帮助我们搜集数据、进行数据分析的张召飞、薛利明同学一并致谢。

  希望本书能对读者有所帮助！

段洪波

二〇一七年十二月三十日

河北大学精品教材建设项目
河北大学工商学院应用型课程建设项目
教育部产教协调育人项目阶段性成果

企业财务报表分析

练习册

段洪波　编著

中国财经出版传媒集团

经济科学出版社
Economic Science Press

前　言

　　财务报表分析作为一门独立的学科，具有很强的理论性与实践性，通过理论的学习掌握财务报表分析的基本方法，同时还必须将所学方法应用于实践，做到理论与实践相结合。我们通过查阅大量企业资料并与《企业财务报表分析》中涉及的理论相结合，总结了九个案例材料，将教材中所涉及的相关知识点以具体案例的形式为读者呈现，旨在帮助读者将所学理论与实践更好地融合。

　　本练习册的突出特点是具有很强的实用性，将纷繁复杂的理论与实际案例有机融合，提高读者分析问题、解决问题的能力。在案例设置上，博采众长，既有经典案例，也有近期在企业中发生的典型事件，通过鲜活的案例保证了理论与实践的密切融合。

　　本练习册共分九个案例，涵盖了教材中的重要知识点。如财务报表粉饰、财务报表指标分析、哈佛框架分析、杜邦分析方法等。

　　本练习册适合与《企业财务报表分析》结合使用，也可作为各大院校财经管理类相关专业专科生、本科生、研究生的练习用书。

　　限于作者的学识水平，疏漏与错误在所难免，敬请同行、读者提出宝贵意见，以便于修正与提高。

段洪波

二〇一七年十二月三十日

目 录

荣盛发展

【章节链接】

本案例主要是针对第三章财务报表分析的练习。

第一节　相关资料及问题分析

荣盛房地产发展股份有限公司一直致力于中等规模城市地产开发，通过专业化经营与高档产品品质诠释现代人居住理念。公司现已成为集建筑设计、商品住宅开发、物业经营及酒店管理为一体，具有国家一级开发资质、甲级设计资质的大型综合体，并且荣获 2012 年房地产百强企业第 20 位。

一、资产负债表相关分析

荣盛发展资产负债表①见表 1 – 1。

表 1 – 1　　　　　　　　　　　　　　资产负债表　　　　　　　　　　　　　　单位：元

报表项目	2012 年 12 月 31 日	2011 年 12 月 31 日
货币资金	4 056 905 571. 96	2 685 134 941. 21
交易性金融资产	—	—
应收票据	1 189 900. 00	12 500 000. 00

---

① 参见新浪财经网荣盛发展 2012 年年报。

报表项目	2012 年 12 月 31 日	2011 年 12 月 31 日
应收账款	113 640 251.98	59 822 740.00
预付款项	4 110 343 606.07	2 177 674 939.26
其他应收款	2 978 617 847.01	1 751 841 688.54
应收关联公司款	—	—
应收利息	—	—
应收股利	—	—
存货	26 428 118 083.89	19 296 994 754.72
其中：消耗性生物资产		
一年内到期的非流动资产	—	—
其他流动资产	1 206 611 329.30	881 912 036.53
流动资产合计	38 895 426 590.21	26 865 881 100.26
可供出售金融资产	—	—
持有至到期投资	—	—
长期应收款		
长期股权投资	60 790 775.86	11 587 484.50
投资性房地产	—	15 826 749.58
固定资产	776 914 054.05	714 021 840.60
在建工程	219 362 712.20	104 817 080.00
无形资产	172 799 730.48	175 060 818.27
开发支出	—	—
商誉	47 667 776.23	6 794 154.13
长期待摊费用	156 592 790.41	185 825 266.57
递延所得税资产	153 332 576.12	91 376 969.41
其他非流动资产	—	—
非流动资产合计	1 587 460 415.35	1 305 310 363.06
资产总计	40 482 887 005.56	28 171 191 463.32
短期借款	2 675 196 770.00	1 330 045 000.00
交易性金融负债	—	—
应付票据	234 700 000.00	83 600 000.00
应付账款	3 327 813 748.05	1 583 313 684.53
预收款项	12 935 050 143.51	9 295 354 583.96

续表

报表项目	2012 年 12 月 31 日	2011 年 12 月 31 日
应付职工薪酬	17 533 904.52	10 201 017.93
应交税费	1 155 062 739.56	785 340 464.68
应付利息	—	—
应付股利	—	—
其他应付款	1 182 471 572.98	886 877 318.99
应付关联公司款	—	—
一年内到期的非流动负债	2 496 184 000.00	3 823 100 000.00
其他流动负债	—	—
流动负债合计	24 024 012 878.62	17 797 832 070.09
长期借款	6 631 121 546.00	3 123 300 000.00
应付债券	—	—
长期应付款	188 733 454.00	—
专项应付款	—	—
预计负债	—	—
递延所得税负债	150 534 338.24	169 532 945.44
其他非流动负债	—	—
非流动负债合计	6 970 389 338.24	3 292 832 945.44
负债合计	30 994 402 216.86	21 090 665 015.53
实收资本（或股本）	1 871 799 700.00	1 863 680 000.00
资本公积	1 316 959 366.53	1 206 487 247.57
盈余公积	444 512 966.19	270 725 878.57
减：库存股	—	—
未分配利润	4 538 364 014.36	2 795 656 465.99
少数股东权益	1 316 848 741.62	943 976 855.66
外币报表折算价差	—	—
非正常经营项目收益调整	—	—
归属母公司所有者权益（或股东权益）	8 171 636 047.08	6 136 549 592.13
所有者权益（或股东权益）合计	9 488 484 788.70	7 080 526 447.79
负债和所有者（或股东权益）合计	40 482 887 005.56	28 171 191 463.32

（1）编制资产负债表水平分析表并做相应的分析。

（2）编制资产负债表垂直分析表并做相应的分析。

二、利润表相关分析

荣盛发展利润表①见表 1 – 2。

表 1 – 2	利润表	单位：元
报表项目	2012 年度	2011 年度
一、营业收入	13 415 365 897.65	9 501 697 850.13
减：营业成本	8 531 663 613.44	5 924 654 195.35
营业税金及附加	1 201 772 613.38	800 186 667.22
销售费用	288 717 693.31	225 096 647.16
管理费用	499 459 643.37	396 339 874.37
勘探费用	—	—
财务费用	82 029 827.00	163 994 907.29
资产减值损失	45 356 003.27	17 166 536.09
加：公允价值变动净收益	—	—
投资收益	(29 213.97)	(1 651 840.44)
其中：对联营企业和合营企业的投资收益	(1 164 251.64)	(1 317 979.09)
影响营业利润的其他科目		
二、营业利润	2 766 337 289.91	1 972 607 182.21
加：补贴收入		
营业外收入	34 062 735.44	12 568 768.47
减：营业外支出	10 989 815.32	36 157 638.65
其中：非流动资产处置净损失	250 108.60	81 385.64
加：影响利润总额的其他科目	—	—
三、利润总额	2 789 410 210.03	1 949 018 312.03
减：所得税	623 625 379.30	420 565 644.14
加：影响净利润的其他科目	—	—
四、净利润	2 165 784 830.73	1 528 452 667.89

（1）编制利润表水平分析表并做相应的分析。
（2）编制利润表垂直分析表并做相应的分析。

---

① 参见新浪财经网荣盛发展 2012 年年报，表格中的括号表示负值，全书同。

三、现金流量表相关分析

荣盛发展现金流量表①见表 1 - 3。

表 1 - 3   现金流量表   单位：元

报表项目	2012 年	2011 年
一、经营活动产生的现金流量		
销售商品、提供劳务收到的现金	16 928 651 641.45	11 605 464 117.32
收到的税费返还	1 265 040.52	—
收到其他与经营活动有关的现金	777 969 788.13	589 747 407.04
经营活动现金流入小计	17 707 886 470.10	12 195 211 524.36
购买商品、接受劳务支付的现金	14 413 149 723.05	9 900 223 635.38
支付给职工以及为职工支付的现金	395 351 165.34	246 788 895.06
支付的各项税费	2 047 286 522.49	1 548 079 253.69
支付其他与经营活动有关的现金	2 054 830 845.14	998 431 991.56
经营活动现金流出小计	18 910 618 256.02	12 693 523 775.69
经营活动产生的现金流量净额	- 1 202 731 785.92	- 498 312 251.33
二、投资活动产生的现金流量		
收回投资收到的现金	20 741 724.00	36 800 000.00
取得投资收益收到的现金	1 135 037.67	—
处置固定资产、无形资产和其他长期资产收回的现金净额	18 800.45	39 690.00
处置子公司及其他营业单位收到的现金净额	—	—
收到其他与投资活动有关的现金	—	5 047 906.55
投资活动现金流入小计	21 895 562.12	41 887 596.55

---

① 参见新浪财经网荣盛发展 2012 年年报。

报表项目	2012 年	2011 年
购建固定资产、无形资产和其他长期资产支付的现金	179 227 406.00	147 242 747.19
投资支付的现金	53 567 543.00	244 060 950.00
取得子公司及其他营业单位支付的现金净额	37 057 723.54	—
支付其他与投资活动有关的现金	—	—
投资活动现金流出小计	269 852 672.54	391 303 697.19
投资活动产生的现金流量净额	− 247 957 110.42	− 349 416 100.64
三、筹资活动产生的现金流量		
吸收投资收到的现金	371 006 193.86	466 910 904.14
取得借款收到的现金	10 172 921 546.00	5 545 709 000.00
收到其他与筹资活动有关的现金	274 627 454.00	—
筹资活动现金流入小计	10 818 555 193.86	6 012 619 904.14
偿还债务支付的现金	6 434 194 470.00	3 576 750 000.00
分配股利、利润或偿付利息支付的现金	1 260 446 727.77	929 110 965.32
支付其他与筹资活动有关的现金	389 150 000.00	100 000 000.00
筹资活动现金流出小计	8 083 791 197.77	4 605 860 965.32
筹资活动产生的现金流量净额	2 734 763 996.09	1 406 758 938.82
四、汇率变动对现金的影响		
五、现金及现金等价物净增加额		
期初现金及现金等价物余额	2 585 134 941.21	2 029 804 138.41
期末现金及现金等价物余额	3 867 755 571.96	2 585 134 941.21

（1）对现金流量表进行一般分析。
（2）编制现金流量表水平分析表并做相应的分析。
（3）编制现金流量表垂直分析表并做相应的分析。

第二节　参考答案

一、资产负债表分析

（一）编制资产负债表水平分析表并做相应的分析

1. 资产负债表水平分析表

表 1-4　　　　　　　　　　　　资产负债表水平分析表

报表项目	2012 年 12 月 31 日	2011 年 12 月 31 日	变动情况		对总资产影响（%）
			变动额（元）	变动（%）	
货币资金	4 056 905 571.96	2 685 134 941.21	1 371 770 630.75	51.09	4.87
应收票据	1 189 900.00	12 500 000.00	-11 310 100.00	-90.48	-0.04
应收账款	113 640 251.98	59 822 740.00	53 817 511.98	89.96	0.19
预付款项	4 110 343 606.07	2 177 674 939.26	1 932 668 666.81	88.75	6.86
其他应收款	2 978 617 847.01	1 751 841 688.54	1 226 776 158.47	70.03	4.35
存货	26 428 118 083.89	19 296 994 754.72	7 131 123 329.17	36.95	25.31
其他流动资产	1 206 611 329.30	881 912 036.53	324 699 292.77	36.82	1.15
流动资产合计	38 895 426 590.21	26 865 881 100.26	12 029 545 489.95	44.78	42.70
长期股权投资	60 790 775.86	11 587 484.50	49 203 291.36	424.62	0.17
投资性房地产	—	15 826 749.58	-15 826 749.58	-100.00	-0.06
固定资产	776 914 054.05	714 021 840.60	62 892 213.45	8.81	0.22
在建工程	219 362 712.20	104 817 080.00	114 545 632.20	109.28	0.41
无形资产	172 799 730.48	175 060 818.27	-2 261 087.79	-1.29	-0.01
商誉	47 667 776.23	6 794 154.13	40 873 622.10	601.60	0.15
长期待摊费用	156 592 790.41	185 825 266.57	-29 232 476.16	-15.73	-0.10
递延所得税资产	153 332 576.12	91 376 969.41	61 955 606.71	67.80	0.22
非流动资产合计	1 587 460 415.35	1 305 310 363.06	282 150 052.29	21.62	1.00
资产总计	40 482 887 005.56	28 171 191 463.32	12 311 695 542.24	43.70	43.70
短期借款	2 675 196 770.00	1 330 045 000.00	1 345 151 770.00	101.14	4.77
应付票据	234 700 000.00	83 600 000.00	151 100 000.00	180.74	0.54

续表

报表项目	2012 年 12 月 31 日	2011 年 12 月 31 日	变动情况		对总资产 影响（%）
			变动额（元）	变动（%）	
应付账款	3 327 813 748.05	1 583 313 684.53	1 744 500 063.52	110.18	6.19
预收款项	12 935 050 143.51	9 295 354 583.96	3 639 695 559.55	39.16	12.92
应付职工薪酬	17 533 904.52	10 201 017.93	7 332 886.59	71.88	0.03
应交税费	1 155 062 739.56	785 340 464.68	369 722 274.88	47.08	1.31
其他应付款	1 182 471 572.98	886 877 318.99	295 594 253.99	33.33	1.05
一年内到期的非流动负债	2 496 184 000.00	3 823 100 000.00	-1 326 916 000.00	-34.71	-4.71
流动负债合计	24 024 012 878.62	17 797 832 070.09	6 226 180 808.53	34.98	22.10
长期借款	6 631 121 546.00	3 123 300 000.00	3 507 821 546.00	112.31	12.45
长期应付款	188 733 454.00	—	188 733 454.00		0.67
递延所得税负债	150 534 338.24	169 532 945.44	-18 998 607.20	-11.21	-0.07
非流动负债合计	6 970 389 338.24	3 292 832 945.44	3 677 556 392.80	111.68	13.05
负债合计	30 994 402 216.86	21 090 665 015.53	9 903 737 201.33	46.96	35.16
实收资本（或股本）	1 871 799 700.00	1 863 680 000.00	8 119 700.00	0.44	0.03
资本公积	1 316 959 366.53	1 206 487 247.57	110 472 118.96	9.16	0.39
盈余公积	444 512 966.19	270 725 878.57	173 787 087.62	64.19	0.62
未分配利润	4 538 364 014.36	2 795 656 465.99	1 742 707 548.37	62.34	6.19
少数股东权益	1 316 848 741.62	943 976 855.66	372 871 885.96	39.50	1.32
归属母公司所有者权益（或股东权益）	8 171 636 047.08	6 136 549 592.13	2 035 086 454.95	33.16	7.22
所有者权益（或股东权益）合计	9 488 484 788.70	7 080 526 447.79	2 407 958 340.91	34.01	8.55
负债和所有者（或股东权益）合计	40 482 887 005.56	28 171 191 463.32	12 311 695 542.24	43.70	43.70

2. 资产负债表水平分析

（1）从投资或资产角度进行分析评价。荣盛发展本期的总资产增加了12 311 695 542.24 元，增长幅度为43.70%，说明该公司资产规模有较大幅度的增长。具体分析如下：

流动资产本期增加 12 029 545 489.95 元，增长的幅度为 44.78%，使总资产规模增长了 42.7%。非流动资产本期增加 282 150 052.29 元，增长的幅度为 21.62%，使总资产规模增长了 1.00%。

本期总资产的增加主要体现在流动资产的增长上。如果仅从这一变化来看，该公司资产的流动性有所增强，尽管流动资产的各项目都有不同程度的增减变动，但其增长主要体现在以下四个方面：一是货币资金的大幅度增长。货币资金本期增长 1 371 770 630.75 元，增长的幅度为 51.09%，对总资产的影响为 4.87%。货币资金的增长对提高企业的偿债能力、满足资金流动性需要都是有利的。二是预付账款的增加。预付账款本期增长 1 932 668 666.81 元，增长的幅度为 88.75%，对总资产的影响为 6.86%。由荣盛的年报可知，预付账款大部分为账龄一年以内并支付给非关联方的预付土地款。三是其他应收款的增加。其他应收款本期增长 1 226 776 158.47 元，增长的幅度为 70.03%，对总资产的影响为 4.35%。由年报可知，荣盛虽然其他应收款较多，不过都是没有风险的，只是短时间占用公司的资金而已。四是存货的增加。存货本期增长 7 131 123 329.19 元，增长的幅度为 36.95%，对总资产的影响为 25.31%。存货增加是因为新一期的房产开发导致大量的开发成本。

非流动资产的变动主要体现在以下三个方面：一是长期股权投资的增长。长期股权投资本期增长 49 203 291.36 元，增长的幅度为 424.62%，对总资产的影响为 0.17%。由年报可知，只要是对有限合伙企业的投资。二是在建工程的增加。在建工程本期增长 114 545 632.20 元，增长的幅度为 109.28%，对总资产的影响为 0.41%。三是商誉的增加。商誉本期增长 40 873 622.10 元，增长的幅度为 601.60%，对总资产的影响为 0.15%。合并日愉景地产可辨认净资产公允价值 169 378 832.16 元；公司合并成本为 150 969 863.00 元，公司合并日持有愉景地产 65% 的份额，购买方对合并成本大于合并中取得的被购买方可辨认净资产公允价值份额的差额 40 873 622.10 元，确认为商誉。四是递延所得税资产的增加。递延所得税资产本期增长 61 955 606.71 元，增长的幅度为 67.80%，对总资产的影响为 0.22%。由以上可知，非流动资产变化比例也许很大，不过对总资产的影响太小。

（2）从筹资或权益角度进行分析评价。荣盛发展本期的权益总额增加了 12 311 695 542.24 元，增长幅度为 43.70%，说明该公司当年权益总额有较大幅度的增长。具体分析如下：

负债本期增加 9 903 737 201.33 元，增长的幅度为 46.96%，使权益总额增长了 35.16%。股东权益本期增加 2 407 958 340.91 元，增长的幅度为 34.01%，使权益总额增长了 8.55%。

本期权益总额的增加主要体现在负债的增长上，流动负债的增长对权益总额的影响又比非流动负债大。流动负债的增长额为 6 226 180 808.53 元，增长的幅度为 34.98%，对权益总额的影响为 22.10%，负债的增长主要体现在以下四个方面：一是长期借款的大幅度增长。长期借款本期增长 3 507 821 546.00 元，增长的幅度为 112.31%，对总资产的影响为 12.45%。主要原因是报告期内取得一年以上的银行借款增加。二是短期借款的增加，短期借款本期增长 1 345 151 770.00 元，增长的幅度为 101.14%，对总资产的影响为 4.77%。主要原因是报告期内短期借款增加。三是应付账款的增加。应付账款本期增长 1 744 500 063.52 元，增长的幅度为 110.18%，对总资产的影响为 6.19%。主要原因是报告期内公司经营规模扩大，在建项目增加，工程投入增加。四是预收款项的增加。预收款项本期增长

3 639 695 559.55 元，增长的幅度为 39.16%，对总资产的影响为 12.92%。主要原因是预售面积增加，相应预售房款增加。

股东权益本期增长 2 407 958 340.91 元，增长的幅度为 34.01%，对总资产的影响为 8.555%。其中影响最大的是未分配利润，未分配利润本期增长 1 742 707 548.37 元，增长的幅度为 62.34%，对总资产的影响为 6.19%。主要原因是本期实现净利润增加。

（二）编制资产负债表垂直分析表并做相应的分析

1. 资产负债表垂直分析表① （见表1-5）

表1-5　　　　　　　　荣盛集团资产负债表垂直分析表　　　　　　　单位：元

报表项目	2012 年 12 月 31 日	2011 年 12 月 31 日	2012 年（%）	2011 年（%）	变动情况（%）
货币资金	4 056 905 571.96	2 685 134 941.21	10.02	9.53	0.49
应收票据	1 189 900.00	12 500 000.00	0.00	0.04	-0.04
应收账款	113 640 251.98	59 822 740.00	0.28	0.21	0.07
预付款项	4 110 343 606.07	2 177 674 939.26	10.15	7.73	2.42
其他应收款	2 978 617 847.01	1 751 841 688.54	7.36	6.22	1.14
存货	26 428 118 083.89	19 296 994 754.72	65.28	68.50	-3.22
其他流动资产	1 206 611 329.30	881 912 036.53	2.98	3.13	-0.15
流动资产合计	38 895 426 590.21	26 865 881 100.26	96.08	95.37	0.71
长期股权投资	60 790 775.86	11 587 484.50	0.15	0.04	0.11
投资性房地产	—	15 826 749.58	0.00	0.06	-0.06
固定资产	776 914 054.05	714 021 840.60	1.92	2.53	-0.62
在建工程	219 362 712.20	104 817 080.00	0.54	0.37	0.17
无形资产	172 799 730.48	175 060 818.27	0.43	0.62	-0.19
商誉	47 667 776.23	6 794 154.13	0.12	0.02	0.09
长期待摊费用	156 592 790.41	185 825 266.57	0.39	0.66	-0.27
递延所得税资产	153 332 576.12	91 376 969.41	0.38	0.32	0.05
非流动资产合计	1 587 460 415.35	1 305 310 363.06	3.92	4.63	-0.71
资产总计	40 482 887 005.56	28 171 191 463.32	100.00	100.00	0.00
短期借款	2 675 196 770.00	1 330 045 000.00	6.61	4.72	1.89

---

① 该表以及资产负债表水平分析表根据荣盛发展 2012 年资产负债表整理计算得出。

报表项目	2012 年 12 月 31 日	2011 年 12 月 31 日	2012 年（%）	2011 年（%）	变动情况（%）
应付票据	234 700 000.00	83 600 000.00	0.58	0.30	0.28
应付账款	3 327 813 748.05	1 583 313 684.53	8.22	5.62	2.60
预收款项	12 935 050 143.51	9 295 354 583.96	31.95	33.00	−1.04
应付职工薪酬	17 533 904.52	10 201 017.93	0.04	0.04	0.01
应交税费	1 155 062 739.56	785 340 464.68	2.85	2.79	0.07
其他应付款	1 182 471 572.98	886 877 318.99	2.92	3.15	−0.23
一年内到期的非流动负债	2 496 184 000.00	3 823 100 000.00	6.17	13.57	−7.40
流动负债合计	24 024 012 878.62	17 797 832 070.09	59.34	63.18	−3.83
长期借款	6 631 121 546.00	3 123 300 000.00	16.38	11.09	5.29
长期应付款	188 733 454.00	—	0.47	—	0.47
递延所得税负债	150 534 338.24	169 532 945.44	0.37	0.60	−0.23
非流动负债合计	6 970 389 338.24	3 292 832 945.44	17.22	11.69	5.53
负债合计	30 994 402 216.86	21 090 665 015.53	76.56	74.87	1.70
实收资本（或股本）	1 871 799 700.00	1 863 680 000.00	4.62	6.62	−1.99
资本公积	1 316 959 366.53	1 206 487 247.57	3.25	4.28	−1.03
盈余公积	444 512 966.19	270 725 878.57	1.10	0.96	0.14
未分配利润	4 538 364 014.36	2 795 656 465.99	11.21	9.92	1.29
少数股东权益	1 316 848 741.62	943 976 855.66	3.25	3.35	−0.10
归属母公司所有者权益（或股东权益）	8 171 636 047.08	6 136 549 592.13	20.19	21.78	−1.60
所有者权益（或股东权益）合计	9 488 484 788.70	7 080 526 447.79	23.44	25.13	−1.70
负债和所有者（或股东权益）合计	40 482 887 005.56	28 171 191 463.32	100.00	100.00	0.00

2. 资产负债表垂直分析

（1）资产结构的分析评价。从静态方面分析，荣盛集团本期流动资产比重高达 96.08%，非流动资产仅为 3.92%。根据该公司的资产结构，可以认为该公司资产的流动较强，资产风险较小。

从动态方面分析，本期流动资产比重上升 0.71%，非流动资产比重下降 0.71%。流动资产上升主要是预收款项和其他应收款分别上升了 2.42%、1.14%，不过存货下降了 3.22%；流动资产下降主要是固定资产下降了 0.62%。由以上可知，该公司资产结构还算稳定，只是流动资产有小幅度的变化。

（2）资本结构的分析评价. 从静态方面分析，荣盛集团本期股东权益比重为23.44%，负债比重为76.56%，资产负债比率还是比较高的，财务风险较大。

从动态方面分析，本期负债比重上升1.70%，股东权益比重下降1.70%。负债上升主要是长期借款和应付账款分别上升了5.29%、2.60%，不过一年内到期的非流动负债下降了7.40%；股东权益下降主要是提取实收资本和资本公积导致的。由以上可知，该公司资产结构还算稳定，只是负债有小幅度的变化。

二、利润表分析

（一）编制利润表水平分析表并做相应的分析

1. 利润表水平分析表（见表1-6）

表1-6　　　　　　　　荣盛集团利润表水平分析表　　　　　　　　单位：元

报表项目	2012 年度	2011 年度	增减额（元）	增减（%）
一、营业收入	13 415 365 897.65	9 501 697 850.13	3 913 668 047.52	41.19
减：营业成本	8 531 663 613.44	5 924 654 195.35	2 607 009 418.09	44.00
营业税金及附加	1 201 772 613.38	800 186 667.22	401 585 946.16	50.19
销售费用	288 717 693.31	225 096 647.16	63 621 046.15	28.26
管理费用	499 459 643.37	396 339 874.37	103 119 769.00	26.02
财务费用	82 029 827.00	163 994 907.29	(81 965 080.29)	-49.98
资产减值损失	45 356 003.27	17 166 536.09	28 189 467.18	164.21
投资收益	-29 213.97	-1 651 840.44	1 622 626.47	-98.23
其中：对联营企业和合营企业的投资收益	-1 164 251.64	-1 317 979.09	153 727.45	-11.66
二、营业利润	2 766 337 289.91	1 972 607 182.21	793 730 107.70	40.24
营业外收入	34 062 735.44	12 568 768.47	21 493 966.97	171.01
减：营业外支出	10 989 815.32	36 157 638.65	(25 167 823.33)	-69.61
其中：非流动资产处置净损失	250 108.60	81 385.64	168 722.96	207.31
三、利润总额	2 789 410 210.03	1 949 018 312.03	840 391 898.00	43.12
减：所得税	623 625 379.30	420 565 644.14	203 059 735.16	48.28
四、净利润	2 165 784 830.73	1 528 452 667.89	637 332 162.84	41.70
归属于母公司所有者的净利润	2 140 136 235.99	1 532 227 120.84	607 909 115.15	39.67

2. 利润表水平分析

（1）净利润分析。荣盛集团2012年的净利润2 165 784 830.73元，比2011年增长了637 332 162.84元，增长率为41.70%，增长幅度比较大。从水平分析表看，公司净利润增长主要是利润总额比2011年增长840 391 898.00元；由于所得税比上年增长了203 059 735.16元，主要原因是报告期利润总额增加，导致计提所得税费用增加。两者相抵，导致净利润增长了637 332 162.84元。

（2）利润总额分析。荣盛集团2012年的利润总额2 789 410 210.03元，比2011年增长了840 391 898.00元，增长率为43.12%，增长幅度比较大。从水平分析表看，公司利润总额增长主要是营业利润比2011年增长793 730 107.70元；由于营业外收入比2011年增长了21 493 966.97元，主要原因是违约金收入增加；营业外支出减少了25 167 823.33元，减少的比率为69.61%，主要原因是报告期对外捐赠比上年同期减少。再加上非流动资产处置损失增加了168 722.96元。三者相抵，导致利润总额增长了840 391 898.00元。

（3）营业利润分析。荣盛集团2012年的营业利润2 766 337 289.91元，比2011年增长了793 730 107.70元，增长率为40.24%，增长幅度比较大。从水平分析表看，公司营业利润增长主要由毛利的增长导致。其中营业收入比2011年增长3 913 668 047.52元，增长比率为41.19%，主要原因是经营规模扩大，结转销售面积增加；营业支出比2011年增长2 607 009 418.09元，增长比率为44.00%，主要原因是经营规模扩大，结转销售面积增加。还有就是营业税金及附加比2011年增长401 585 946.16元，增长率为50.19%，原因有如下两点：①报告期收入增加，相应计提税金增加；②报告期完工项目进行土地增值税清算，缴纳土地增值税增加。财务费用减少了81 965 080.29元，下降率为-49.98%，主要原因是报告期费用化的借款费用比上年同期减少。资产减值损失增加了28 189 467.18元，增长率为164.21%，主要原因是报告期应计提减值准备的应收款项增加，计提的减值准备相应增加。

（二）编制利润表垂直分析表并做相应的分析。

1. 利润表垂直分析表（见表1-7）

表1-7　　　　　　　　　　荣盛集团利润表垂直分析表　　　　　　　　　　单位：元

报表项目	2012年度	2011年度	2012年度（%）	2011年度（%）	增减（%）
一、营业收入	13 415 365 897.65	9 501 697 850.13	100.00	100.00	0.00
减：营业成本	8 531 663 613.44	5 924 654 195.35	63.60	62.35	1.24
毛利	4 883 702 284.21	3 577 043 654.78	36.40	37.65	-1.24
营业税金及附加	1 201 772 613.38	800 186 667.22	8.96	8.42	0.54
销售费用	288 717 693.31	225 096 647.16	2.15	2.37	-0.22
管理费用	499 459 643.37	396 339 874.37	3.72	4.17	-0.45
财务费用	82 029 827.00	163 994 907.29	0.61	1.73	-1.11

报表项目	2012 年度	2011 年度	2012 年度 (%)	2011 年度 (%)	增减 (%)
资产减值损失	45 356 003.27	17 166 536.09	0.34	0.18	0.16
投资收益	(29 213.97)	(1 651 840.44)	0.00	-0.02	0.02
其中:对联营企业和合营企业的投资收益	(1 164 251.64)	(1 317 979.09)	-0.01	-0.01	0.01
二、营业利润	2 766 337 289.91	1 972 607 182.21	20.62	20.76	-0.14
营业外收入	34 062 735.44	12 568 768.47	0.25	0.13	0.12
减:营业外支出	10 989 815.32	36 157 638.65	0.08	0.38	-0.30
其中:非流动资产处置净损失	250 108.60	81 385.64	0.00	0.00	0.00
三、利润总额	2 789 410 210.03	1 949 018 312.03	20.79	20.51	0.28
减:所得税	623 625 379.30	420 565 644.14	4.65	4.43	0.22
四、净利润	2 165 784 830.73	1 528 452 667.89	16.14	16.09	0.06
归属于母公司所有者的净利润	2 140 136 235.99	1 532 227 120.84	15.95	16.13	-0.17

资料来源:该表以及利润表水平分析表根据荣盛发展 2012 年利润表整理计算得出。

2. 利润表垂直分析

荣盛的毛利占营业收入的比重为 36.40%,比上年度的 37.65%下降了 1.25%。营业收入虽然有所增加,不过营业成本增加的速度超过了营业收入,导致毛利占营业收入的比率有所下降。营业利润占营业收入的比重为 20.62%,比上年度的 20.76%下降了 0.14%。相对于毛利而言,主要是由于财务费用比上年度下降了 1.11%。利润总额占营业收入的比重为 20.79%,比上年度的 20.51%下降了 0.28%。净利润占营业收入的比重为 16.14%,比上年度的 16.09%下降了 0.06%。从以上分析可知,荣盛集团的盈利能力是有所上升的,净利润的增长主要是由毛利上升导致,还有就是财务费用的减少。

三、现金流量表分析

(一) 现金流量表一般分析

第一,荣盛本期现金及现金等价物共增加 1 282 620 630.75 元,其中经营活动产生的现金流量为 -1 202 731 785.92 元,投资活动产生的现金流量为 -247 957 110.42 元,筹资活动产生的现金流量为 2 734 763 996.09 元。

第二,经营活动产生的现金流量净额同比减少主要是因为本期土地购置投入增加较多。购置更多的土地可以增加以后房屋的开发。

第三，投资活动产生的现金流量净额同比增长是因为本年对外投资支付现金小于上年同期收购。

第四，筹资活动产生的现金流量净额同比增长是由于本期借款净增加较多。

（二）编制现金流量表水平分析表并做相应的分析

1. 现金流量表水平分析表（见表1-8）

表1-8 现金流量表水平分析表 单位：元

报表项目	2012 年	2011 年	增减额	增减（%）
一、经营活动产生的现金流量				
销售商品、提供劳务收到的现金	16 928 651 641.45	11 605 464 117.32	5 323 187 524.13	45.87
收到的税费返还	1 265 040.52	—	1 265 040.52	—
收到其他与经营活动有关的现金	777 969 788.13	589 747 407.04	188 222 381.09	31.92
经营活动现金流入小计	17 707 886 470.10	12 195 211 524.36	5 512 674 945.74	45.20
购买商品、接受劳务支付的现金	14 413 149 723.05	9 900 223 635.38	4 512 926 087.67	45.58
支付给职工以及为职工支付的现金	395 351 165.34	246 788 895.06	148 562 270.28	60.20
支付的各项税费	2 047 286 522.49	1 548 079 253.69	499 207 268.80	32.25
支付其他与经营活动有关的现金	2 054 830 845.14	998 431 991.56	1 056 398 853.58	105.81
经营活动现金流出小计	18 910 618 256.02	12 693 523 775.69	6 217 094 480.33	48.98
经营活动产生的现金流量净额	-1 202 731 785.92	-498 312 251.33	(704 419 534.59)	141.36
二、投资活动产生的现金流量				
收回投资收到的现金	20 741 724.00	36 800 000.00	(16 058 276.00)	—
取得投资收益收到的现金	1 135 037.67	—	1 135 037.67	—
处置固定资产、无形资产和其他长期资产收回的现金净额	18 800.45	39 690.00	(20 889.55)	-52.63
收到其他与投资活动有关的现金	—	5 047 906.55	(5 047 906.55)	-100.00
投资活动现金流入小计	21 895 562.12	41 887 596.55	(19 992 034.43)	-47.73

续表

报表项目	2012 年	2011 年	增减额	增减（%）
购建固定资产、无形资产和其他长期资产支付的现金	179 227 406.00	147 242 747.19	31 984 658.81	21.72
投资支付的现金	53 567 543.00	244 060 950.00	（190 493 407.00）	−78.05
取得子公司及其他营业单位支付的现金净额	37 057 723.54	—	37 057 723.54	—
投资活动现金流出小计	269 852 672.54	391 303 697.19	（121 451 024.65）	−31.04
投资活动产生的现金流量净额	− 247 957 110.42	− 349 416 100.64	101 458 990.22	−29.04
三、筹资活动产生的现金流量				
吸收投资收到的现金	371 006 193.86	466 910 904.14	（95 904 710.28）	−20.54
取得借款收到的现金	10 172 921 546.00	5 545 709 000.00	4 627 212 546.00	83.44
收到其他与筹资活动有关的现金	274 627 454.00	—	274 627 454.00	—
筹资活动现金流入小计	10 818 555 193.86	6 012 619 904.14	4 805 935 289.72	79.93
偿还债务支付的现金	6 434 194 470.00	3 576 750 000.00	2 857 444 470.00	79.89
分配股利、利润或偿付利息支付的现金	1 260 446 727.77	929 110 965.32	331 335 762.45	35.66
支付其他与筹资活动有关的现金	389 150 000.00	100 000 000.00	289 150 000.00	289.15
筹资活动现金流出小计	8 083 791 197.77	4 605 860 965.32	3 477 930 232.45	75.51
筹资活动产生的现金流量净额	2 734 763 996.09	1 406 758 938.82	1 328 005 057.27	94.40
四、现金及现金等价物净增加额	1 282 620 630.75	555 330 802.80	727 289 827.95	0.22
期初现金及现金等价物余额	2 585 134 941.21	2 029 804 138.41	555 330 802.80	27.36
期末现金及现金等价物余额	3 867 755 571.96	2 585 134 941.21	1 282 620 630.75	49.62

2. 现金流量表水平分析

荣盛 2012 年比 2011 年现金及现金等价物共增加 727 289 827.95 元。其中经营活动产生的现金流量较 2011 年减少了 704 419 534.59 元，投资活动产生的现金流量较 2011 年增加了 101 458 990.22 元，筹资活动产生的现金流量较 2011 年增加了 1 328 005 057.27 元。

经营活动给现金净流量比 2011 年减少了 704 419 534.59 元，增长率为 141.36%。经营活动现金流入同比增长主要是因为 2012 年销售回款增加；经营活动现金流出小计同比增长是由于 2012 年土地购置、工程投入、人工费用以及支付税费增加；经营活动产生的现金流量净额同比减少主要是因为 2012 年土地购置投入增加较多。

投资活动给现金净流量比 2011 年增加了 101 458 990.22 元，增长率为 29.04%。投资活动现金流入小计同比减少是因为 2012 年处置子公司部分股权收到的现金少于 2011 年同期；投资活动现金流出小计同比减少是因为 2012 年对外投资及收购愉景公司支付现金小于 2011 年同期收购沈阳中天 25% 股权支付的现金。

筹资活动给现金净流量比 2011 年增加了 1 328 005 057.27 元，增长率为 94.40%。筹资活动现金流入小计同比增长是由于取得借款现金流入增加及少数股东长期性质的款项增加；筹资活动现金流出小计同比增长是由于偿还债务、支付红利利息及支付少数股东款项增加。

（三）编制现金流量表垂直分析表并做相应的分析

1. 现金流量表垂直分析表（见表 1-9）

表 1-9　　　　　　　　　　　　现金流量表垂直分析表　　　　　　　　　　　单位：元

报表项目	2012 年	流入结构（%）	流出结构（%）	内部结构（%）
一、经营活动产生的现金流量				
销售商品、提供劳务收到的现金	16 928 651 641.45	59.30	—	95.60
收到的税费返还	1 265 040.52	0.00	—	0.01
收到其他与经营活动有关的现金	777 969 788.13	2.73	—	4.39
经营活动现金流入小计	17 707 886 470.10	62.03	—	100.00
购买商品、接受劳务支付的现金	14 413 149 723.05	—	52.86	76.22
支付给职工以及为职工支付的现金	395 351 165.34	—	1.45	2.09
支付的各项税费	2 047 286 522.49	—	7.51	10.83
支付其他与经营活动有关的现金	2 054 830 845.14	—	7.54	10.87
经营活动现金流出小计	18 910 618 256.02	—	69.36	100.00
经营活动产生的现金流量净额	-1 202 731 785.92	—	-4.41	—
二、投资活动产生的现金流量				
收回投资收到的现金	20 741 724.00	0.07	—	94.73
取得投资收益收到的现金	1 135 037.67	0.00	—	5.18
处置固定资产、无形资产和其他长期资产收回的现金净额	18 800.45	0.00	—	0.09
收到其他与投资活动有关的现金	—	—	—	—

续表

报表项目	2012 年	流入结构（%）	流出结构（%）	内部结构（%）
投资活动现金流入小计	21 895 562.12	0.08	—	100.00
购建固定资产、无形资产和其他长期资产支付的现金	179 227 406.00	—	0.66	66.42
投资支付的现金	53 567 543.00	—	0.20	19.85
取得子公司及其他营业单位支付的现金净额	37 057 723.54	—	0.14	13.73
投资活动现金流出小计	269 852 672.54	—	0.99	100.00
投资活动产生的现金流量净额	-247 957 110.42			
三、筹资活动产生的现金流量				
吸收投资收到的现金	371 006 193.86	1.30	—	3.43
取得借款收到的现金	10 172 921 546.00	35.63		94.03
收到其他与筹资活动有关的现金	274 627 454.00	0.96	—	2.54
筹资活动现金流入小计	10 818 555 193.86	37.90	—	100.00
偿还债务支付的现金	6 434 194 470.00	—	23.60	79.59
分配股利、利润或偿付利息支付的现金	1 260 446 727.77		4.62	15.59
支付其他与筹资活动有关的现金	389 150 000.00		1.43	4.81
筹资活动现金流出小计	8 083 791 197.77		29.65	100.00
筹资活动产生的现金流量净额	2 734 763 996.09		10.03	
现金流入总额	28 548 337 226.08	100.00	—	
现金流出总额	27 264 262 126.33	—	100.00	

资料来源：该表以及现金流量表水平分析表根据荣盛发展 2012 年现金流量表整理计算得出。

2. 现金流量表垂直分析

（1）现金流入结构分析。荣盛本期（2012 年）现金流入总额为 28 548 337 226.08 元，其中经营活动现金流入量、投资活动现金流入量、筹资活动现金流入量所占比重分别为62.03%、0.08%、37.90%。可见企业的现金流入量主要是由经营活动产生的。经营活动现金流入量中销售商品、提供劳务收到的现金、投资活动现金流入量中收回投资收到的现金和筹资活动现金流入量中取得借款收到的现金分别占各类现金流量中的绝大部分。

总的来说，企业的现金流入量主要来自于经营活动现金流入量，其次是筹资活动现金流入量，投资活动现金流入量占的比例相当小。

（2）现金流出结构分析。荣盛本期现金流出总额为 27 264 262 126.33 元，其中经营活动现金流出量、投资活动现金流出量、筹资活动现金流出量所占比重分别为 69.36%、0.99%、29.65%。可见企业的现金流出量主要是由经营活动产生的。经营活动现金流出量中购买商品、接受劳务支付的现金，投资活动现金流出量中购建固定资产、无形资产和其他长期资产支付的现金和筹资活动现金流出量中偿还债务支付的现金分别占各类现金流量中的绝大部分。

　　总的来说，企业的现金流出量主要来自于经营活动现金流出量，其次是筹资活动现金流出量，投资活动现金流出量占的比例相当小。由此可见，企业的大部分现金来自于经营活动现金，说明企业在正常营业，而不是靠大量投资获得现金流。

第二章

同仁堂

【章节链接】

本案例主要是针对第三章财务报表分析、第四章财务分析基本方法、第五章财务指标分析以及第六章哈佛框架分析的练习。

第一节　相关资料及问题分析

一、相关资料

中国北京同仁堂（集团）有限责任公司是北京市政府授权经营国有资产的国有独资公司。历代同仁堂人始终恪守"炮制虽繁必不敢省人工，品味虽贵必不敢减物力"的古训，树立"修合无人见，存心有天知"的自律意识，造就了制药过程中兢兢小心、精益求精的严细精神，其产品以"配方独特、选料上乘、工艺精湛、疗效显著"而享誉海内外，产品行销 40 多个国家和地区。集团共拥有药品、医院制剂、保健食品、食品、化妆品等 1 500 余种产品，28 个生产基地，83 条现代化生产线，一个国家级工程中心和博士后科研工作站。

随着同仁堂的快速发展，品牌的维护和提升、文化的创新与传承也取得了丰硕成果，"同仁堂中医药文化"已列入首批国家级非物质文化遗产名录，同仁堂既是经济实体又是文化载体的双重功能日益显现。

同仁堂 2012～2014 年的相关财务数据①见表 2 - 1 至表 2 - 13。

---

① 本节所有表格数据均来自相关企业 2012～2014 年年报和讯财经。

表 2-1　　　　　　　　货币资金、应收账款和存货的绝对数值　　　　　单位：亿元

年　份	2012	2013	2014
应收账款	0.44	0.75	1.90
存货	13.36	14.27	14.75
货币资金	21.19	17.85	16.19
流动资产合计	36.79	33.56	35.42

表 2-2　　　　　　　　货币资金、应收账款和存货的绝对数值　　　　　单位：元

账　龄	计提比例（%）	2012 年	2013 年	2014 年
1 年以内	5	136 854 217.40	130 416 869.20	285 859 668.40
1~2 年	10	1 016 603.10	18 682 470.80	5 025 938.80
2~3 年	20	548 814.50	137 577.90	365 929.35
3~4 年	50	691 591.88	192 216.98	115 788.76
4~5 年	80	124 401.53	274 039.21	140 910.29
5 年以上	100	25 015 414.17	24 198 278.50	22 445 195.30
应收账款	—	164 251 042.58	173 901 452.59	313 953 430.90
坏账准备	—	32 514 865.41	32 930 224.48	37 484 581.08
计提比例	—	19.80%	18.94%	11.94%

表 2-3　　　　　　　　　　主营业务收入与应收账款　　　　　　　　单位：亿元

年　份	2012	2013	2014
主营业务收入	74.33	86.68	96.32
应收账款	3.22	4.71	6.25

表 2-4　　　　　　　　　　存货余额与跌价准备　　　　　　　　　单位：亿元

年　份	2012	2013	2014
存货余额	36.80	41.80	45.95
跌价准备	0.67	0.52	0.37

表 2 - 5 存货周转率与存货周转天数

年 份	2012	2013	2014
存货周转率	1.2295	1.2644	1.2544
存货周转天数	292.8020	284.7200	286.9898

表 2 - 6 利 润 表 单位：元

项 目	2012 年	2013 年	2014 年
一、营业收入	1 854 878 347.94	2 082 468 641.53	2 363 834 830.72
减：营业成本	992 027 029.38	1 207 030 054.82	1 344 483 985.88
营业税金及附加	32 524 015.91	36 971 756.35	42 375 002.61
销售费用	346 451 213.36	368 280 197.23	433 878 169.45
管理费用	143 341 002.75	120 425 457.18	139 268 848.39
财务费用	783 180.14	6 777 386.70	7 795 021.59
资产减值损失	66 680 369.93	- 5 849 443.55	- 1 895 053.18
投资收益（损失以"-"号填列）	78 440 985.59	149 783 512.00	144 170 428.64
二、营业利润（亏损以"-"号填列）	351 512 522.06	498 616 744.80	542 099 284.62
加：营业外收入	12 179 385.84	4 164 804.93	10 076 123.91
其中：非流动资产处置利得	—	840 193.34	992 693.80
减：营业外支出	435 014.01	410 111.67	1 483 624.51
其中：非流动资产处置损失	364 214.01	337 186.03	731 986.38
三、利润总额（亏损总额以"-"号填列）	363 256 893.89	502 371 438.06	550 691 784.02

表 2 - 7 同仁堂资产、负债和股东权益的变动情况表 单位：元

年 份	资产总额	负债总额	股东权益
2012	4 787 840 352.38	1 871 599 468.59	2 916 240 883.79
2013	4 672 970 031.43	1 460 284 281.89	3 212 685 749.54
2014	5 028 373 711.05	1 575 244 857.07	3 453 128 853.98

表2－8　　　　　　　　　　同仁堂营业收入和净利润表　　　　　　　　单位：元

年　份	营业收入	净利润
2012	1 854 878 347.94	322 359 754.96
2013	2 082 468 641.53	449 710 437.53
2014	2 363 834 830.72	500 580 964.88

表2－9　　　　　　　　　同仁堂资产、负债和股东权益合计　　　　　　单位：亿元

	同仁堂	云南白药	九芝堂
资产总计	50.28	120.45	18.79
负债合计	15.75	57.84	4.40
股东权益合计	34.53	62.61	14.39

表2－10　　　　　　　　　同仁堂营业收入和净利润　　　　　　　　　单位：亿元

	同仁堂	云南白药	九芝堂
主营业务收入	23.64	54.01	6.28
营业利润	5.42	11.75	1.19
净利润	5.01	10.47	1.75

表2－11　　　　　　　　　　同仁堂相关比率表

年　份	速动比率	总资产回报率	经营利润率	存货周转率
2012	1.52	6.71	13.98	1.23
2013	1.95	6.07	14.50	1.26
2014	1.84	6.14	15.48	1.25

表2－12　　　　　　　　　　行业相关比率表

	速动比率	总资产回报率	经营利润率	存货周转率
同仁堂	1.84	6.14	15.48	1.25
云南白药	2.30	17.15	15.04	2.70
九芝堂	1.88	12.16	14.53	3.10

表 2 - 13　　　　　　　　　　同仁堂各年现金流量情况对比　　　　　　　　单位：亿元

项　目	2012 年	2013 年	2014 年
经营活动产生的现金流量净额	2.51	0.65	1.58
投资活动产生的现金流量净额	- 0.45	- 0.60	- 0.46
筹资活动产生的现金流量净额	9.77	- 3.37	- 2.78
现金及现金等价物净增加额	11.78	- 3.34	- 1.66

二、问题要求

根据同仁堂相关的资料以及上述同仁堂 2012～2014 年的资产负债表、利润表和现金流量表完成哈佛框架分析。

1. 战略分析（主要从行业分析、竞争战略分析和公司战略分析三个方面分析）

2. 会计分析

（1）根据表 2 - 1 识别关键的会计政策和会计估计。

（2）根据表 2 - 2 和表 2 - 3 分析应收账款质量。

（3）根据表 2 - 4 和表 2 - 5 分析存货质量。

（4）根据表 2 - 6 分析收益质量。

3. 财务分析

（1）与过去年度的纵向比较，根据表 2 - 7 分析财务状况，根据表 2 - 8 分析盈利能力。

（2）与竞争对手的横向比较，根据表 2 - 9 分析财务状况，根据表 2 - 10 分析经营效率。

（3）比率分析，根据表 2 - 11 分析财务比率的纵向比较，根据表 2 - 12 分析财务比率的横向比较。

（4）现金流量分析，根据表 2 - 13 分析现金流量。

4. 根据战略分析、会计分析以及财务分析完成同仁堂的前景分析

第二节　参考答案

一、战略分析

（一）医药业的行业分析

同仁堂的主营业务为医药工业和医药商业。公司主营业务分产品，占销售收入前五名的产品为安宫牛黄系列、六味地黄系列、阿胶系列、同仁牛黄清心系列及同仁大活络系列，这些产品都属于医药行业。

1. 行业特征

（1）高科技。医药制造业是一个多学科先进技术和手段高度融合的高科技产业群体，医药企业的核心技术是其市场竞争的重要手段和持续发展的动力。

（2）高风险。医药行业是受政府规制最多、最严的行业之一，是受政策影响最深、最大的行业之一。影响医药行业的宏观政策因素包括医疗卫生管理体制、医疗保险及报销制度、药品价格管理体制以及药品的注册、生产和流通体制等。

（3）高投入。医药产品的早期研究和生产过程 GMP（药品生产质量管理规范）改造，以及最终产品上市的市场开发，都需要资本的高投入。尤其是新药研究开发（R&D）过程，耗资大、耗时长、难度不断加大。目前世界上每种药物从开发到上市平均需要花费 15 年的时间，耗费 8 亿～10 亿美元左右。以同仁堂为例的传统中药制造企业，R&D 投入较少，利润回报、风险性等产业特征也相应表现得不如西药制药业那样突出。但随着医药产业国际化进程加快，我国医药制造业在自主开发、知识产权保护的发展道路上，对产业特性的感受将会越来越强烈。

（4）高回报。药品实行专利保护，药品研究开发企业在专利期内享有市场独占权。由于药品研究开发的高额投入，制药公司一旦获得新药上市批准，其新产品的高昂售价将为其获得高额利润回报。例如，2007～2010 年，同仁堂的营业利润率平均值达 14% 之多（一般行业的营业利润率达到 10% 就相当高了）。

（5）相对垄断。医药制造业从根本上说，是被以研究开发为基础的大制药公司所垄断，并且这种垄断有进一步加强的趋势。全球药品市场依然主要集中在美欧日，但新兴市场日益受到关注。据普华永道发表的一篇报告认为，被称之为"E7 集团"的 7 个最大的新兴市场经济国家（巴西、中国、印度、印度尼西亚、墨西哥、俄罗斯和土耳其）在 2020 年的医药市场份额将占全球总额的 1/5。

（6）行业周期性较弱。医药产业与生命科学密切相关，很难说存在成熟期，是永远成长和发展的产业。由于药品的需求弹性较小，医药行业与宏观经济的相关度较小，在经济萧条时期也能够保持较高的增长速度。可以说，医药行业是典型的非周期性行业，具有较强的抗御风险能力。在过去几年中，医药行业收入的复合增长率达 20% 以上。即使在金融危机冲击下，医药行业仍然保持较稳的增长态势。

2. 行业竞争结构

（1）现有企业竞争者的威胁。行业增长缓慢，对市场份额的争夺激烈；竞争者数量较多，竞争力量大抵相当。截至 2015 年 4 月 25 日，有 27 家中药业上市公司发布了 2014 年度报告。根据 27 家中药业上市公司 2014 年度报告，我国中药业上市公司整体经营业绩良好。27 家中药业上市公司中，营业利润超过 1 亿元的有 17 家。中药业上市公司保持整体优良业绩源于主营产品拥有自主知识产权。例如，云南白药和片仔癀的主营产品都拥有国家绝密配方。

国外制药巨头凭借在资本实力和创新能力等方面的绝对优势，正逐步扩大在我国药品市场中的影响力，无疑成为了我国医药企业的强劲竞争者，还会给我国的医药产业带来更大的冲击。如辉瑞公司能够居于全球医药业之首，一方面因为辉瑞公司能够抓住机会，制定正确的战略方向；另一方面，在正确的战略方向指导下，加强研发投入。作为全球化学药品制造业巨头，辉瑞公司已经将健康产业作为公司发展的主要业务板块。与化学药品制药业相比，作为以植物作为主要原料的中药业，更具有研制养生产品的优势。

竞争对手提供的产品或服务大致相同，或者只少体现不出明显差异；某些企业为了规模经济的利益，扩大生产规模，市场均势被打破，产品大量过剩，企业开始诉诸于削价竞销。在我国现有的医药生产企业中，拥有自主知识产权品种的厂商少之又少，产品同质化现象相当严重。相同的药品就有几十家乃至几百家医药企业同时生产，从而导致了医药企业之间的竞争越发激烈。国内医药产业的竞争项目和范围已经从简单的数量竞争到质量竞争、从提高经济效益的竞争到垄断市场份额的竞争、从产业局部企业的竞争到整个医药产业链的竞争等多种变化，竞争的程度甚至达到了白热化。在这种情况下，部分企业采用了"挂金销售"、"回扣返利"等不正当的竞争手段，严重干扰了整个医药市场的正常竞争。

在上述因素的共同作用下，中医药市场的竞争十分激烈。

（2）新加入企业的威胁。潜在竞争对手指那些可能进入行业参与竞争的企业，它们将带来新的生产能力，分享已有的资源和市场份额，结果是行业生产成本上升，市场竞争加剧，产品售价下降，行业利润减少。对医药企业而言，由于具有资金技术密集型等专业性及特性，因此与其他行业相比，进入壁垒较高。

来自政府行政管理方面的壁垒。药品作为特殊的商品，直接关系到使用者的生命安全。医药行业的生产受到国家监督管理部门的严格控制。新药的注册生产方面，由于也存在一定的行政保护，使原有制药企业拥有较强的垄断优势。

由医药产业的规模经济所带来的壁垒。新进入的医药企业难免要面临一个很大的考验，即要么在规模经济上经营，投入巨额的资金，并与现有企业进行激烈的市场份额争夺战，要么在规模经济以下生产，成本居高不下，在竞争中处于劣势地位。这两方面会给医药企业带来巨大的压力。

来自资本需求的壁垒。由于国家提高了医药产业的进入门槛，因此相关带来了在启动资本方面的更高要求。

尽管进入医药产业的壁垒重重但由于我国药品消费市场潜力巨大，产业回报丰厚，因而近年来一些财力雄厚的大集团等纷纷控股收购医药企业，国外更多的医药巨头业试图进入我国医药市场。新的进入者使整个医药行业的竞争更加激烈。

（3）替代品的威胁。如从医药制造业来说，从当前世界的科学技术来说，几乎不存在有替代品威胁的情况。同仁堂这家企业主要从事医药业的子行业中成药制造业，从子行业来说，该行业有个极大的替代品威胁就是化学药品制造业。这也就是我们常说的西药替代中药。

（4）购买者的议价能力。买方议价能力总体上来讲，非常低，其几乎不可能具有前向整合的能力。医药产品的买方主要分三类：普通消费者、零售企业、医院。由于医药是关乎身体健康的特殊商品，对普通消费者或患者来说，几乎没有什么议价能力。零售企业，在国内来讲主要是药店或医药公司，相对规模都不大，连锁程度不高，所以也没有像国美、大中家电行业的议价能力。医院大多都是各自分布在城市内单个企业实体 规模程度不高，并且由于能将医药产品成本直接转给普通消费者，更没有考虑其议价能力的必要。

（5）供应商的议价能力。供应商议价能力总体上来讲较低，由于制药是高技术行业，所以其后向整合的能力也低。对医药产品的原材料供应，主要包括：植物药材、药用动物、化学用品及器材等。其供应商相对规模不很巨大、没有形成垄断、制造企业选择范围大，所以其议价能力也不高。

（二）同仁堂的竞争战略分析

1. 产业结构和核心业务

同仁堂销售收入分医药工业收入和医药商业收入，工业资产较商业资产优秀，2013年报工业收入占比57%，商业占43%，商业毛利明显低于工业。但同仁堂OTC医药商业已经比其他主营医院业务的医药流通企业利润高，OTC销售占了同仁堂销售86%，从利润比例来看，工业占66%，商业占34%。因为股份公司只占同仁堂商业投资约50%股权，所以工业收入占比应该更大，大约80%左右，所以商业对总利润影响有限，增长主要还是要看工业利润。母公司及同仁堂科技是公司医药工业的核心，二者对上市公司医药工业的业绩贡献几乎平分秋色；同仁堂天然药物有限公司对上市公司的贡献相对很小，不到2%。

公司已经有9个品种销售过亿元，其中六味地黄丸和安宫牛黄丸超过3亿元、牛黄清心丸超过2亿元，大活络丸、乌鸡白凤丸、国公酒、感冒清热颗粒、牛黄解毒片以及同仁堂阿胶销售额也在1亿元以上。公司一线品种销售占工业45亿的40%左右，二三线产品30多种，产值多在3 000万元~1亿元之间，总收入超过10亿元。任意一个主打品种占销售总量不大，所以任何一个产品出问题单个产品销售额不足以影响全局。不同于东阿阿胶受原材料供应短缺带来的产能限制，同仁堂的普药基本没有产能天花板，目前产能受限只是场地、设备等限制，目前的大兴和亳州基地都在解决这个问题，2015年年末就能打开产能的瓶颈。

虽然产能不能成为真正的瓶颈，但同仁堂的药价提价是受到限制的。按原理来说，品牌价值最大的体现应该在定价权，同样的商品因为品牌而能卖更高的价钱，但同仁堂商业销售高档药材可以这样做，但股份公司生产的中成药就不行，主要因为大批医保目录、基药目录的药物不能自主提价，这限制了公司业绩的增长，目前正在讨论细则的低价药品目录有望对公司的六味地黄丸、感冒清热颗粒、牛黄解毒片等一二线低价竞争性品种构成利好，未来如果允许上述品种自主定价，上述产品有望依托同仁堂的金字招牌实现溢价销售。

同仁堂商业投资是在2011年5月并入股份公司，目前全国零售专营门店加上店中店的数量约为380多家，商业集团有96家子公司，2家中医院。自由销售渠道的稀缺是同仁堂的短板，自由渠道销售额只占了同仁堂品牌总销售额15%左右，其中同仁堂商业10%，健康药业5%，85%的其他销售依赖于一级经销商再分销，其实同仁堂这么强势的品牌应该是自建完善销售渠道，分销平台要的利润太多，而且数据管理不便，不利于深入市场，以销定产，同仁堂商业的注入和大发展有助于股份公司和同仁堂科技公司的销售。商业者几年也有大力发展门店的计划，同时扩展坐医堂规模，门店的增长可以拖动销售和业绩增长。

商业部分因为同仁堂商业投资在2011年注入上市公司，商业销售额较2012年增长15.77%，利润增长23.52%。

2. 企业目标

同仁堂的目标是建成以高科技含量，高文化附加值，高市场占有率的绿色医药名牌产品为支柱，具有强大国际竞争力的大型医药产品集团，简称"三高一强"。然而，近年来同仁堂药品频繁地被检测出农药残留超标，多次陷入"质量门"的漩涡中。

现在，中医药的海外发展正处于难得的历史发展机遇期。一是国家高度重视中医药海外事业发展，习近平主席针对中医药发表了一系列重要讲话，鼓励中医药产业进入国外医药主流市场，加快中医药在海外的发展。二是中医药的优势特色日益被重视，对中国传统中医药的需求正在快速增长，全球消费者对健康理念的提升和各国政府对中医药态度的转变、相关法规的颁布等，为中医药在海外的准入和发展提供了良好的外部机遇。三是部分发达国家中医药正规教育已经形成，欧美部分国家将中医养生康复作为西医辅助治疗的合法化等，都为我们开拓欧美主流市场奠定了市场和法律环境基础。四是北京同仁堂的海外发展基础已初步形成，终端网络的广泛覆盖和海外民众对同仁堂的良好认知，为进一步发展海外市场奠定了良好的基础。我们需要抓住机遇，迎接挑战，推动新常态下中医药的国际化发展。

未来，在创新业务模式方面同仁堂将在西方主流市场开办养生保健中心，从以医带药向全方位养生保健转变，在拓展投资地域方面从传统的华人聚集地区向西方主流市场发展，在人才培养方面与当地知名大学开展中医药教育合作，为海外发展聚集人才力量，全力打造集种植采购、研发生产、批发零售、养生服务、文化教育五位一体的全产业链闭环经营实体。

总之，北京同仁堂海外将以"大健康"为发展理念，"本地化"为发展手段，"资本运作"为发展工具，"品牌文化"为发展基石，积极创新经营模式，稳步提升盈利水平，迅速扩大企业规模，持续加强品牌影响，全力打造覆盖全产业链的国际化、专业化、规模化的中医药集团，为实现创造健康、全球共享的目标贡献力量。

3. 核心竞争力

（1）品牌优势。同仁堂经过了三百多年的历史，它的品牌形象已经被大多数中国人所熟知。同仁堂是一个三百多年的老字号的中医药企业，在国内外享誉较高，其主要的竞争优势跟其百年老字号的品牌和几百年的制药文化息息相关。

同仁堂的产品涉及20多个剂型，200多个品种，包含药品、食品保健品等，并有丰富的已开发新产品和在开发新产品的储备。麦尔海化妆品由北京同仁堂麦尔海生物技术有限公司生产，它是北京同仁堂集团下属的三级公司，在同仁堂博大精深的企业文化指引下，经营业绩连年实现跳跃式增长，使同仁堂麦尔海公司已经成为护肤品市场民族品牌的生力军。北京同仁堂南三环中路药店及同仁堂第二中医医院集名药、名医为一体，相互扶持，相互依托，共同提高，走出了一条适合自身发展的道路，为广大顾客提供满意的医疗服务。而且同仁堂在其官网上专门设有品牌产品这一专栏，主要为消费者提供服务。

（2）生产优势。公司历经上市十余年成长与发展，目前已形成以中成药生产制造为核心，具备中药材种植、地延伸以及下游的药品零售平台延展，不仅充分运用了品牌优势，持续扩大公司的影响力，凭借全面业务环节提升了公司的整体实力。

公司生产工艺成熟，并注重新技术的研发和创新；近年来公司自主研发的生产线，不仅帮助公司有效节约了成本，提高生产率，也加快了机械化生产的步伐，助推公司在现代制药的道路上更进一步。

公司药品剂型齐备，品种丰富，拥有丸剂、片剂、酒剂、散剂等28个剂型800余种药品注册名号。其中公司的名牌产品例如安宫牛黄丸、同仁大活络丸、同仁牛黄清心丸、牛黄解毒片等为大众广泛熟知和认可，品牌、质量优势突出，市场占有率较高。

（3）人才优势。公司通过"金字塔"人才工程储备人才力量，组建了一支具备高素质、具有专业水平的职工队伍，各类专业人才均活跃在公司关键经营管理岗位的一线。公司还通过"师承教育"方式，推动中医诊疗技术和中药技术的传承。公司坚持"以义为上，义利共生"的经营理念，在生产经营工作中要求"术业有专攻"；注重品牌的维护与品牌文化的弘扬，持续推动人才队伍的建设，充分运用研发来提升工艺水平并开拓新的产品领域，确保公司的核心竞争力持久发展并历久弥新。

（4）政策优势。同仁堂是国有独资企业，享受一些政策的补助。如2011年10月，国家有关部门组织中国红十字会、国家医疗救助基金会及爱心企业"同仁堂冬虫夏草"厂家，向全国患者开展用药补贴大型公益活动。这些都有利于同仁堂产品的销售。

4. 劣势

（1）品牌优势不明显。同仁堂共有药品800多种，常用的有400多种，是当今世界上拥有品种最多的制药企业之一。浩繁的品种都在吃"同仁堂"一个品牌的大锅饭，"同仁堂"三个字被高度稀释，品牌感召力下降。

（2）与西药相比见效慢。就医学发展来说，西医强调实证哲学，一切从实际出发，喜欢通过实验来寻求好药，故西医很注重进行精确病症研究，他们对病因的研究已经建立在分子水平上，所以，他们只要找到了病原体，就能快速研制出速效药品。而中医受中庸之道的影响，研究技术还停留在组织程度上，对病因的研究总是很笼统，故强调系统治疗，结果药性一般很温，很难有立竿见影的药效。

（三）同仁堂公司战略分析

1. 销售战略

公司医药工业销售大部分通过经销商代理，由经销商分销，最终到达终端。分销平台要的利润太多，而且数据管理不便，不利于深入市场，以销定产。小部分通过子公司同仁堂商业的终端零售药店实现销售；公司医药商业主要通过在全国范围内设立药品零售终端，以零售药店的形式完成销售。截至报告期末已在全国主要地区设立同仁堂药店450家。近年来，同仁堂开始探索新的营销战略。

（1）秘制御酒启动全国招商。同仁堂为了尽快扩大健康养生酒系列销售规模，促进市场发展，面向全国诚征战略合作伙伴及渠道经销商。北京同仁堂股份有限公司营销分公司为合作伙伴及经销商提供品牌支持、市场策略指导与市场费用支持、广宣支持等全方位的市场推广服务。并期望通过与经销商紧密的合作及共同的努力。将"同仁堂"旗下养生酒产品做大做强，实现双方的事业共赢和财富增长。

（2）在京东众筹平台推出四款养生茶，意图在"互联网＋"的风口实现突破。

同仁堂诚安药材有限公司市场总监王雅妍表示，目前市场对品牌养生茶需求大，2014年在天猫商城仅玫瑰花茶一类的全年销售额就达到8 000万元，但由于门槛低、品牌小而杂，质量参差不齐，这对于老字号同仁堂而言意味着巨大的商机。王雅妍还表示，加入京东众筹只是一个开始，之后同仁堂会陆续登陆天猫，亚马逊等电商平台。产品方面还将以养生为主线同时拓展其他品类。

（3）启动营销新模式，探索发展新路径。调控市场价格，严格划分子公司的责任市场；要全面尝试新媒体营销模式，探索和实践以市场为基础、以需求为导向、以新媒体为手段的新型营销模式；要全面启动产品发展规划，针对不同消费人群设计品种规格，加强品种厚度；要全面加强子公司建设，逐步具备物流配送、零售终端开发和医疗市场开发三类功能，搭建起大物流配送体系和自有产品销售平台。

2. 海外扩展战略

（1）定位。有健康需求的地方就有同仁堂，中国的中医药博大精深，北京同仁堂立足于健康养生服务将中医药独特的养生理念和疾病治疗方法通过实实在在的服务和效果传播给海外民众，不断扩大中医药服务贸易的规模，逐步深化中医药服务贸易的领域，努力做实、做专、做大海外养生保健市场，为海外民众提供专业有效的中医药特色产品和服务。

（2）两个轮子。既是经济实体又是文化载体，作为经济实体，北京同仁堂需要向市场要效益，推动自身的稳健发展，而作为文化载体同仁堂承载了中国中医药的传统文化精髓，在全球化的发展进程中由于中西方文化的差异，要让博大精深的中医药文化为海外消费者所认知，就必须从望闻问切、针灸推拿等做起，潜移默化的展现中医药的魅力和效果，才能使经济、文化相得益彰，两个轮子一起转。

（3）三个阶段。借道香港打开通往世界之窗，重点着力，有华人的地方就有同仁堂，进军欧美实现西方主流市场的突破，1993年同仁堂选择中国香港作为出海口开办海外第一家同仁堂药店，是因为当时同仁堂产品在中国香港已经有五十多年的销售历史，中医药文化深入人心，同时，香港是著名的国际转口贸易港，经过实践逐渐在香港站稳了脚跟。2003年在香港成立了同仁堂集团全资子公司——北京同仁堂国际有限公司，全面负责同仁堂海外市场的整体规划、布局、管理与发展。2004年又在香港建立了北京同仁堂国药有限公司，从香港出发辐射华人聚集的国家和地区，2004年中国北京同仁堂药店正式在雅加达开设印度尼西亚分店，经过多年奋斗初步实现了有华人的地方就有同仁堂的目标。2013年北京同仁堂国药有限公司在中国香港成功上市，为同仁堂海外发展搭建了更高的平台，目前正进军西方主流市场，加快推进中医药的国际化进程。

（4）四项原则。循序渐进，稳扎稳打，以医带药，医药结合，文化营销，主灶品牌，严格管理，保证效益，北京同仁堂坚持以各国的零售终端为载体，通过多层次、多类别、多频次的宣传讲座、义诊义卖等活动，推广中医药文化，普及中医知识，推广健康生活方式，塑造北京同仁堂的品牌形成。

目前，同仁堂生产线已通过了日本厚生省、澳大利亚和以色列相关等认证，为产品出口到不同国家和地区提供了保障。同仁堂商标在海外70个国家和地区成功注册，也是第一家申请马德里国际注册的中国企业，目前我们在香港建成了同仁堂第一家境外生产研发基地，并在海外二十个国家和地区开办了110家零售终端，海外已有3 000万患者接受了同仁堂的诊疗服务，数以亿计的海外人士认识了同仁堂。

二、会计分析

（一）识别关键的会计政策和会计估计

同仁堂是一个三百多年的中医药行业，产业主要以医药工业和医药商业为主。货币资金、存货和应收账款占有较大比例（见表 2 – 14）。

表 2 – 14　　　　货币资金、应收账款和存货的绝对数值　　　　单位：亿元

	2012 年	2013 年	2014 年
应收账款	0.44	0.75	1.90
存货	13.36	14.27	14.75
货币资金	21.19	17.85	16.19
流动资产合计	36.79	33.56	35.42

由表 2 – 14 可知，同仁堂的应收账款、存货和货币资金占流动资产的比重非常大，特别是货币资金所占比重。因此，与应收账款、存货有关的会计政策和会计估计是否合理，将直接关系到同仁堂的财务报表是否能如实的反映其财务状况和经营成果的状况。在这些会计政策和会计估计中，坏账准备和存货跌价准备具有较高的灵活性。因此我们应该对这些会计政策和会计估计是否合理进行重点分析。

货币资金占流动的比重较大，但是 2012～2014 年其所占比重逐年有所降低，尽管货币资金在会计估计和会计政策上没有较大的灵活性，是流动性最高的资产，但由于其收益也是最低的，持有比重过大，会使企业丧失掉一定的机会成本，不利于企业的长期发展。

最后，作为一家上市公司，同仁堂的主营业务收入和净利润也是报表使用者关注的重点，也是我们重点分析的对象。

（二）分析关键的会计政策和会计估计

1. 应收账款质量的分析

了解同仁堂的应收账款的质量，首先要了解该公司计提坏账准备的政策。

对于账龄组合采用账龄分析法计提坏账准备。对于确定的无风险组合和零售刷卡对银联社保机构的应收账款不计提坏账准备。可以看出同仁堂计提坏账准备的政策比较谨慎，下面我们看一下其会计估计情况

表 2 – 15 为按照账龄分析法计提坏账准备的情况：

表 2-15　　　　　　　　　货币资金、应收账款和存货的绝对数值　　　　　　　单位：元

账　龄	计提比例（%）	2012 年	2013 年	2014 年
1 年以内	5	136 854 217.40	130 416 869.20	285 859 668.40
1~2 年	10	1 016 603.10	18 682 470.80	5 025 938.80
2~3 年	20	548 814.50	137 577.90	365 929.35
3~4 年	50	691 591.88	192 216.98	115 788.76
4~5 年	80	124 401.53	274 039.21	140 910.29
5 年以上	100	25 015 414.17	24 198 278.50	22 445 195.30
应收账款	—	164 251 042.58	173 901 452.59	313 953 430.90
坏账准备	—	32 514 865.41	32 930 224.48	37 484 581.08
计提比例	—	19.80%	18.94%	11.94%

资料来源：该表数据来自和讯财经同仁堂 2012~2014 年财务报表附注。

通过表格我们可以看出同仁堂的应收账款和坏账准备 2012~2014 年连年上升，在 2014 年上升幅度较大；但是坏账计提准备从 2012~2014 年连年下降。坏账计提比例变动情况见图 2-1。

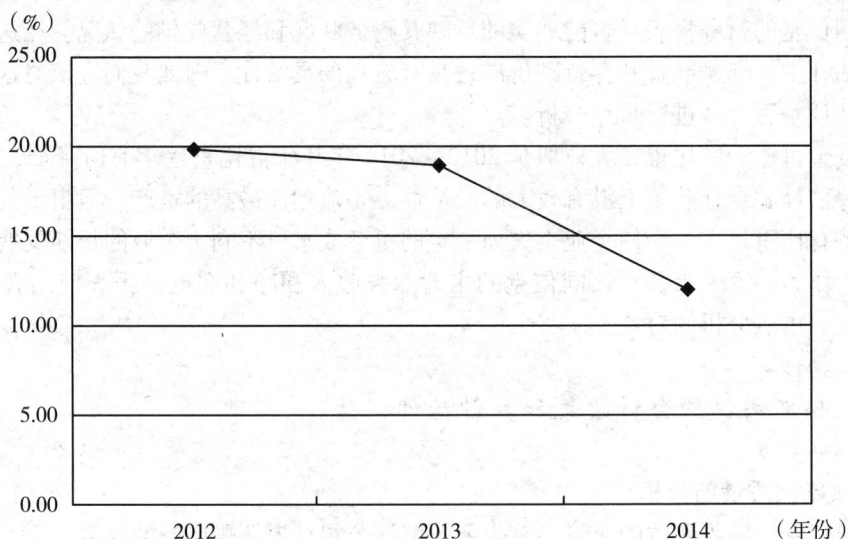

图 2-1　同仁堂 2012~2014 年坏账计提比例变动情况

通过图 2-1 可以更加直观地看出，2012~2014 年坏账准备的计提比例在下降。一般情况下坏账准备的计提与主营业务收入的增长幅度相匹配。因此我们要分析一下同仁堂主营业务收入与应收账款的增长状况（见表 2-16）。

表 2-16 主营业务收入与应收账款 单位：亿元

年　份	2012	2013	2014
主营业务收入	74.33	86.68	96.32
应收账款	3.22	4.71	6.25

由表 2-16 可以看出主营业务收入与应收账款都是呈逐年上升的趋势，但是我们前面分析得到计提坏账准备的比例在逐年下降。

从报表中应收账款的纰漏我们能找到 2014 年坏账准备的计提比例明显下降的原因，在 2014 年这一会计期间收到了湖南时代阳光医药有限责任公司的坏账 590 万元，这就导致本期计提坏账准备金额 9 184 972.29 元；本期收回或转回坏账准备金额 9 935 434.92 元。这样计提的坏账准备下于收回或转回的坏账准备。所以 2014 年坏账准备的计提比例会有明显下降。

2. 存货质量分析

在同仁堂的资产负债表中存货占的比例较高，应重点分析存货的会计政策和会计估计。首先看一下同仁堂的计提存货跌价准备的会计政策。依据成本和可变现净值熟低的原则，当可变现净值低于成本时，按照成本与可变现净值的差额计提存货跌价准备，并且是按照单个项目计提的。

我们看一下同仁堂存货跌价准备计提的会计估计。表 2-17 是 2012~2014 年同仁堂的存货余额和存货跌价准备的对比表格，我们可以看出，同仁堂的存货在逐年上升，这跟主营业务收入的增加是分不开的，但是其存货跌价准备却在逐年下降。

表 2-17 存货余额与跌价准备 单位：亿元

	2012 年	2013 年	2014 年
存货余额	36.80	41.80	45.95
跌价准备	0.67	0.52	0.37

资料来源：该表数据来自同仁堂 2012~2014 年财务报表附注和讯财经。

通过同仁堂的财务报表能够找到存货逐年稳步上升而跌价准备却逐年下降的原因。同仁堂存货跌价准备的计提主要是在原材料和库存商品这两种存货上。其他存货基本不需计提跌价准备。存货的稳步增长除了原材料和库存商品的稳步增加外是由于低值易耗品和材料物资和包装物的增加，而这些存货项目基本不需计提坏账准备。存货跌价准备降低的原因是原材料和库存商品的存货跌价准备的转会额比计提额大很多。这可能是由于近两年来医药用品和其原材料的价格比较稳定，没有较大的波动。下面我们看一下同仁堂的存货周转情况（见表2-18）。

表 2 – 18　　　　　　　　　　存货周转率与存货周转天数

年　份	2012	2013	2014
存货周转率	1. 2295	1. 2644	1. 2544
存货周转天数	292. 8020	284. 7200	286. 9898

资料来源：该表数据根据同仁堂 2012～2014 年资产负债表和利润表整理计算得出。

由表 2 – 18 可以看出，同仁堂的存货周转天数相当高，与其竞争对手云南白药的 130 多天相比，几乎是其 2 倍。同仁堂的存货跌价准备的计提比例本身就比较低，在加上极低的存货周转率，我们认为同仁堂的报表未能准确地披露存货公允价值的变动。

（三）收益质量分析

同仁堂 2012～2014 年利润结构见表 2 – 19。

表 2 – 19　　　　　　　　同仁堂 2012～2014 年利润结构　　　　　　　单位：元

项　目	2012 年	2013 年	2014 年
一、营业收入	1 854 878 347. 94	2 082 468 641. 53	2 363 834 830. 72
减：营业成本	992 027 029. 38	1 207 030 054. 82	1 344 483 985. 88
营业税金及附加	32 524 015. 91	36 971 756. 35	42 375 002. 61
销售费用	346 451 213. 36	368 280 197. 23	433 878 169. 45
管理费用	143 341 002. 75	120 425 457. 18	139 268 848. 39
财务费用	783 180. 14	6 777 386. 70	7 795 021. 59
资产减值损失	66 680 369. 93	– 5 849 443. 55	– 1 895 053. 18
投资收益（损失以"－"号填列）	78 440 985. 59	149 783 512. 00	144 170 428. 64
三、营业利润（亏损以"－"号填列）	351 512 522. 06	498 616 744. 80	542 099 284. 62
加：营业外收入	12 179 385. 84	4 164 804. 93	10 076 123. 91
其中：非流动资产处置利得		840 193. 34	992 693. 80
减：营业外支出	435 014. 01	410 111. 67	1 483 624. 51
其中：非流动资产处置损失	364 214. 01	337 186. 03	731 986. 38
四、利润总额（亏损总额以"－"号填列）	363 256 893. 89	502 371 438. 06	550 691 784. 02

从表 2 – 19 看出 2012～2014 年，营业总收入是逐年增加的，看出集团的经营能力很好，成本中销售费用较营业成本增长幅度大，这点说明同仁堂在销售上花了大功夫，公司解释是工资提高和销售投入所致，但应该稍微控制一下，同行太极集团经营不善也证实有这方面原因，所以应引以为戒，多加注意；对于营业外支出报表解释 2014 年比 2013 年明显增多是对

外捐赠，不难看出捐赠多了好多，导致利润总额下降了很多，不排除减少利润的可能。

三、财务分析

（一）与过去年度的纵向比较

1. 财务状况的纵向分析

表 2-20 列示了 2012~2014 年同仁堂资产、负债和股东权益的变动情况。

表 2-20　　　　　　　　　同仁堂资产、负债和股东权益的变动情况表　　　　　单位：元

年　份	资产总额	负债总额	股东权益
2012	4 787 840 352.38	1 871 599 468.59	2 916 240 883.79
2013	4 672 970 031.43	1 460 284 281.89	3 212 685 749.54
2014	5 028 373 711.05	1 575 244 857.07	3 453 128 853.98

从表 2-20 中可以看到，自 2012 年以来同仁堂资产规模总体呈波动的趋势。其中负债总额也在波动，但变动幅度较小且占资产的比重较小，股东权益上升幅度较大。伴随着公司业务的开展与发展，公司总资产规模逐年扩大，但其负债的总额增幅基本不变，说明公司资产规模的增加主要来自经营积累。从报表中可以看出 2013 年资产规模紧缩的原因是流动资产的减少特别是货币资金和应收票据的减少。但是非流动资产的投资有所增加。其流动资产的减少主要是用于归还一部分应付债券和其他应付款项。因此 2013 年资产和负债都减少了。但其在建工程项目的增加，说明企业正在投资非流动资产，只能说这一年是个缓冲期，这为 2014 年及其以后资产和盈利规模的扩大奠定基础。

2. 同仁堂 2012~2014 年度盈利能力纵向比较

同仁堂营业收入和净利润见表 2-21。

表 2-21　　　　　　　　　　同仁堂营业收入和净利润表　　　　　　　　单位：元

年　份	营业收入	净利润
2012	1 854 878 347.94	322 359 754.96
2013	2 082 468 641.53	449 710 437.53
2014	2 363 834 830.72	500 580 964.88

从表 2-21 中可以看出，同仁堂 2012~2014 年的营业收入和净利润都呈上升趋势，营业收入增幅比较快而净利润的增幅相对缓慢，特别是 2013~2014 年增幅明显放缓。从报表中可以看出 2014 年净利润增幅降低的原因是因为这一年同仁堂对外进行大规模的捐赠导致营业外支出大幅增加，从而使得利润的增长额减少，增幅放缓。

（二）　与竞争对手相比的横向比较

1. 财务状况的横向比较

以 2014 年的数据为依据，与其竞争对手的资产、负债和股东权益的比较见表 2 – 22。

表 2 – 22　　　　　　　　　　　　同仁堂营业收入和净利润　　　　　　　　　　　单位：亿元

	同仁堂	云南白药	九芝堂
资产总计	50.28	120.45	18.79
负债合计	15.75	57.84	4.40
股东权益合计	34.53	62.61	14.39

资料来源：该表来自和讯财经同仁堂、云南白药和九芝堂三家企业 2014 年的资产负债表。

由表 2 – 22 的数据可以看出，同仁堂的资产规模在行业内属于一般情况，既不像云南白药那样拥有庞大的规模，也不像九芝堂那样资产规模较小。医药行业整个行业的债务水平都比较低，同仁堂负债所占的比率也比较低，主要是依靠权益融资。一方面降低了财务风险，另一方面不能很好地发挥财务杠杆的作用。

2. 经营效率的横向比较

以 2014 年的数据为依据，同仁堂与其竞争对手的主营业务收入、营业利润和净利润比较见表 2 – 23。

表 2 – 23　　　　　　　　　　　　同仁堂营业收入和净利润　　　　　　　　　　　单位：亿元

	同仁堂	云南白药	九芝堂
主营业务收入	23.64	54.01	6.28
营业利润	5.42	11.75	1.19
净利润	5.01	10.47	1.75

由表 2 – 23 可知，同仁堂的利润指标跟其资产规模是一致的。一般情况下经营业绩与资产规模总是存在一定的相似性，表 2 – 23 正印证了这一情况，这说明同仁堂在其行业内竞争发展还是相对良好的。

（三）　比率分析

1. 相关比率的纵向比较

同仁堂相关比率表见表 2 – 24。

表 2 - 24　　　　　　　　　　　　同仁堂相关比率表

年　份	速动比率	总资产回报率	经营利润率	存货周转率
2012	1.52	6.71	13.98	1.23
2013	1.95	6.07	14.50	1.26
2014	1.84	6.14	15.48	1.25

资料来源：该表根据同仁堂 2010~2014 年资产负债表和利润表整理计算得出。

从表 2 - 24 看出速动比率在逐年稳步增长，说明短期偿债能力在逐渐增强；总资产回报率 2012 年明显高于 2013 年和 2014 年说明 2012 年公司管理当局运用资产获取的经济效益比 2013 年和 2014 年大，说明 2012 年经营者很好地运用了所能控制得资产，创造了很好的利润，2013 年、2014 年则相对较差但经营者已经意识到并做出了调整所以 2014 年比 2013 年有所改善；经营利润率近两年在稳步增长，说明经营者的经营能力在稳步增强，经营状况良好，且经营利润率整体较好；存货周转率近乎平稳说明企业在购入存货、投入生产、销售收回等各环节管理良好，控制得很好。整体看企业的短期偿债能力良好，投资回报率、盈利能力、营运能力良好，且稳定发展。

2. 相关比率的横向比较

以 2014 年的数据为例，与其竞争对手的相关比率对比见表 2 - 25。

表 2 - 25　　　　　　　　　　　　行业相关比率表

	速动比率	总资产回报率	经营利润率	存货周转率
同仁堂	1.84	6.14	15.48	1.25
云南白药	2.30	17.15	15.04	2.70
九芝堂	1.88	12.16	14.53	3.10

资料来源：该表根据同仁堂、云南白药和九芝堂三家企业 2014 年的资产负债表和利润表计算整理得出。

由表 2 - 25 可以看出，同仁堂的速动比率与行业水平相差不多，但还是低于云南白药和九芝堂，这说明同仁堂的偿债能力不是很强；这与其负债占资产的比重较小有关，通过前面的分析我们知道，同仁堂资产规模的扩大主要依靠企业的盈利。从总资产报酬率来看，同仁堂远远低于行业水平，这说明其资产利用率不高。从经营利润率来看，同仁堂高于其竞争对手，说明其盈利能力相当强。而就存货周转率来说，存货周转率较低，容易造成存货积压，不利于企业发展，这可能与其国有独资企业的身份有关，管理层为了追求经营业绩，大量生产产品以降低生产成本。这样横向来比，可以看出同仁堂在管理方面还是存在一些问题。

（四）现金流量分析

同仁堂各年现金流量情况对比见表 2 - 26。

表 2 - 26	同仁堂各年现金流量情况对比		单位：亿元
项　目	2012 年	2013 年	2014 年
经营活动产生的现金流量净额	2.51	0.65	1.58
投资活动产生的现金流量净额	- 0.45	- 0.60	- 0.46
筹资活动产生的现金流量净额	9.77	- 3.37	- 2.78
现金及现金等价物净增加额	11.78	- 3.34	- 1.66

现金流量表是以收付实现制为编制基础，反映企业在一定时期内现金流入和现金支出情况的报表。

1. 经营活动产生的现金流量分析

经营活动产生的现金流量有所下降，说明由于销售货物收到的现金减少。2013 年与 2012 年相比经营活动现金流量的急剧降低是由于产品销售量的减少，导致应收账款的急剧减少。这主要是因为 2013 年 6 月公司陷入 "农药残留" 的漩涡。与欧盟的农药最大残留标准相比，同仁堂三七花中检出的甲基硫菌灵超标 500 倍。

2. 投资活动产生的现金流量分析

从表 2 - 26 中可看出，三年均为负数，说明企业在扩大规模或开发新的利润增长点时，需要大量的资金投入，投资活动产生的现金流入量补偿不了流出量，但如果投资有效，将会在未来产生现金流入量偿还债务，创造收益。因此，分析投资活动产生的现金流量应结合企业目前的投资项目。

3. 筹资活动产生的现金流量分析

现金流量越大，企业面临的偿债压力越大。可看出，同仁堂的筹资活动产生的现金流量净额在逐年减少，吸收到的投资减少了，但偿债能力减小。2012 年筹资活动的现金流入主要是发行债券所得，这说明同仁堂股东 2012 年没有对公司追加投资，且发行债券数额较上年增加了 11.81 亿元，说明公司加大了负债的筹资力度。

从表 2 - 26 中可看出 2012 年经营活动产生的现金流量净额为正数，投资活动产生的现金流量净额为负数，筹资活动产生的现金流量净额为正数时，企业处于高速发展期，产品迅速占领市场，销售快速上升，经营活动中大量资金回笼，同时扩大了市场份额，企业需要大量追加投资，仅靠经营活动产生的现金无法满足，因此必须筹集外部资金作为补充。2013 年和 2014 年经营活动现金流入大于流出，投资活动和筹资活动都流入小于流出，说明企业经营活动能产生现金净流入，财务状况较稳定，扩大投资出现投资活动为负也正常，但要注意适度的投资规模。

四、前景分析

（一）从近两年的经营成果看

同仁堂的营业收入和营业利润都在稳步增长，且各项指标都处于健康水平，所以在今后几年内出现大问题的可能性不大。

（二）从经营策略看

公司能正确敏锐地感知政策风险、同行业竞争风险、产品替代风险、原材料风险、国内外经济风险等，并做出相应策略，指出公司将围绕政策核心要求，严格落实董事会战略部署，以转型促动力、以调整谋发展、以规范提升抗风险能力、以创新提升获利能力，继续夯实基础以应对行业变革，深挖潜能以迎接新的发展。合理规划品种促发展、持续优化管控增效率、夯实发展基础利创新。具体行为：致力研发环保产品，多元化的产品品种，从原材料到销售一条龙生产，同时生产化妆品等衍生物，从事医疗器械生产、交通运输业、医院等，除了满足了自己集团的方便外，增大了进入壁垒，增强了抗风险能力。注重技术研发，在把已有产品做好的基础上，注重研发新产品，提高竞争力。但近两年公司销售费用逐年增加，且增加比例大于材料等其他项目的比例，报表看出公司在努力增加销售渠道，但应重点注意。

（三）从公司治理看

第一，为规避关联交易的弹性制定上游下游等关联交易方的交易规则；第二，公司董事为制药方面专家和经济方面能手，独立董事也都是相关方面的一把手，管理层相当强；第三，注重完善各种管理制度，规避腐败风险；第四，员工文化水平良好。

（四）从2012～2014年所做的重大事项看

从2012年到2014年公司在关联企业上的投资占投资总额的90%以上，其中很大程度是增加在建工程，扩大营业规模，增加了退出壁垒的同时壮大了公司的实力。

（五）从社会现状看

我国现处于老龄化阶段，且随着经济的发展人们越来越重视养生，同仁堂有相关的优势，且生产养生保健品具有好的发展前景。

综上所述：同仁堂发展良好，若在销售费用，进入、退出壁垒，关联交易等有风险的反面重点关注，把握好度会有很好发展。

第三章

格力电器

【章节链接】

本案例主要是针对第三章财务报表分析、第四章财务分析基本方法、第五章财务指标分析以及第七章杜邦财务分析的练习。①

第一节 相关资料及问题分析

一、相关资料

资料一：

格力集团成立于 1985 年 3 月，前身为特区工业发展总公司，2009 年完成公司制改造，更名为"珠海格力集团有限公司"，公司注册资本 8 亿元。格力电器旗下的"格力"空调，是中国空调业唯一的"世界名牌"产品，业务遍及全球 100 多个国家和地区。家用空调年产能超过 6 000 万台（套），商用空调年产能 550 万台（套）；2005～2014 年，格力空调产销量连续 7 年全球领先。

格力空调近几年的相关财务数据见表 3－1、表 3－2：

表 3－1　　　　　　　　　　　　**2010～2014 年主要财务数据**　　　　　　　　　　单位：亿元

年 份	净利润	销售收入	资产总额	负债总额	全部成本
2010	42.8	604	656	516	589
2011	52.4	832	852	668	801

---

① 本章所涉及的表格数据均由作者根据东方财富网格力、美的与海尔 2009～2014 年年报相关资料整理而得。

续表

年 份	净利润	销售收入	资产总额	负债总额	全部成本
2012	73.8	993	1 076	800	934
2013	109	1 186	1 337	983	1 110
2014	142	1 378	1 562	1 111	1 251

表 3 - 2   2010 ~ 2014 年主要财务指标

年 份	2010	2011	2012	2013	2014
权益净利率（%）	36.51	34.00	31.38	35.77	35.23
权益乘数	4.68	4.64	3.90	3.77	3.46
资产负债率（%）	78.64	78.43	74.36	73.47	71.11
资产净利率（%）	7.35	7.02	7.72	9.07	9.83
销售净利率（%）	7.08	6.34	7.44	9.11	10.18
总资产周转率（%）	103.82	110.75	103.86	99.51	96.58

资料二：

我们以 2009 年为基年，然后将 2010 年、2011 年、2012 年、2013 年和 2014 年的报表数据与 2009 年相比较，计算出格力电器资产负债表和损益表主要项目的趋势变动见表 3 - 3、表 3 - 4：

表 3 - 3   格力资产负债表趋势分析   单位：%

报表项目	2014 年	2013 年	2012 年	2011 年	2010 年	2009 年	绝对值（万元）
货币资金	238.14	174.44	130.89	70.03	66.21	100	2 290 484
应收票据	465.84	427.23	316.45	310.66	203.53	100	1 083 655
应收款净额	291.01	202.21	161.27	134.14	131.1	100	91 453
存货净额	147.66	224.18	295.95	300.55	197.47	100	582 364
流动资产合计	281.96	243.44	199.69	168.4	127.98	100	4 261 082
固定资产合计	119.95	167.28	275.6	304.53	324.17	100	460 844
资产总计	303.18	264.6	208.75	165.36	127.31	100	5 153 025
短期借款	372.16	344.93	366.11	284.86	197.62	100	96 163
应付账款	229.91	235.49	194.55	134.22	118.41	100	1 165 013
应付票据	81.99	98.06	95.12	126.82	106.57	100	839 334
预收账款	72.45	135.1	187.45	222.64	135.33	100	887 195

续表

报表项目	2014 年	2013 年	2012 年	2011 年	2010 年	2009 年	绝对值（万元）
流动负债合计	265.04	236.27	193.03	157.18	121.64	100	4 083 924
长期负债合计	7 074.58	4 551.7	3 017.59	6 893.06	5 004.49	100	3 832
负债合计	271.79	240.32	195.67	163.5	126.21	100	4 087 757
股东权益合计	423.66	332.94	258.9	172.51	131.53	100	1 065 269

表 3-4 　　　　　　　　　　　格力趋势损益表 　　　　　　　　　　　单位:%

项 目	2014 年	2013 年	2012 年	2011 年	2010 年	2009 年	基期绝对值（万元）
一、主营业务收入	324.44	279.40	233.92	195.85	142.33	100	4 245 777
减：主营业务成本	275.45	251.55	229.07	213.21	148.36	100	3 195 598
主营业务税金及附加	337.76	237.05	146.26	123.44	133.5	100	40 337
二、主营业务利润	478.94	369.22	252.74	143.84	123.62	100	1 009 842
减：销售费用	498.29	388.23	252.27	138.85	145.06	100	579 786
管理费用	307.56	324.88	258.89	177.66	126.26	100	156 660
财务费用	971.18	141.53	475.52	466.62	318.46	100	-9 702
三、营业利润	540.90	412.27	269.83	152.71	92.34	100	297 453
加：投资收益	10 699.56	10 595.86	-302.66	1 345.49	918.76	100	677
营业外收入	169.10	163.86	182.11	442.06	563.62	100	41 754
减：营业外支出	363.53	468.96	203.39	504.92	371.33	100	1 179
四、利润总额	495.59	381.39	259.23	229.87	149.58	100	338 028
减：所得税费用	557.16	436.05	293.52	229.87	167.88	100	44 861
少数股东损益	537.01	357.39	363.87	331.69	150.91	100	1 821
五、净利润	486.17	373.02	253.98	180.69	146.78	100	293 166

　　2014 年格力、美的和海尔的资产负债结构比例、利润表结构比例资料见表 3-5、表 3-6：

表 3-5 　　　　　　　　　　　2014 年各公司资产负债结构比例比较 　　　　　　　　　　　单位:%

报表项目	格 力	美 的	海 尔
货币资金	34.91	6.22	38.19
应收票据	32.31	14.21	21.91

续表

报表项目	格 力	美 的	海 尔
应收账款	1.70	7.78	7.06
存货	5.50	12.49	10.08
流动资产合计	76.90	71.85	79.29
固定资产合计	9.58	16.24	9.31
资产总计	100.00	100.00	100.00
短期借款	2.29	5.05	1.34
应付账款	1.70	16.74	17.98
预收账款	4.11	3.32	5.62
流动负债合计	69.38	60.80	55.50
长期负债	1.74	1.18	5.68
负债合计	71.11	61.98	61.18
股东权益合计	28.89	40.31	38.82
负债与股东权益合计	100.00	100.00	100.00

表3-6　　　　　2014年各公司损益表结构比例分析　　　　单位:%

	格 力	美 的	海 尔
一、主营业务收入	100.00	100.00	100.00
减：主营业务成本	63.90	74.59	72.48
主营业务税金及附加	0.99	0.57	0.45
二、主营业务利润	35.11	24.84	27.07
减：销售费用	20.97	10.40	13.04
管理费用	3.50	5.29	6.75
财务费用	-0.68	0.18	-0.26
三、营业利润	11.68	9.49	8.71
加：投资收益	0.53	1.07	1.39
营业外收入	0.51	0.75	0.42
减：营业外支出	0.03	0.36	0.07
四、利润总额	12.16	9.88	9.06
减：所得税	1.81	1.65	1.53
少数股东损益	0.07	0.81	1.92
五、净利润	10.35	8.22	7.54

格力电器 2009~2014 年的相关比率资料见表 3-7、表 3-8：

表 3-7　　　　　　　　　　　格力历年经营管理效率对比　　　　　　　　　单位:%

财务指标	2014 年	2013 年	2012 年	2011 年	2010 年	2009 年
销售毛利率	36.1	32.24	26.29	18.07	21.55	24.73
期间费用率	23.79	23.15	18.35	12.48	16.68	17.12
销售净利率	10.35	9.22	7.5	6.37	7.12	6.9
净资产收益率	32.06	31.43	27.59	29.74	32.14	29.22

表 3-8　　　　　　　　　　　格力历年财务管理效率对比　　　　　　　　　单位:%

	财务指标	2014 年	2013 年	2012 年	2011 年	2010 年	2009 年
短期	流动比率	1.11	1.08	1.08	1.12	1.1	1.04
	速动比率	1.03	0.94	0.86	0.85	0.87	0.9
	现金比率	50.32	39.94	36.72	24.99	30.53	56.09
	经营现金流动比率	17.47	13.44	23.35	5.23	1.24	23.14
长期	资产负债率	71.11	73.47	74.36	78.43	78.64	79.33
	利息保障倍数	-1 677.93	-9 289.01	-1 799.37	-1 297.94	-1 536.51	-3 384.03

格力 2009~2014 年的相关现金流量资料见表 3-9 至表 3-12：

表 3-9　　　　　　　　　　　格力现金流量变化趋势　　　　　　　　　　　单位:%

项　目	2014 年	2013 年	2012 年	2011 年	2010 年	2009 年	2009 年金额（万元）
经营活动产生的现金流量净额	200.42	137.25	194.81	35.52	6.52	100	944 960
投资活动产生的现金流量净额	92.54	70.68	136.2	89.5	61.01	100	-309 296
筹资活动产生的现金流量净额	2 312.75	3 007.05	-1 011.31	985.73	1 755.61	100	-8 061
现金的期末余额	459.25	308.86	225.58	66.91	70.84	100	947 337

表 3 – 10 　　　　　　　　　　格力经营活动现金流量主要项目 　　　　　　　单位：万元

项　目	2014 年	2013 年	2012 年	2011 年	2010 年	2009 年
销售商品、提供劳务收到的现金	8 553 445	7 021 140	7 007 712	5 275 464	3 593 152	4 205 135
购买商品、接受劳务支付的现金	3 881 690	3 858 873	4 044 616	4 371 703	3 411 981	1 819 470
经营活动产生的现金净额	1 893 917	1 296 984	1 840 875	335 616	61 600	944 960

表 3 – 11 　　　　　　　　　　格力投资活动现金流量主要项目 　　　　　　　单位：万元

项　目	2014 年	2013 年	2012 年	2011 年	2010 年	2009 年
投资活动现金流入小计	137 001	100 447	106 023	232 091	108 734	4 247
构建固定资产、无形资产和其他长期资产所支付的现金	177 731	246 147	360 241	477 774	248 222	71 618
股权投资所支付现金	233 050	70 407	155 836	24 910	48 551	75 947
投资活动现金流出小计	423 215	319 046	527 276	508 818	297 440	313 543
投资活动产生现金流量净额	– 286 214	– 218 599	– 421 252	– 276 727	– 188 706	– 309 296

表 3 – 12 　　　　　　　　　　格力筹资活动现金流量主要项目 　　　　　　　单位：万元

项　目	2014 年	2013 年	2012 年	2011 年	2010 年	2009 年
吸收权益投资所收到的现金	0	0	319 787	26	0	46 605
借款所收到的现金	1 037 665	498 791	376 302	491 049	357 868	102 296
筹资活动现金流入小计	1 061 227	698 461	808 881	491 075	357 868	148 901
偿还债务所支付的现金	780 068	623 384	559 719	161 461	136 184	6 724
分配股利、利润或偿付利息所支付的现金	467 591	317 474	167 382	97 691	96 426	38 915
筹资活动现金流出小计	1 247 659	940 858	727 359	570 535	499 388	156 962
筹资活动产生的现金流量净额	– 186 431	– 242 398	81 522	– 79 460	– 141 520	– 8 061

二、问题要求

（1）利用杜邦分析法对格力电器进行财务分析。

（2）根据以上资料表 3-1 和表 3-2 对格力资产负债表和利润表进行趋势分析。

（3）根据以上资料表 3-3 和表 3-4 对格力资产负债表和利润表进行结构分析。

（4）根据以上资料表 3-5 和表 3-6 对格力进行比率分析，包括经营管理效率分析、资产管理效率分析和财务管理效率分析。

（5）根据以上资料表 3-7、表 3-8、表 3-9 和表 3-10 对格力现金流量进行分析，包括现金流量总体分析、经营活动现金流量分析、投资活动现金流量分析和筹资活动现金流量分析。

第二节　参考答案[①]

一、杜邦分析

杜邦财务分析法可以解释指标变动的原因和变动趋势，以及为采取措施指明方向，具体分析见表 3-13。

表 3-13　2010~2014 年主要财务数据　单位：亿元

年份	净利润	销售收入	资产总额	负债总额	全部成本
2010	42.8	604	656	516	589
2011	52.4	832	852	668	801
2012	73.8	993	1 076	800	934
2013	109	1 186	1 337	983	1 110
2014	142	1 378	1 562	1 111	1 251

该公司 2010~2014 年财务比率见表 3-14。

---

① 本节中表格和图均根据格力、美的和海尔三家企业 2009~2014 年资产负债表、利润表、现金流量表相关数据计算得出。

表 3 – 14　　　　　　　　　　**2010～2014 年主要财务指标**

年　份	2010	2011	2012	2013	2014
权益净利率（%）	36.51	34.00	31.38	35.77	35.23
权益乘数	4.68	4.64	3.90	3.77	3.46
资产负债率（%）	78.64	78.43	74.36	73.47	71.11
资产净利率（%）	7.35	7.02	7.72	9.07	9.83
销售净利率（%）	7.08	6.34	7.44	9.11	10.18
总资产周转率（%）	103.82	110.75	103.86	99.51	96.58

（一）对格力电器 2010～2014 年的权益净利率分析

权益净利率指标是衡量企业利用资产获取利润能力的指标。权益净利率充分考虑了筹资方式对企业获利能力的影响，因此它所反映的获利能力是企业经营能力、财务决策和筹资方式等多种因素综合作用的结果。

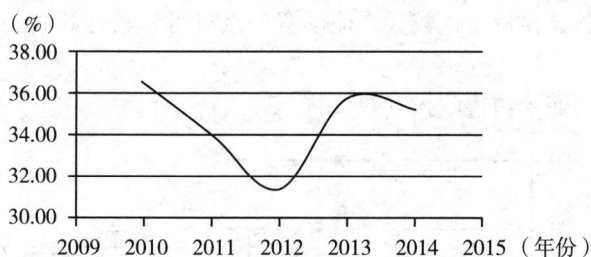

图 3 – 1　格力集团 2009～2015 年权益净利率变动

从图 3 – 1 中看出格力 2010～2012 年权益净利率下降幅度大，股东报酬下降，公司业绩逐年降低，不利于新股份的吸收。2012～2014 年有所回缓，也说明公司业绩在改善。

（二）权益净利率分解分析过程

权益净利率、资产净利率分解分析见表 3 – 15、表 3 – 16。

表 3 – 15　　　　　　　　　　**权益净利率 = 资产净利率 × 权益乘数**

2010 年	36.51% = 7.35% × 4.68
2011 年	34.00% = 7.02% × 4.64
2012 年	31.38% = 7.72% × 3.90
2013 年	35.77% = 9.07% × 3.77
2014 年	35.23% = 9.83% × 3.46

通过表 3 - 15 可以明显地看出，该公司权益净利率的变动在于资本结构（权益乘数）变动和资产利用效果（资产净利率）变动两方面共同作用的结果。

表 3 - 16　　　　　　　　　资产净利率 ＝ 销售净利率 × 总资产周转率

2010 年	7.35% ＝ 7.08% × 103.82%
2011 年	7.02% ＝ 6.34% × 110.75%
2012 年	7.72% ＝ 7.44% × 103.86%
2013 年	9.07% ＝ 9.11% × 99.51%
2014 年	9.83% ＝ 10.18% × 96.58%

1. 资产使用效率

资产使用效率，用资产周转率（销售收入/总资产）反映。它表示融资活动获得的资金（包括权益和负债），通过投资形成公司的资产的每一单位资产能产生的销售收入。资产周转率越大，表明该公司的资产使用效率越高。

由表 3 - 16 可以看出，格力电器总资产周转率较低，资产的利用没有得到较好控制。其中货币资金、应收账款、存货占比较大，流动资产没有得到较好利用。

2. 成本控制能力

销售净利率 ＝ 净利润 ÷ 销售收入（见图 3 - 2）

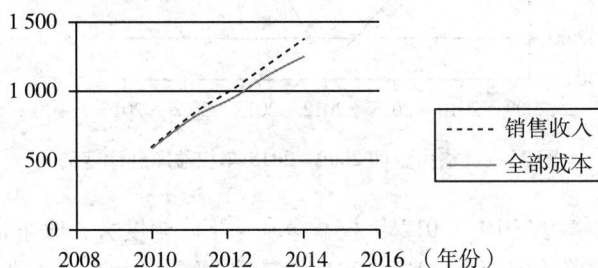

图 3 - 2　格力集团成本控制能力

销售净利率 ＝ 1 -（生产经营成本费用 + 财务费用 + 所得税）/销售收入，由图 3 - 2 可见成本的增长幅度低于销售收入的增长幅度，成本控制能力得到提高，也使得销售净利率提高。

（三）融资能力

权益乘数主要受资产负债率影响，权益乘数越高，说明企业有较高的负债程度，给企业带来较多杠杆利益，同时也给企业带来了较多风险。表 3 - 14 得出格力电器资产负债较高，偿还债务能力越弱，财务风险程度越高。财务杠杆对利润水平的影响，它可以使股东获得的潜在报酬增加，但股东要承担因负债增加而引起的风险；在收益不好的年度，则可能使股东潜在的报酬下降。该公司的权益乘数一直处于 3~5 之间，也即负债率在 70% 左右，属于激进战略型企业。

（四）结论

通过杜邦分析法可以了解格力电器 2010~2014 年的权益净利率较稳定，并且较高，主要原因是销售净利率的提高，销售收入与净利润大幅度提高，另一方面也由于权益乘数较高，但是公司负债带来的风险也随之即来，所以格力电器管理者应该准确把握公司所处的环境，准确预测利润，合理控制负债带来的风险，不要一味高盈利忽略了风险。以下是具体分析：

第一，虽然偿债能力指标显示格力电器存在较高的财务风险，但是结合其较高的盈利能力、负债结构、资产结构分析得出格力电器并存在较高的财务风险。

第二，格力电器较高的权益净利率主要是由于较高的销售净利率，而资产周转率与同业相比较低，格力电器今后应当加强资产管理的水平，进一步提升其资产的盈利能力。

第三，独特的财务模式。格力电器采用生产经营所产生的流动负债来满足生产经营所需要的流动资产的应用战略，可以提高资本的盈利能力。格力电器通过挤占上下游资金形成了很强的融资能力。格力电器不仅通过有大量的应付账款和应付票据类挤占上下游供应商的资金，而且还通过拥有大量的预收账款来挤占上下游经销商的资金。再加上采用先付款后发货的营销模式，实现了其特有的财务模式。

二、趋势分析

我们以 2009 年为基年，然后将 2010 年、2011 年、2012 年、2013 年和 2014 年的报表数据与 2009 年相比较，计算出格力电器资产负债表和利润表主要项目的趋势变动见表 3-17、表 3-18。

表 3-17 格力资产负债表趋势分析 单位：%

报表项目	2014 年	2013 年	2012 年	2011 年	2010 年	2009 年	绝对值（万元）
货币资金	238.14	174.44	130.89	70.03	66.21	100	2 290 484
应收票据	465.84	427.23	316.45	310.66	203.53	100	1 083 655
应收款净额	291.01	202.21	161.27	134.14	131.1	100	91 453
存货净额	147.66	224.18	295.95	300.55	197.47	100	582 364
流动资产合计	281.96	243.44	199.69	168.4	127.98	100	4 261 082
固定资产合计	119.95	167.28	275.6	304.53	324.17	100	460 844
资产总计	303.18	264.6	208.75	165.36	127.31	100	5 153 025

报表项目	2014 年	2013 年	2012 年	2011 年	2010 年	2009 年	绝对值（万元）
短期借款	372.16	344.93	366.11	284.86	197.62	100	96 163
应付账款	229.91	235.49	194.55	134.22	118.41	100	1 165 013
应付票据	81.99	98.06	95.12	126.82	106.57	100	839 334
预收账款	72.45	135.1	187.45	222.64	135.33	100	887 195
流动负债合计	265.04	236.27	193.03	157.18	121.64	100	4 083 924
长期负债合计	7 074.58	4 551.7	3 017.59	6 893.06	5 004.49	100	3 832
负债合计	271.79	240.32	195.67	163.5	126.21	100	4 087 757
股东权益合计	423.66	332.94	258.9	172.51	131.53	100	1 065 269

1. 流动资产分析

（1）随着销售规模不断扩大，货币资金一直呈上升趋势。

（2）应收票据自 2009 年至 2014 年逐年递增，2014 年更达到了基期的 4.6 倍，这主要是由于格力为了扩大市场销售，在销售回款结构中提高了收取银行承兑汇票的比率。

（3）应收款净额呈上升趋势是格力采取了较为宽松的赊销政策所致。

（4）存货水平在 2011 年随着销售规模的扩大和存货跌价准备的转回达到峰值，之后逐年下降，2014 年格力发动了 20 年来首次价格战，销量的增加使其存货急剧减少，仅为基期的 1.5 倍。

由于上述因素的共同作用，流动资产也呈现出一种上升趋势。

2. 流动负债分析

（1）短期借款自 2009 年起逐年增加，主要是为了满足生产经营规模扩大所需的流动资金，2013 年质押借款的减少额大于信用借款的增加额，所以总的短期借款略有下降，2014年恢复到比 2012 年略高的水平。

（3）应付账款自 2014 年之前逐年增加，大量挤占上游供应商的资金，2014 年只是略有下降。

（3）2012 年应付票据的突然减少是因为前期大量应付票据到期，2012 年之后略有波动，但大体呈下降趋势。

（4）预收账款自 2009 年起逐上升并在 2011 年达到峰值，说明格力同样在不断挤占下游经销商的资金。2011 年之后的较为大幅的下降，是由于格力采取降低预收款的方式将货压到经销商的身上，以增加销售额。

3. 长期资产和长期负债分析

固定资产的数量不断减少，空调属于高新技术产业，设备更新速度较快，存在设备老化的问题，同时固定资产的减少可以降低格力的经营风险。长期负债在 2010 年迅速增加，为基期的 50 倍，主要是由于 2008 年经济危机后的回升，之后略有波动但整体呈上升趋势，是因为格力的快速发展需要大量资金支持。

表 3-18 格力趋势利润表 单位:%

项 目	2014 年	2013 年	2012 年	2011 年	2010 年	2009 年	基期绝对值（万元）
一、主营业务收入	324.44	279.40	233.92	195.85	142.33	100	4 245 777
减：主营业务成本	275.45	251.55	229.07	213.21	148.36	100	3 195 598
主营业务税金及附加	337.76	237.05	146.26	123.44	133.5	100	40 337
二、主营业务利润	478.94	369.22	252.74	143.84	123.62	100	1 009 842
减：销售费用	498.29	388.23	252.27	138.85	145.06	100	579 786
管理费用	307.56	324.88	258.89	177.66	126.26	100	156 660
财务费用	971.18	141.53	475.52	466.62	318.46	100	-9 702
三、营业利润	540.90	412.27	269.83	152.71	92.34	100	297 453
加：投资收益	10 699.56	10 595.86	-302.66	1 345.49	918.76	100	677
营业外收入	169.10	163.86	182.11	442.06	563.62	100	41 754
减：营业外支出	363.53	468.96	203.39	504.92	371.33	100	1 179
四、利润总额	495.59	381.39	259.23	229.87	149.58	100	338 028
减：所得税费用	557.16	436.05	293.52	229.87	167.88	100	44 861
少数股东损益	537.01	357.39	363.87	331.69	150.91	100	1 821
五、净利润	486.17	373.02	253.98	180.69	146.78	100	293 166

（1）主营业务收入自 2009 年起保持着一种较为稳定的增长速度，主营业务成本的增长速度较低于主营业务收入的增长速度使得主营业务利润持续增长。

（2）销售费用的持续上升主要由于格力对经销商的"返利"政策。

（3）财务费用自 2009 年起一直为负值，且在经历了 2013 年的高峰之后于 2014 年突然急剧减少，达到基期的 9.7 倍，说明格力 2014 年的利息收入远大于利息支出。格力的大部分负债来自经销商先付款后提货形成的预收账款以及向供应商延期支付形成的应付票据和应付账款，这一类负债是不存在利息的。且高额利息的长期借款、债券等金融负债所占比例并不高，导致格力实际需要支付的利息费用并不高。

三、结构分析

表 3-19 2014 年各公司资产负债结构比例比较 单位:%

报表项目	格 力	美 的	海 尔
货币资金	34.91	6.22	38.19
应收票据	32.31	14.21	21.91
应收账款	1.70	7.78	7.06

报表项目	格　力	美　的	海　尔
存货	5.50	12.49	10.08
流动资产合计	76.90	71.85	79.29
固定资产合计	9.58	16.24	9.31
资产总计	100.00	100.00	100.00
短期借款	2.29	5.05	1.34
应付账款	1.70	16.74	17.98
预收账款	4.11	3.32	5.62
流动负债合计	69.38	60.80	55.50
长期负债	1.74	1.18	5.68
负债合计	71.11	61.98	61.18
股东权益合计	28.89	40.31	38.82
负债与股东权益合计	100.00	100.00	100.00

由表 3 – 19 可知：

（1）格力 2014 年的货币资金占比为 34.91%，远高于美的的 6.22%，但稍低于海尔的 38.19%，排名第二，格力"先款后货"的营销模式为其提供了充裕的现金流保证。

（2）格力应收票据比率为 32.31%，明显高于其他两家企业。由于格力的营销政策规定了国内市场销售"先款后货"的销售模式，那么应收票据的增长阐述了格力销售收入的增长。

（3）格力应收账款占总资产的比例仅为 1.70%，远低于美的和海尔的比例，格力的应收账款主要是出口销售产品所带来的，其国内的销售收入主要是通过应收票据和预收账款来实现的。以应收票据的方式实现销售可以提高收回货款的保证程度，而且还能降低应收账款的管理费用和坏账损失，应收票据附带的利息也能为格力带来利息收入。

（4）存货占比为 5.50%，同样低于美的和海尔的比例，这主要是由于格力在 2014 年进行了 20 年以来的首次价格战，刺激销量从而存货减少。

2014 年各公司利润表结构比例分析见表 3 – 20。

表 3 – 20	2014 年各公司利润表结构比例分析		单位:%
	格　力	美　的	海　尔
一、主营业务收入	100.00	100.00	100.00
减：主营业务成本	63.90	74.59	72.48
主营业务税金及附加	0.99	0.57	0.45
二、主营业务利润	35.11	24.84	27.07

续表

	格 力	美 的	海 尔
减：销售费用	20.97	10.40	13.04
管理费用	3.50	5.29	6.75
财务费用	−0.68	0.18	−0.26
三、营业利润	11.68	9.49	8.71
加：投资收益	0.53	1.07	1.39
营业外收入	0.51	0.75	0.42
减：营业外支出	0.03	0.36	0.07
四、利润总额	12.16	9.88	9.06
减：所得税	1.81	1.65	1.53
少数股东损益	0.07	0.81	1.92
五、净利润	10.35	8.22	7.54

由表3-20可知：

（1）格力较低的主营业务成本占比使其主营业务利润比例高于美的和海尔。

（2）格力销售费用占主营业务收入的比例为20.97%高于美的和海尔的比例。格力对经销商的"返利"政策虽然增加了其销售费用，但却激励了经销商更加努力地销售货物。

（3）格力和海尔的财务费用均为负值，说明其利息收入大于利息支出，这是由于其负债结构的差异导致。格力的负债大部分为预收账款、应付账款、应付票据等无息负债，包括短期借款和长期借款在内的有息负债比例都很低，所以其利息费用的支出很低。

四、比率分析

1. 经营管理效率分析（盈利能力）

盈利能力是企业在一定时期内赚取利润的能力，通过企业的盈利能力分析不仅可以衡量企业经营业绩的好坏，而且还能够发现经营管理环节出现的问题。

表3-21　　　　　　　　　　格力历年经营管理效率对比　　　　　　　　单位:%

财务指标	2014 年	2013 年	2012 年	2011 年	2010 年	2009 年
销售毛利率	36.1	32.24	26.29	18.07	21.55	24.73
期间费用率	23.79	23.15	18.35	12.48	16.68	17.12
销售净利率	10.35	9.22	7.5	6.37	7.12	6.9
净资产收益率	32.06	31.43	27.59	29.74	32.14	29.22

销售毛利率反映了企业从主营业务中获取利润的能力。格力 2009～2014 年的销售毛利率呈现出一种下降又上升的趋势，2011 年销售毛利率的下降主要是由于格力进行了出口渠道整合，出口产品包括机窗等毛利率较低的产品，出口比重的提升拉低了公司的整体毛利率水平，而且有材料价格上涨也对毛利率的下降产生了影响。

销售净利率是用来衡量企业在一定时期的销售收入获取利润的能力。格力 2009～2014 年的销售净利率在波动中上升。

净资产收益率是评价盈利能力的重要指标，用来衡量公司对股东投入资本的利用效率。图 3-3 即为格力同其竞争对手的净资产收益率对比图。

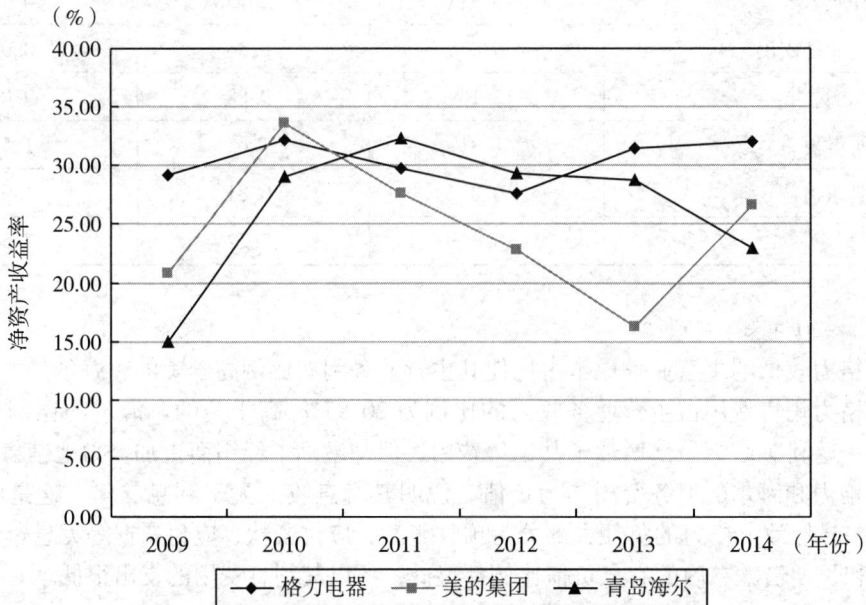

图 3-3　格力及其竞争对手净资产收益率对比

在利润表的结构分析中我们已经对格力电器及其竞争对手美的和海尔的经营效率进行了初步比较。由图 3-3 我们进一步发现，格力的净资产收益率一直保持在 30% 左右的水平，波动范围较小，而美的和海尔则出现了较大幅度的波动，格力的净资产收益率除在 2010～2012 年略有下降外，其余时期都是高于美的和海尔的。

总体而言，格力的盈利能力即经营管理效率还是不错的。

2. 资产管理效率分析（营运能力）

企业的资产管理效率主要是指企业资产的使用效率或者资产周转状况（见图 3-4、图 3-5）。

应收账款周转率反映公司应收账款周转速度的比率，是考核应收账款变现能力的重要指标。从图 3-4 中可以看出格力的应收账款周转率远远超过其他两个企业，而且应收账款周转天数也非常短，说明企业奉行了比较严格的信用政策，发生坏账的可能性较小，而存货周转率与同行业相比属于中等水平，不过 2014 年有了很大的改善。也可以看出格力在不断提高销售量。

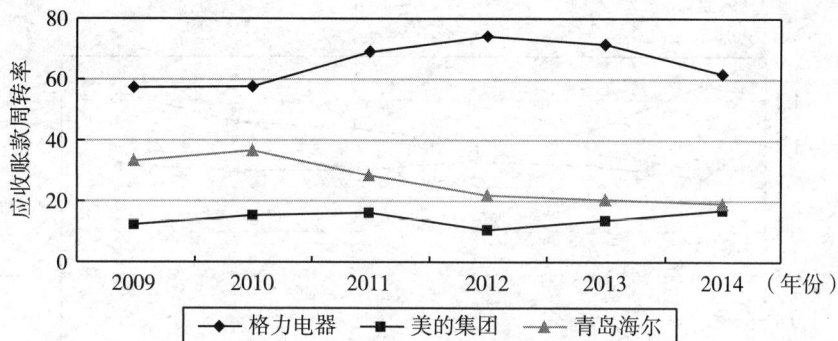

图 3-4 同行业企业应收账款周转率比较

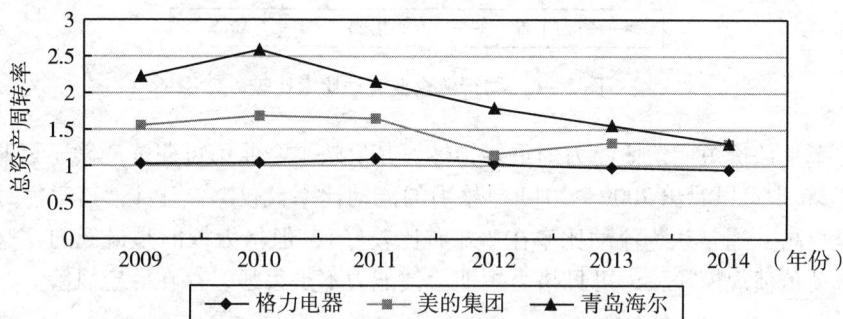

图 3-5 同行业企业总资产周转率比较

总资产周转率是综合评价企业全部资产经营质量和利用效率的重要指标，反映了企业全部资产的运用效率。从图 3-5 可以看出格力各年总资产周转率没有突出的变化，且一直处于较低的水平，说明其利用资产进行经营的效率较差，企业应该提高销售收入或处置资产，以提高总资产利用率。

3. 财务管理效率分析（偿债能力）

财务管理效率主要体现在财务杠杆带来的效益和风险，同时偿债能力也体现了企业财务状况的安全程度。偿债能力包括短期偿债能力和长期偿债能力（见表 3-22 与图 3-6、图 3-7）。

表 3-22　　　　　　　　　　　格力历年财务管理效率对比　　　　　　　　　单位:%

	财务指标	2014 年	2013 年	2012 年	2011 年	2010 年	2009 年
短期	流动比率	1.11	1.08	1.08	1.12	1.1	1.04
	速动比率	1.03	0.94	0.86	0.85	0.87	0.9
	现金比率	50.32	39.94	36.72	24.99	30.53	56.09
	经营现金流动比率	17.47	13.44	23.35	5.23	1.24	23.14
长期	资产负债率	71.11	73.47	74.36	78.43	78.64	79.33
	利息保障倍数	-1 677.93	-9 289.01	-1 799.37	-1 297.94	-1 536.51	-3 384.03

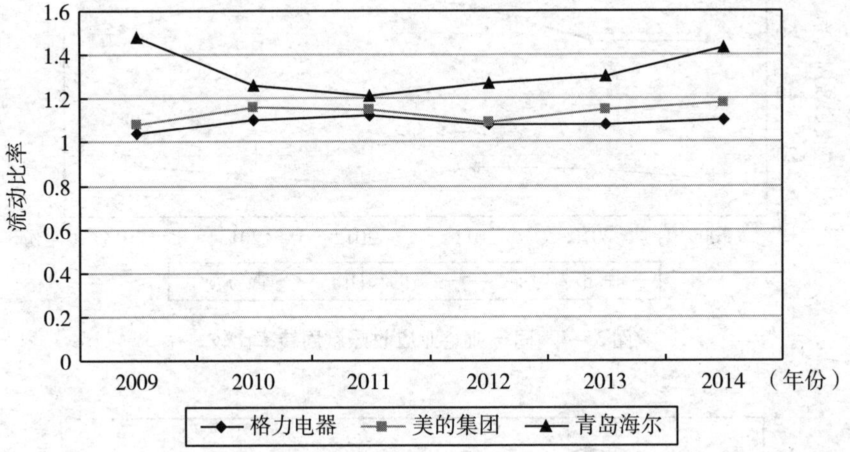

企业财务报表分析

图 3-6　同行业企业流动比率比较

　　流动比率是评价短期偿债能力的重要指标，其反映了企业用短期资产偿还短期负债的能力。从图 3-6 中可以看出 2009~2014 年格力的流动比率仅仅略高于 1，其竞争对手的流动比率也不是很高（通常认为流动比率在 2 左右比较好），但格力依旧是最低的，这主要是由于格力的流动负债规模较大，可见格力短期偿债能力不是很强，存在一定风险。

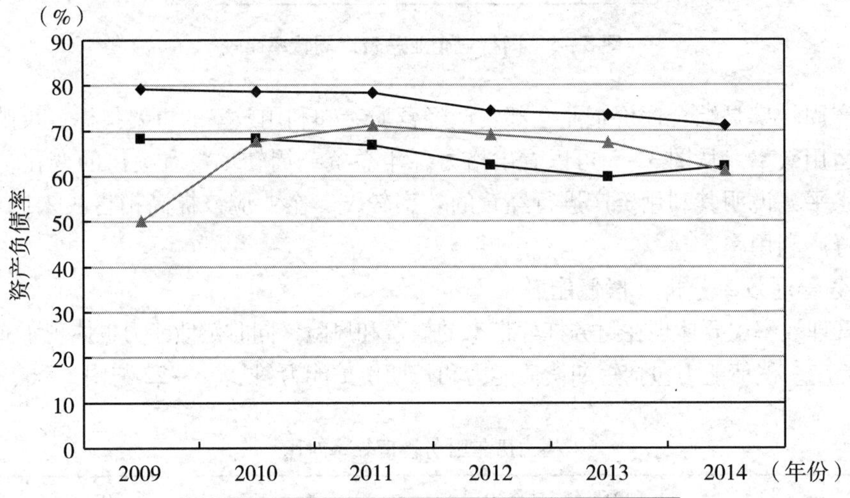

图 3-7　同行业企业资产负债率比较

　　资产负债率是评价长期偿债能力的重要指标，反映了公司全部负债在总资产中所占的比重。图 3-7 中看出格力、美的、海尔他们的资产负债率都维持在 50% 以上，说明这是一个行业特征，通过大量举债来维持资产的运营。但是格力 2009~2014 年的资产负债率始终保持在 70% 以上，高于其竞争对手美的和海尔，近几年资产负债率的持续下降表明格力也意识到了这一问题，但其仍处于一个较高的水平。

五、现金流量分析

1. 现金流量总体分析

格力现金流量变化趋势见表 3 - 23。

表 3 - 23 　　　　　　　　　　　格力现金流量变化趋势　　　　　　　　　　单位：%

项　　目	2014 年	2013 年	2012 年	2011 年	2010 年	2009 年	2009 年金额（万元）
经营活动产生的现金流量净额	200.42	137.25	194.81	35.52	6.52	100	944 960
投资活动产生的现金流量净额	92.54	70.68	136.2	89.5	61.01	100	-309 296
筹资活动产生的现金流量净额	2 312.75	3 007.05	-1 011.31	985.73	1 755.61	100	-8 061
现金的期末余额	459.25	308.86	225.58	66.91	70.84	100	947 337

从表 3 - 23 可以看出，格力的经营活动投资活动产生的现金流量净额都呈持续增长状态，筹资活动产生的现金流量净额先下降后上升。格力一向注重科技研发，因此投资资金投入较多，尤其是早期发展阶段，为了占据市场份额，提高品牌知名度，因此需要大量资金发展科技，增强竞争力。筹资活动是导致企业资本及债务规模和构成发生变化的活动。格力筹资活动产生的现金净流量的增加，有利于企业的经营运转和投资发展。格力筹资金额的大幅上升，不只因为维持其日常经营活动，更多原因是扩大生产经营规模，对外投资，开发新产品（手机）进而产生大量资金需求。期末的现金余额同样先下降后上升。但是总体趋势良好，现金储备量不断上升，规避风险的能力不断上升。

2. 经营活动现金流量分析

格力经营活动现金流量主要项目见表 3 - 24。

表 3 - 24 　　　　　　　　　格力经营活动现金流量主要项目　　　　　　　　单位：万元

项　　目	2014 年	2013 年	2012 年	2011 年	2010 年	2009 年
销售商品、提供劳务收到的现金	8 553 445	7 021 140	7 007 712	5 275 464	3 593 152	4 205 135
购买商品、接受劳务支付的现金	3 881 690	3 858 873	4 044 616	4 371 703	3 411 981	1 819 470
经营活动产生的现金净额	1 893 917	1 296 984	1 840 875	335 616	61 600	944 960

从表 3 - 24 中可以看出 2009 年格力经营活动产生的现金净流量明显大于 2010 年和 2011年的数据，这是由于格力在 2009 年以后处于成长期向成熟期过渡时期，急需扩大市场，开

拓销路，提高销售量，从而造成 2010～2011 年应收账款和应收票据大幅度增长，现金净流量减少，而 2011 年较 2010 年有所缓解。继与国美闹掰后，格力也与苏宁等经销商分手，中间经销环节的取消，格力重振旗鼓选择了专卖这条路，大大提高了应收账款周转率，同时格力营销战略的胜利，使其主营业务收入在 2012 年之后有了质的飞跃，存货周转率在同行业中算是较高的。这些变化正是格力 2012～2014 年经营现金净流量逐年大幅度提升的主要原因。

3. 投资活动现金流量分析

格力投资活动现金流量主要项目见表 3－25。

表 3－25　　　　　　　　　　　　格力投资活动现金流量主要项目　　　　　　　　　单位：万元

项　目	2014 年	2013 年	2012 年	2011 年	2010 年	2009 年
投资活动现金流入小计	137 001	100 447	106 023	232 091	108 734	4 247
构建固定资产、无形资产和其他长期资产所支付的现金	177 731	246 147	360 241	477 774	248 222	71 618
股权投资所支付现金	233 050	70 407	155 836	24 910	48 551	75 947
投资活动现金流出小计	423 215	319 046	527 276	508 818	297 440	313 543
投资活动产生现金流量净额	－ 286 214	－ 218 599	－ 421 252	－ 276 727	－ 188 706	－ 309 296

从表 3－25 中可以看出 2010～2014 年投资活动现金流入量除了在 2011 年出现峰值（232 091 万元）之外几乎都是在稳定 100 000 万～140 000 万元（10 亿～14 亿元）左右。2009～2014 年现金净流量都是负数。说明公司有扩大生产的投资活动，公司有发展前景才进行投资扩张。2009 年格力公司与日本大金工业株式会社共同出资设立珠海格力大金机电设备有限公司和珠海格力大金精密模具有限公司，亏损近 180 万；2011 年新纳入合并财务报表范围的子公司有十一家；2013 年新纳入合并财务报表范围的子公司有天津绿色再生资源利用有限公司、珠海格力暖通制冷设备有限公司、珠海大松生活电器有限公司、珠海励高精工制造有限公司；2014 年新纳入合并财务报表范围的子公司有长沙格力暖通制冷设备有限公司、珠海艾维普信息技术有限公司、格力大松（宿迁）生活电器有限公司。

4. 筹资活动现金流量分析

筹资活动现金流量分析见表 3－26。

表 3－26　　　　　　　　　　　　格力筹资活动现金流量主要项目　　　　　　　　　单位：万元

项　目	2014 年	2013 年	2012 年	2011 年	2010 年	2009 年
吸收权益投资所收到的现金	0	0	319 787	26	0	46 605
借款所收到的现金	1 037 665	498 791	376 302	491 049	357 868	102 296
筹资活动现金流入小计	1 061 227	698 461	808 881	491 075	357 868	148 901

项　目	2014 年	2013 年	2012 年	2011 年	2010 年	2009 年
偿还债务所支付的现金	780 068	623 384	559 719	161 461	136 184	6 724
分配股利、利润或偿付利息所支付的现金	467 591	317 474	167 382	97 691	96 426	38 915
筹资活动现金流出小计	1 247 659	940 858	727 359	570 535	499 388	156 962
筹资活动产生的现金流量净额	− 186 431	− 242 398	81 522	− 79 460	− 141 520	− 8 061

从表 3 − 26 中可以看出 2012 年吸收权益投资 319 787 万元，这是由于当年增发新股的原因。2009 ~ 2011 年资金需要量有一个明显的上升，说明格力抢占市场，提高市场竞争力的强烈欲望，且这段时间格力借款活动收到的现金超过了偿还债务的现金，这使得其短期借款余额在这一时期增长较快。所以 2012 年以后格力加大了现金偿还债务的力度，并且造成近 2 年来筹资活动现金净流量为负。2010 ~ 2013 年借款筹资都相对稳定，到 2014 年格力没有通过发行股票的方式筹集资金，而是大量的借入资金。导致其偿还债务的压力进一步加大，从格力一贯沉稳保守的经营风格来看，此举有一定冒险成分，但是以其强大的财力，还是可以应对的。不难看出格力正蓄势待发，始终贯彻掌握核心技术，着眼国际市场，并且向其全面挺进的决心。

联想集团

【章节链接】

本案例主要是针对第四章财务分析基本方法、第五章财务指标分析以及第六章哈佛框架分析的练习。①

第一节 相关资料及问题分析

联想（HKSE：992，ADR：LNVGY）是一家营业额达 390 亿美元的科技产品公司，是全球最大个人电脑厂商，联想客户遍布全球 160 多个国家。凭借创新的产品、高效的供应链和强大的战略执行，联想专注于为全球用户提供卓越的个人电脑和移动互联网产品。集团由联想及前 IBM 个人电脑事业部所组成，在全球开发、制造和销售可靠、优质、安全易用的科技产品及优质专业的服务，产品线包含 Think 品牌商用个人电脑、Idea 品牌的消费个人电脑、服务器、工作站以及包括平板电脑和智能手机等的一系列移动互联网终端。联想为《财富》世界 500 强之一，集团在日本大和，中国北京、上海、深圳，巴西圣保罗和美国北卡罗来纳州罗利均设有重点研发中心。

联想集团 2012～2014 年相关财务指标如表 4-1 至表 4-4 所示：

表 4-1　　　　　　　　偿债能力相关指标

报告期	2014 年 3 月 31 日	2013 年 3 月 31 日	2012 年 3 月 31 日
流动比率	1.00	1.02	1.02
速动比率	0.79	0.85	0.89

---

① 本章表格数据均通过新浪财经网联想集团 2012～2014 年财务报告分析计算得出。

续表

报告期	2014 年 3 月 31 日	2013 年 3 月 31 日	2012 年 3 月 31 日
资产负债率	84%	84%	85%
产权比率	5.07	5.30	5.80

表 4 - 2　　　　　　　　　　　　营运能力相关指标

报告期	2014 年 3 月 31 日	2013 年 3 月 31 日	2012 年 3 月 31 日
总资产周转率	2.11	2.01	1.86
存货周转率	14.42	18.5	25.84
存货周转天数	24.96	19.23	13.93
应收账款周转率	12.78	12.93	15 88
应收账款周转天数	32.91	36.75	31.76

表 4 - 3　　　　　　　　　　　　盈利能力相关指标

报告期	2014 年 3 月 31 日	2013 年 3 月 31 日	2012 年 3 月 31 日
销售净利率	2.11%	1.86%	1.61%
销售毛利率	13.08%	12.03%	11.65%
总资产收益率	4.45%	3.76%	2.98%
股东权益报酬率	27.15%	23.82%	20.03%

表 4 - 4　　　　　　　　　　　　发展能力相关指标

报告期	2014 年	2013 年	2012 年
总资产（百万元）	18 357.093	16 881.997	15 860.748
营业利润增长率	31.51%	36.97%	52.81%
销售增长率	14.27%	14.54%	36.95%
总资产增长率	8.74%	6.44%	48.15%

要求：

对联想集团以上资料以及相关资料进行哈佛框架分析。

（1）战略分析，包括发展战略、并购战略、"优势叠加"战略和控股战略四个方面。

（2）会计分析，包括相关会计政策的选择等。

（3）财务分析，包括偿债能力、营运能力、盈利能力和发展能力四个方面。

（4）前景分析，根据以上战略分析、会计分析和财务分析对联想进行前景分析。

第二节　参考答案

一、战略分析

（一）发展战略

第一，清晰有效的战略以及有力地执行。2009 年之后的这三年，联想明确了清晰的"保卫＋进攻"的双拳战略。一手保卫核心业务，让联想在保持公司整体利润水平的同时，有充分的资源投入于高增长领域的业务拓展之中；另一手进攻增长业务，快速提升在新兴市场、全球消费市场和 MIDH（移动互联和数字家庭）领域的规模，培育新的核心业务和利润池子。过去三年里，这个战略执行得非常到位，推动联想在这三个领域快速建立起业务规模。

第二，创新的产品。联想坚持对创新的承诺，不断加大研发投入，加快技术和产品创新的步伐。2012 年联想对研发的投资已超过 4.5 亿美元，拥有 46 个世界一流实验室和 7 800 项全球公认专利。在传统 PC 产品上，联想致力于让 PC 产品更加时尚，更加轻薄，拥有更长的电池时间，更容易连接在线；联想还在智能手机和平板电脑上不断创新，在设计、用户体验和生态系统上做到与主要的竞争对手势均力敌的同时，做出具有自己特色的、具有突破性的产品。

第三，高效的业务模式。根据行业客户和消费客户的不同特点，联想创造性地将业务模式分为关系型和交易型两大模式。收购 IBMPC 后，联想把"双模式"成功地复制到全球市场。一直以来，IBM 在海外只有深受关系型商用客户偏爱的 Think 系列产品，而通过交易型模式销售联想 Idea 系列消费产品，恰好可以覆盖海外消费市场和中小企业市场。随后，联想把源自中国的高效业务模式推广到了全球各地。

第四，多元化的团队和文化。联想拥有一支强大的、多元化的、不断追求更高目标的队伍，并且在全球范围内建立起以主人翁精神为核心的"联想之道"。

（二）并购战略

第一，收购摩托罗拉移动智能手机业务。2014 年 1 月 30 日，联想集团宣布：联想从谷歌手中收购摩托罗拉移动智能手机业务，收购价为 29.1 亿美元，收购完成后联想将立即支付 6.6 亿美元的现金和 7.5 亿美元的联想普通股，余下 15 亿美元将以三年期本票支付。此次收购完成之后，联想将成为全球第三大智能手机厂商，不过市场份额与三星和苹果仍有较大的差距。2014 年 10 月底，联想正式宣布完成收购摩托罗拉移动。收购完成后，联想将接纳 3 500 名摩托罗拉员工，拥有摩托罗拉品牌和包括 MOTO 360 及 Nexus 6 在内的一系列产品组合，外加其与全球各地运营商和渠道商关系网络。

第二，以子公司形式运营。联想以全资子公司的形式运营摩托罗拉，其总部将继续设在美国芝加哥，在硅谷设有研发中心。而在人员构成和组织结构上，新公司将主要是原摩托罗拉员工为主，同时联想将有部分人员加入，联想团队与 MOTO 团队将进行人员整合。联想执行副总裁兼移动业务集团总裁刘军出任摩托罗拉移动管理委员会主席。摩托罗拉资深高管 Rick Osterloh 继续担任摩托罗拉总裁及首席运营官。虽然作为子公司独立运营，但为了发挥协同效应，摩托罗拉和联想在采购和供应链方面将采取统一管理。

（三）"优势叠加"战略

2014 年，联想提出了"优势叠加"的战略路线，其中特别强调了要为全部的硬件设备插上软件的翅膀，打造云服务业务，从而构建了完整的联想体验。而服务业务正是"优势叠加"战略路线图中承上启下的重要组成部分。随着 IBM x86 服务器业务以及 MOTO 移动业务的收购完成，联想进一步强化了端到端的整合服务能力。在软件方面，联想服务的桌面 IT 业务、业务移动化、云服务等业务都将针对不同类型的客户提供不同层级的客户专属服务，确保联想可以为客户提供硬件、软件的最佳体验。而本次桌面业务登顶恰恰体现了联想服务对联想集团优势叠加战略的有力支撑。

（四）控股战略：联想控股战略投资拜博口腔医疗集团

2014 年 6 月 16 日，拜博口腔医疗集团和联想控股股份有限公司达成战略合作，双方在企业发展框架思路、核心价值观和文化理念契合的前提下，将依托和借助各自的管理资源、品牌价值、市场体系、资产增值等优势，实现深度融合和互惠共赢。此次成功"牵手"，将助推拜博口腔医疗集团向业界第一品牌进军。

"医疗健康产业与人民生活息息相关，是一个永恒的朝阳产业。近年来，联想控股一直非常关注这一领域。"在签约仪式上，联想控股股份有限公司总裁朱立南表示，"拜博口腔集团自成立以来，在董事长黎昌仁先生的带领下，打下了扎实的业务基础，积累了对口腔医疗行业的发展规律和业务本质的深刻理解，摸索出了有效的连锁管理模式，并培养了大批优秀的专业人才，为广大消费者提供了良好的口腔医疗服务。我们双方在企业发展的价值观和文化理念方面颇为契合。投资拜博，是联想控股进军医疗领域的一个重要举措。未来，联想控股将在资金、战略、管理、品牌和人才等诸多方面为拜博口腔集团提供增值服务，希望通过双方共同努力，将拜博口腔医疗集团打造成口腔服务行业的领导品牌。"

联想控股是一家横跨实业与投资的大型综合企业，通过购、建核心资产，实现跨越性增长，业务布局包括核心资产运营、资产管理、"联想之星"孵化器投资三大板块。其中，核心资产运营是联想控股的支柱业务，包括 IT、房地产、消费与现代服务、化工新材料、现代农业五大行业。通过此次战略投资，拜博口腔集团将成为联想控股又一核心资产，将增大联想集团在高新技术产业、农业、医疗等方面的影响力。

二、会计分析

现行财务报表体系的一个重要基本特征在于它们是以权责发生制而非现金制为基础来编制的。因此在编制财务报表的过程中不可避免地需要大量的职业判断。管理层作为公司的具体经营者，拥有特别的信息优势，因此他们往往拥有一定的会计政策选择权。进行会计分析主要受重要会计政策的影响。

第一，联想集团通过选择不同的会计政策影响收入形成的模式，进而影响赢利模式的稳定性和可扩展性，从而影响企业未来财务利益流入的态势。

第二，会计政策选择对现金流的影响主要是通过影响现金的流速和流量实现的。如果现金流量增加，现金进入企业循环，会获得更多的投资回报，从而增进企业财务利益。还会影响到现金在不同会计期间的分布。例如，联想采用分期付款方式确认收入和采用交款提货方式确认收入方式，会对企业现金流产生不同的影响。

第三，不同会计政策的选择，会使处在经营过程中的资金表现为若干形态，分别在不同环节发挥作用，他们相互作用，有机结合，共同构成企业的资金运动，只有它们之间比例合理才能发挥出最佳效益

第四，会计政策选择会对企业的风险产生影响。联想选择会计政策的同时会使其面临的风险发生变化，从而会对企业的财务利益产生有利或不利的影响。

三、企业财务分析

企业财务分析主要从偿债能力、营运能力、盈利能力以及发展能力四个方面进行具体分析，具体分析情况如下。

（一）偿债能力

偿债能力相关指标见表4-5。

表4-5　　　　　　　　　　　　　偿债能力相关指标

报告期	2014 年 3 月 31 日	2013 年 3 月 31 日	2012 年 3 月 31 日
流动比率	1.00	1.02	1.02
速动比率	0.79	0.85	0.89
资产负债率	84%	84%	85%
产权比率	5.07	5.30	5.80

联想集团的流动比率基本维持在 1 左右，而速动比率基本稳定在 0.8 ~ 0.9 之间，经验数据得知，公司的流动比率和速动比率还是偏低的。资产负债率大于 80%，这都是比较高的，说明资本结构不够安全，财务风险大。而从产权比率可以看出偿债能力受股东权益的保证程度也是有所波动，但都远大于 1.2，说明企业偿还长期债务的能力很弱。这应该引起重视，控制并改变这个趋势，改善长期的偿债能力。

通过对联想业务分析知道 2012 ~ 2014 年并购业务很多，频繁的并购活动可能是使其举债程度高的原因之一。其实公司应该引起重视，不能只为了其他业务，忽略了对公司资产结构的管理。联想集团应该在不断整合的同时，适当降低负债比率，有效利用杠杆作用。

（二）营运能力

营运能力相关指标见表 4 - 6。

表 4 - 6　　　　　　　　　　　　　　　营运能力相关指标

报告期	2014 年 3 月 31 日	2013 年 3 月 31 日	2012 年 3 月 31 日
总资产周转率	2.11	2.01	1.86
存货周转率	14.42	18.5	25.84
存货周转天数	24.96	19.23	13.93
应收账款周转率	12.78	12.93	15.88
应收账款周转天数	32.91	36.75	31.76

从存货周转率来看，2012 ~ 2014 年联想的存货周转速度逐渐降低，存货的流动性下降，存货资产的变现能力减弱，企业 2012 ~ 2014 年的销售能力下降了。

应收账款周转率越高越好，表明收账速度提升。应收账款周转率也在逐年地有所下降，公司的收款速度慢，不利于资金回笼。

从表 4 - 6 比率可知，联想的产品可能出现了滞销的问题，收款慢，坏账可能增加，需进一步加强存货管理，创新销售模式，减少产品积压，加快现金流动。

（三）盈利能力

盈利能力相关指标见表 4 - 7。

表 4 - 7　　　　　　　　　　　　　　　盈利能力相关指标　　　　　　　　　　单位:%

报告期	2014 年 3 月 31 日	2013 年 3 月 31 日	2012 年 3 月 31 日
销售净利率	2.11	1.86	1.61
销售毛利率	13.08	12.03	11.65

续表

报告期	2014年3月31日	2013年3月31日	2012年3月31日
总资产收益率	4.45	3.76	2.98
股东权益报酬率	27.15	23.82	20.03

销售毛利率反映每1元营业收入包含多少毛利，用来评价企业营业收入的获利能力，对于投资者来说，毛利率越高越好。毛利率越高，表明同样的营业收入取得的毛利润越多，因而获利能力较强。从表4-7中可以看出，销售毛利率呈上涨趋势，公司的盈利能力发展趋势看好。

从表4-7中可以看出，盈利能力的各个指标都显示出上涨的趋势，联想集团的盈利能力逐年增强，资产利用率也越来越高，净利率也呈上升趋势。

（四）发展能力

发展能力相关指标见表4-8。

表4-8 发展能力相关指标

报告期	2014年	2013年	2012年
总资产	18 357 093	16 881 997	15 860 748
营业利润增长率	31.51%	36.97%	52.81%
销售增长率	14.27%	14.54%	36.95%
总资产增长率	8.74%	6.44%	48.15%

以绝对额来看，2012～2014年的总资产逐年上升，企业的资产规模在扩大，我们认为这很大一部分是源于并购所带来的企业规模的扩大，但从之前的数据看，总资产扩大却并没有使资产负债率下降。从营业利润增长率和销售增长率来看，2012～2014年都呈下降趋势，表明企业的发展状况并不是特别理想。

联想集团近年过分重视并购，将大部资金转移到并购活动中，可能会减少科研投入，对联想集团的长期发展不利。对于一个高科技企业来说，拥有核心科技非常关键，虽然通过并购也可以购买一个研发团队，但还要重视自身的自主研发能力，通过建立强大的研发团队来专注于核心科技的研究，提升联想集团的核心竞争力。

四、前景分析

（一）IDC：企业移动化亟须整合管理服务，联想业务移动化整合解决方案树标杆

2013年3月20日，全球著名的信息技术咨询与顾问机构IDC在北京发布了《2013企业

业务移动化整合管理白皮书》。白皮书指出，企业移动化时代已经到来，移动已经演变为提升企业业务价值的生产力工具；整合式管理服务正在成为企业移动化的新需求，服务提供商必须具备端到端的服务能力，以及提供整合式管理服务解决方案的能力。作为专业服务提供商和智能设备制造商，联想在移动领域实现了优势最大化，为企业客户量身定制一站式端到端的业务移动化整合解决方案，帮助客户打造并运营其专属的移动业务平台，助力提升生产力。同时，联想总结出了移动服务最佳实践和合作模式，为快消、连锁、金融、医疗及更多行业的企业实现业务移动化提供了重要的参考。可见，未来联想一定会成为业内领头羊。

（二）第一届联想 IT 管理服务杯"垂直马拉松大赛"激情开跑，庆桌面 IT 业务问鼎国内第一

2015 年 1 月 18 日，第一届联想 IT 管理服务杯"垂直马拉松大赛"在北京中央电视塔激情开跑。活动当天，百余名联想合作伙伴、媒体以及众多体育爱好者共同参与登顶赛程。选手们纷纷挑战中央电视塔 225 米高的 1 597 级台阶，一路冲向塔顶，领略鸟瞰北京城的登顶喜悦。作为本次活动的主办方，联想希望通过此种方式向社会号召积极健康的生活方式，同时传递出联想拼搏向上、勇攀高峰的企业态度，也希望借此机会庆祝桌面 IT 外包业务问鼎国内第一，成为市场份额最大的桌面 IT 服务提供商。

众所周知，IT 外包服务是现代企业 IT 应用与管理的一大趋势，而桌面 IT 业务更是所有IT 外包服务类型中起步较早的一类。根据 IDC 数据显示，在 2014 年上半年，中国桌面 IT 外包市场整体规模突破 30 亿元，同比增长 15%。预计到 2017 年，市场规模将达到 84.5 亿元，增速将超过市场平均水平。

据悉，联想服务发力国内桌面 IT 外包服务市场始于 2011 年，并制定了三年后问鼎国内市场第一的宏伟目标。三年来，联想桌面 IT 服务从无到有，逐步壮大，经过三年的深耕细作和客户积累，终于实现了对自己、对行业的诺言。IDC 最新数据显示，联想在 2014 年年底首度超越其他竞争对手，领跑 2014 年国内桌面 IT 外包市场，实现了阶段性胜利。

多年来，联想服务始终致力于为企业提供"专业、高效、安全"IT 基础架构全生命周期的服务产品和解决方案。凭借业界领先的技术交付平台、服务交付平台和安全的服务保障体系，加上覆盖最广、响应能力最强的服务网络，联想服务发挥自身强大的 IT 基础架构解决方案整合实力优势，帮助企业客户获得从产品支持、增值服务到解决方案的最佳 IT 服务体验。联想认为，服务提供商的专业性是企业能够放心将 IT 服务交给外部资源的基本保障，从而帮助企业释放内部 IT 团队的经历，由单纯的技术保障向助力业务转型，将企业 IT 价值最大化。联想作为专业 IT 服务提供商，拥有大量 IT 人才，凭借着多年在 IT 技术领域的深厚积累，已经形成了值得企业信赖的专业的 IT 技术交付团队，为企业提供最贴心和放心的服务。其次，效率是评价企业内部 IT 能力的重要指标，也是制约 IT 支撑业务发展的关键瓶颈。联想三级交付模式，科学交付管理与最佳实践积累，从流程设计、体系保障快速承接等多方面为企业带来最高效的 IT 管理服务。第三，信息安全是企业生存发展的关键因素，防范信息安全事件的出现是内部 IT 团队的首要任务。联想拥有 ISO27001 信息安全认证，通过提供组织、人员、流程、数据管理等保障，为企业客户提供完善的、合规的、可充分信赖的

IT 管理服务。一直以来，联想服务始终遵循统一的服务交付基因，坚持为企业提供专业、高效、安全的服务，并将其提升为联想 IT 管理服务所倡导的 IT 服务的统一价值理念。联想服务通过始终如一，坚持不懈的努力，实现了自身与客户的共同成长与发展。

不仅如此，为保证客户在获得技术与服务交付后可以有效管理并应用，联想还为其客户提供专业的综合 IT 运维管理平台，该平台采用 ITIL v3 作为基础理论模型，结合联想多年在 IT 运维服务领域所积累的经验，覆盖了人员管理、制度定义、技术支撑以及供应商管理等 IT 管理四个主要功能领域，具备强大服务功能的同时，还兼具灵活定制、随需应变的客制化能力，完美实现了打造更适合中国企业的 IT 运维管理平台系统的目标。此外，凭借联想服务独有的三网合一的交付模式和后台团队强有力的支持，联想有能力保证管理服务安全、可靠的支付给客户，是企业决策者可以信赖的合作伙伴。

今后，联想服务将永不止步、再攀高峰，继续发力 IT 服务业务，为国内外各类型企业的飞速发展提供强有力的技术服务支持。

苏宁云商

【章节链接】

本案例主要是针对第三章财务报表分析、第四章财务分析基本方法、第五章财务指标分析以及第六章哈佛框架分析的练习。①

第一节 相关资料及问题分析

2004年7月，苏宁电器在深圳证券交易所上市。凭借优良的业绩苏宁得到了投资市场的高度认可，是全球家电连锁零售市场价值最高的企业之一。苏宁电器连锁集团股份有限公司被巴菲特杂志、世界企业竞争力实验室、世界经济学人周刊联合评为2010年中国上市公司100强，排名第61位。2010年，苏宁电器与韩国三星电子签署2010年度战略合作协议，达成全年销售冲刺100亿的销售目标。三星成为继海尔、美的之后携手苏宁电器又一百亿级战略合作伙伴。2013年更名为"苏宁云商"真正采用线上线下销售发展战略。

苏宁以市场为导向，持续增强企业盈利能力，多元化，信息化，追求更高的企业的价值；以顾客为导向，持续增强企业控制能力，重目标，重执行，追求更高的顾客满意；矢志不移，持之以恒，打造中国最优秀的连锁服务品牌。

苏宁云商2009~2014年的资产负债表和利润表见表5-1、表5-2。

---

① 本章图表数据根据新浪财经2009~2014年苏宁云商财务报表相关资料整理而得。

表 5-1 　　　　　　　　　　　苏宁云商资产负债表 　　　　　　　　　　单位：万元

报表项目	2014/12/31	2013/12/31	2012/12/31	2011/12/31	2010/12/31	2009/12/31
货币资金	2 227 446.80	2 480 628.40	3 006 736.50	2 274 008.40	1 935 183.80	2 196 097.80
交易性金融资产	264 470.50	286 207.70	—	—	—	737.80
应收票据	—	57.70	298.70	726.50	250.50	687.40
应收账款	53 557.90	67 107.50	127 050.20	184 177.80	110 461.10	34 702.40
预付款项	385 180.40	412 115.80	310 487.40	364 320.90	274 140.50	94 792.40
其他应收款	191 386.80	122 194.70	42 572.80	38 237.50	97 573.70	11 097.50
应收关联公司款	—	—	—	—	—	—
应收利息	7 520.00	6 671.20	8 772.90	7 482.10	3 138.50	3 237.60
应收股利	—	—	—	—	—	—
存货	1 603 852.20	1 825 835.50	1 722 248.40	1 342 674.10	947 444.90	632 699.50
一年内到期的非流动资产	—	—	—	—	—	—
其他流动资产	331 326.80	149 427.80	124 546.00	130 906.20	79 365.60	45 574.00
流动资产合计	5 064 741.40	5 350 246.30	5 342 712.90	4 342 533.50	3 447 558.60	3 019 626.40
可供出售金融资产	154 950.50	26 795.40	98.20	176.40	—	—
持有至到期投资	—	—	—	—	—	—
长期应收款	50 278.40	48 229.60	49 967.50	47 656.40	13 076.80	8 845.00
长期股权投资	134 685.30	210 734.80	57 427.90	55 479.30	79 289.60	59 737.40
投资性房地产	101 405.70	101 473.10	127 024.20	68 442.00	38 713.40	33 995.80
固定资产	1 215 537.80	1 074 959.90	857 927.70	734 746.70	391 431.70	289 597.10
在建工程	323 083.40	393 989.40	247 808.30	125 150.10	206 175.20	40 852.80
工程物资	1 485.90	1 049.70	777.20	200.20	—	—
无形资产	701 541.30	672 328.60	603 973.50	436 826.40	130 933.70	76 487.40
开发支出	3 602.30	8 842.40	4 229.70	9 389.80	2 212.50	5 851.30
商誉	46 185.20	41 975.60	18 509.40	22 662.30	61.60	—
长期待摊费用	126 511.20	107 238.20	83 935.20	84 169.20	52 953.10	23 794.20
递延所得税资产	166 436.10	113 094.40	75 622.10	51 215.00	28 332.00	25 195.80
其他非流动资产	128 928.40	74 209.70	146 136.30	—	—	—
非流动资产合计	3 154 631.50	2 874 920.80	2 273 437.20	1 636 113.80	943 179.60	564 356.80
资产总计	8 219 372.90	8 225 167.10	7 616 150.10	5 978 647.30	4 390 738.20	3 583 983.20
短期借款	183 652.90	110 989.30	175 249.20	166 568.60	31 778.90	—

续表

报表项目	2014/12/31	2013/12/31	2012/12/31	2011/12/31	2010/12/31	2009/12/31
交易性金融负债	13 720.00	9 040.00	—	—	—	—
应付票据	2 244 213.20	2 523 584.90	2 422 985.20	2 061 759.30	1 427 732.00	1 399 919.10
应付账款	842 739.70	1 053 149.30	1 045 773.30	852 585.70	683 902.40	500 311.70
预收款项	145 173.20	50 765.10	54 217.10	35 005.10	39 382.00	27 679.20
应付职工薪酬	35 356.30	29 036.10	25 883.80	27 355.80	20 129.50	13 953.00
应交税费	108 256.00	2 909.80	12 331.20	79 075.60	52 575.00	30 154.20
应付利息	4 208.90	4 082.80	1 381.00	530.50	—	—
应付股利	—	—	—	—	939.70	—
其他应付款	544 203.70	493 121.00	334 699.20	274 392.50	153 902.00	66 639.10
一年内到期的非流动负债	21 718.70	5 426.60	4 486.80	12 002.90	11 217.80	9 712.80
其他流动负债	68 448.60	59 333.50	47 518.80	54 550.20	31 875.50	23 514.80
流动负债合计	4 211 691.20	4 341 438.40	4 124 525.60	3 563 826.20	2 453 434.80	2 071 883.90
长期借款	91 421.40	59 383.80	—	—	—	—
应付债券	796 117.70	794 592.50	446 540.50	—	—	—
预计负债	6 124.40	5 620.80	6 291.50	10 113.50	—	—
递延所得税负债	15 935.60	18 553.00	16 317.50	18 323.90	3 439.50	673.90
其他非流动负债	2 210.60	135 287.90	111 321.50	83 329.90	49 324.80	18 927.10
非流动负债合计	1 054 001.50	1 013 438.00	580 471.00	111 767.30	52 764.30	19 601.00
负债合计	5 265 692.70	5 354 876.40	4 704 996.60	3 675 593.50	2 506 199.10	2 091 484.90
实收资本（或股本）	738 304.30	738 304.30	738 304.30	699 621.20	699 621.20	466 414.10
资本公积	467 956.70	468 091.60	467 947.10	51 707.40	65 528.80	297 565.20
盈余公积	116 073.50	116 073.50	115 486.60	100 713.00	74 652.90	51 746.50
减：库存股	—	—	—	—	—	—
未分配利润	1 612 553.20	1 526 482.40	1 527 218.90	1 379 323.80	993 286.60	638 331.70
少数股东权益	25 494.70	33 364.90	65 240.50	70 220.40	50 720.20	38 463.70
外币报表折算价差	—	− 12 437.40	− 3 043.90	1 468.00	729.40	− 22.90
归属母公司所有者权益（或股东权益）	2 928 185.50	2 836 925.80	2 845 913.00	2 232 833.40	1 833 818.90	1 454 034.60
所有者权益（或股东权益）合计	2 953 680.20	2 870 290.70	2 911 153.50	2 303 053.80	1 884 539.10	1 492 498.30
负债和所有者（或股东权益）合计	8 219 372.90	8 225 167.10	7 616 150.10	5 978 647.30	4 390 738.20	3 583 983.20

表5-2			苏宁云商利润表			单位：万元
会计年度	2014年	2013年	2012年	2011年	2010年	2009年
一、营业收入	10 892 529.60	10 529 222.90	9 835 716.10	9 388 858.00	7 550 473.90	5 830 014.90
减：营业成本	9 228 457.20	8 927 906.10	8 088 464.60	7 610 465.60	6 204 071.20	4 818 578.90
营业税金及附加	35 716.00	32 994.20	31 308.10	36 975.10	26 812.90	27 151.60
销售费用	1 410 502.50	1 273 971.10	1 181 094.10	936 734.60	680 910.90	519 235.60
管理费用	335 657.00	280 566.70	235 010.70	208 863.70	125 031.10	91 209.30
财务费用	6 677.00	-14 908.70	-18 608.30	-40 323.60	-36 076.90	-17 292.40
资产减值损失	17 495.50	21 993.90	17 954.80	6 953.70	7 592.40	3 233.50
加：公允价值变动净收益	-933.00	8 298.80	-382.60	—	—	—
投资收益	-2 984.70	3 391.90	1 250.80	15 219.20	1 062.50	-395.20
其中：对联营企业和合营企业的投资收益	-23 523.20	-587.50	—	14 019.20	496.70	-395.20
二、营业利润	-145 893.30	18 390.30	301 360.30	644 408.10	543 194.80	387 503.20
营业外收入	265 215.00	16 108.80	35 444.50	11 755.50	7 246.50	11 157.80
减：营业外支出	22 060.40	20 060.50	12 645.00	8 841.00	10 236.90	6 024.30
其中：非流动资产处置净损失	2 882.40	2 174.30	584.10	443.90	488.20	88.10
三、利润总额	97 261.30	14 438.60	324 159.80	647 322.60	540 204.40	392 636.70
减：所得税	14 857.50	4 008.30	73 613.60	158 722.00	129 653.60	93 787.20
四、净利润	82 403.80	10 430.30	250 546.20	488 600.60	410 550.80	298 849.50

要求：

根据苏宁云商以上资产负债表和利润表以及其他相关的资料，运用哈佛框架分析其2010~2014年的报表数据。

（1）战略分析，包括行业分析、竞争力分析、战略分析三个方面。

（2）会计分析，包括相关会计政策的选择和会计估计的选择等。

（3）财务分析，包括偿债能力、营运能力、盈利能力和发展能力四个方面。

（4）前景分析，根据以上战略分析、会计分析和财务分析对苏宁云商进行前景分析。

第二节　参考答案

一、战略分析——运筹帷幄之中，决胜千里之外

（一）行业分析

苏宁2010~2014年的营业收入与利润总额见表5–3。

表5–3　　　　　　苏宁云商2010~2014年营业收入与利润总额　　　　单位：万元

年份	2010	2011	2012	2013	2014
营业收入	7 550 473.9	9 388 858.0	8 935 716.1	10 529 222.9	10 892 529.6
利润总额	540 204.4	647 322.6	324 159.8	14 438.6	97 261.3

苏宁2010~2014年营业收入虽在逐年增长，可增长幅度不大。而利润总额却从2012年开始减少，且幅度较大。

2012年，公司继续推进转型，一方面，将继续加大店面的关闭与调整力度，注重店面经营质量提升；另一方面，电子商务业务继续投入，加大力度推进线上线下融合，实施联合促销并加大资源投入，对公司整体的利润水平也有一定影响，2013年，公司全面转型云商发展模式，为推进B2C模式的落地实践，提升客户体验，公司加大了线上线下业务的联动，广告促销投入相应增加。此外为有效推进互联网战略转型，优化人才结构，公司一方面加大专业人才引进，另外还加强自主培养，引进较多应届大学毕业生。导致费用的增加，使得利润的大幅减少。

2014年是公司互联网转型的战略执行年，这一年中，苏宁回归零售本质、聚焦用户体验、深化服务内涵，不断推进战略落地。B2C模式发展路径越来越清晰，线上线下、前台后台每个环节都在互联网化，工作逐渐步入正轨。

（二）竞争力分析

苏宁主要经营电器，且以实体门店为主。2011年苏宁销售战略进行调整，由线下转为线上，推出B2C模式发展路径以来公司积极推进线上线下业务的互联，且产品多元化，由电器转化为百货，现在各项工作已进入正轨。行业内具有竞争力的当属国美与京东了，三家都是以经营电器为主，却各有不同。国美一直以经营电器为主，在2011年推出电子商务，国美的实体店经营时间长在该行业具有一定的优势。京东一直以网络销售作为主要销售方式，京东没有实体店却在线上销售做出了自己的特色。三家主营电器，但近几年部分大品牌

家电企业都开通自己的网络平台，如小家电之王的美的在 2012 年与天猫合作建立自己的网上旗舰店，格力也在同年建立自己的网上销售平台"格力商城"。所以电器的网络销售竞争也越来越激烈。苏宁在这样的行业背景下，由实体店单一销售转型为线上线下业务互联销售，由单一电器销售转换为百货多元化的销售，保持自己在行业中的独特性。

（三）战略分析

在如此激烈的行业竞争下，苏宁的战略体现在以下几方面：

1. 坚持连锁店面的优化

苏宁云商 2010～2014 年店铺类型分布见表 5－4。

表 5－4　　　　苏宁云商 2010～2014 年店铺类型分布

项目类型	2010 年		2011 年		2012 年		2013 年		2014 年	
	数量	占比（%）	数量	占比（%）	数量	占比（%）	数量	占比（%）	数量	占比（%）
旗舰店	239	18.23	333	19.77	336	19.77	330	20.82	339	20.55
中心店	364	27.77	437	25.95	433	26.02	428	27.00	438	26.55
社区店	584	44.55	762	45.25	777	46.69	737	46.50	797	48.30
常规店小计	1 187	90.55	1 532	90.97	1 546	92.91	1 495	94.32	1 574	95.40
精品店	10	0.76	17	1.01	6	0.36	14	0.89	15	0.90
县镇店	114	8.69	134	7.96	104	6.25	76	4.79	61	3.70

注：2013 年与 2014 年的精品店中包含红孩子店、超市店、乐购店。

旗舰店数量没有太大变化，增减不明显。中心店在后四年也没有明显的数量增减。社区店增加数量较多，2011 年增加最明显数量也最多。县镇店在 2011 年增加到最大值后逐渐减少，2014 年精简到 2011 年的一半。

2010 年到 2011 年连锁发展模式创新，Expo 旗舰店升级产品展示和服务模式，精品店有效展开精准营销，县镇店深入挖掘新市场潜力，自建店打造开店新格局。2012 年后加大店面的关闭、调整力度，关闭低效、无效社区店和不符合标准的县镇店，公司进一步优化连锁网络结构，丰富店面功能，提升门店经营质量。店面类型进一步丰富，积极推进母婴、超市业态线下网络建设以提升融合体验。同时在日本发展乐购连锁规模初显。

2. 经营方式转型，B2C 虚实融合销售战略

2011 年推进组织变革与营销创新，电子商务平台独立运营，各项指标有效提升。2012 年加强电商平台建设，构建企业发展生态圈。（1）用户体验方面，同步推进多个体验优化项目，建立用户研究方法体系，加快改进与用户体验紧密相关的网站核心模块。网站后台响应更加快速，在全年流量持续上升的促销期间，网站性能不断趋于稳定。（2）品牌推广方面，紧抓社会热点创新网络营销，联手一系列热播节目，并有效利用热点，将品牌营销和事件营销有机结合，广泛提升苏宁易购年轻、时尚的品牌形象。创新 E18 促销模式，将促销

常态化概念引入互联网领域，构建促销品牌。利用网络、电视、户外、社会化媒体、移动客户端等多种宣传载体，全网络宣传覆盖，利用数据化分析手段精准推广，大幅提高市场费用产投比，有力保障了销售目标的实现。

2013 年，公司更名为"苏宁云商"，全面转型云商发展模式，明确了一体两翼的互联网零售发展方向，先后推进实施了组织架构调整，双线同价，启动开放平台，探索建立新型的互联网化门店等举措，并加快 B2C 虚实融合的战略布局。2014 年 B2C 模式发展路径越来越清晰，线上线下、前台后台每个环节都在互联网化，工作逐渐步入正轨。

3. 产品由单一化到多样化转型

随着电商的不断完善，产品种类不断拓展，保险、旅游、彩票、团购、电子书、食品酒水等频道陆续上线，同时公司还综合运用开放平台、战略合作、并购等方式，大力拓展产品品类，完成了综合类购物网站布局。在网站购物功能不断优化的同时，移动客户端应用全面上线，从购物到话费充值，从商旅到彩票，从阅读到应用商店，用户可以在任何时间、任何地点享受苏宁服务。继开展预付卡发行/受理、互联网支付/第三方支付等金融服务业务之后，苏宁小额贷款公司也于 2012 年 12 月成立，公司的金融服务产品进一步丰富。通过一系列供应链优化举措，着力推动以客户需求为导向的产品运营，加强单品营销，推出差异化产品，店面类型进一步丰富，积极推进母婴、超市业态线下网络建设以提升融合体验

二、会计分析

（一）识别关键会计政策和会计估计

作为一个典型的销售企业，对预付账款、应收账款和存货的有效管理是其重要的成功因素。通过苏宁云商 2010 ~ 2014 年的财务报表，我们可以发现存货、预付账款、应收账款占了很大的比率，尤其是存货（见表 5 - 5）。

表 5 - 5　　　　苏宁云商 2010 ~ 2014 年预付账款、应收账款和存货比率　　　单位:%

	2010 年度	2011 年度	2012 年度	2013 年度	2014 年度
预付账款比率	6.24	6.09	4.08	5.01	4.69
应收账款比率	2.52	3.08	1.67	0.82	0.65
存货比率	21.58	22.46	22.61	22.20	19.51
合计	30.34	31.63	28.36	28.03	24.85

由表 5 - 5 可见，预付账款、应收账款、存货的所占比率之和占了总资产的近 1/3，因此，与这三项相关的会计政策和会计估计是否合理，将直接关系到苏宁的财务报表是否能如实反映其实际财务状况和经营状况。

（二）分析关键会计政策和会计估计

1. 预付账款质量分析

苏宁云商 2010~2014 年预付账款变动情况见图 5-1。

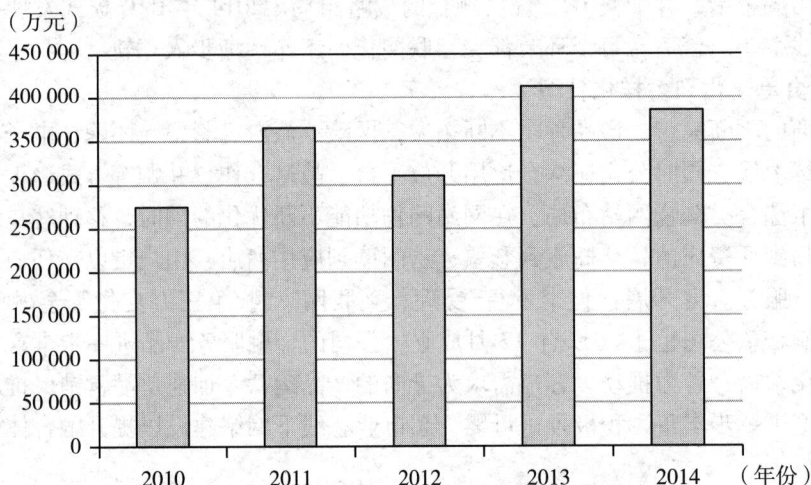

（万元）

图 5-1　苏宁云商 2010~2014 年预付账款变动情况

2010~2014 年间，苏宁云商的预付账款上下波动，但波动幅度并不大。预付账款主要是采购预付款，用于购买或储备货源，而且预付账款的账龄一般都是在一年以内。2011 年和 2013 年的两次增长，除了是以预付的形式增加了对货源的储备外，主要是因为苏宁电器加快了自建店和物流基地的选址速度，预付土地购置款均较上年有很大幅度的增长，由此带来预付账款的大幅增长。

苏宁云商 2012~2014 年预付账款增长比率变动见图 5-2。

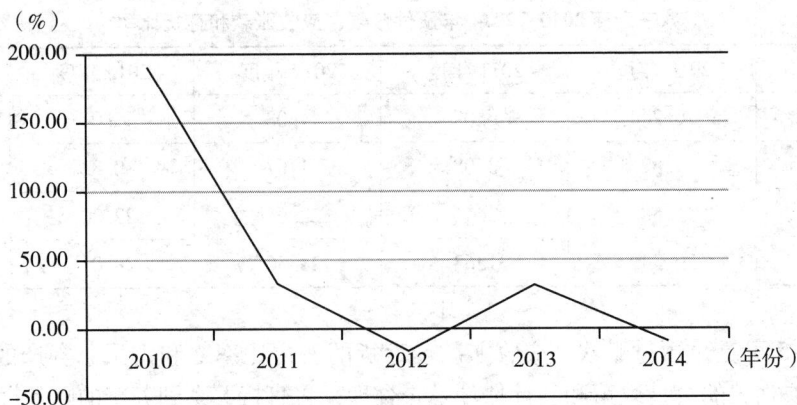

（%）

图 5-2　苏宁云商 2010~2014 年预付账款增长比率变动

2. 应收账款质量分析

苏宁云商 2010~2014 年主营业务收入、应收账款变动见图 5-3、图 5-4。

（万元）

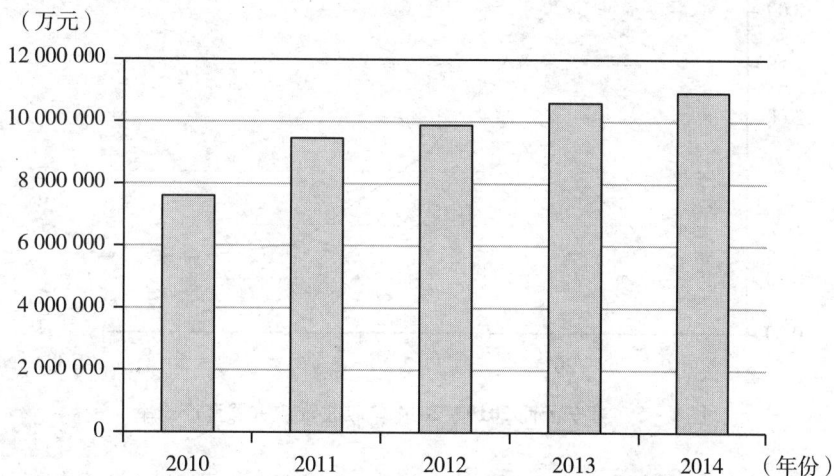

图 5-3 苏宁云商 2010~2014 年主营业务收入变动

（万元）

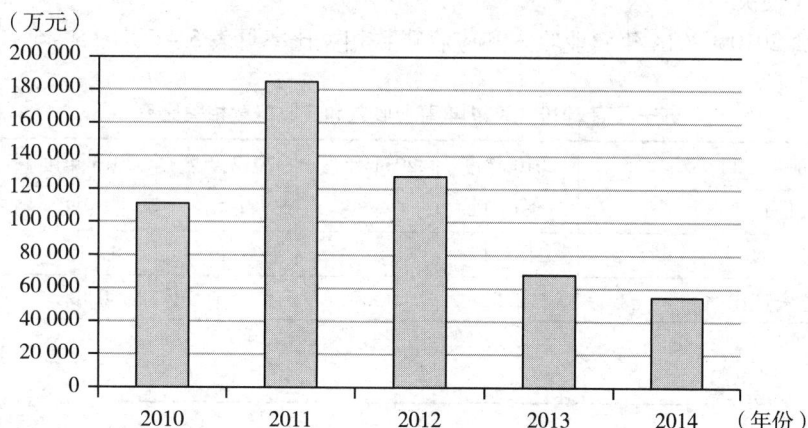

图 5-4 苏宁云商 2010~2014 年应收账款变动

由图 5-4 可看出，应收账款在 2010 年、2011 年度增长较快，但到 2012 年之后又很快降下来，波动幅度较大。这或许与苏宁云商不同年度采用的收款政策和销售规模的扩大有关，同时也说明了苏宁为了降低短期偿债风险，正在进行努力。

应收账款变化的主要原因：是由苏宁电器占上游供应商的货款造成的。家电零售行业普遍存在这种情况，通常延长对供应商的付款期限，进行低成本的融资，而实际上这种行为是可行的，随着苏宁规模的扩大，其进货规模大增迫使供应商延长收货时间，让利于苏宁。

苏宁云商 2010~2014 年应收账款对总资产比率见图 5-5。

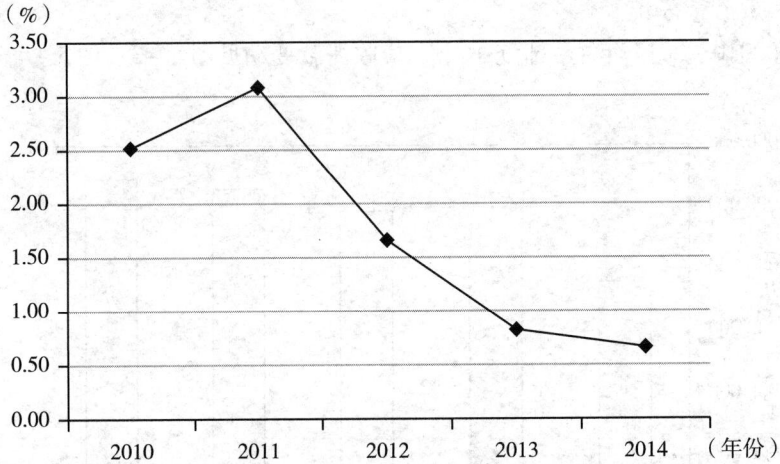

图 5 – 5 苏宁云商 2010～2014 年应收账款占总资产比率

应收账款占总资产的比重在 2011 年有所上升，但 2012 年至 2014 年又持续下降。总体上看，应收账款占总资产的比重不大，而销售收入又一直上涨。这说明苏宁云商收账有力，回收账款速度较快。

苏宁云商 2010～2014 年营业收入和应收账款相关比率见表 5 – 6、图 5 – 6。

表 5 – 6　　　　　　　苏宁云商 2010～2014 年营业收入和应收账款相关比率　　　　　　单位:%

项　　目	2010 年度	2011 年度	2012 年度	2013 年度	2014 年度
主营业务收入增长比率	29.51	24.35	4.76	7.05	3.45
应收账款增长比率	218.31	66.74	– 31.01	– 47.18	– 20.19
应收账款占总资产比率	2.52	3.08	1.67	0.82	0.65

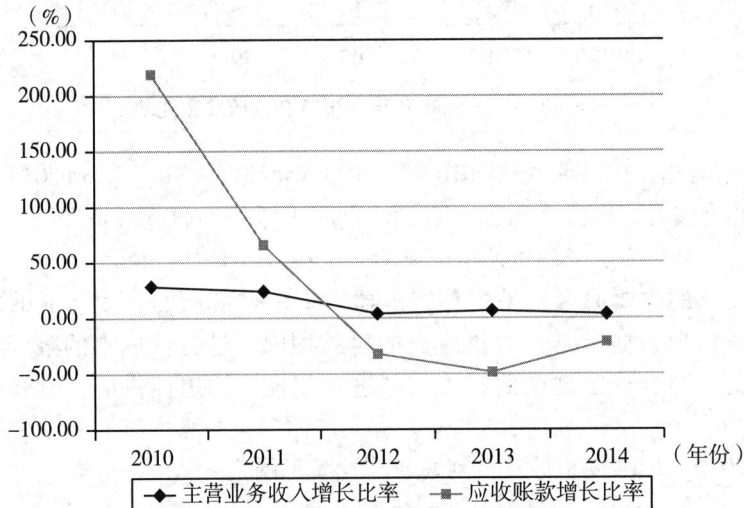

图 5 – 6　苏宁云商 2010～2014 年营业收入和应收账款相关比率

应收账款的异常增长。正常情况下，应收账款的增长比率应与主营业务收入的比率相匹配。2010 年和 2011 年，与主营业务收入的增长相比较，应收账款的增长明显更快，特别是在 2010 年，主营业务收入仅仅增长了不到 30%，应收账款却增加了高达 200% 多。应收账款异常增长说明苏宁云商在这两年中利用放宽信用条件以刺激销售增长。

3. 存货质量分析

存货质量分析见表 5 – 7、图 5 – 7。

表 5 – 7　　　　　苏宁云商 2010 ~ 2014 年存货等相关指标　　　　单位：万元

项　目	2010 年度	2011 年度	2012 年度	2013 年度	2014 年度
存货	947 445	1 342 674	1 722 248	1 825 836	1 603 852
营业收入	7 550 474	9 388 858	9 835 716	10 529 233	10 892 530
营业成本	6 204 071	7 610 466	8 088 465	8 927 906	9 228 457
毛利率	17.83%	18.94%	17.76%	15.21%	15.28%
存货周转率	7.85	6.65	5.28	5.03	5.38

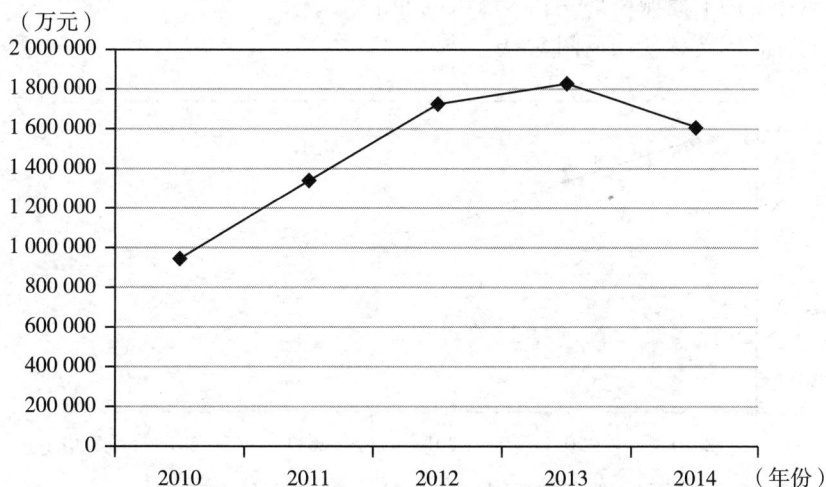

图 5 – 7　苏宁云商 2010 ~ 2014 年存货价值变动

存货规模和结构变化。如图 5 – 7 所示，2010 ~ 2013 年苏宁云商的存货呈现不断上涨的趋势，这与苏宁不断扩张有关系。门店数量不断增加以及营业收入不断增加的变化趋势是一致的。另外，苏宁的存货是由库存商品和安装维修用备件两部分组成，而且库存商品所占的比重非常大，这说明公司存货的结构是合理的：苏宁针对节假日、销售旺季，积极进行备货工作，且公司连锁店规模仍然不断增多以及电子商务的不断发展，由此带来存货的增长。

苏宁云商毛利率变动见图 5 – 8。

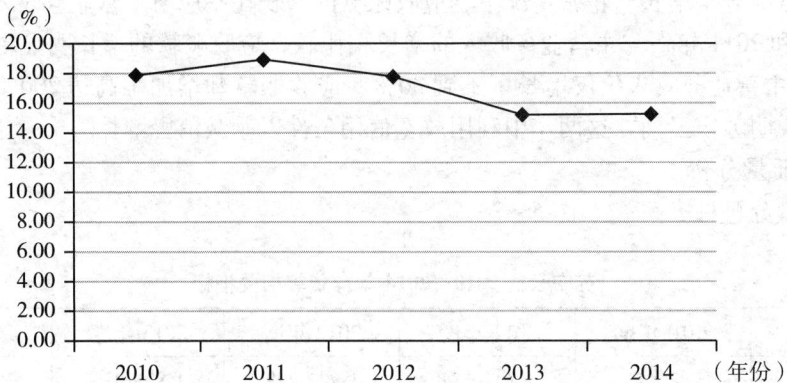

图 5 – 8　苏宁云商 2010 ~ 2014 年毛利率变动

毛利率是毛利与营业收入的百分比，反映的是一个商品经过生产转换内部系统以后增值的部分。苏宁云商的毛利率在 2010 ~ 2014 年度整体呈下降趋势，但仍在正常范围内。苏宁近几年可能是在搞价格战，通过折扣给消费者让利。近几年家电行业的竞争也日益激烈，如国美、京东。随着社会的发展，互联网的普及，电商的崛起分流客源，压制价格。苏宁电器无论是实体店还是网上商城，都受到了较大的冲击。

苏宁云商存货周转率变动见图 5 – 9。

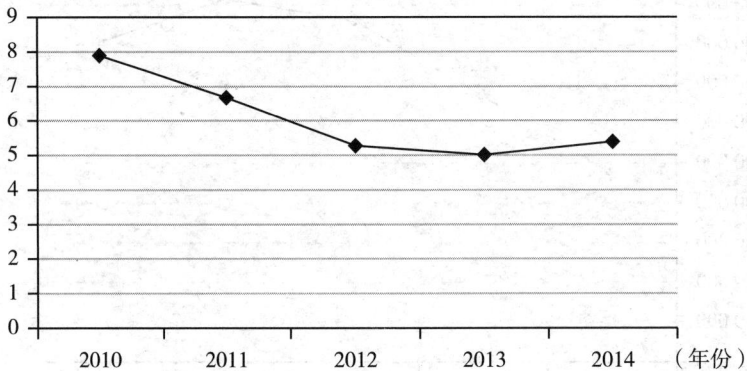

图 5 – 9　苏宁云商 2010 ~ 2014 年存货周转率变动

存货周转率是指一定时期内企业销售成本与存货平均资金占用额的比率，是衡量和评价企业购入存货、投入生产、销售收回等各环节管理效率的综合性指标，可以理解为一个财务周期内，存货周转的次数。苏宁云商的存货周转率较高，说明资产流动性较好。但在 2010 ~ 2014 年中逐年下降，说明企业的库存商品出现滞销，企业资金周转也可能出现一定的困难。因此苏宁应该及时开发新产品，缓解现状。

（三）会计策略分析

苏宁云商的报表信息表面上看不出有故意隐瞒的事实，没有"洗大澡"的现象，盈亏表现较为正常。

（四）信息披露质量分析

信息披露质量是体现公司会计信息质量的一个重要方面。从苏宁云商 2010～2014 年五年的年度报表分析，公司每一年都披露了充分的资料以便让使用者评估公司的经营战略以及经营成果。公司指定董事会秘书负责信息披露工作、接待股东来访和咨询，并配有证券事务代表协助董事会秘书工作。公司能够严格按照法律、法规和公司章程规定，真实、准确、完整、及时地披露有关信息，并确保所有股东平等的机会获得，及时披露大股东的详细资料和股份的变化情况。财务方面，公司具有独立的财务会计部门，建立了独立的会计核算体系和财务管理制度，公司拥有独立的银行账户，依法独立纳税，公司资金的使用由董事会或管理层作出决策，不存在控股股东干预公司资金。公司对外披露的财务信息，经会计师事务所审计通过。披露的信息能让信息使用者评估公司的经营业绩，且无论好坏信息均已披露，做到信息的充分性、完整性和真实性。所以总体来说，苏宁云商的信息披露质量是较好的。

三、财务分析

（一）偿债能力

1. 短期偿债能力：是指企业以流动资产偿还流动负债的能力，反映企业偿付日常到期债务的实力

其中，2010～2014 年流动比率和速动比率指标如表 5-8 所示：

表 5-8　　　　　　　　苏宁云商 2010～2014 年短期偿债能力主要指标

指　标	2010 年	2011 年	2012 年	2013 年	2014 年
流动比率	1.41	1.22	1.30	1.23	1.20
速动比率	1.02	0.84	0.88	0.81	0.82

（1）流动比率。首先是流动比率的分析，流动比率是流动资产和流动负债的比值，该指标表示每 1 元流动负债有多少流动资产作为偿还的保障，反映企业可用在一年内变现的流动资产偿还到期流动负债的能力。

从表 5-8 可以看出，流动比率 2010～2014 年整体呈下降趋势，从债权人角度看，债务的保障程度下降了；从经营者角度看，短期偿债能力下降，财务风险提高，企业筹集资金的难度提高了。

（2）速动比率。速动比率是速动资产和流动负债的比例，速动比率越高，表明企业未来的偿债能力越有保证。但是速动比率越高，说明企业拥有过多的货币性资产，资产未得到有效利用，盈利能力较差。

苏宁 2010～2014 年速动比率整体呈下降趋势，但整体在 0.8～1.0 之间，属正常范围，但说明了苏宁的偿债能力在下降。

2. 长期偿债能力：是指企业有无足够的能力偿还长期负债的本金和利息

其中，三个关键指标见表 5－9：

表 5－9　　　　　　　　　苏宁云商 2010～2014 年长期偿债能力主要指标

指　标	2010 年	2011 年	2012 年	2013 年	2014 年
资产负债率	57.08%	61.48%	61.78%	65.10%	64.06%
权益乘数	2.33	2.60	2.62	2.87	2.78
利息保障倍数	－13.97	－15.05	－16.42	0.0315	15.57

（1）资产负债率。资产负债率为总负债与总资产的比率（见图 5－10）。

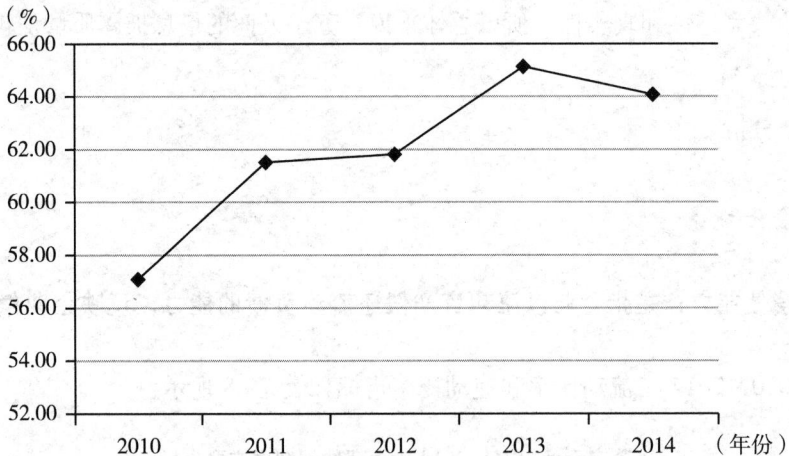

图 5－10　苏宁云商 2010～2014 年资产负债率变动

从图 5－10 可以看出苏宁 2010～2014 年资产负债率呈上升趋势，说明财务风险在增加，长期偿债能力在下降；但一直保持在 55%～65% 的水平，资产负债率水平比较稳定，说明苏宁资产负债率保持较好。

过低的资产负债率也并不见得是好事，说明资本没有充足有效的利用来获取收益，可能会丧失投资机会。

（2）权益乘数。权益乘数表示资产总额是股东权益总额的多少倍。权益乘数反映了企业财务杠杆的大小。权益乘数越大，说明股东投入的资本在资产中所占的比重越小，财务杠杆越大（见图 5－11）。

苏宁电器在 2010～2014 年权益乘数呈上升趋势，说明财务杠杆变大，如若公司盈利，则股东获得收益会增加；如若公司亏损，则股东将会承担更大的财务风险。

（3）利息保障倍数。利息保障倍数指标反映企业经营收益为所需支付的债务利息的多少倍（见图 5－12）。

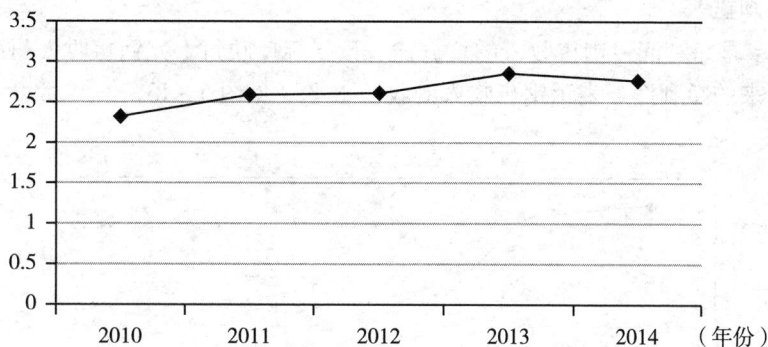

图 5-11 苏宁云商 2010～2014 年权益乘数变动

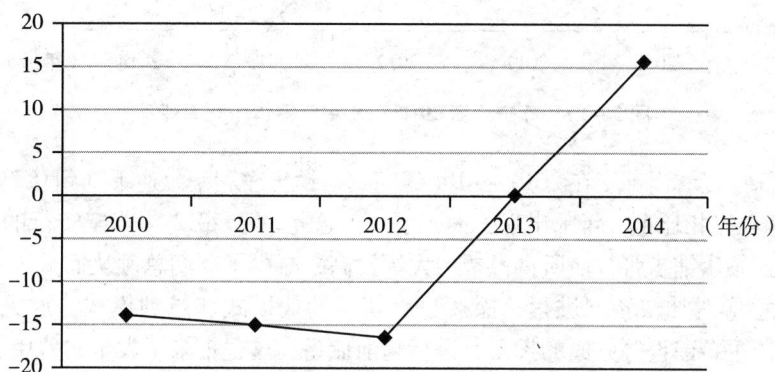

图 5-12 苏宁云商 2010～2014 年利息保障倍数变动

从图 5-12 看出，苏宁从 2010～2012 年利息保障倍数呈负数，这说明企业盈利能力根本无法承担举债经营的利息支出，企业可能会陷入困境。但就苏宁来说只能说明企业的筹资项目变少了，主要靠投资取得利润，并不能说明苏宁为无法支付利息。从 2013 年开始苏宁利息支付倍数变为正数，说明企业开始更好地利用负债经营带来的财务杠杆效应，可能会给企业带来更多的收益。

（二）盈利能力

苏宁云商 2010～2014 年盈利能力主要指标见表 5-10。

表 5-10　　　　　　　苏宁云商 2010～2014 年盈利能力主要指标　　　　　　单位:%

项　　目	2010 年	2011 年	2012 年	2013 年	2014 年
销售净利率	5.44	5.20	2.55	0.10	0.76
总资产利润率	9.35	8.17	3.29	0.13	1
净资产收益率	21.88	21.59	9.40	1.31	2.96

1. 销售净利率

销售净利率是净利润占销售收入的百分比。该指标反映每1元销售收入与成本费用之间可以"挤"出来的净利润，表示销售收入的收益水平（见图5-13）。

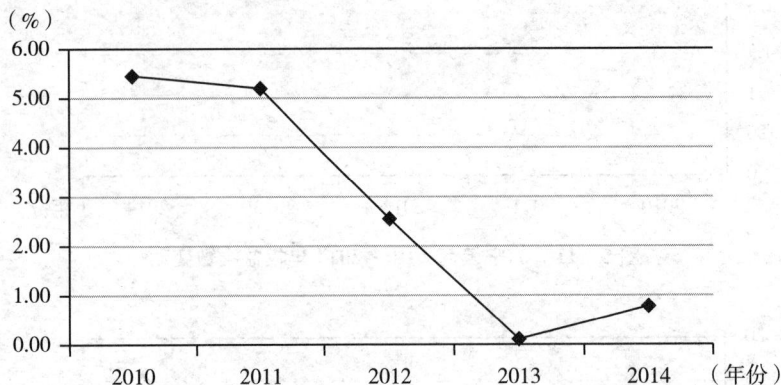

图5-13 苏宁云商2010~2014年销售净利率变动

从图5-13可以看出苏宁在2010~2014年期间，销售净利率急速下降到0.7%，尤其是在2012年和2013年，相比上一年都出现了大幅下降。这是由于2012年苏宁实行的"线上线下"政策中，线下连锁店铺扩张，使所得税费用大幅提高，减少了利润总额从而减少了净利润；而2013年苏宁积极应对加快转型进程，探索建立新型商业模式和盈利模式，加大在市场推广、人员储备、物流平台建设等方面的投入，进行超前储备，这也带来了大量的费用。

2. 总资产利润率

总资产利润率是企业利润总额与企业资产平均总额的比率，它是反映企业资产综合利用效果的指标，也是衡量企业利用债权人和所有者权益总额所取得盈利的重要指标（见图5-14）。

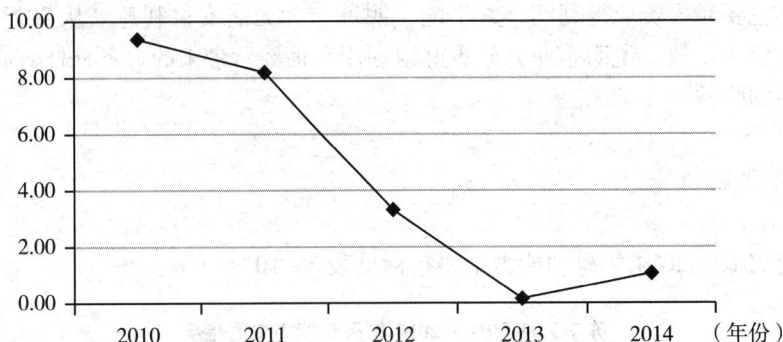

图5-14 苏宁云商2010~2014年总资产利润率变动

从图5-14可以看出苏宁在2010~2014年总资产利润率也大幅下降，说明企业资产的利用效率降低，利用资产创造的利润减少，主要原因是由于整个市场疲软，苏宁在转型的同时需要不断扩大规模，随着线下连锁平台与线上业务的融合，以及为有效提升销售加大促销推广力度，对苏宁利润率水平带来了影响。

3. 净资产收益率

净资产收益率又称股东权益报酬率/净值报酬率/权益报酬率/权益利润率/净资产利润率，为净利润与股东权益的比率。指标值越高，说明投资带来的收益越高。该指标体现了自有资本获得净收益的能力（见图5-15）。

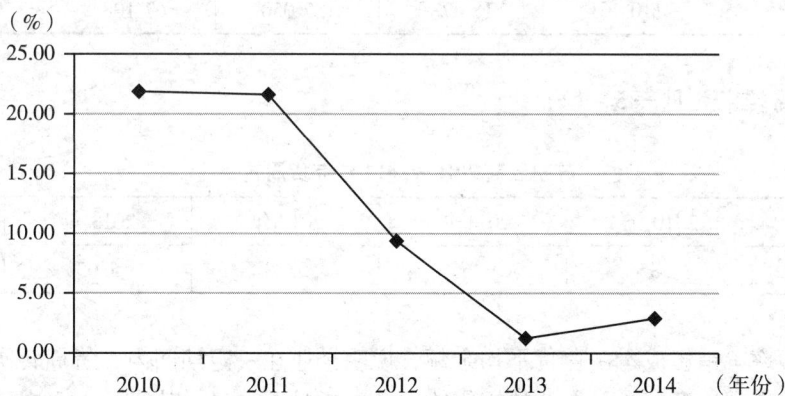

图 5 - 15　苏宁云商 2010～2014 年净资产收益率变动

从图5-15可以看出，2010～2014年，股东权益报酬率呈下降趋势，原因是2012年和2013年战略的转型对公司净利润造成影响，从而影响了净资产收益率下降。此指标对普通股股东非常有意义，股东可以用这个数据和自己的要求收益率相比，如果该指标下降严重将会影响股东继续投资该企业。

（三）营运能力分析

1. 应收账款周转率（见图5-16）

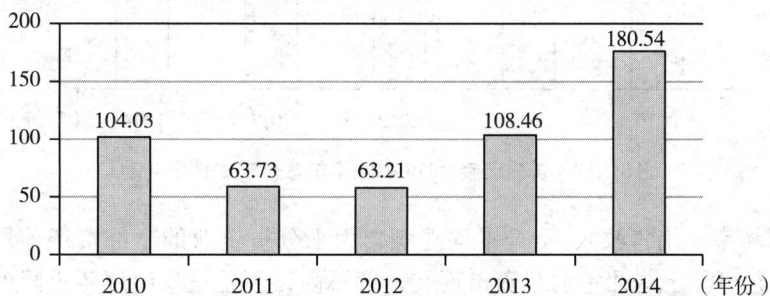

图 5 - 16　苏宁云商 2010～2014 年应收账款周转率变动

应收账款周转率＝赊销收入净额/应收账款平均余额×100%，应收账款周转率越高，说明企业回收应收账款的速度越快，可以减少坏账损失，提高资产流动性，企业的短期偿债能力也会得到增强，这在一定程度上弥补了流动比率比较低的不利影响。从图5-16中可以看出苏宁的应收账款周转率从2010年到2014年都很高，但是2011年和2012年明显偏低于其他年份，说明公司应收账款的流动性变弱。从表5-11可以看出是因为这两年的应收账款增长过快数额较大。

表 5 – 11　　　　　　　　　苏宁云商 2010 ~ 2014 年应收账款余额　　　　　单位：万元

	2010 年	2011 年	2012 年	2013 年	2014 年
应收账款	110 461	18 478	127 050	67 108	53 558

2. 存货周转率（见表 5 – 12）

表 5 – 12　　　　　　　　　　苏宁云商 2010 ~ 2014 年存货周转率

	2010 年	2011 年	2012 年	2013 年	2014 年
存货周转率	7.85	6.65	5.28	5.03	5.38

存货周转率 = 销售成本 ÷ 存货平均余额，说明企业在一定期间内存货周转次数，可以反映企业存货的变现速度，衡量企业的销售能力及存货是否过量。从表 5 – 12 中看出苏宁的存货周转率每年都较大，说明企业资产流动性较好。但是，从数据显示呈现每年降低的趋势，这是因为企业的存货数量越来越多，虽然企业的营业成本也是每年呈现增长的趋势，但其增长速度不如存货增长速度快，所以表现出存货周转率逐年降低的现象。

3. 总资产周转率（见图 5 – 17）

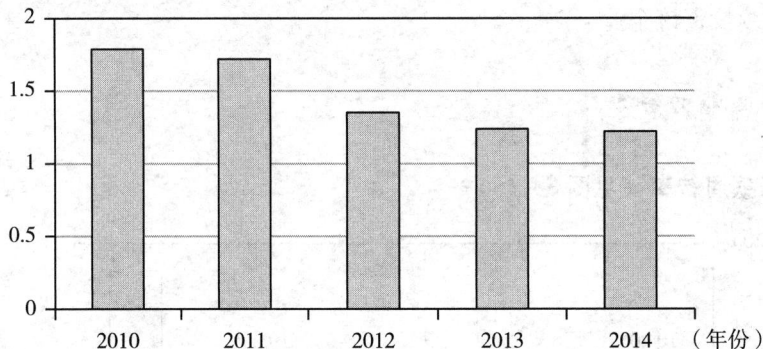

图 5 – 17　苏宁云商 2010 ~ 2014 年总资产周转率变动

总资产周转率 = 销售收入 / 资产平均总额，用来分析企业的全部资产使用效率。从图 5 – 17 中可以看出苏宁这几年的总资产周转率都不高，而且呈现出逐年下降的趋势，说明苏宁电器的资产使用情况和管理效率是在降低的，可能的原因是苏宁规模扩张速度过快，资产利用效果不佳，使得资金闲置，管理能力没有跟上来，所以，公司应该加强资产管理，提高总资产周转率。

总体来说，苏宁公司整体的营运能力一般，总资产周转率不高，总资产的使用可能存在一些问题，企业应当加强资产使用情况，提高其流动性，从而提高营运能力。

（四）发展能力分析

1. 净利润增长率（见表 5-13）

表 5-13　　　　　　　苏宁云商 2010～2014 年净利润增长率

	2010 年	2011 年	2012 年	2013 年	2014 年
净利润增长率（%）	37.38	19.01	-48.72	-95.84	690.04

净利润增长率＝本年净利润增长额/上年利润总额×100%，这个比率反映了企业盈利能力分析的变化，比率越高，企业的成长性越高，发展能力越强。明显看出从 2010 年到 2013 年增长率在逐年降低，并且 2012 年和 2013 年发展成为负增长，这两年间发生的亏损越来越多。出现亏损的现象在市场预期范围内，苏宁云商的战略向互联网公司转型之后，采取"线上线下同价"策略，拉低了线下的毛利率，这样就降低了 2012 年和 2013 年净利润，导致净利润的增长为负。苏宁云商的资产减值和营业外支出的增加也是亏损的主要原因。

2. 销售增长率（见表 5-14、图 5-18）

表 5-14　　　　　　　苏宁云商 2010～2014 年销售增长率

	2010 年	2011 年	2012 年	2013 年	2014 年
销售额（万元）	7 550 474	9 388 858	9 835 716	10 526 223	10 892 530
销售增长率	29.51%	24.34%	4.76%	7.02%	3.48%

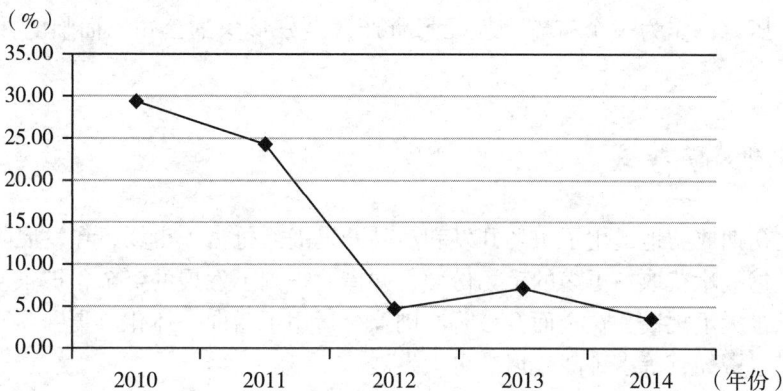

图 5-18　苏宁云商 2010～2014 年销售增长率变动

从表 5-14、图 5-18 中看出，销售额逐年增加，2010 年增长 29.51%，2011 年增长 24.34%，是因为苏宁不仅有了二级三级市场，还加强了苏宁易购网上交易。而增长率逐年降低是因为市场趋于饱和，行业疲软，消费市场受挫。实体店面销售额大幅度减少，线上服务不完善，2012 年又与京东打起了价格战，出现欺骗消费者的丑闻，商业信誉受到损害，年销售额增长较少。然而，通过调查发现国美电器的销售收入远远不如苏宁的高。

3. 股权资本增长率（见表5-15）

表5-15   苏宁云商2010~2014年股权增长率   单位：万元

项 目	2010年	2011年	2012年	2013年	2014年
股东权益总额	1 884 539	2 303 054	2 911 154	2 870 291	2 953 680
增长比率（%）	-1.52	22.21	26.40	-1.41	2.91

股权资本增长率体现企业的资本积累能力，表5-15中可以看出2011年和2012年企业实现较强的资本积累能力，而其他年份则表现较弱的资本积累能力，影响苏宁的发展能力。如果这种现象继续发展下去也必将影响苏宁云商的总资产的增长。

综上，苏宁的发展能力存在的问题不容小觑，它明显存在较弱的发展能力。苏宁正处于销售渠道的转型轨道上，实体店已经趋于完善，电商发展正在逐步改进，虽然目前的状况不可乐观，但是也相信在不久的将来会走向良好的发展轨道。

四、前景分析

（一）生存还是发展

苏宁电器在2010年被评为中国上市公司100强，排名第61位。是全球家电连锁零售业市场价值最高的企业之一。连锁营业在我国的发展现状：（1）连锁营业总体速度发展较快，经营业绩稳定。（2）各个业态发展速度不同。（3）外资连锁企业发展迅速。苏宁电器面临着强大的竞争压力，作为一个有着庞大无形资产，良好形象的公司，面临的并非是生存问题，而是发展问题。

（二）竞争战略转移

公司创立初期成功地运用了市场开发和产品开发战略抢占了市场，在发展阶段又灵活地运用了市场渗透战略获取了更多的市场份额，并借此得到了发展的资金，扩张期则通过市场开发战略迅速扩大了规模，在全面升级阶段则综合运用了后向一体化、集中多元经营、混合式多元经营、合资经营等多种战略以求更大发展。

苏宁打破当时业内外包售后服务的惯例，建立了营销商自行提供配送、安装、维修一体化的服务体系，以这种特有的服务产品吸引到大量的用户。在销售初具规模后，苏宁不仅跳过中间商直接与厂商联系，又首创淡季向生产商打款扶植生产，确保旺季获得优惠价格稳定货源的厂商合作全新模式。这是一次成本领先战略的应用。

随着今年来消费情况的改变，苏宁及时改变了战略，即"舍批发专零售"，并建立全国性的客户网络，而且更加全面导入连锁概念，在全国范围内建立集中端零售、物流配送和售后服务为一体的苏宁电器连锁体系。

苏宁电器有限公司现有竞争战略还存在问题：（1）处理好与生产商的关系对于零售商来说至关重要。（2）存在潜在竞争者，家电厂商自建渠道使家电销售摆脱连锁卖场的控制。（3）行业内的竞争者国美正在引进国际策略投资者。（4）购买者随着人民生活水平的不断提高，需求也不断地变化，商家应该更加注重市场细分，避免陷入价格竞争和盲目广告投放之中。

（三）公司战略转移

随着中国经济的快速发展，尤其是新农村建设过程中农村经济的快速发展，苏宁未来在这方面应加大宣传投入力度，把握机会。苏宁不仅要把握中国市场，也要参与今后的国际竞争，为今后发展积攒资金。

最后，经过分析，我们得出一些结论并提出一些发展建议。数据分析表明，苏宁在发展方面存在一些问题比如净利润下降的趋势。总体上来看，苏宁有发展下滑的趋势，可能和近几年转变发展战略有关，没有真正走上正轨。所以，我们一致认为苏宁应该尽快使发展战略发挥更为明显的作用，快速步入正轨，真正走出苏宁特色的发展道路，实现企业价值最大化。

第六章

绿大地公司与济南轻骑

【章节链接】

本案例主要是针对第二章财务报表粉饰与识别的练习。①

第一节　相关材料及问题分析

一、材料一

在我国，许多上市公司通过计提巨额的资产减值损失，并宣布公司发生巨亏。诱使上市公司进行巨额冲销这一举动，影响因素比较多。国外的研究主要集中在高级管理人员的更换、公司治理结构、财务困难三个方面。在国内，黄世忠（2002）认为上市公司因经济周期波动等原因而陷入经营困境时，通常会选择巨额冲销这一粉饰手法，以便"消化"以前年度因虚增收入、隐瞒费用而形成的不实资产，并将产生巨额亏损解释为经营环境变化等不可控因素。许汉友、刘皆（2008）认为资产减值计提不确定性也决定了许多面临"报表"压力的企业，将其视作利润操纵的机会。为了释放风险，高管人员不惜诉诸于巨额冲销，通过计提资产减值准备和确认或有损失等形式，对资产负债表进行"清洗"和"消毒"（黄世忠，2002）。

巨额冲销是否发送了报表粉饰的信号？基于此，我们选择绿大地公司作为研究对象，对其计提资产减值准备进行深入剖析，发现其利用资产减值准备进行巨额冲销，探讨巨额冲销的目的，揭示了巨额冲销是为了对粉饰的报表数据进行冲销。

---

① 本章表格数据由和讯财经绿大地公司（现叫"云投生态"）2007~2009年财务报告和网易财经济南轻骑（现叫"湖南天雁"）2003年财务报告相关资料整理而成。

绿大地公司 2009 年度亏损总额 151 361 817.13 元，高居深沪两市亏损大户前列（见表 6 - 1）。

表 6 - 1　　　　　　　　　　　　　绿大地公司主要财务指标　　　　　　　　　　单位：元

年份	总资产	主营业务收入	利润总额	净利润
2007	829 888 862.51	257 466 483.96	65 691 341.55	64 410 981.00
2008	966 804 583.94	341 947 610.92	87 505 730.37	86 799 594.07
2009	983 046 260.87	493 495 933.61	- 148 349 573.34	- 151 361 817.13

根据表 6 - 1，其主营业务收入在不断地增加，但净利润没有增长，反而发生了巨额亏损。2009 年将近 5 亿的主营业务收入，却带来 1.5 亿多的亏损，下面根据营业总成本及明细表进行分析，如表 6 - 2 所示。

表 6 - 2　　　　　　　　　　　　　　营业总成本及其明细表　　　　　　　　　　单位：元

报表项目	2007 年	2008 年	2009 年
营业总成本	196 237 132.14	257 033 061.59	489 261 543.33
营业成本	166 249 610.44	220 099 768.14	359 505 406.49
营业税金及附加	866 392.20	2 918 590.71	6 708 743.59
销售费用	10 096 990.58	18 062 112.86	24 109 503.67
管理费用	9 854 591.84	11 337 661.96	19 549 736.47
财务费用	7 357 923.66	2 270 923.04	10 642 506.78
资产减值损失	1 811 623.42	2 344 003.88	68 745 464.33

可以看出，除资产减值损失外，其余各项费用及成本所占营业总成本的比例变化不大。2009 年资产减值损失是 2007 年的 38 倍，是 2008 年的 27 倍，占 2009 年净利润的 45.42%。由此，我们不难想到利用资产减值进行巨额冲销这一现象。

根据计算利润的公式，营业利润并没有发生亏损，但却伴随着巨额亏损，归因于营业外支出的非常损失金额为 155 082 643.25 元，占净利润的 102.46%，对这一项目绿大地公司解释是由于 2009 年干旱，苗木大量死亡而计提巨额存货跌价准备。上述情况符合根据自然灾害这一诱因进行巨额冲销的说法，见表 6 - 3。

表 6 - 3　　　　　　　　　　　　绿大地 2009 年度营业外支出明细表　　　　　　单位：元

项　　　目	本期发生额	上期发生额
固定资产处置损失	252 507.43	68 402.37
无形资产处置损失	745 723.52	—

项　　目	本期发生额	上期发生额
公益性捐赠支出	—	210 000.00
非常损失	155 082 643.25	—
其他	1 131 311.51	543 220.00
合计	157 212 185.71	821 622.37

　　根据表6-2、表6-3及上述分析，我们可以看出绿大地主要运用计提资产减值准备进行巨额冲销，那么哪些资产减值准备进行了巨额冲销？如何冲销？巨额冲销是否发送了报表粉饰信号？结合给出材料以及绿大地的财务报告进行分析。

二、材料二

　　2002年，济南轻骑（以下简称轻骑）报告了34亿元的巨亏，成为当时股市上的"首席亏损师"，直至2004年才被长虹取代；其母公司轻骑集团对轻骑的欠款和担保达42亿元，创当时关联方资金占用之最。2000～2004年，轻骑净利润变化情况如表6-4所示：

表6-4　　　　　　　　　济南轻骑2000～2004年净利润变化　　　　　　　　单位：亿元

	2000年	2001年	2002年		2003年	2004年
			调整前	调整后		
净利润	-4.05	-6.99	-34.02	-15.4	0.174	0.1

　　可见，这是一家"奇迹"叠出的公司：（1）2000～2002年连续三年亏损，尤其是2002年巨亏，2003年却迅速扭亏微盈，复市成功，其2002～2003年的会计数字值得推敲；（2）2002年调整前后的净利润差异达18.6亿元，奥妙何在？只要对轻骑过去几年的报表稍加分析，就很容易找到答案：早在1998年，轻骑就因为与轻骑集团的关联交易和公司治理问题受到证监会的处罚。之后，轻骑集团与轻骑之间大规模的关联欠款不仅没有减少，反而日益增长，直至形成了42亿元的巨额欠款。这些欠款主要是轻骑早年将产品出售给关联方所形成的，但关联方最终无法出售从轻骑购入的产品，还款能力日趋萎缩。早年关联方向轻骑输送的利益（体现为轻骑的销售收入和利润），最终变成纸面财富。2002年，在扭亏无望的情况下，轻骑"壮士断臂"，对高达42亿元的关联方欠款进行大清洗。其中，应收轻骑集团和其他关联公司往来欠款28亿元全额计提坏账准备，计入当期损益的高达26.95亿元；为轻骑集团及其他关联公司和其他第三方的逾期银行借款担保13亿元也全额计提了坏账准备。经过"洗大澡"，轻骑2002年的资产总额锐减至9.54亿元，较2001年缩水72.5%；每股净资产-1.66元，比2001年缩减了190%。

　　2003年伊始，在当地政府的"协调"下，轻骑的重组步伐突飞猛进：轻骑集团以归还现金及承担债务的方式偿还了对轻骑的大部分欠款。为此，轻骑作了 18.6 亿元的会计差错更正（其中主要调整的是 2002 年对轻骑集团欠款计提的 15.8 亿元坏账准备）。2003 年轻骑的利润构成如表 6-5：

表 6-5　　　　　　　　　　**济南轻骑 2003 年利润构成**　　　　　　　　单位：万元

利润总额	1 044
净利润	1 743
扣除非经营性损益后的净利润	-8 123
非经常性损益构成：	
——处置长期资产产生的损益	470
——各种形式的政府补贴	57
——计入当期损益的对非金融企业收取的资金占用费	3 760
——营业外收支（不含资产减值）	57
——转回以前年度计提的各项减值准备	5 522

可见，轻骑 2003 年之所以扭亏为盈，主要得益于重组带来的 9 000 多万元非经常性损益，若剔除各项重组收益，轻骑当年实际上亏损了 8 000 多万元。不过也正是这几笔救命的重组收益，将轻骑推到了新闻媒体的风口浪尖之上。由于轻骑同时发行 A 股和 B 股，必须依照我国会计准则和国际财务报告准则编制两份财务报告。根据上海立信长江会计师事务所按国内准则出具的审计报告，轻骑 2003 年净利润为 1 743 万元，但香港浩华会计师事务所按国际准则出具的审计报告却显示，轻骑 2003 年的净利润为 20.2 亿元，二者整整相差 20 亿元，差幅为 11 488.33%，又创下了一个中国股市之最。

表 6-6 是根据境内外会计准则编制的轻骑 2003 年净利润差异调节表：

表 6-6　　　　　　　　　　**境内外净利润差异调节表**　　　　　　　　单位：万元

境内报表净利润	1 743
调整项目	158 364
1. 追溯调整——坏账准备拨回	158 364
——少数股东权益	(276)
——冲回担保责任计提损失	27 191
——债务重组	14 801
2. 直接计入资本公积的损益	57
3. 摊销股权投资差异	7
4. 合并子公司之未确认亏损	(649)
5. 冲回坏账准备差异	521

境内报表净利润	1 743
6. 冲回存货跌价准备差异	160
7. 少数股东损益调整	167
8. 其他	(92)
按国际会计准则重编后之金额	201 995

注：该表中，括号中的数字代表亏损（或收益）。

表6-6显示，利润差异主要源于对重组收益是进入资产负债表还是进入利润表的选择上：

（1）对于15.8亿元坏账准备的转回，按国内准则作为会计差错更正，调整年初未分配利润，而按国际准则属重组收益，进入当期损益表，作为非经营性收益单独列示。

（2）其他重组收益（如注入土地资产等），按我国准则不能确认为当期损益而应计入资本公积，而按国际准则同样作为非经营性收益在损益表中归类列示。

轻骑复市的当天，面对1 743万元的微利和20亿元的巨盈，A股和B股股东做出了截然相反的反映——A股小涨，B股大跌。这反映了A、B股股东对同一资产重组的不同解释。从第二个交易日起，B股带动A股回落，轻骑的股价从此在低价区长期徘徊。2004年年报显示，轻骑当年的净利润为1 000万元左右。与2003年相同，2004年的微利同样得益于2 171万元的非经营性损益，其中以前年度已经计提的坏账准备转回数达2 090万元。

结合案例以及学到的财务报表粉饰问题谈谈得到的启示。

第二节　参考答案

一、绿大地公司

（一）计提无形资产减值准备实现巨额冲销

绿大地公司2009年度的资产减值准备明细表可以看出，该年计提的坏账准备只有两项——坏账准备和无形资产减值准备，坏账准备占10 445 496.33元，无形资产减值准备占58 300 500.00元。其中无形资产计提的减值准备占总资产减值总额的80.81%，占其年度亏损总额的38.52%，而前两年没有计提无形资产减值准备，因此可以认定绿大地公司利用了无形资产减值准备进行巨额冲销。对此，中审亚太会计师事务所出具了保留意见，因为绿大地无法进一步提供与确认月望基地土地使用权和文山广南林地使用权期末余额与净值的依据。土地减值准备一经计提不得转回，会计准则上这一规定正是其利用巨额冲销进行报表粉饰最佳手段。2004年，公司实际实现净利润3 222.62万元，但招股书却显示3 342.2万元。

招股书披露 2005 年净利润为 3 723.64 万元，但实际数据少一成有余。2006 年公司实现净利润 4 691.4 万元，与披露的 4 707.08 万元不符。在这三年中利润都比实际值增多，这样就存在虚增利润情况。为了冲销以往年的虚假数据利用巨额冲销这一手段进行粉饰，证实巨额冲销传递了报表粉饰信号。

（二）计提存货跌价准备实现巨额冲销

2009 年，绿大地公司的苗木大量死亡，计提了高达 1.55 亿元的存货跌价准备，计入非经营性项目并影响营业外支出的金额。中审亚太会计师事务所针对该项出具了保留意见，其原因是绿大地管理层只能根据企业内部的信息确认 2009 年苗木销售退回金额，但没有提供更充分、可靠的证据及资料来说明。绿大地公司营业收入各年明细表见表 6-7。

表 6-7　　　　　　　　　　绿大地公司营业收入各年明细表　　　　　　　　　单位：元

年份	营业收入	苗木销售	绿化工程	苗木租赁	其他
2007	257 465 400.00	232 074 100.00	24 725 600.00	602 100.00	63 600.00
2008	341 947 610.92	262 098 389.90	79 372 911.03	269 783.29	206 526.70
2009	493 495 933.61	293 559 729.46	198 258 874.07	602 850.08	1 074 480.00

从表 6-7 中可以看出，2007 年苗木的销售收入大致占了营业收入的 90%，随后有所递减，但在 2009 年仍占主营业务收入的 59.49%，且苗木销售都在逐年递增。因为天气干旱，苗木大量死亡，绿大地公司还能保持苗木销售只增不减，让人不得不想象如果没有自然灾害 2009 年的绿大地的苗木销售该有多少、营业收入该有多高、利润又会如何？加上公司前五名客户的主营业务收入总额为 113 249 240.00 元，占公司主营业务收入 22.97%。而在绿大地上市后，纷纷"消失"，绿大地也发生了金额巨大的销售退回事件。如果销售合同是上市之前所签，营业收入及净利润均体现在上市前的财报中，如果上市后无故发生销售退回，上市公司难逃"虚增收入、虚增利润"的嫌疑。因此，绿大地公司运用这个自然灾害，对其存货进行巨额冲销，冲销以前年度的虚增收入和利润等数据，对资产负债表等进行"清洗"。在计提存货跌价准备方面，巨额冲销也传递了报表粉饰信号。

计提资产减值准备是有必要的，因为这一方法遵循了谨慎性原则，不会高估资产，但如果不明原因的或不符常理的对资产进行巨额计提减值准备，其可能利用巨额冲销来对以前年度或当年的虚假数据进行"消化"，让以前年度或当年粉饰过的报表进行"清洗"，这样公司可以释放风险，减轻负担。通过对绿大地巨额冲销案例的分析，得到两点启示：（1）注册会计师和监管部门应当高度重视巨额冲销的信号传递；巨额冲销可能意味着上市公司以前年度或当年存在着严重的报表粉饰行为，注册会计师和监管部门应当特别关注，不失时机地延伸审查。（2）针对上市公司披露的因自然灾害或其他原因导致巨额计提资产减值准备的，可能意味着上市公司过去的收入存在虚假：高比例计提无形资产减值准备时，可能意味着过去的这些资产交易只是掩盖虚假利润的幌子。

二、济南轻骑

轻骑的经营危机、失败的资产重组以及由此产生的冰火两重天的两份审计报告给我们留下了许多值得思考的会计问题：（1）关联方重组是我国上市公司关联交易的一种典型类型，也是亏损上市公司"扭亏"的捷径。然而，轻骑的案例表明，依靠政府强势介入、为"保壳"而突击重组很难从根本上改善上市公司的盈利能力和现金流量。此外，依靠关联方重组做出的报表数字可信度极差，与投资者的决策相关性很低。消除大股东对上市公司翻云覆雨的影响是目前中国资本市场亟须解决的难题。（2）按我国会计准则计算，轻骑重组后的净利润数没有多大的意义。那么，与国外准则相比，我国的会计准则是否过于稳健。2001年以前我国制定的一批会计准则几乎全部以国际会计准则为蓝本，但2001年开始的几次重大修订，使我国的准则走向了越来越稳健的道路。如债务重组、投资和非货币性交易等准则在修订后删除了有关公允价值的规定，坚持以账面价值作为交易依据，并将非常损益计入资产负债表，以保证当期利润表不受非常事项的影响而产生重大波动。然而，这样做真的就稳健吗？我国是继续坚持"当期经营观念"以保持利润表的纯洁性，还是转向"总括观念"以保持报表之间的勾稽关系？我们认为，只有采用"总括观念"，同时改进利润表的列报格式，限制追溯调整的滥用，才可避免我国会计准则给人留下过度稳健的假象。

第七章

中粮地产

【章节链接】

本案例主要是针对第三章财务报表分析的练习。①

第一节　相关资料及问题分析

一、相关资料

中粮地产是世界 500 强企业中粮集团有限公司的主要业务单元之一。中粮地产将依托中粮集团的强力支持，大力整合中粮集团、香港鹏利国际及上市公司的广泛资源，建立中粮集团地产业务开发的平台，充分发挥优势，使中粮地产成为具有品牌优势的专业房地产开发公司。目前已经在十多个城市拥有数十个地产项目，开发的产品包括低密度高尚住宅、高档及中高档高层电梯公寓、城市综合体项目及混合居住社区等。中粮地产以"建造优雅品位空间，享受舒适完美生活"的企业理念，秉承专心、专注、专业的精神和态度，积极参与中国城市化进程，为目标客户提供品质优良的产品和细致入微的服务，致力于为客户提供品质优良的产品，细致入微的服务，希望借此更好地履行企业公民责任，推动社会和谐发展，同时成为中国最具实力和最具影响力的房地产企业之一（见表 7–1 至表 7–3）。

---

① 本章表格数据均根据凤凰财经中粮地产 2012 年财务报告整理而成。

表 7 - 1	中粮地产资产负债表	单位：元
项　　目	2012 年	2011 年
流动资产		
货币资金	5 962 774 756.13	3 946 359 129.10
交易性金融资产	—	—
应收票据		
应收账款	382 472 683.89	262 069 019.99
预付款项	105 306 927.23	92 347 738.35
其他应收款	731 509 784.84	1 029 507 524.04
应收关联公司款		
应收利息	—	—
应收股利		
存货	24 859 312 469.93	24 490 264 309.97
其中：消耗性生物资产		
一年内到期的非流动资产	—	—
其他流动资产		
流动资产合计	32 041 376 622.02	29 820 547 721.45
可供出售金融资产	767 744 553.06	1 014 024 045.20
持有至到期投资		
长期应收款	746 487.10	830 636.83
长期股权投资	550 827 166.20	469 890 805.54
投资性房地产	820 105 189.22	866 327 716.29
固定资产	437 039 460.77	170 715 010.57
在建工程	266 002.75	17 665 351.96
工程物资	—	—
固定资产清理		
生产性生物资产		
油气资产	—	—
无形资产	31 653 765.37	27 890 539.63
开发支出	—	—
商誉	13 844 843.50	13 844 843.50
长期待摊费用	52 883 700.59	77 248 833.63

项 目	2012 年	2011 年
递延所得税资产	122 074 275.94	123 607 468.64
其他非流动资产	—	—
非流动资产合计	2 797 185 444.50	2 782 045 251.79
资产总计	34 838 562 066.52	32 602 592 973.24
短期借款	4 100 000 000.00	4 944 000 000.00
交易性金融负债	—	—
应付票据	—	—
应付账款	2 890 150 261.10	1 998 482 641.70
预收款项	5 991 698 377.26	5 701 478 269.73
应付职工薪酬	90 060 371.31	81 214 175.22
应交税费	369 134 642.53	429 185 571.80
应付利息	168 047 201.09	182 324 167.36
应付股利	1 547 569.47	1 547 593.92
其他应付款	5 041 344 679.52	4 846 693 958.70
应付关联公司款	—	—
一年内到期的非流动负债	1 937 374 722.15	1 045 000 000.00
其他流动负债	—	—
流动负债合计	20 589 357 824.43	19 229 926 378.43
长期借款	5 311 520 131.84	4 838 684 864.59
应付债券	1 189 947 059.52	1 188 501 253.48
长期应付款	1 930 621.31	3 029 914.07
专项应付款	—	—
预计负债	—	—
递延所得税负债	168 194 846.89	221 408 021.55
其他非流动负债	2 498 961.65	3 216 702.91
非流动负债合计	6 674 091 621.21	6 254 840 756.60
负债合计	27 263 449 445.64	25 484 767 135.03
实收资本（或股本）	1 813 731 596.00	1 813 731 596.00
资本公积	548 652 944.79	708 292 468.76
盈余公积	489 785 944.07	407 301 992.58
减：库存股	—	—

项　目	2012 年	2011 年
未分配利润	1 908 315 685.33	1 530 278 426.55
少数股东权益	2 811 307 167.12	2 654 978 033.91
外币报表折算价差	3 319 283.57	3 243 320.41
非正常经营项目收益调整	—	—
归属母公司所有者权益（或股东权益）	4 763 805 453.76	4 462 847 804.30
所有者权益（或股东权益）合计	7 575 112 620.88	7 117 825 838.21
负债和所有者（或股东权益）合计	34 838 562 066.52	32 602 592 973.24

表 7-2　　　　　　　　　　中粮地产利润表　　　　　　　　　　单位：元

会计年度	2012/12/31	2011/12/31
一、营业收入	7 944 889 640.36	5 541 073 483.66
减：营业成本	5 602 520 614.82	3 291 360 377.81
营业税金及附加	724 834 657.09	700 586 674.77
销售费用	335 196 694.74	252 736 590.80
管理费用	303 246 640.38	289 524 431.04
勘探费用	—	—
财务费用	372 813 486.77	346 488 476.53
资产减值损失	9 395 901.28	3 595 562.56
加：公允价值变动净收益		
投资收益	412 654 198.16	408 704 133.21
其中：对联营企业和合营企业的投资收益	90 854 492.66	71 286 270.05
影响营业利润的其他科目	—	—
二、营业利润	1 009 535 843.44	1 065 485 503.36
加：补贴收入	—	—
营业外收入	7 690 369.46	8 213 923.26
减：营业外支出	13 419 883.49	1 086 895.05
其中：非流动资产处置净损失	238 280.01	147 646.30
加：影响利润总额的其他科目	—	—
三、利润总额	1 003 806 329.41	1 072 612 531.57
减：所得税	323 330 592.26	340 053 239.01
加：影响净利润的其他科目	—	—
四、净利润	680 475 737.15	732 559 292.56

表 7 - 3　　　　　　　　　　中粮地产现金流量表　　　　　　　　　　单位：元

项　　目	2012 年	2011 年
一、经营活动产生的现金流量		
销售商品、提供劳务收到的现金	7 674 818 534.08	5 858 315 436.15
收到的税费返还	—	—
收到其他与经营活动有关的现金	3 960 899 219.57	2 682 629 520.44
经营活动现金流入小计	11 635 717 753.65	8 540 961 299.91
购买商品、接受劳务支付的现金	3 960 121 829.14	6 093 617 101.42
支付给职工以及为职工支付的现金	311 239 704.31	278 414 925.97
支付的各项税费	1 191 290 756.30	1 154 451 226.76
支付其他与经营活动有关的现金	3 529 728 941.10	3 427 820 578.33
经营活动现金流出小计	8 992 381 230.85	10 954 303 832.48
经营活动产生的现金流量净额	2 643 336 522.80	- 2 413 342 532.57
二、投资活动产生的现金流量		
收回投资收到的现金	352 978 552.88	634 081 127.74
取得投资收益收到的现金	11 934 811.54	164 065 751.65
处置固定资产、无形资产和其他长期资产收回的现金净额	207 759 780.00	2 916 436.86
处置子公司及其他营业单位收到的现金净额	—	—
收到其他与投资活动有关的现金	—	—
投资活动现金流入小计	572 673 144.42	2 363 249 613.16
购建固定资产、无形资产和其他长期资产支付的现金	280 741 477.13	86 898 358.32
投资支付的现金	—	—
取得子公司及其他营业单位支付的现金净额	618 826 930.56	270 756 248.39
支付其他与投资活动有关的现金	36 115.79	1 425 542.53
投资活动现金流出小计	899 604 523.48	465 393 899.24
投资活动产生的现金流量净额	- 326 931 379.06	1 897 855 713.92
三、筹资活动产生的现金流量		
吸收投资收到的现金	—	—
取得借款收到的现金	5 416 020 131.84	5 065 232 543.11

项　目	2012 年	2011 年
收到其他与筹资活动有关的现金	119 600 000.00	0
筹资活动现金流入小计	5 535 620 131.84	5 515 102 922.11
偿还债务支付的现金	4 815 153 253.69	3 213 696 044.58
分配股利、利润或偿付利息支付的现金	963 087 243.51	573 486 653.67
支付其他与筹资活动有关的现金	57 361 694.00	214 531 136.00
筹资活动现金流出小计	5 835 602 191.20	4 001 713 834.25
筹资活动产生的现金流量净额	− 299 982 059.36	1 513 389 087.86
四、汇率变动对现金的影响		
五、现金及现金等价物净增加额		
期初现金及现金等价物余额	3 826 889 129.10	2 829 438 431.65
期末现金及现金等价物余额	5 843 304 756.13	3 826 889 129.10

二、问题要求

1. 结合中粮地产相关资料和表 7 –1 资产负债表，完成如下要求
（1）编制资产负债表水平分析表并做水平分析。
（2）编制资产负债表垂直分析表并做垂直分析。

2. 结合中粮地产相关资料和表 7 –2 利润表，完成如下要求
（1）编制利润表水平分析表并做水平分析。
（2）编制利润表垂直分析表并做垂直分析。

3. 结合中粮地产相关资料和表 7 –3 现金流量表，完成如下要求
（1）现金流量表一般分析。
（2）编制现金流量表水平分析表并做水平分析。
（3）编制现金流量表结构分析表并做结构分析。

第二节 参考答案

一、资产负债表基本数据分析

1. 资产负债表水平分析（见表7-4）

表7-4　　　　　　　　　　　资产负债表水平分析表　　　　　　　　　单位：元

项　　目	2012 年	2011 年	变动情况		对总资产影响（%）
			变动额	变动（%）	
流动资产：					
货币资金	5 962 774 756.13	3 946 359 129.10	2 016 415 627.03	51.10	6.18
交易性金融资产	—	—	0.00	0.00	0.00
应收票据	—	—	0.00	0.00	0.00
应收账款	382 472 683.89	262 069 019.99	120 403 663.9	45.94	0.37
预付款项	105 306 927.23	92 347 738.35	12 959 188.88	14.03	0.04
其他应收款	731 509 784.84	1 029 507 524.04	-297 997 739.20	-28.95	-0.91
应收关联公司款	—	—	0.00	0.00	0.00
应收利息	—	—	0.00	0.00	0.00
应收股利	—	—	0.00	0.00	0.00
存货	24 859 312 469.93	24 490 264 309.97	369 048 159.96	1.51	1.13
其中：消耗性生物资产	—	—	0.00	0.00	0.00
一年内到期的非流动资产	—	—	0.00	0.00	0.00
其他流动资产	—	—	0.00	0.00	0.00
流动资产合计	32 041 376 622.02	29 820 547 721.45	2 220 828 900.57	7.45	6.81
可供出售金融资产	767 744 553.06	1 014 024 045.20	-246 279 492.14		-0.76
持有至到期投资	—	—	0.00		0.00
长期应收款	746 487.10	830 636.83	-84 149.73		0.00
长期股权投资	550 827 166.20	469 890 805.54	80 936 360.66	17.22	0.25
投资性房地产	820 105 189.22	866 327 716.29	-46 222 527.07		-0.14

续表

项　　目	2012 年	2011 年	变动情况		对总资产影响（%）
			变动额	变动（%）	
固定资产	437 039 460.77	170 715 010.57	266 324 450.20	156.01	0.82
在建工程	266 002.75	17 665 351.96	−17 399 349.21	−98.49	−0.05
工程物资	—	—	0.00		0.00
固定资产清理	—	—	0.00		0.00
生产性生物资产	—	—	0.00		0.00
油气资产			0.00		0.00
无形资产	31 653 765.37	27 890 539.63	3 763 225.74	13.49	0.01
开发支出	—	—	0.00		0.00
商誉	13 844 843.50	13 844 843.50	0.00	0.00	0.00
长期待摊费用	52 883 700.59	77 248 833.63	−24 365 133.04	−31.54	−0.07
递延所得税资产	122 074 275.94	123 607 468.64	−1 533 192.70	−1.24	0.00
其他非流动资产	—	—	0.00	0.00	0.00
非流动资产合计	2 797 185 444.50	2 782 045 251.79	15 140 192.71	0.54	0.05
资产总计	34 838 562 066.52	32 602 592 973.24	2 235 969 093.28	6.86	6.86
短期借款	4 100 000 000.00	4 944 000 000.00	−844 000 000.00	−17.07	−2.59
交易性金融负债	—	—	0.00		0.00
应付票据	—	—	0.00	0.00	0.00
应付账款	2 890 150 261.10	1 998 482 641.70	891 667 619.40	44.62	2.73
预收款项	5 991 698 377.26	5 701 478 269.73	290 220 107.53	5.09	0.89
应付职工薪酬	90 060 371.31	81 214 175.22	8 846 196.09	10.89	0.03
应交税费	369 134 642.53	429 185 571.80	−60 050 929.27	−13.99	−0.18
应付利息	168 047 201.09	182 324 167.36	−14 276 966.27	−7.83	−0.04
应付股利	1 547 569.47	1 547 593.92	−24.45	0.00	0.00
其他应付款	5 041 344 679.52	4 846 693 958.70	194 650 720.82	4.02	0.60
应付关联公司款	—	—	0.00	—	0.00
一年内到期的非流动负债	1 937 374 722.15	1 045 000 000.00	892 374 722.15		2.74
其他流动负债	—	—	0.00		0.00
流动负债合计	20 589 357 824.43	19 229 926 378.43	1 359 431 446.00	7.07	4.17
长期借款	5 311 520 131.84	4 838 684 864.59	472 835 267.25	9.77	1.45

续表

项　目	2012 年	2011 年	变动情况		对总资产影响（%）
			变动额	变动（%）	
应付债券	1 189 947 059.52	1 188 501 253.48	1 445 806.04		0.00
长期应付款	1 930 621.31	3 029 914.07	−1 099 292.76	−36.28	0.00
专项应付款	—	—	0.00	—	0.00
预计负债	—	—	0.00	—	0.00
递延所得税负债	168 194 846.89	221 408 021.55	−53 213 174.66	—	−0.16
其他非流动负债	2 498 961.65	3 216 702.91	−717 741.26	−22.31	0.00
非流动负债合计	6 674 091 621.21	6 254 840 756.60	419 250 864.61	6.70	1.29
负债合计	27 263 449 445.64	25 484 767 135.03	1 778 682 310.61	6.98	5.46
实收资本（或股本）	1 813 731 596.00	1 813 731 596.00	0.00	0.00	0.00
资本公积	548 652 944.79	708 292 468.76	−159 639 523.97	−22.54	−0.49
盈余公积	489 785 944.07	407 301 992.58	82 483 951.49	20.25	0.25
减：库存股	—	—	0.00	—	0.00
未分配利润	1 908 315 685.33	1 530 278 426.55	378 037 258.78	24.70	1.16
少数股东权益	2 811 307 167.12	2 654 978 033.91	156 329 133.21		0.48
外币报表折算价差	3 319 283.57	3 243 320.41	75 963.16	2.34	0.00
非正常经营项目收益调整	—	—	0.00	—	0.00
归属母公司所有者权益（或股东权益）	4 763 805 453.76	4 462 847 804.30	300 957 649.46	6.74	0.92
所有者权益（或股东权益）合计	7 575 112 620.88	7 117 825 838.21	457 286 782.67	6.42	1.40
负债和所有者（或股东权益）合计	34 838 562 066.52	32 602 592 973.24	2 235 969 093.28	6.86	6.86

（1）从投资或资产角度进行分析评价。中粮地产本期的总资产增加了 2 235 969 093.28 元，增长幅度为 6.86%，说明该公司今年资产规模增长幅度也较小。具体分析如下：

流动资产本期增加 2 220 828 900.57 元，增长的幅度为 7.45%，使总资产规模增长了 6.81%。非流动资产本期增加 15 140 192.71 元，增长的幅度为 0.54%，使总资产规模增长了 0.05%。

本期总资产的增加主要体现在流动资产的增长上。如果仅从这一变化来看，该公司资产的流动性有所增强，尽管流动资产的各项目都有不同程度的增减变动，但其增长主要体现在以下三个方面：一是货币资金的大幅度增长。货币资金本期增长 2 016 415 627.03 元，增长的幅度为 51.10%，对总资产的影响为 6.18%。货币资金的增长对提高企业的偿债能力、满足资金流动性需要都是有利的。二是预付账款的增加。预付账款本期增长 12 959 188.88 元，增长的幅度为 14.03%，对总资产的影响为 0.04%。由中粮的年报可知，预付账款大部分为账龄一年以内并支付给非关联方的预付土地款。三是存货的增加。存货本期增长 369 048 159.96 元，增长的幅度为 1.51%，对总资产的影响为 1.13%。存货增加是因为新一期的房产开发导致大量的开发成本。

非流动资产的变动主要体现在以下三个方面：一是长期股权投资的增长。长期股权投资本期增长 80 936 360.66 元，增长的幅度为 17.22%，对总资产的影响为 0.25%。由年报知，只要是对有限合伙企业的投资。二是固定资产的增加。固定资产本期增长 266 324 450.20 元，增长的幅度为 156.01%，对总资产的影响为 0.82%。三是无形资产的增加。无形资产本期增长 3 763 225.74 元，增长的幅度为 13.49% 对总资产的影响为 0.01%。由以上可知，非流动资产变化比例也许很大，不过对总资产的影响太小。

（2）从筹资或权益角度进行分析评价。中粮地产本期的权益总额增加了 2 235 969 093.28 元，增长幅度为 6.86%，说明该公司今年权益总额有小幅度的增长。具体分析如下：

负债本期增加 1 778 682 310.61 元，增长的幅度为 6.98%，使权益总额增长了 5.46%。股东权益本期增加 300 957 649.46 元，增长的幅度为 6.74%，使权益总额增长了 0.92%。

本期权益总额的增加体现在负债的增长上，流动负债的增长对权益总额的影响又比非流动负债大。流动负债的增长额为 1 359 431 446.00 元，增长的幅度为 7.07%，对权益总额的影响为 4.17%。负债的增长主要体现在以下三个方面：一是长期借款的增长。长期借款本期增长 472 835 267.25 元，增长的幅度为 9.77%，对总资产的影响为 1.45%。主要原因是报告期内取得一年以上的银行借款增加。二是应付账款的增加，应付账款本期增长 891 667 619.40 元，增长的幅度为 44.62%，对总资产的影响为 2.73%。主要原因是报告期内公司经营规模扩大，在建项目增加，工程投入增加。三是预收款项的增加。预收款项本期增长 290 220 107.53 元，增长的幅度为 5.09%，对总资产的影响为 0.89%。主要原因是预售面积增加，相应预售房款增加。

股东权益本期增长 457 286 782.67 元，增长的幅度为 6.42%，对总资产的影响为 1.40%。其中影响最大的是未分配利润，未分配利润本期增长 82 483 951.49 元，增长的幅度为 24.70%，对总资产的影响为 1.16%。主要原因是本期实现净利润增加。

2. 资产负债表垂直分析（见表 7-5）

表 7-5　　　　　　　　　资产负债表垂直分析表　　　　　　　　　单位：元

项　　目	2012 年	2011 年	2012 年（%）	2011 年（%）	变动情况（%）
流动资产：					
货币资金	5 962 774 756.13	3 946 359 129.10	17.12	12.10	5.01
交易性金融资产	—	—	0.00	0.00	0.00
应收票据	—	—	0.00	0.00	0.00

续表

项　　目	2012 年	2011 年	2012 年（%）	2011 年（%）	变动情况（%）
应收账款	382 472 683.89	262 069 019.99	1.10	0.80	0.29
预付款项	105 306 927.23	92 347 738.35	0.30	0.28	0.02
其他应收款	731 509 784.84	1 029 507 524.04	2.10	3.16	-1.06
应收关联公司款	—	—	0.00	0.00	0.00
应收利息	—	—	0.00	0.00	0.00
应收股利	—	—	0.00	0.00	0.00
存货	24 859 312 469.93	24 490 264 309.97	71.36	75.12	-3.76
其中：消耗性生物资产	—	—	0.00	0.00	0.00
一年内到期的非流动资产	—	—	0.00	0.00	0.00
其他流动资产	—	—	0.00	0.00	0.00
流动资产合计	32 041 376 622.02	29 820 547 721.45	91.97	91.47	0.50
可供出售金融资产	767 744 553.06	1 014 024 045.20	2.20	3.11	-0.91
持有至到期投资	—	—	0.00	0.00	0.00
长期应收款	746 487.10	830 636.83	0.00	0.00	0.00
长期股权投资	550 827 166.20	469 890 805.54	1.58	1.44	0.14
投资性房地产	820 105 189.22	866 327 716.29	2.35	2.66	-0.30
固定资产	437 039 460.77	170 715 010.57	1.25	0.52	0.73
在建工程	266 002.75	17 665 351.96	0.00	0.05	-0.05
工程物资	—	—	0.00	0.00	0.00
固定资产清理	—	—	0.00	0.00	0.00
生产性生物资产	—	—	0.00	0.00	0.00
油气资产	—	—	0.00	0.00	0.00
无形资产	31 653 765.37	27 890 539.63	0.09	0.09	0.01
开发支出	—	—	0.00	0.00	0.00
商誉	13 844 843.50	13 844 843.50	0.04	0.04	0.00
长期待摊费用	52 883 700.59	77 248 833.63	0.15	0.24	-0.09
递延所得税资产	122 074 275.94	123 607 468.64	0.35	0.38	-0.03
其他非流动资产	—	—	0.00	0.00	0.00
非流动资产合计	2 797 185 444.50	2 782 045 251.79	8.03	8.53	-0.50
资产总计	34 838 562 066.52	32 602 592 973.24	100.00	100.00	0.00

项　目	2012 年	2011 年	2012 年（%）	2011 年（%）	变动情况（%）
短期借款	4 100 000 000.00	4 944 000 000.00	11.77	15.16	−3.40
交易性金融负债	—	—	0.00	0.00	0.00
应付票据	—	—	0.00	0.00	0.00
应付账款	2 890 150 261.10	1 998 482 641.70	8.30	6.13	2.17
预收款项	5 991 698 377.26	5 701 478 269.73	17.20	17.49	−0.29
应付职工薪酬	90 060 371.31	81 214 175.22	0.26	0.25	0.01
应交税费	369 134 642.53	429 185 571.80	1.06	1.32	−0.26
应付利息	168 047 201.09	182 324 167.36	0.48	0.56	−0.08
应付股利	1 547 569.47	1 547 593.92	0.00	0.00	0.00
其他应付款	5 041 344 679.52	4 846 693 958.70	14.47	14.87	−0.40
应付关联公司款	—	—	0.00	0.00	0.00
一年内到期的非流动负债	1 937 374 722.15	1 045 000 000.00	5.56	3.21	2.36
其他流动负债	—	—	0.00	0.00	0.00
流动负债合计	20 589 357 824.43	19 229 926 378.43	59.10	58.98	0.12
长期借款	5 311 520 131.84	4 838 684 864.59	15.25	14.84	0.40
应付债券	1 189 947 059.52	1 188 501 253.48	3.42	3.65	−0.23
长期应付款	1 930 621.31	3 029 914.07	0.01	0.01	0.00
专项应付款	—	—	0.00	0.00	0.00
预计负债	—	—	0.00	0.00	0.00
递延所得税负债	168 194 846.89	221 408 021.55	0.48	0.68	−0.20
其他非流动负债	2 498 961.65	3 216 702.91	0.01	0.01	0.00
非流动负债合计	6 674 091 621.21	6 254 840 756.60	19.16	19.19	−0.03
负债合计	27 263 449 445.64	25 484 767 135.03	78.26	78.17	0.09
实收资本（或股本）	1 813 731 596.00	1 813 731 596.00	5.21	5.56	−0.36
资本公积	548 652 944.79	708 292 468.76	1.57	2.17	−0.60
盈余公积	489 785 944.07	407 301 992.58	1.41	1.25	0.16
减：库存股	—	—	0.00	0.00	0.00
未分配利润	1 908 315 685.33	1 530 278 426.55	5.48	4.69	0.78
少数股东权益	2 811 307 167.12	2 654 978 033.91	8.07	8.14	−0.07
外币报表折算价差	3 319 283.57	3 243 320.41	0.01	0.01	0.00

项　　目	2012 年	2011 年	2012 年（%）	2011 年（%）	变动情况（%）
非正常经营项目收益调整	—	—	0.00	0.00	0.00
归属母公司所有者权益（或股东权益）	4 763 805 453.76	4 462 847 804.30	13.67	13.69	−0.01
所有者权益（或股东权益）合计	7 575 112 620.88	7 117 825 838.21	21.74	21.83	−0.09
负债和所有者（或股东权益）合计	34 838 562 066.52	32 602 592 973.24	100.00	100.00	0.00

（1）资产结构的分析评价。从静态方面分析，中粮地产本期流动资产比重高达91.97%，非流动资产仅为8.03%。根据该公司的资产结构，可以认为该公司资产的流动性较强，资产风险较小。

从动态方面分析，本期流动资产比重上升0.50%，非流动资产比重下降0.50%。流动资产上升主要是货币资金和应收账款分别上升了5.01%、0.29%，不过存货下降了3.76%。由以上可知，该公司资产结构还算稳定，只是流动资产有小幅度的变化。

（2）资本结构的分析评价。从静态方面分析，中粮地产本期股东权益比重为21.74%，负债比重为78.26%，资产负债比率还是比较高的，财务风险较大。

从动态方面分析，本期负债比重上升1.70%，股东权益比重下降0.09%。负债上升主要是一年内到期的非流动负债和应付账款分别上升了2.36%、2.17%；股东权益下降主要是提取实收资本和资本公积导致的。由以上可知，该公司资产结构还算稳定，只是负债有小幅度的变化。

二、利润表基本数据分析

1. 利润表水平分析（见表7-6）

表7-6　　　　　　　　利润水平分析表　　　　　　　　单位：元

项　　目	2012 年度	2011 年度	增减额	增减（%）
一、营业收入	7 944 889 640.36	5 541 073 483.66	2 403 816 156.70	43.38
减：营业成本	5 602 520 614.82	3 291 360 377.81	2 311 160 237.01	70.22
营业税金及附加	724 834 657.09	700 586 674.77	24 247 982.32	3.46
销售费用	335 196 694.74	252 736 590.80	82 460 103.94	32.63
管理费用	303 246 640.38	289 524 431.04	13 722 209.34	4.74
勘探费用	—	—	0.00	—

续表

项　　目	2012 年度	2011 年度	增减额	增减（%）
财务费用	372 813 486.77	346 488 476.53	26 325 010.24	7.60
资产减值损失	9 395 901.28	3 595 562.56	5 800 338.72	161.32
加：公允价值变动净收益	—	—	0.00	—
投资收益	412 654 198.16	408 704 133.21	3 950 064.95	0.97
其中：对联营企业和合营企业的投资收益	90 854 492.66	71 286 270.05	19 568 222.61	27.45
影响营业利润的其他科目	—	—	0.00	—
二、营业利润	1 009 535 843.44	1 065 485 503.36	−55 949 659.92	−5.25
加：补贴收入	—	—	0.00	—
营业外收入	7 690 369.46	8 213 923.26	−523 553.80	−6.37
减：营业外支出	13 419 883.49	1 086 895.05	12 332 988.44	1 134.70
其中：非流动资产处置净损失	238 280.01	147 646.30	90 633.71	61.39
加：影响利润总额的其他科目	—	—	0.00	—
三、利润总额	1 003 806 329.41	1 072 612 531.57	−68 806 202.16	−6.41
减：所得税	323 330 592.26	340 053 239.01	−16 722 646.75	−4.92
加：影响净利润的其他科目	—	—	0.00	—
四、净利润	680 475 737.15	732 559 292.56	−52 083 555.41	−7.11

（1）净利润分析。中粮地产本期的净利润为 680 475 737.15 元，比上年减少了 52 083 555.41 元，增长率为 −7.11%，减少幅度较大。从水平分析表看，公司净利润减少主要是利润总额比上年减少 68 806 202.16 元；由于所得税比上年降低了 16 722 646.75 元，主要原因是报告期利润总额减少，导致计提所得税费用减少。两者相加，导致净利润减少了 52 083 555.41 元。

（2）利润总额分析。中粮地产本期的利润总额 1 003 806 329.41 元，比上年减少了 68 806 202.16 元，增长率为 −6.41%，减少幅度较大。从水平分析表看，公司利润总额减少主要是营业利润比上年减少 55 949 659.92 元；由于营业外收入比上年减少了 523 553.80 元，主要原因是非流动资产处置净损失增加；营业外支出增加了 12 332 988.44 元，增长的比率为 1 134.70%，主要原因是报告期对外捐赠比去年同期减少。三者相抵，导致利润总额减少了 68 806 202.16 元。

（3）营业利润分析。中粮地产本期的营业利润 1 009 535 843.44 元，比上年减少了

55 949 659.92 元，增长率为 −5.25%，减少幅度较大。从水平分析表看，公司营业利润减少主要营业成本和增加资产减值损失增加导致的。其中营业成本比上年增长 2 311 160 237.01 元，增长比率为 70.22%；还有就是资产减值损失比上年增长 5 800 338.72 元，增长比率为 161.32%。

2. 利润表垂直分析（见表 7−7）

表 7−7　　　　　　　　　　　利润垂直分析表　　　　　　　　　　单位：元

项　　目	2012 年	2011 年	2012 年（%）	2011 年（%）
一、营业收入	7 944 889 640.36	5 541 073 483.66	100.00	100.00
减：营业成本	5 602 520 614.82	3 291 360 377.81	70.52	59.40
营业税金及附加	724 834 657.09	700 586 674.77	9.12	12.64
销售费用	335 196 694.74	252 736 590.80	4.22	4.56
管理费用	303 246 640.38	289 524 431.04	3.82	5.23
勘探费用	—	—	0.00	0.00
财务费用	372 813 486.77	346 488 476.53	4.69	6.25
资产减值损失	9 395 901.28	3 595 562.56	0.12	0.06
加：公允价值变动净收益			0.00	0.00
投资收益	412 654 198.16	408 704 133.21	5.19	7.38
其中：对联营企业和合营企业的投资收益	90 854 492.66	71 286 270.05	1.14	1.29
影响营业利润的其他科目			0.00	0.00
二、营业利润	1 009 535 843.44	1 065 485 503.36	12.71	19.23
加：补贴收入	—	—	0.00	0.00
营业外收入	7 690 369.46	8 213 923.26	0.10	0.15
减：营业外支出	13 419 883.49	1 086 895.05	0.17	0.02
其中：非流动资产处置净损失	238 280.01	147 646.30	0.00	0.00
加：影响利润总额的其他科目	—	—	0.00	0.00
三、利润总额	1 003 806 329.41	1 072 612 531.57	12.63	19.36
减：所得税	323 330 592.26	340 053 239.01	4.07	6.14
加：影响净利润的其他科目	—	—	0.00	0.00
四、净利润	680 475 737.15	732 559 292.56	8.56	13.22

（1）中粮地产的毛利占营业收入的比重为 29.48%，比上年度的 40.6% 下降了 11.12%。

（2）营业收入虽然有所增加，不过营业成本增加的速度超过了营业收入，导致毛利占营业收入的比率有所下降。

（3）营业利润占营业收入的比重为12.7%，比上年度的19.22%，下降了6.5%。利润总额占营业收入的比重为12.63%，比上年度的19.35%，下降了6.72%。

（4）净利润占营业收入的比重为8.56%，比上年度的13.25%，下降了4.66%。从以上分析可知，中粮地产的盈利能力是有所下降的，净利润的降低主要是由毛利下降导致，还有就是财务费用、销售费用、资产减值损失的增加。

三、现金流量表基本数据分析

1. 现金流量表一般分析

（1）中粮地产本期现金及现金等价物共增加1 018 964 929.58元。其中经营活动产生的现金流量为2 643 336 522.80元，投资活动产生的现金流量为 – 326 931 379.06元，筹资活动产生的现金流量为 – 299 982 059.36元。

（2）经营活动产生的现金流量净额同比增加主要是因为本期土地购置投入增加较多。购置更多的土地可以增加以后房屋的开发。

（3）投资活动产生的现金流量净额同比减少是因为本年对外投资支付现金小于上年同期收购。

（4）筹资活动产生的现金流量净额同比减少是由于本期借款减少。

2. 现金流量表水平分析（见表7-8）

表7-8　　　　　　　　　　　　现金流量水平分析表　　　　　　　　　　单位：元

项　　目	2012 年	2011 年	增减额	增减（%）
一、经营活动产生的现金流量				
销售商品、提供劳务收到的现金	7 674 818 534.08	5 858 315 436.15	1 816 503 097.93	31.01
收到的税费返还	—	—	—	—
收到其他与经营活动有关的现金	3 960 899 219.57	2 682 629 520.44	1 278 269 699.13	47.65
经营活动现金流入小计	11 635 717 753.65	8 540 961 299.91	3 094 756 453.74	36.23
购买商品、接受劳务支付的现金	3 960 121 829.14	6 093 617 101.42	– 2 133 495 272.28	– 35.01
支付给职工以及为职工支付的现金	311 239 704.31	278 414 925.97	32 824 778.34	11.79
支付的各项税费	1 191 290 756.30	1 154 451 226.76	36 839 529.54	3.19
支付其他与经营活动有关的现金	3 529 728 941.10	3 427 820 578.33	101 908 362.77	2.97

项　　目	2012 年	2011 年	增减额	增减（%）
经营活动现金流出小计	8 992 381 230.85	10 954 303 832.48	−1 961 922 601.63	−17.91
经营活动产生的现金流量净额	2 643 336 522.80	−2 413 342 532.57	5 056 679 055.37	−209.53
二、投资活动产生的现金流量				
收回投资收到的现金	352 978 552.88	634 081 127.74	−281 102 574.86	−44.33
取得投资收益收到的现金	11 934 811.54	164 065 751.65	−152 130 940.11	−92.73
处置固定资产、无形资产和其他长期资产收回的现金净额	207 759 780.00	2 916 436.86	204 843 343.14	7 023.75
处置子公司及其他营业单位收到的现金净额	—	—	0.00	0.00
收到其他与投资活动有关的现金	—	—	—	—
投资活动现金流入小计	572 673 144.42	2 363 249 613.16	−1 790 576 468.74	−75.77
购建固定资产、无形资产和其他长期资产支付的现金	280 741 477.13	86 898 358.32	193 843 118.81	223.07
投资支付的现金	—	—	—	—
取得子公司及其他营业单位支付的现金净额	618 826 930.56	270 756 248.39	348 070 682.17	128.55
支付其他与投资活动有关的现金	36 115.79	1 425 542.53	−1 389 426.74	
投资活动现金流出小计	899 604 523.48	465 393 899.24	434 210 624.24	93.30
投资活动产生的现金流量净额	−326 931 379.06	1 897 855 713.92	−2 224 787 092.98	−117.23
三、筹资活动产生的现金流量				
吸收投资收到的现金	—	—	—	—
取得借款收到的现金	5 416 020 131.84	5 065 232 543.11	350 787 588.73	6.93

续表

项　目	2012 年	2011 年	增减额	增减（%）
收到其他与筹资活动有关的现金	119 600 000.00	0	119 600 000.00	—
筹资活动现金流入小计	5 535 620 131.84	5 515 102 922.11	20 517 209.73	0.37
偿还债务支付的现金	4 815 153 253.69	3 213 696 044.58	1 601 457 209.11	49.83
分配股利、利润或偿付利息支付的现金	963 087 243.51	573 486 653.67	389 600 589.84	67.94
支付其他与筹资活动有关的现金	57 361 694.00	214 531 136.00	−157 169 442.00	—
筹资活动现金流出小计	5 835 602 191.20	4 001 713 834.25	1 833 888 356.95	45.83
筹资活动产生的现金流量净额	−299 982 059.36	1 513 389 087.86	−1 813 371 147.22	−119.82
四、汇率变动对现金的影响				
五、现金及现金等价物净增加额				
期初现金及现金等价物余额	3 826 889 129.10	2 829 438 431.65	997 450 697.45	35.25
期末现金及现金等价物余额	5 843 304 756.13	3 826 889 129.10	2 016 415 627.03	52.69

（1）中粮地产本期比上期现金及现金等价物共增加 1 018 964 929.58 元。其中经营活动产生的现金流量较上年增加了 5 056 679 055.37 元，投资活动产生的现金流量较上年减少了 2 224 787 092.98 元，筹资活动产生的现金流量较上年减少了 1 813 371 147.22 元。

（2）经营活动给现金净流量比上年增加了 5 056 679 055.37 元，增长率为 −209.53%。经营活动现金流入同比增长主要是因为本期销售回款增加；经营活动现金流出小计同比增长是由于本期土地购置、工程投入、人工费用以及支付税费增加；经营活动产生的现金流量净额同比减少主要是因为本期土地购置投入增加较多。

（3）投资活动给现金净流量比上年减少了 2 224 787 092.98 元，增长率为 −117.23%。投资活动现金流入小计同比减少是因为本期处置子公司部分股权收到的现金少于上年同期。

（4）筹资活动给现金净流量比上年减少了 1 813 371 147.22 元。增长率为 −119.82%。筹资活动现金流入小计同比减少是由于取得分配股利、利润或偿付利息支付的现金、偿还债务支付的现金增加。

3. 现金流量表垂直分析（见表7-9）

表7-9　　　　　　　　　　现金流量垂直分析表　　　　　　　　单位：元

项　　目	2012 年	流入结构（%）	流出结构（%）	内部结构（%）
一、经营活动产生的现金流量				
销售商品、提供劳务收到的现金	7 674 818 534.08	43.25		65.96
收到的税费返还	—	—	—	—
收到其他与经营活动有关的现金	3 960 899 219.57	22.32	—	34.04
经营活动现金流入小计	11 635 717 753.65	65.58	—	100.00
购买商品、接受劳务支付的现金	3 960 121 829.14		25.18	44.04
支付给职工以及为职工支付的现金	311 239 704.31	—	1.98	3.46
支付的各项税费	1 191 290 756.30	—	7.57	13.25
支付其他与经营活动有关的现金	3 529 728 941.10	—	22.44	39.25
经营活动现金流出小计	8 992 381 230.85	—	57.18	100.00
经营活动产生的现金流量净额	2 643 336 522.80	—	—	—
二、投资活动产生的现金流量				
收回投资收到的现金	352 978 552.88	1.99	—	61.64
取得投资收益收到的现金	11 934 811.54	0.07	—	2.08
处置固定资产、无形资产和其他长期资产收回的现金净额	207 759 780.00	1.17	—	36.28
处置子公司及其他营业单位收到的现金净额	—	—	—	—
收到其他与投资活动有关的现金	—	—	—	—
投资活动现金流入小计	572 673 144.42	3.23	—	100.00
购建固定资产、无形资产和其他长期资产支付的现金	280 741 477.13	—	1.79	31.21
投资支付的现金	—	—	—	—
取得子公司及其他营业单位支付的现金净额	618 826 930.56	—	3.93	68.79
支付其他与投资活动有关的现金	36 115.79	—	0.00	0.00
投资活动现金流出小计	899 604 523.48	—	5.72	100.00
投资活动产生的现金流量净额	-326 931 379.06	—	—	—
三、筹资活动产生的现金流量				
吸收投资收到的现金	—	—	—	—

项　目	2012 年	流入结构（%）	流出结构（%）	内部结构（%）
取得借款收到的现金	5 416 020 131.84	30.52	—	97.84
收到其他与筹资活动有关的现金	119 600 000.00	0.67	—	2.16
筹资活动现金流入小计	5 535 620 131.84	31.20	—	100.00
偿还债务支付的现金	4 815 153 253.69	—	30.62	82.51
分配股利、利润或偿付利息支付的现金	963 087 243.51	—	6.12	16.50
支付其他与筹资活动有关的现金	57 361 694.00	—	0.36	0.98
筹资活动现金流出小计	5 835 602 191.20	—	37.10	100.00
筹资活动产生的现金流量净额	– 299 982 059.36	—	—	—
现金流入总额	17 744 011 029.91	100.00	—	—
现金流出总额	15 727 587 945.53	—	100.00	—
四、汇率变动对现金的影响				
五、现金及现金等价物净增加额				
期初现金及现金等价物余额	3 826 889 129.10	—	—	—
期末现金及现金等价物余额	5 843 304 756.13	—	—	—

（1）现金流入结构分析。中粮地产本期现金流入总额为 17 744 011 029.91 元，其中经营活动现金流入量、投资活动现金流入量、筹资活动现金流入量所占比重分别为 65.58%、3.23%、31.20%。可见企业的现金流入量主要是由经营活动产生的。经营活动现金流入量中销售商品、提供劳务收到的现金、投资活动现金流入量中收回投资收到的现金和筹资活动现金流入量中取得借款收到的现金分别占各类现金流量中的绝大部分。

总的来说，企业的现金流入量主要来自于经营活动现金流入量，其次是筹资活动现金流入量，投资活动现金流入量占的比例相当小。

（2）现金流入结构分析。中粮地产现金流出总额为 15 727 587 945.53 元，其中经营活动现金流出量、投资活动现金流出量、筹资活动现金流出量所占比重分别为 57.18%、5.72%、37.10%。可见企业的现金流出量主要是由经营活动产生的。经营活动现金流出量中购买商品、接受劳务支付的现金和支付其他与经营活动有关的现金支出，投资活动现金流出量中购建固定资产、无形资产和其他长期资产支付的现金和筹资活动现金流出量中偿还债务支付的现金分别占各类现金流量中的绝大部分。

总的来说，企业的现金流出量主要来自于经营活动现金流出量，其次是筹资活动现金流出量，投资活动现金流出量占的比例相当小。由此可见，企业的大部分现金来自于经营活动现金，说明企业在正常营业，而不是靠大量投资获得现金流。

第八章

浙江广厦

【章节链接】

本案例主要是针对第四章财务分析基本方法的练习。

第一节 相关资料及问题分析

一、相关资料

浙江广厦股份有限公司（以下简称公司或本公司）系经浙江省股份制试点协调小组浙股〔1992〕55号文批准设立的股份有限公司，于1993年7月13日在浙江省工商行政管理局登记注册，取得注册号为330000000003357的《企业法人营业执照》。现有注册资本871 789 092.00元折股份总数871 789 092股（每股面值1元）其中已流通股份306 633 600股，有限制条件的流通股份565 155 492股。公司股票已于1997年4月15日在上海证券交易所挂牌交易。公司法人代表张汉文，也是公司董事长。截至2014年12月31日，公司总资产达94.1亿元，净资产20.1亿元。公司现第一大股东为广厦控股集团有限公司，持有该公司股份占公司总股本的38.66%。

公司主要从事房地产投资、实业投资、房地产中介代理、园林、绿化、市政、幕墙、智能化、装修装饰、照明工程的施工，建筑材料、建筑机械的制造、销售，有色金属销售，水电开发，会展服务，相关财务报告见表8-1至表8-5。①

---

① 本章中表格数据根据搜狐证券2008~2014年财务报告相关资料整理而得。

资料一：

表 8 – 1   浙江广厦资产负债表   单位：亿元

报表项目	2014 – 12 – 31	2013 – 12 – 31	2012 – 12 – 31	2011 – 12 – 31	2010 – 12 – 31
资产：货币资金	2.55	2.20	6.15	4.23	10.6
应收账款	0.3376	0.1039	0.0715	0.0712	0.0345
其他应收款	2.14	1.87	2.06	2.71	0.7790
存货	75.5	83.8	66.9	61.6	55.9
流动资产合计	82.4	91.7	84.5	75.9	69.6
长期股权投资	1.77	1.78	1.74	3.71	3.50
累计折旧	0.1541	0.1690	0.1855	0.2017	0.1993
固定资产	2.64	4.86	4.53	4.70	4.81
无形资产	0.1083	0.6065	0.6279	0.6490	0.6678
资产总计	94.1	102	94.5	86.0	79.6
负债：应付账款	3.14	6.02	6.67	7.47	4.47
预收账款	15.5	21.3	16.3	13.0	13.8
存货跌价准备	—	0.7300	0.7024	0.5079	0.0118
流动负债合计	63.4	57.5	59.4	50.7	48.4
长期负债合计	10.6	25.8	13.7	10.3	10.4
负债合计	74.0	83.3	73.1	61.1	58.8
权益：实收资本（或股本）	8.72	8.72	8.72	8.72	8.72
资本公积金	0.2622	0.2793	0.2793	0.3260	0.2930
盈余公积金	1.68	1.37	1.41	1.66	1.50
股东权益合计	20.1	18.3	21.3	24.9	20.8

表 8 – 2   浙江广厦利润表   单位：亿元

利润表	2014 – 12 – 31	2013 – 12 – 31	2012 – 12 – 31	2011 – 12 – 31	2010 – 12 – 31
营业收入	17.6	19.2	15.2	18.1	22.4
营业成本	13.5	11.2	8.71	11.1	15.5
销售费用	0.9494	0.9056	0.8527	0.8722	0.6917
财务费用	2.76	2.69	2.59	2.19	1.15
管理费用	1.14	1.18	1.16	1.23	1.06
资产减值损失	0.1170	0.4751	0.3555	0.4713	0.1193
投资收益	0.5400	0.4606	0.4583	0.3020	0.2480

续表

利润表	2014 – 12 – 31	2013 – 12 – 31	2012 – 12 – 31	2011 – 12 – 31	2010 – 12 – 31
营业利润	2.69	1.65	1.07	4.04	2.57
利润总额	2.73	1.56	1.08	3.85	2.40
所得税	0.5740	0.1060	0.7309	0.8281	0.1110
归属母公司所有者净利润	2.12	0.5577	0.5732	2.86	1.28

表8 – 3　　　　　　　　　　浙江广厦现金流量表　　　　　　　　　　单位：元

项　　目	期末数	期初数
一、经营活动产生的现金流量		
销售商品、提供劳务收到的现金	1 500 042 434.77	2 455 582 322.05
收到的税费返还	285 174.71	—
收到的其他与经营活动有关的现金	44 945 291.32	53 382 728.68
经营活动现金流入小计	1 545 272 900.80	2 508 965 050.73
购买商品、接受劳务支付的现金	1 583 226 091.98	1 836 931 994.74
支付给职工以及为职工支付的现金	72 244 292.16	81 859 257.23
支付的各项税费	280 947 731.30	306 752 514.36
支付的其他与经营活动有关的现金	129 420 816.88	147 760 782.23
经营活动现金流出小计	2 065 838 932.32	2 373 304 548.56
经营活动产生的现金流量净额	– 520 566 031.52	135 660 502.17
二、投资活动产生的现金流量		
收回投资所收到的现金	252 821 917.81	192 178 082.19
取得投资收益所收到的现金	2 360 000	42 380 000
处置固定资产、无形资产和其他长期资产所收回的现金净额	90 100	127 000
处置子公司及其他营业单位收到的现金净额	349 337 022.12	0
收到的其他与投资活动有关的现金	66 229 668.96	4 954 438.50
投资活动现金流入小计	670 836 828.88	239 636 978.76
购建固定资产、无形资产和其他长期资产所支付的现金	3 839 635.61	14 316 902.01
投资所支付的现金	15 650 000.00	925 100 000.00
取得子公司及其他营业单位支付的现金净额	0	0
支付的其他与投资活动有关的现金	33 862 512.74	0
投资活动现金流出小计	53 352 148.35	939 416 902.01

续表

项　　目	期末数	期初数
投资活动产生的现金流量净额	617 484 680.53	−699 779 923.2
三、筹资活动产生的现金流量		
吸收投资收到的现金	0	250 000.00
其中：子公司吸收少数股东投资收到的现金	0	250 000.00
取得借款收到的现金	2 735 380 000.00	3 789 300 000.00
收到其他与筹资活动有关的现金	945 775 636.04	752 357 716.24
筹资活动现金流入小计	3 681 155 636.04	4 541 907 716.24
偿还债务支付的现金	2 830 080 000.00	2 679 350 000.00
分配股利、利润或偿付利息所支付的现金	589 084 928.93	515 989 592.50
支付其他与筹资活动有关的现金	300 488 361.16	779 511 003.12
筹资活动现金流出小计	3 719 653 290.09	3 974 850 595.62
筹资活动产生的现金流量净额	−38 497 654.05	567 057 120.62
四、汇率变动对现金及现金等价物的影响	−5 277.53	259.77
五、现金及现金等价物净增加额	58 415 717.43	2 937 959.31
加：期初现金及现金等价物余额	196 111 436.14	193 173 476.83
六、期末现金及现金等价物余额	254 527 153.57	196 111 436.14

资料二：

表 8－4　　　　　　　　　　　　总体结构分析　　　　　　　　　　　单位：亿元

	2014 年	2013 年	2012 年	2011 年	2010 年
资产	94.1	102	94.5	86.0	79.6
负债	74.0	83.3	73.1	61.1	58.8
所有者权益	20.1	18.7	21.4	24.9	20.8
负债比重（%）	78.64	81.67	77.35	71.05	73.87

表 8－5　　　营业收入、净利润、经营活动产生的现金流量净额、总资产规模表　　　单位：元

会计年度	2012 年度	2011 年度	2010 年度	2009 年度	2008 年度
营业收入	13 415 365 897.65	9 501 697 850.13	6 527 176 271.09	3 289 012 366.16	2 028 796 309.12
净利润	2 165 784 830.73	1 528 452 667.89	1 022 491 867.46	609 449 073.81	370 666 612.72

会计年度	2012 年度	2011 年度	2010 年度	2009 年度	2008 年度
经营活动产生的现金流量净额	− 1 202 731 785.92	− 498 312 251.33	− 1 933 849 113.39	257 992 248.42	− 220 793 739.54
总资产规模	40 482 887 005.56	28 171 191 463.32	21 254 343 105.82	13 651 701 707.63	6 530 301 153.02

二、问题要求

1. 根据相关资料和资料一、资料二利用图解法完成下列要求

（1）根据表 8 - 4 利用图解法中的结构图解法完成负债和所有者权益的总体结构图并分析。

（2）根据表 8 - 4 利用图解法中的趋势图解法完成负债比重的趋势分析图并分析。

（3）根据表 8 - 5 利用图解法中的对比图解法完成营业收入、净利润、经营活动产生的现金流量净额、总资产规模的对比分析图并分析。

2. 根据相关资料和资料一利用比率分析法计算相关指标并分析

（1）偿债能力指标计算并分析，包括流动比率、速动比率、资产负债率。

（2）营运能力指标计算并分析，包括应收账款周转率、存货周转率、总资产周转率。

（3）盈利能力指标计算并分析，包括销售毛利润、销售净利润、总资产报酬率和净资产收益率。

3. 根据相关资料和资料一利用趋势分析法中的纵向比较分析来分析浙江广厦资产负债表、利润表和现金流量表

（1）编制结构百分比资产负债表并分析。

（2）编制结构百分比利润表并分析。

（3）编制结构百分比现金流量表并分析。

第二节　参考答案

一、图解法

（一）结构图解法（见图8－1）

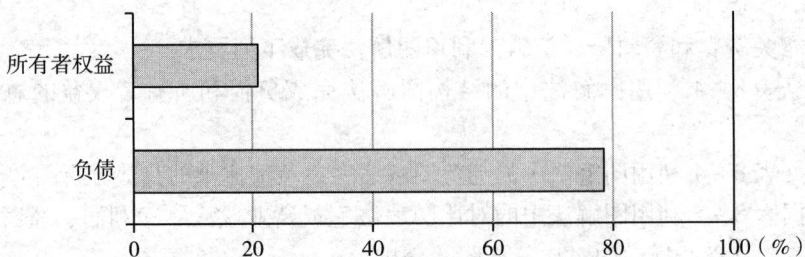

图8－1　负债和所有者权益的总体结构图

从浙江广厦2014年资产负债表结构表可以看出，浙江广厦的资产从2010年到2013年是逐年增加的，2013年达到102亿元，而2014年总资产为94.1亿元，同比减少了7.9亿元；公司负债和资产保持同样的步骤，从2010年开始逐年增加到2013年达到83.3亿元，2014年相比2013年减少9.3亿元，资产负债率有所降低。

公司资产减少，从资产负债表可以看到，公司存货在2014年相比2013年减少了7.8亿元，同时，考虑到2014年负债同比2013年减少了9.3亿元，其中包括预收账款从2013年的21.3亿元降到2014年的15.5亿元，减少了5.8亿元，长期负债也从2013年的25.8亿元降到2014年的15.6亿元，综合房地产公司的预收账款的销售模式，可知公司业绩并无大的波动。

（二）趋势图解法（见图8－2）

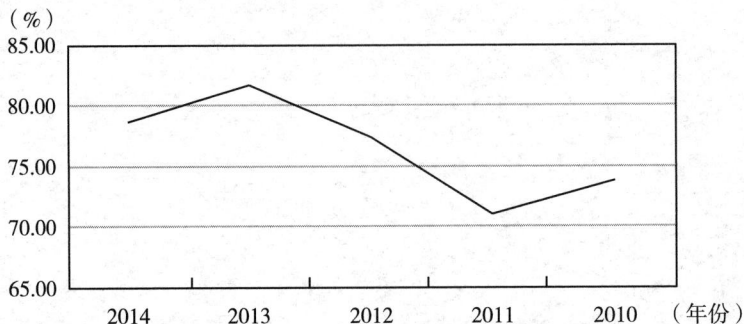

图8－2　负债比重趋势分析图

公司负债的比重总体呈上升的趋势，从 2010 年到 2011 年虽然有所下降，但随即 2012 年又上升，2013 年负债比重达到最大，与 2013 年相比 2014 年又稍微下降，说明资产负债率有所降低。

（三）对比图解法（见图 8-3）

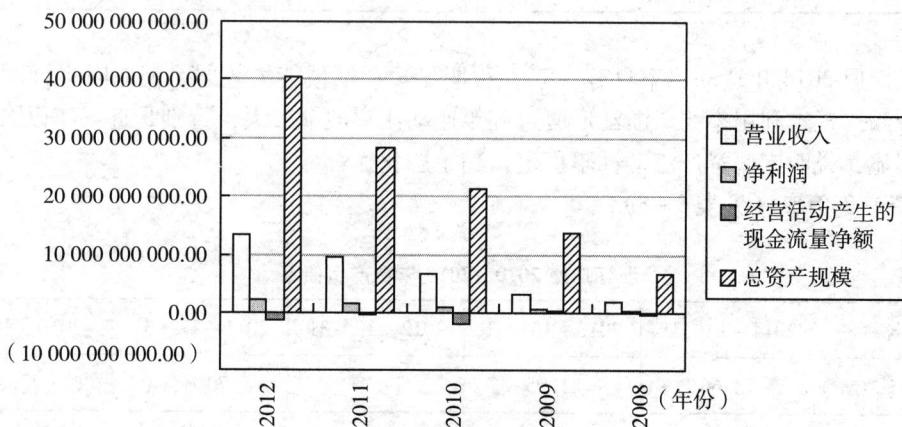

图 8-3　对比图解法

增产增收的同时，资产增加，且资产增加幅度大于增产增收的幅度，表明企业资产利用效率下降，资产增加不合理。由于资产大幅度增加，不过营业收入、利润和经营活动现金流增加的幅度比较小，资产增加不合理或者说没有效率，广厦应该注意这方面。

二、比率分析法

（一）偿债能力相关指标计算与分析。

1. 流动比率（见表 8-6）

表 8-6　　　　　　　　浙江广厦 2010~2014 年流动比率

指标名称	2014-12-31	2013-12-31	2012-12-31	2011-12-31	2010-12-31
流动比率	1.30	1.60	1.42	1.52	1.44

浙江广厦 2014 年的流动比率为 1.30，较 2013 年明显降低，居于五年来的最低值，企业资产流动性降低。企业偿还债务、抵御财务风险能力降低，但同时也说明广厦短期资本利用率较 2013 年有所上升，加大了资本利用率。

2. 速动比率（见表8-7）

指标名称	2014-12-31	2013-12-31	2012-12-31	2011-12-31	2010-12-31
速动比率	0.11	0.14	0.30	0.29	0.28

浙江广厦2014年速动比率只有0.11，很明显短期偿债能力较弱，但同时也说明广厦投资负荷较满，资本利用率高。浙江广厦近五年速动比率波动较大，特别是近三年以来，下降趋势很明显，说明广厦资产流动性不稳定，趋于恶化。

3. 资产负债率（见表8-8）

指标名称	2014-12-31	2013-12-31	2012-12-31	2011-12-31	2010-12-31
资产负债率（%）	78.66	81.95	77.41	70.36	73.88

2014年浙江广厦资产负债率78.66%，特别是最近三年，资产负债率居高不下。

综上所述，浙江广厦最近几年来资产负债率高，负债结构主要以流动负债为主，流动负债率（流动负债与总资产的比）上升了24%，其中主要是由于一年内到期的非流动负债引起的。公司的偿债能力指标都很不理想，即使考虑到房地产行业的特殊性，负债率较高，但是相比行业龙头万科、保利地产，它的负债规模存在极大的财务风险：流动负债过高，长期负债低，同时由于国家宏观调控银行银根紧缩，公司资金链紧张。

（二）营运能力相关指标计算和分析

1. 应收账款周转率（见表8-9）

指标名称	2014-12-31	2013-12-31	2012-12-31	2011-12-31	2010-12-31
应收账款周转率	79.65	219.5	213	342.86	493.15

浙江广厦2010~2014年应收账款周转率下降很明显，从2010年的493下降到2014年的79.65，说明公司2014年调整了收账政策，在应收账款管理上改变了方针，可能会影响到公司资金周转和偿债能力。浙江广厦2010~2014年应收账款周转率逐年下降，说明企业的收账政策有一个综合的调整过程，总体趋于理性。

2. 存货周转率（见表 8 – 10）

表 8 – 10 　　　　　　　　　　浙江广厦 2010～2014 年存货周转率

指标名称	2014 – 12 – 31	2013 – 12 – 31	2012 – 12 – 31	2011 – 12 – 31	2010 – 12 – 31
存货周转率	5.88	6.73	7.26	5.21	3.57

　　公司 2010～2014 年来的存货周转率逐年下降，说明公司近年来存货较往年有所积压。从现金流量表中也能看出来，公司的销售收入较 2013 年下降了 10 亿元，一方面，与国家的政策有关，限制房地产行业，另一方面，消费者趋于理性，这些，都可能造成了公司存货积压问题。

3. 总资产周转率（见表 8 – 11）

表 8 – 11 　　　　　　　　　　浙江广厦 2010～2014 年总资产周转率

指标名称	2014 – 12 – 31	2013 – 12 – 31	2012 – 12 – 31	2011 – 12 – 31	2010 – 12 – 31
总资产周转率（次）	0.18	0.20	0.17	0.22	0.27

　　浙江广厦 2010～2014 年来总资产周转率相比同行，很明显偏低。说明企业利用全部资产进行经营的效果较差，造成资金浪费，影响企业的盈利能力。浙江广厦 2012～2014 年总资产周转率一直不高，说明企业在全部资产的使用效率上有很大的浪费。

　　综上，较同行而言，浙江广厦应收账款周转率偏高，保证了公司的资金回收速度，但是一定程度上影响了公司的销售量的扩大，营运能力差。

（三）盈利能力分析

1. 销售毛利率（见表 8 – 12）

表 8 – 12 　　　　　　　　　　浙江广厦 2010～2014 年销售毛利率

指标名称	2014 – 12 – 31	2013 – 12 – 31	2012 – 12 – 31	2011 – 12 – 31	2010 – 12 – 31
销售毛利率（%）	22.99	41.74	42.71	38.87	30.82

　　公司 2012 年来一直维持较高的销售毛利率，2014 年出现大幅下降，从 2013 年的 41.74%下降到 2014 年的 22.99%，主要是因为营业成本的增加，其中影响最大的是资产减值损失，增幅达到 145%。

2. 销售净利率（见表 8 – 13）

表 8 – 13 　　　　　　　　　　浙江广厦 2010～2014 年销售净利率

指标名称	2014 – 12 – 31	2013 – 12 – 31	2012 – 12 – 31	2011 – 12 – 31	2010 – 12 – 31
销售净利率（%）	12.28	2.62	2.28	15.70	5.75

浙江广厦2014年销售净利率是12.28%，较2013年有大幅度提高，但是公司2014年的实际情况是：销售收入下降、销售成本增加，主要利润来源与处置子公司的投资收益。说明企业盈利能力低，盈利水平不稳定。

3. 总资产报酬率（见表8-14）

表8-14　　　　　　　　　　浙江广厦2010~2014年总资产报酬率

指标名称	2014-12-31	2013-12-31	2012-12-31	2011-12-31	2010-12-31
总资产报酬率（%）	2.21	0.51	0.39	3.49	1.56

浙江广厦2014年总资产报酬率为2.21%，远高于2013年和2012年，盈利能力有所上升。但是相比同行业保利地产和万科股份一直维持的总资产报酬率4%以上，浙江广厦的总资产报酬率明显不具有竞争力，资产运作效果较差。

4. 净资产收益率（见表8-15）

表8-15　　　　　　　　　　浙江广厦2010~2014年净资产收益率

指标名称	2014-12-31	2013-12-31	2012-12-31	2011-12-31	2010-12-31
净资产收益率（%）	10.58	3.05	3.13	12.42	6.20

浙江广厦2014年净资产收益率为10.58%，较2013和2012年有明显上升。但是相比保利地产和万科股份的净资产收益率20%，明显不是同一个级别，企业盈利能力较弱。

三、趋势分析法——纵向比较法

（一）资产负债表

1. 总体结构分析（见表8-16）

表8-16　　　　　　　浙江广厦2013~2014年资产总体结构表　　　　　单位：元

报表项目	2014年	2013年	2014年（%）	2013年（%）
流动资产	956 460 844.72	574 383 747.06	21.79	14.43
非流动资产	3 432 060 758.05	3 407 169 228.72	78.21	85.57
流动负债	2 866 936 917.29	1 967 695 614.18	65.33	49.42
非流动负债	1 056 703 492.66	760 000 000.00	13.31	19.09

　　2014 年浙江广厦流动资产为 9.56 亿元，占总资产的 21.79%，2013 年流动资产为 5.74 亿元，占总资产的 14.43%。2014 年非流动资产为 34.32 亿元，占总资产的 78.21%，2013 年非流动资产为 34.07 亿元，占总资产的 85.57%。2014 年流动负债为 28.67 亿元，占总资产的 65.33%，2013 年流动负债为 19.68 亿元，占总资产的 49.42%。2014 年非流动负债为 10.57 亿元，2013 年为 7.6 亿元，占总资产的 19.09%。

2. 资产结构分析（见表 8 – 17）

表 8 – 17　　　　　　　　　　浙江广厦 2010 ~ 2014 年资产负债表结构表　　　　　　　　　单位：元

项　　目	期末数（2014 年）	期初数（2013 年）	期末比例（%）	期初比例（%）
流动资产：				
货币资金	254 737 153.57	219 604 489.02	2.71	2.16
应收账款	33 757 825.50	10 388 135.10	0.36	0.10
预付款项	83 896 002.97	55 134 427.95	0.90	0.54
其他应收款	213 809 310.94	186 950 431.66	2.27	1.84
其他流动资产	112 013 949.43	316 037 715.60	1.20	3.11
流动资产合计	8 243 666 475.71	9 169 987 744.09	87.65	90.23
非流动资产：				
长期股权投资	177 009 937.53	177 843 537.27	1.89	1.75
固定资产原值	264 190 554.26	485 506 163.74	2.81	4.78
无形资产	10 832 731.46	60 645 254.63	0.12	0.60
商誉	443 616 016.60	0	4.72	0.00
长期待摊费用	17 673 453.96	30 175 001.14	0.19	0.30
递延所得税资产	55 243 133.93	44 569 780.61	0.59	0.44
非流动资产合计	1 161 616 987.74	992 672 897.39	12.35	9.77
资产总计	9 405 283 463.45	10 162 660 641.48	100.00	100.00
流动负债：				
短期借款	1 115 000 000.00	1 441 000 000.00	11.86	14.18
应付票据	0	0	—	0.00
应付账款	313 695 529.66	602 475 308.96	3.34	5.93
预收款项	1 553 725 116.91	2 132 064 874.90	16.52	20.98

续表

项　　目	期末数（2014 年）	期初数（2013 年）	期末比例（%）	期初比例（%）
应付职工薪酬	3 571 833.21	8 140 527.42	0.04	0.08
应交税费	234 641 776.77	285 514 619.26	2.49	2.81
应付利息	15 596 119.66	15 596 119.66	0.17	0.15
应付股利	3 445 229.64	8 445 229.64	0.04	0.08
其他应付款	953 227 704.32	567 016 588.99	10.14	5.58
一年内到期的非流动负债	2 148 300 000.00	682 000 000.00	22.84	6.71
流动负债合计	6 341 203 310.17	5 745 346 186.96	67.42	43.43
非流动负债：				
长期借款	1 013 300 000.00	2 578 300 000.00	10.77	25.37
应付债券	39 401 775.89	0	0.42	0
预计负债	—	1 021 318.94	—	0.01
非流动负债合计	1 056 703 492.66	2 583 323 035.71	11.24	25.42
负债合计	7 397 906 802.83	8 328 669 222.67	78.66	81.95
所有者权益：				
股本	871 789 092.00	871 789 092.00	9.27	8.58
资本公积	26 224 186.51	27 926 280.18	0.28	0.27
盈余公积	167 586 056.66	137 326 167.90	1.78	1.35
未分配利润	937 910 958.49	791 034 409.72	9.97	7.78
少数股东权益	3 866 366.96	5 915 469.01	0.04	0.06
所有者权益（或股东权益）合计	2 007 376 660.62	1 833 991 418.81	21.34	18.05
负债和所有者权益总计	9 405 283 463.45	10 162 660 641.48	100.00	100.00

（1）从浙江广厦资产负债表结构表可以看出，浙江广厦股份有限公司 2014 年年末资产总量为 94.1 亿元，流动资产占总资产比重为 87.65%，商誉占总资产比重为 4.72%，借此可了解其流动资产总量如下：

2014 年年末流动资产额 =9 405 283 463.45 × 87.65% =8 243 730 955.71（元），由此可见浙江广厦 2014 年流动资产占总资产比重大，但是我们考虑到一个问题，作为房地产公司，存货是开发的房产，很难在短时间内付现，因此公司资产的流动性较差。

（2）浙江广厦的总资产中，流动资产所占的比例 2014 年比 2013 年有所下降，从 90.23% 减少为 87.65%，下降了 2.58%。其中其他流动资产的降幅最大，由 2014 年的 3.11% 下降到 2011 年的 1.20%，其他的款项反而略有增加。这说明从整体看企业资产的流动性有所减弱，但是从流动资产内部结构来分析，货币资金比重的上升会提高企业的即期支付能力；而其他应收款的增加则说明企业发生坏账损失的可能性也随之上升。

3. 负债结构分析（见表 8－18）

表 8－18　　　　　　　　　　浙江广厦 2010～2014 年负债结构表　　　　　　　　　单位：元

项　　目	期末数（2014 年）	期初数（2013 年）	期末比例（%）	期初比例（%）
流动负债：				
短期借款	1 115 000 000.00	1 441 000 000.00	11.86	14.18
应付票据	0	0	—	0.00
应付账款	313 695 529.66	602 475 308.96	3.34	5.93
预收款项	1 553 725 116.91	2 132 064 874.90	16.52	20.98
应付职工薪酬	3 571 833.21	8 140 527.42	0.04	0.08
应交税费	234 641 776.77	285 514 619.26	2.49	2.81
应付利息	15 596 119.66	15 596 119.66	0.17	0.15
应付股利	3 445 229.64	8 445 229.64	0.04	0.08
其他应付款	953 227 704.32	567 016 588.99	10.14	5.58
一年内到期的非流动负债	2 148 300 000.00	682 000 000.00	22.84	6.71
流动负债合计	6 341 203 310.17	5 745 346 186.96	67.42	43.43
非流动负债：				
长期借款	1 013 300 000.00	2 578 300 000.00	10.77	25.37
应付债券	39 401 775.89	0	0.42	0
预计负债	—	1 021 318.94	—	0.01
非流动负债合计	1 056 703 492.66	2 583 323 035.71	11.24	25.42
负债合计	7 397 906 802.83	8 328 669 222.67	78.66	81.95

从表 8－18 可以看出，浙江广厦的资本构成中，资产负债率从 2013 年的 81.95% 下降到 2014 年的 78.66%，这说明企业在资本来源上更趋向于所有者筹资，企业的财务杠杆作用下降，财务风险也在下降，基本保持在一个较为合理的范围内。在负债的内部结构上，企业的

流动负债比率大幅度上升，主要是一年内到期的流动负债的增加；企业非流动负债比率大幅下降，主要是长期借款的偿还。由此可见企业的流动性要求不是很高。

（二）利润表（见表8-19）

表8-19　　　　　　　　浙江广厦2010~2014年利润表结构表　　　　　　　单位：元

项　目	期末数（2014年）	期初数（2013年）	期末比例（%）	期初比例（%）
一、营业总收入	1 759 151 680.54	1 920 829 564.18	100.00	100.00
二、营业成本	2 029 384 068.87	1 802 124 113.53	115.36	93.82
营业税金及附加	73 490 855.51	158 133 031.66	4.18	8.23
销售费用	94 943 460.07	90 563 885.83	5.40	4.71
管理费用	113 723 108.74	118 270 030.85	6.46	6.16
财务费用	276 074 872.00	268 592 039.53	15.69	13.98
资产减值损失	116 514 783.50	47 506 161.60	6.62	2.47
公允价值变动收益	0	0	0.00	0.00
投资收益	539 565 913.16	46 062 855.02	30.67	2.40
其中：对联营企业和合营企业的投资收益	- 833 599.74	3 725 341.95	—	0.19
三、营业利润	269 333 524.83	164 768 305.67	15.31	8.58
营业外收入	10 330 750.66	1 074 538.34	0.59	0.06
营业外支出	6 325 421.91	9 543 077.77	0.40	0.50
非流动资产处置损失	73 063.23	55 186.19	0.004	0.003
利润总额	273 338 853.58	156 299 766.24	15.54	8.14
所得税费用	57 398 891.20	106 019 239.50	3.26	5.52
四、净利润	215 939 962.38	50 280 526.74	12.28	2.62

从浙江广厦2014年利润结构表可以看出浙江广厦股份2014年度各项财务成果的构成情况。2014年营业利润占营业收入的比例为15.31%，而2013年是8.58%，上升了6.73%；利润总额占营业收入的比例2014年是15.54%，2013年是8.14%，上升了7.40%；净利润占营业收入的比例2014年为12.28%，2013年是2.62%，上升了9.66%。总的来说，浙江广厦的盈利能力在上升各项财务成果都在上升。原因是投资收益的增加、营业外支出的减少和营业税金、所得税的减少。

（三）现金流量表分析

1. 现金流入结构分析（见表8-20）

表8-20　　　　现金流入结构表（2014年12月31日）　　　单位：元

项　目		金　额	比例（%）
经营活动现金流入量		1 545 272 900.80	26.20
其中	销售商品得到的现金	1 500 042 434.77	25.44
	收到的税费返还	285 174.71	0.005
	收到的其他与经营活动有关的现金	44 945 291.32	0.76
投资活动现金流入量		670 836 828.88	11.38
筹资活动现金流入量		3 681 155 636.04	62.42
合计		5 897 265 365.72	100.00

从现金流入结构表可看出，浙江广厦2014年共取得现金流入58.97亿元，其中26.2%是经营活动所产生的现金流入，11.38%是投资活动所产生的现金流入，筹资活动产生的现金流入占现金流入的62.42%，说明企业的现金来源主要是筹资活动和经营活动，两者之和达到了88.62%。这也是和房地产企业的模式相适应的，依靠债务性资本完成开发回笼资本。

2. 现金流出结构分析（见表8-21）

表8-21　　　　现金流出结构表（2014年12月31日）　　　单位：元

项　目		金　额	比例（%）
经营活动现金流出量		2 065 838 932.32	35.38
其中	购买商品	1 583 226 091.98	27.12
	支付人工	72 244 292.16	1.24
	支付税费	280 947 731.30	4.81
	支付的其他与经营活动有关的现金	129 420 816.88	2.22
投资活动现金流出量		53 352 148.35	0.91
其中	购建固定资产、无形资产和其他长期资产所支付的现金	3 839 635.61	0.07
	投资所支付的现金	15 650 000.00	0.27
	支付的其他与投资活动有关的现金	33 862 512.74	0.58

续表

项 目		金 额	比例（%）
筹资活动现金流出量		3 719 653 290.09	63.71
其中	偿还债务支付的现金	2 830 080 000.00	48.50
	分配股利、利润或偿付利息所支付的现金	589 084 928.93	10.09
	支付其他与筹资活动有关的现金	300 488 361.16	5.15
合计		5 838 844 370.76	100

从现金流出结构表中可看出浙江广厦 2014 年现金流出 58.39 亿元，其中经营活动现金流出占 35.38%，投资活动现金流出占 0.91%，筹资活动现金流出占 63.71%，也就是说当年现金的使用绝大部分用于筹资活动，其中偿还债务占 48.5%，分配股利、利润和偿付利息占 10.09%（2014 年分红政策为每 10 股派 0.75 元）。经营活动中购买商品占 27.12%，是经营活动的主要现金支出，支付人工仅占 1.24%，支付税费为 4.81%。投资活动中固定资产投资占 0.07%，支付其他与投资活动有关的现金占 0.58%。

3. 现金流量净额结构分析（见表 8－22）

表 8－22　　　　　　　　现金净流量结构表（2014 年 12 月 31 日）　　　　　　单位：元

项 目	现金净额	比例（%）
经营活动产生的现金流量净额	－ 520 566 031.52	－ 891.06
投资活动产生的现金流量净额	617 484 680.53	1 056.96
筹资活动产生的现金流量净额	－ 38 497 654.05	－ 65.90
现金及现金等价物净增加额	58 420 994.96	100.00

从现金净流量结构表可以看出，企业当年现金净流量 5 842 万元，其中经营活动取得现金净流量 － 5.2 亿元，是全部现金净流量的 － 891.06%；投资活动现金净流量 6.17 亿元，为全部现金净流量的 1 056.96%；筹资活动现金净流量为 － 3 850 万元，相当于全部现金净流量的 － 65.9%。最终，浙江广厦在 2014 年现金净增加 5 842 万元，是由于投资活动产生的现金净流入量大于经营活动和筹资活动现金净流出量所造成的。

4. 现金流量综合结构分析（见表 8－23）

表 8－23　　　　　　　　现金流量综合结构表（2014 年 12 月 31 日）　　　　　　单位：元

项 目	金 额	占现金流入（%）
经营活动现金流入	1 545 272 900.80	26.20
投资活动现金流入	670 836 828.88	11.38
筹资活动现金流入	3 681 155 636.04	62.42
现金流入合计	5 897 265 366	100.00

续表

项　目	金　额	占现金流入（%）
经营活动现金流出	2 065 838 932.32	35.03
投资活动现金流出	53 352 148.35	0.9
筹资活动现金流出	3 719 653 290.09	63.07
现金流出合计	5 838 844 371	99.9
经营活动产生的现金流量	−520 566 031.52	−8.83
投资活动产生的现金流量	617 484 680.53	10.47
筹资活动产生的现金流量	−38 497 654.05	−0.65
现金净流量合计	58 420 994.96	1

从现金流量综合结构表可以看出，浙江广厦 2014 年现金流入总量为 58.97 亿元，其中 26.20% 是经营活动产生的现金流入量，经营活动现金流出占总流入的 35.3%；投资活动现金流入占总流入的 11.38%，投资活动现金流出占总流入的 0.9%；筹资活动现金流入占总流入的 62.42%，筹资活动现金流出占总流入的 63.07%；最终导致现金净流量占现金总流入的 1%。现金流入与现金流出相比，流入大于流出是导致企业现金净流入 5 842 万元的原因。

第九章

万科 A

【章节链接】

本案例主要是针对第五章财务报表指标分析的练习。①

第一节　相关资料及问题分析

一、相关资料

万科企业股份有限公司（股票代码：000002），成立于 1984 年 5 月，是股市里的代表性地产蓝筹股。2010 年公司完成新开工面积 1 248 万平方米，实现销售面积 897.7 万平方米，销售金额 1 081.6 亿元。这意味着，万科率先成为全国第一个年销售额超千亿的房地产公司。这个数字，是一个让同行眼红、让外行震惊的数字，相当于美国四大住宅公司高峰时的总和。在企业领导人王石的带领下，万科通过专注于住宅开发行业，建立起内部完善的制度体系，组建专业化团队，树立专业品牌，以所谓"万科化"的企业文化（一、简单不复杂；二、规范不权谋；三、透明不黑箱；四、责任不放任）享誉业内。相关资料见表 9 - 1 至表 9 - 3。

---

① 本章表格数据均根据腾讯证券万科 A2008～2012 年财务报告相关资料整理而成。

会计年度	2012/12/31	2011/12/31	2010/12/31	2009/12/31	2008/12/31
货币资金	52 291 542 055.49	34 239 514 295.08	37 816 932 911.84	23 001 923 830.80	19 978 285 929.92
交易性金融资产	—	—	—	740 470.77	—
应收票据	—	—	—	—	—
应收账款	1 886 548 523.49	1 514 813 781.10	1 594 024 561.07	713 191 906.14	922 774 844.24
预付款项	33 373 611 935.08	20 116 219 043.31	17 838 003 464.71	8 736 319 500.73	3 160 518 998.56
其他应收款	20 057 921 836.24	18 440 614 166.54	14 938 313 217.77	7 785 809 435.41	3 496 096 906.25
应收关联公司款	—	—	—	—	—
应收利息	—	—	—	—	—
应收股利	—	—	—	—	—
存货	255 164 112 985.07	208 335 493 569.16	133 333 458 045.93	90 085 294 305.52	85 898 696 524.95
其中：消耗性生物资产	—	—	—	—	—
一年内到期的非流动资产	—	—	—	—	—
其他流动资产	—	—	—	—	—
流动资产合计	362 773 737 335.37	282 646 654 855.19	205 520 732 201.32	130 323 279 449.37	113 456 373 203.92
可供出售金融资产	4 763 600.00	441 261 570.00	404 763 600.00	163 629 472.66	167 417 894.55
持有至到期投资	—	—	—	—	—
长期应收款	—	—	—	—	—
长期股权投资	7 040 306 464.29	6 426 494 499.65	4 493 751 631.16	3 565 383 001.51	2 485 725 268.99
投资性房地产	2 375 228 355.79	1 126 105 451.00	129 176 195.26	228 143 157.99	198 394 767.05
固定资产	1 612 257 202.22	1 595 862 733.95	1 219 581 927.47	1 355 977 020.48	1 265 332 766.18
在建工程	1 051 118 825.93	705 552 593.56	764 282 140.58	593 208 234.13	188 587 022.90
工程物资	—	—	—	—	—
固定资产清理	—	—	—	—	—
生产性生物资产	—	—	—	—	—
油气资产	—	—	—	—	—
无形资产	426 846 899.52	435 474 310.08	373 951 887.29	81 966 325.94	—
开发支出	—	—	—	—	—
商誉	201 689 835.80	—	—	—	—
长期待摊费用	42 316 652.03	40 999 359.45	32 161 415.85	31 318 689.65	25 268 164.97

表 9-1　万科资产负债表　单位：元

续表

会计年度	2012/12/31	2011/12/31	2010/12/31	2009/12/31	2008/12/31
递延所得税资产	3 054 857 904.42	2 326 241 907.17	1 643 158 028.39	1 265 649 477.66	1 449 480 632.53
其他非流动资产	218 492 000.00	463 792 750.00	1 055 992 714.51	—	—
非流动资产合计	16 027 877 740.00	13 561 785 174.86	10 116 819 540.51	7 285 275 380.02	5 780 206 517.17
资产总计	378 801 615 075.37	296 208 440 030.05	215 637 551 741.83	137 608 554 829.39	119 236 579 721.09
短期借款	9 932 400 240.50	1 724 446 469.54	1 478 000 000.00	1 188 256 111.11	4 601 968 333.32
交易性金融负债	25 761 017.27	17 041 784.19	15 054 493.43	—	1 694 880.00
应付票据	4 977 131 435.22	31 250 000.41	—	30 000 000.00	—
应付账款	44 860 995 716.97	29 745 813 416.12	16 923 777 818.98	16 300 047 905.75	12 895 962 836.63
预收款项	131 023 977 530.61	111 101 718 105.82	74 405 197 318.78	31 734 801 163.76	23 945 755 139.85
应付职工薪酬	2 177 748 944.37	1 690 351 691.72	1 415 758 826.87	806 504 472.20	517 762 853.19
应交税费	4 515 588 914.24	4 078 618 156.81	3 165 476 401.56	1 176 877 640.28	-861 985 122.52
应付利息	649 687 938.74	272 298 785.58	127 806 502.79	122 643 721.10	219 884 034.75
应付股利	—	—	—	—	—
其他应付款	36 045 315 768.94	30 216 792 566.99	16 814 029 349.10	9 258 734 468.30	9 968 304 370.93
应付关联公司款					
一年内到期的非流动负债	25 624 959 204.23	21 845 829 338.08	15 305 690 786.98	7 440 414 366.78	13 264 374 576.45
其他流动负债					
流动负债合计	259 833 566 711.09	200 724 160 315.26	129 650 791 498.49	68 058 279 849.28	64 553 721 902.60
长期借款	36 036 070 366.26	20 971 961 953.04	24 790 499 290.50	17 502 798 297.11	9 174 120 094.83
应付债券	—	5 850 397 011.20	5 821 144 507.03	5 793 735 805.14	5 768 015 997.01
长期应付款	—	—	—	—	—
专项应付款	—	—	—	—	—
预计负债	44 292 267.15	38 677 896.70	41 107 323.15	34 355 814.95	41 729 468.03
递延所得税负债	733 812 757.71	778 906 118.75	738 993 358.99	802 464 465.02	867 797 927.60
其他非流动负债	15 677 985.06	11 798 188.07	8 816 121.26	8 408 143.82	12 644 849.82
非流动负债合计	36 829 853 376.18	27 651 741 167.76	31 400 560 600.93	24 141 762 526.04	15 864 308 337.29
负债合计	296 663 420 087.27	228 375 901 483.02	161 051 352 099.42	92 200 042 375.32	80 418 030 239.89
实收资本（或股本）	10 995 553 118.00	10 995 210 218.00	10 995 210 218.00	10 995 210 218.00	10 995 210 218.00
资本公积	8 683 860 667.82	8 843 464 118.19	8 789 344 008.84	8 557 716 583.44	7 853 144 319.55
盈余公积	17 017 051 382.39	13 648 727 454.84	10 587 706 328.79	8 737 841 436.85	6 581 984 978.14

续表

会计年度	2012/12/31	2011/12/31	2010/12/31	2009/12/31	2008/12/31
减：库存股	—	—	—	—	—
未分配利润	26 688 098 566.77	18 934 617 430.43	13 470 284 310.05	8 808 398 744.05	6 184 277 986.66
少数股东权益	18 312 641 062.80	14 864 743 536.62	10 353 522 851.30	8 032 624 392.93	6 926 624 218.80
外币报表折算价差	440 990 190.32	545 775 788.95	390 131 925.43	276 721 078.80	277 307 760.05
非正常经营项目收益调整	—	—	—	—	—
归属母公司所有者权益（或股东权益）	63 825 553 925.30	52 967 795 010.41	44 232 676 791.11	37 375 888 061.14	31 891 925 262.40
所有者权益（或股东权益）合计	82 138 194 988.10	67 832 538 547.03	54 586 199 642.41	45 408 512 454.07	38 818 549 481.20
负债和所有者（或股东权益）合计	378 801 615 075.37	296 208 440 030.05	215 637 551 741.83	137 608 554 829.39	119 236 579 721.09

表 9－2　　　　　　万科利润表　　　　　　单位：元

会计年度	2012 年	2011 年	2010 年	2009 年	2008 年
一、营业收入	103 116 245 136.42	71 782 749 800.68	50 713 851 442.63	48 881 013 143.49	40 991 779 214.96
减：营业成本	65 421 614 348.00	43 228 163 602.13	30 073 495 231.18	34 514 717 705.00	25 005 274 464.91
营业税金及附加	10 916 297 537.10	7 778 786 086.49	5 624 108 804.74	3 602 580 351.82	4 533 872 994.46
销售费用	3 056 377 656.90	2 556 775 062.26	2 079 092 848.94	1 513 716 869.35	1 860 350 084.01
管理费用	2 780 308 041.10	2 578 214 642.30	1 846 369 257.59	1 441 986 772.29	1 530 799 165.46
勘探费用	—	—	—	—	—
财务费用	764 757 191.68	509 812 978.62	504 227 742.57	573 680 423.04	657 253 346.42
资产减值损失	83 818 288.19	64 627 174.84	− 545 451 004.03	− 524 239 596.14	1 268 113 233.13
加：公允价值变动净收益	− 8 719 233.08	− 2 868 565.33	− 15 054 493.43	2 435 350.77	19 262 232.00
投资收益	928 687 953.69	699 715 008.48	777 931 240.02	924 076 829.10	209 411 393.50
其中：对联营企业和合营企业的投资收益	889 787 588.26	643 987 754.62	291 703 045.44	541 860 864.68	209 735 864.65

续表

会计年度	2012 年	2011 年	2010 年	2009 年	2008 年
影响营业利润的其他科目	—	—	—	—	—
二、营业利润	21 013 040 794.06	15 763 216 697.19	11 894 885 308.23	8 685 082 798.00	6 364 789 552.07
加：补贴收入	—	—	—	—	—
营业外收入	144 645 173.12	76 186 678.42	71 727 162.82	70 678 786.74	57 455 149.70
减：营业外支出	87 500 829.07	33 520 955.29	25 859 892.03	138 333 776.65	99 959 075.74
其中：非流动资产处置净损失	6 068 873.87	1 144 283.45	1 211 776.17	1 577 638.38	2 336 423.46
加：影响利润总额的其他科目	—	—	—	—	—
三、利润总额	21 070 185 138.11	15 805 882 420.32	11 940 752 579.02	8 617 427 808.09	6 322 285 626.03
减：所得税	5 407 596 715.05	4 206 276 208.55	3 101 142 073.98	2 187 420 269.40	1 682 416 473.30
加：影响净利润的其他科目					
四、净利润	15 662 588 423.06	11 599 606 211.77	8 839 610 505.04	6 430 007 538.69	4 639 869 152.73
归属于母公司所有者的净利润	12 551 182 392.23	9 624 875 268.23	7 283 127 039.15	5 329 737 727.00	4 033 170 027.89
少数股东损益	3 111 406 030.83	1 974 730 943.54	1 556 483 465.89	1 100 269 811.69	606 699 124.84
五、每股收益	—	—	—	—	—
（一）基本每股收益	1.14	0.88	0.66	0.48	0.37
（二）稀释每股收益	1.14	0.88	0.66	0.48	0.37

表 9 - 3 　　　　　　　　　　　　万科现金流量表 　　　　　　　　　　　　单位：元

报告年度	2012 年	2011 年	2010 年	2009 年	2008 年
一、经营活动产生的现金流量					
销售商品、提供劳务收到的现金	116 108 839 572.92	103 648 873 001.82	88 119 694 493.30	57 595 333 545.50	42 783 256 973.54
收到的税费返还	—	—	—	—	—
收到其他与经营活动有关的现金	5 480 586 284.38	6 894 667 980.25	2 976 047 156.82	1 889 792 191.43	1 478 587 995.65
经营活动现金流入小计	121 589 425 857.30	110 543 540 982.07	91 095 741 650.12	59 485 125 736.93	44 261 844 969.19

续表

报告年度	2012 年	2011 年	2010 年	2009 年	2008 年
购买商品、接受劳务支付的现金	87 323 652 346.54	84 918 243 555.06	66 645 895 259.85	34 560 212 561.89	30 218 067 735.42
支付给职工以及为职工支付的现金	2 908 876 944.25	2 480 848 005.23	1 848 827 752.37	1 197 521 164.61	2 319 451 074.60
支付的各项税费	18 081 567 694.26	14 698 127 348.02	9 381 585 316.90	6 537 312 459.48	7 863 126 723.18
支付其他与经营活动有关的现金	9 549 370 399.73	5 056 897 501.84	10 982 177 869.55	7 936 728 231.40	3 895 351 266.39
经营活动现金流出小计	117 863 467 384.78	107 154 116 410.15	88 858 486 198.67	50 231 774 417.38	44 295 996 799.59
经营活动产生的现金流量净额	3 725 958 472.52	3 389 424 571.92	2 237 255 451.45	9 253 351 319.55	− 34 151 830.40
二、投资活动产生的现金流量					
收回投资收到的现金	12 000 000.00	207 894 484.10	282 454 288.12	210 421 893.79	1 040 323 958.60
取得投资收益收到的现金	167 175 850.82	18 757 998.26	367 769 277.76	392 060 350.54	76 414 614.40
处置固定资产、无形资产和其他长期资产收回的现金净额	1 533 466.00	1 115 844.63	462 241.52	142 450 545.00	5 687 793.90
处置子公司及其他营业单位收到的现金净额	—	--	17 179 172.33	119 164 800.00	3 547 677.00
收到其他与投资活动有关的现金	998 799 552.09	637 601 626.55	2 032 857 298.14	304 714 390.00	298 441 056.08
投资活动现金流入小计	1 179 508 868.91	865 369 953.54	2 700 722 277.87	1 168 811 979.33	1 424 415 099.98
购建固定资产、无形资产和其他长期资产支付的现金	150 667 636.63	261 560 892.00	261 938 551.22	806 062 156.74	215 283 734.68
投资支付的现金	500 450 000.00	1 195 068 075.60	2 183 848 057.74	1 577 467 490.52	1 366 213 599.63
取得子公司及其他营业单位支付的现金净额	2 860 842 969.57	4 075 842 283.38	1 364 056 191.97	2 975 942 928.47	2 687 055 197.58
支付其他与投资活动有关的现金	121 000 000.00	985 466 442.61	1 082 538 787.40	—	—
投资活动现金流出小计	3 632 960 606.20	6 517 937 693.59	4 892 381 588.33	5 359 472 575.73	4 268 552 531.89

续表

报告年度	2012 年	2011 年	2010 年	2009 年	2008 年
投资活动产生的现金流量净额	- 2 453 451 737.29	- 5 652 567 740.05	- 2 191 659 310.46	- 4 190 660 596.40	- 2 844 137 431.91
三、筹资活动产生的现金流量					
吸收投资收到的现金	2 991 123 519.76	3 904 944 000.00	1 979 021 435.08	829 084 667.00	6 232 918 108.90
取得借款收到的现金	47 477 333 220.87	23 574 576 259.94	27 070 090 551.02	20 731 516 740.82	14 325 980 945.71
收到其他与筹资活动有关的现金	—	—	—	—	—
筹资活动现金流入小计	50 468 456 740.63	27 479 520 259.94	29 049 111 986.10	21 560 601 407.82	20 558 899 054.61
偿还债务支付的现金	26 864 417 454.25	19 974 613 437.08	11 985 374 651.54	21 640 510 970.25	11 690 595 100.07
分配股利、利润或偿付利息支付的现金	7 318 530 197.43	6 698 048 516.13	4 039 207 571.75	2 948 745 658.43	3 001 963 332.53
支付其他与筹资活动有关的现金	—	—	—	—	—
筹资活动现金流出小计	34 182 947 651.68	26 672 661 953.21	16 024 582 223.29	24 589 256 628.68	14 692 558 432.60
筹资活动产生的现金流量净额	16 285 509 088.95	806 858 306.73	13 024 529 762.81	- 3 028 655 220.86	5 866 340 622.01
四、汇率变动对现金的影响					
五、现金及现金等价物净增加额					
期初现金及现金等价物余额	33 614 111 523.31	35 096 935 415.75	22 002 774 937.38	19 978 285 929.92	17 046 504 584.31
期末现金及现金等价物余额	51 120 223 950.88	33 614 111 523.31	35 096 935 415.75	22 002 774 937.38	19 978 285 929.92

二、问题要求

1. 根据以上资料完成盈利能力相关指标的计算并分析

（1）净资产收益率计算并分析。

（2）总资产收益率计算并分析。

（3）净利润率计算并分析。

（4）毛利率计算并分析。

2. 根据以上资料完成偿债能力相关指标的计算并分析

（1）资产负债率计算并分析。

（2）流动比率计算并分析。

（3）速动比率计算并分析。

（4）利息保障倍数计算并分析。

3. 根据以上资料完成营运能力相关指标的计算并分析

（1）总资产周转率计算并分析。

（2）净资产周转率计算并分析。

（3）存货周转率计算并分析。

（4）应收账款周转率计算并分析。

4. 根据以上资料完成发展能力相关指标的计算并分析

（1）主营业务收入增长率计算并分析。

（2）净利润增长率计算并分析。

（3）总资产增长率计算并分析。

（4）净资产增长率计算并分析。

（5）每股收益增长率计算并分析。

第二节 参考答案

一、企业盈利能力分析（见表9-4）

表9-4   万科地产盈利能力分析表   单位:%

报告期	净资产收益率	总资产收益率	净利润率	毛利率
2012 年度	19.66	3.31	12.17	36.56
2011 年度	18.17	3.25	13.41	39.78
2010 年度	16.47	3.38	14.36	40.70
2009 年度	14.26	3.87	10.90	29.39
2008 年度	12.65	3.38	9.84	39.00

从表9-4中可以看到，万科的销售净利率2010~2012年都呈下降趋势，这与原材料价格上涨引起的成本上升以及国家在该段时期内对房地产的一系列调控措施有关，由此可见公司的主营业务获利能力在下降。净资产收益率在2009~2011年连续上涨，主要是净利润上升较多，而投资收益的下降和所得税的上升说明净利润上升是由主营业务收入增加所致。

总的来说，万科的主营业务获利能力近年来有所提升，总资产和净资产的获利能力在上升。

二、企业偿债能力分析（见表9－5）

表9－5 万科地产偿债能力分析表

报告期	资产负债率（%）	流动比率	速动比率	利息保障倍数
2012 年度	78. 32	1.4	0.41	28. 55
2011 年度	77. 10	1.41	0.37	32
2010 年度	74. 69	1.59	0.56	24. 68
2009 年度	67. 00	1.91	0.59	16. 02
2008 年度	67. 44	1.76	0.43	10. 62

从短期偿债能力来看，万科的流动比率以 2009 年为转折点，2008 年较 2007 年下降，2007 年最高，为 1.9566，2010 ~ 2011 年逐年下降至 1.5852 与 1.4081，这说明 2011 年公司的流动负债增长速度大于流动资产的增长速度，短期偿债能力有所下降。速动比率在 2009 年以来也逐步降低，2011 年为 0.3702，这是因为公司货币资金逐年下降所致。总的来说，万科短期偿债能力有所下降。万科房地产的流动比率降低，说明其短期偿债能力降低。速动比率保持比较稳定，说明公司受房地产市场调控的影响较小。资产负债率较高，也说明公司偿债能力较差。

三、企业营运能力分析（见表9－6）

表9－6 万科地产营运能力分析表

报告期	总资产周转率（%）	净资产周转率（%）	存货周转率	应收账款周转率
2012 年度	30. 55	176. 58	0.28	60. 63
2011 年度	28. 05	147. 70	0.25	46. 18
2010 年度	28. 71	124. 29	0.27	43. 96
2009 年度	38. 06	141. 14	0.39	59. 76
2008 年度	37. 38	134. 02	0.33	45. 86

万科的应收账款周转率近年来波动较大，2008 年下降至 45.8609，在 2009 年迅速上升并达到最高值，为 59.758，2010 年迅速下降至 43.9611，2011 年则有小幅上升，说明公司 2008 ~ 2012 年对应收账款的管理缺乏稳定性。存货周转率 2008 ~ 2012 年来呈下降趋势，表明存货的流通性和变现性有所降低，管理水平降低。总资产周转率也呈连年下降趋势，说明

公司利用全部资产进行经营的效率在降低。公司要加强对资产的长期以及短期管理，以增强其经营效率。万科房地产2011~2012年间，应收账款周转率大幅上升，说明万科房地产的应收账款利用的效果利用较好，存货周转率和总资产周转率也有所提升，说明公司的资金周转灵活，资产的利用效果明显变好。

四、企业发展能力分析（见表9-7）

表9-7	万科地产发展能力分析表				单位:%
报告期	主营业务收入增长率	净利润增长率	总资产增长率	净资产增长率	每股收益增长率
2012年度	43.65	30.40	27.88	20.50	30.40
2011年度	41.54	32.15	37.36	19.75	32.15
2010年度	3.75	36.65	56.70	18.35	36.65
2009年度	19.25	32.15	15.41	17.20	32.15

企业的产品适销对路，收入增加，有较好的发展前景；而经营周期内的资产规模扩张速度较慢，但如果在一个较长时期内持续稳定增长，则有助于企业增强竞争实力。万科房地产的主营业务收入增长，但公司的净资产增长率和总资产增长率却出现了一定幅度的下降，说明该公司未来发展的局限扩大，发展潜力降低。